알기쉬운 무역 결제론

김창선 지음

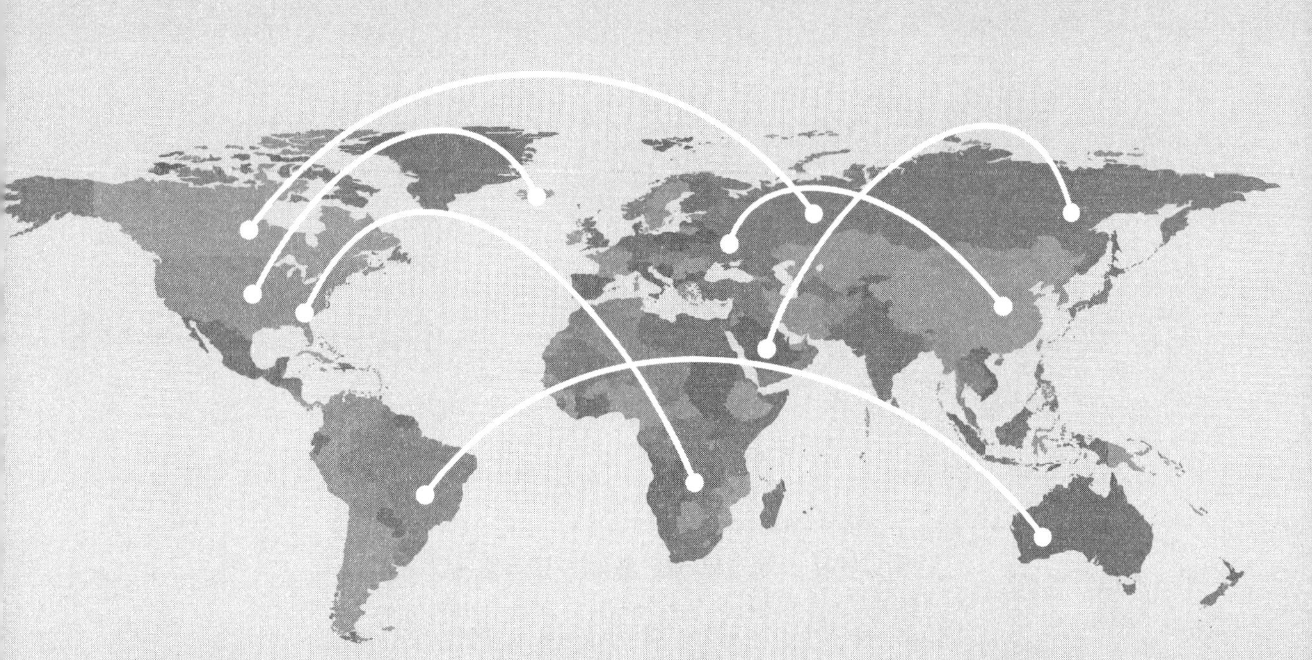

도서출판 두남

머리말

나라와 나라 사이에는 물품의 교역, 즉 무역거래 뿐 만 아니라 기술 서비스거래, 해외투자나 차입 등의 외화자금거래가 일어나고 있습니다. 무역거래를 상품거래라고 하기도 하며, 기술이나 서비스 거래를 무역외거래, 외화자금거래를 자본거래라고 하며, 이들 모두를 묶어 국제거래(international trade transaction)라고 합니다. 이러한 무역, 무역외 및 자본거래를 원인으로 하여 거래당사자간에는 채권과 채무의 관계가 형성되고 이를 돈으로 결제를 하여야 합니다. 이때의 돈을 외국과의 거래에서 채권 또는 채무를 결제하는 수단으로 이용된다는 의미에서 외국환이라고 부릅니다.

본서는 위에서 설명한 무역거래에서 수출상과 수입상간에 상품교역이 이루어지고 그 결과 발생된 채권과 채무, 즉 무역거래 대금을 외국환으로 어떻게 결제해야 하는가를 연구하는 무역결제방법에 대해 설명하고 있습니다. 다시 말하면, 수출상이 수입상 앞으로 상품을 선적하고 나서 수입상이 상품을 인수할 수 있는 서류(document)를 어떻게 전달하며, 수입상은 수출상에게 채무인 수입금액을 어떻게 결제하는가, 또 여기에는 어떠한 방식들이 있는가에 대해 밝히고 있습니다.

무역대금 결제방식에는 수출상이 수입상 앞으로 서류를 직접 송달하고, 수입상은 은행을 통해 수입대금을 결제하는 송금(remittance)방식, 수출상이 선적 후에 확보한 서류를 은행을 통해 보내서 수출대금을 청구하고, 수입상은 동 은행에 결제하는 추심(collection)방식으로 크게 나눌 수 있습니다. 다시 추심방식에는 수입상의 거래은행이 수입대금의 결제를 보증하는 신용장(letter of credit)방식과 보증하지 못하는 협의의 추심방식으로 나뉩니다. 즉 무역대금 결제는 송금, 추심과 신용장의 세가지 방식이 주류를 이루고 있습니다.

최근 수출입업무와 관련한 국내외의 환경은 급속하게 변화하고 있습니다. 수출입거래가 점차 복잡해지고 다양해지고 있으며, 결제방법에 있어서 신용장방식이 지속적으로 감소하고 추세이나 송금방식이 증가 일로에 있는 상황입니다. 송금과 추심방식은 수출입 당사자간의 신용에 의존하여 거래하는 방식이므로 당사자간 신용관계가 중요하며, 수입상의 거래은행의 지급보증을 받게 되는 신용장방식은 제3자인 은행이 보내온 서류를 기준하여 결제여부를 결정하는 만큼 서류에 대한 이해와 세심한 취급이 중요합니다. 신용장방식의 수출입거래 비중이 감소추세에 있긴 하지만, 우리나라 무역규모의 증가에 따라 신용장방식의 금액 역시 증가하고 있어 결제수단으로서의 신용장의 효용성과 역할은 여전히 크다고 볼 수 있습니다. 본서를 통하여 결제방식과 관련된 서류에 대해 보다 쉽게 이해할 수 있기를 바랍니다.

본서 집필과정에서 가능한 쉽게 설명하려 하였지만 초심자에게는 여전히 어렵게 여겨질 수 있습니다. 계속 보완해 나갈 예정이며 독자 여러분의 기탄없는 충고와 지도를 바랍니다.

끝으로 본서를 기꺼이 출판해주신 두남의 전두표 사장님과 이승구 상무님, 수고를 아끼지 않은 편집부 여러분들께도 깊은 감사를 드립니다.

2014년 7월
저자 김창선

차 례

Part I 무역결제업무 기초

Part II 신용장과 서류

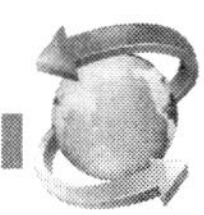

Part Ⅲ 수입결제업무

PART 01

무역결제업무 기초

Chapter 1_ 국제거래와 무역

Chapter 2_ 수출입 개요

Chapter 3_ 무역대금 결제방식

학습목표

제1부에서는 무역결제를 학습하기에 앞서 무역업무 담당자가 기본적으로 숙지하여야 할 수출입관련 기본지식 쌓기에 주목표를 두고 있다.

첫째, 국제거래는 어떠한 형태의 거래가 이루어지며, 수출입, 즉 무역이 국제거래에서 차지하는 위치를 확인하고,

둘째, 국제거래를 규제하는 관계 법령에는 어떤 법규가 있고, 그 법령의 성격은 무엇인가,

셋째, 수출입의 개념과 특성 및 거래방식에는 어떠한 종류가 있는가,

넷째, 수출입거래의 결과, 외국환의 결제가 어떤 과정으로 이루어지는가 등의 총괄적인 접근이 이루어진다.

다섯째, 수출입 대금결제방법의 종류, 결제방법별 장단점 및 신용장의 탄생배경 등을 이해한다.

Chapter 01

국제거래와 무역

1-1 국제거래의 의의

어떤 내용을 파악하는 데는 먼저 숲과 나무를 구분해서 파악하는 게 좋다. 국제거래는 숲이고 무역은 나무에 해당한다.

제2차 세계대전 전후의 경제발전기가 시작되는 1950년대까지는 국제거래의 중심은 무역거래, 즉 물품의 매매와 그것과 관련되는 여러 거래(해상운송, 해상보험, 대금결제를 위한 은행거래 등)를 내용으로 하는 것이었으나 1950년대 이후의 경제발전, 기술혁신 혹은 교통·통신의 발달은 단순한 물품의 매매뿐만 아니라 대규모의 공장건설이나 첨단기술의 국제적인 이전과 국제적인 대부(貸付), 외국주식의 취득, 외국에서의 지점·사회사의 실립 등과 같이 국경을 초월하여 행하여지는 자본의 이전 등의 새로운 거래형태를 만들어 내어 점점 다양성을 띠게 되었다.

무역(trade)이라고 함은 주로 외국과 교역을 하는 국제경제거래를 의미하는 것으로서, 협의의 무역은 물품의 매매, 즉 상품거래만을 뜻하고 있으나, 광의의 무역은 상품거래와 상품 이외의 무역외거래, 용역거래 및 자본거래를 모두 포함하고 있는 개념이다.

광의의 무역거래와 이에 수반되는 자금의 이동, 즉 결제거래를 모두 합하여 국제거래(國際去來, international transactions)라고 하며, 외국과의 거래라는 점에서 대외거래(對外去來)라고 하기도 한다.

이와 같은 국제거래 결과, 외국환에 의한 채권 채무의 결제가 수반되어야 하는 점 등 국내거래와는 여러 가지 상이한 특수성이 많기 때문에 국가가 관리를 수행하는 것이 일반적이며, 우리나라에서도 여러 가지 법령을 통하여 동 거래를 관리하고 있다.

1-2 국제거래 관계법령

국제거래 관계법령으로는 무역거래, 즉 상품거래를 규제하고 있는 무역 관계법령과 관세 관계법령이 있다. 자본거래 및 용역거래를 규제하고 있는 법령으로는 외국인투자촉진법령이 있으며, 상품·자본 및 용역거래 등에 따른 결제거래와 해외투자, 단기외화차입 및 이전거래 등의 무역외 거래를 규제하는 법령으로서는 외국환거래법령이 있다.

무역관계법령은 상품거래에 따른 일반원칙과 직접적인 통제를 규정하고 있는 법령이며, 관세관계법령은 관세(關稅)라는 가격기구(price mechanism)를 통한 간접적인 관리를 규정하고 있는 법령이다. 일반적으로 무역관리는 후진국일수록 직접적인 통제를, 선진국에 가까워질수록 간접적인 관리를 시행하고 있다.

대외거래는 경상거래와 자본거래로 대별되며, 경상거래는 무역거래와 무역외거래로 구분되고, 무역거래는 수출거래와 수입거래로 세분된다. 대외거래의 관련법규는 대외거래의 구체적인 형태에 따라 적용할 법을 제정하여 실시하고 있다. 즉, 무역거래에 있어서 물품의 수출입은 대외무역법이 규제를 하고 그 수출입에 따른 물품대가의 영수 및 지급 방법은 외국환거래법이 규제를 하고 있다.

무역외 거래에 있어서는 기술도입은 외국인투자촉진법의 적용을 받으며 나머지 분야는 외국환거래법이 적용된다. 자본거래에 있어서 외국인의 국내투자는 외국인투자촉진법, 거주자의 외화자금 차입이나 해외투자는 외국환거래법의 적용을 받는다.

이들을 도시(圖示)하면 <도 1-1>과 같다.

또한 국제거래를 할 때에는 국가와 국가간의 거래이기 때문에 각각 준거법규 및 관습이 상이하므로 분쟁의 여지가 많다. 따라서 이와 같은 분쟁을 예방하기 위하여 국제적으로 적용이 되는 규칙을 제정하였는데 물품의 수출입거래와 관련하여 특히 중요한 규칙은 아래와 같으며, 국제상공인의 단체인 국제상업회의소(I.C.C. ; International Chamber of Commerce)에 의하여 많은 규칙들이 제정되었다. 이들 규칙 중 무역결제와 관련된 일부 규칙에 대한 설명은 제6장에서 후술토록 하겠다.

① 신용장통일규칙(UCP; Uniform Customs and Practice for Documentary Credits)

② 신용장대금상환에 관한 국제규칙(URR; Uniform Rules for Bank-to-Bank Reimbursement under Documentary Credits)

③ 전자식 서류제시에 관한 통일규칙부록(eUCP; UCP Supplement for Electronic Presentation)

④ 국제표준은행관행(ISBP; International Standard Banking Practice for the Examination of Documents under Documentary Credits)

⑤ 추심에 관한 통일규칙(URC; Uniform Rules for Collection)

⑥ 무역거래조건의 해석에 관한 국제규칙(INCOTERMS; ICC Rules for the use of domestic and international Trade Terms)

⑦ 협회적하보험약관(ICC; Institute Cargo Clauses)

⑧ 보증신용장 통일규칙(ISP 98; International Standby Practices 1998)

⑨ 청구보증 통일규칙(URDG; Uniform Rules for Demand Guarantee)

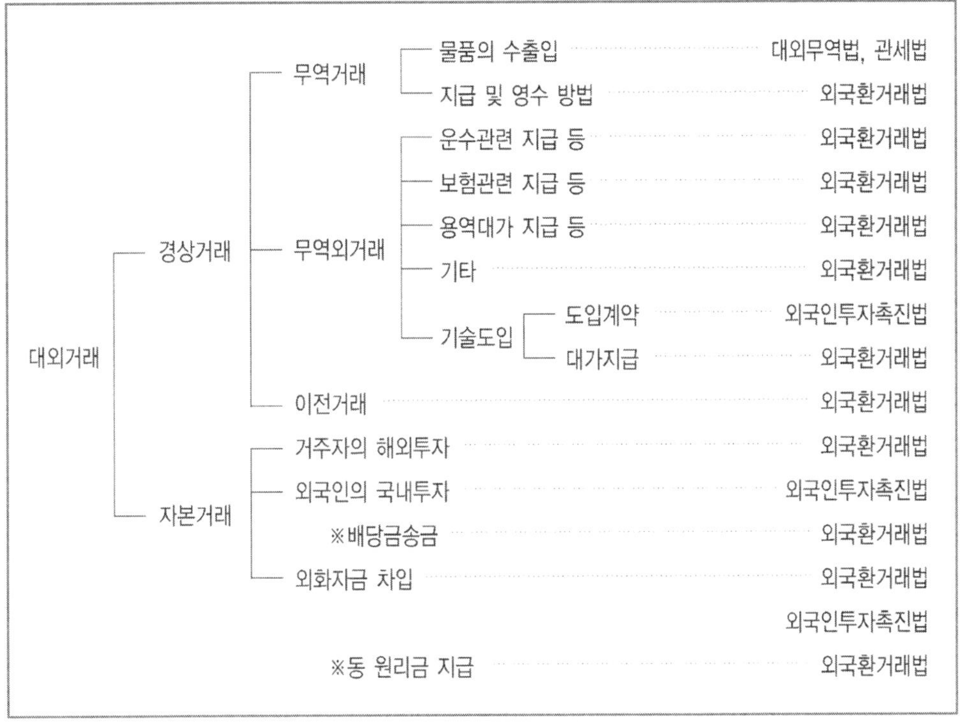

▍도 1-1▍ 국제거래의 내용 및 법령체계

1-3 국제거래법령의 이해

이 절에서는 여러 법령 중 무역과 관련된 대외무역법, 관세법 및 외국환거래법 등에 대한 개괄적인 설명을 하겠다.

1. 대외무역법

(1) 개요

대외무역법은 수출입거래에 관한 기본법으로서 과거의 무역거래법을 산업설비수출촉진법, 수출조합법 등과 통폐합하여 1986년 12월에 새로이 제정되었으며, 급변하는 대내외 무역환경 및 개방체제에 능동적으로 대응하고 민간 주도의 자율성 제고와 수출입에 있어 대외신용도를 제고시키고자 하는 것이 제정 취지이다.

대외무역법은 제정 이후 1989년 12월과 1993년 7월, 1997년 3월 등 최근까지 수차례에 걸쳐 대폭 개정 및 시행되고 있으며 동 법 제1조(목적)에서 「대외무역을 진흥하고 공정한 거래질서를 확립하며 국제수지의 균형과 통상의 확대를 도모함으로써 국민경제의 발전에 이바지」하는 데 있다고 정하고 있다.

이는 종전의 무역거래법이 그 목적을 「수출을 진흥하고 수입을 조정하여 동등하게 대외무역의 건전한 발전을 촉진」한다고 하여 관리무역체제를 표방하고 있는데 반하여 수출과 수입을 동등하게 진흥하여 무역확대에 의한 경제발전을 추진하되 공정한 거래질서를 확립하여 국제무역질서에 상응하는 무역국가가 될 것임을 천명하였으며, 「통상의 확대」를 도모하여 외국과의 통상교섭을 적극 추진할 것을 명시하고 있다.

(2) 대외무역법령의 성격

가. 수출입관리의 기본법

대외무역법은 우리나라 수출입의 관리를 위한 일반법이며 기본법이다.
동 법은 「물품의 이동」과 관련하여 무역 거래의 전반을 관리한다.

나. 무역거래규제의 최소화

대외무역법은 대외무역거래를 관리하는 법이므로 국제성을 인정하여 국제 상관습법이나 국제조약을 준수하되, 국제법규나 국제협정에서 무역에 관한 제한규정이 있을 경우 최소한의 범위 내에서 운영토록 하고 있다.

이에 따라 대외무역법 제5조에서는 헌법에 의해 체결, 공포된 무역에 관한 조약과 일반적으로 승인된 국제법규가 정하는 바에 따라 자유롭고 공정한 무역을 조장하는 것을 원칙으로 하고, 무역에 대한 제한을 정한 규정이 있을 경우에는 그 제한을 정한 목적을 달성하기 위하여 필요한 최소한의 범위 내에서 이를 운영하도록 하면서, 무역에 대한 제한 등 특별조치는 다음의 경우에 해당하는 경우에 한하여 할 수 있도록 하고 있다.

① 교역상대국에 전쟁, 사변 또는 천재지변이 있을 때
② 교역상대국이 국제협정에서 정한 우리나라의 권익을 부인할 때
③ 교역상대국이 우리나라의 무역에 대하여 부당하거나 차별적인 부담 또는 제한을 가할 때
④ 헌법에 의하여 체결, 공포된 무역에 관한 조약과 일반적으로 승인된 국제법규에서 정한 국제평화와 안전유지 등의 의무이행을 위하여 필요한 때
⑤ 인간의 건강과 안전, 동식물의 생명 및 건강, 환경보전 또는 국내 자원보호를 위하여 필요한 때

다. 위임법적 성격

무역거래의 규제대상은 유동적이고 규제방법이 추상적이고 복잡하기 때문에 대외무역법에서는 원칙적인 사항만을 규정해 놓고 시행에 관한 세부적 사항은 대통령령인 대외무역법 시행령이나 지식경제부장관이 제정 및 고시하는 대외무역 관리규정에 위임하고 있다. 그리고, 이들을 다시 보충하기 위해 법규 보충적 작용을 담당하는 고시, 공고나 유권 해석 및 예규, 통첩이 활용된다. 이와 함께 대외무역법상의 권한은 수출입행정의 신속화와 효율적인 운영을 도모하기 위하여 대부분 한국무역협회 등 하부기관이나 외국환은행 등 민간기관에 위임 또는 위탁되어 있다.

(3) 대외무역법의 관리체계

대외무역법은 수출입거래에 대한 관리법이다. 따라서 대외무역법의 관리대상을 알아봄으로써 그 체계를 파악할 수 있는데, 이는 크게 보아 주체에 대한 관리로서 무역관련 업종에 대한 관리, 객체에 대한 관리로서 무역거래 대상물품에 대한 관리, 행위

에 대한 관리로서 수출입승인에 대한 관리 및 행정관리로서 수출입 질서유지 및 벌칙 규정 등으로 나누어 볼 수 있다.

① 주체에 대한 관리 또는 인적 관리 : 무역업고유번호 등
② 객체에 대한 관리 또는 물적 관리 : 수출입공고, 통합공고 등
③ 행위에 대한 관리 : 수출입승인, 외화 획득용 원료수입, 특정거래형태의 수출입 인정, 원산지 관리 등
④ 행정관리 : 수입에 의한 산업피해조사, 수출입 질서유지, 수출조합, 수입조합, 벌칙 등

2. 관세법

(1) 개요

관세법이란 외국에서 수입되고 외국으로 수출되는 물품, 즉 관세선(customs line)을 통과하는 물품에 대해 규제하는 법이다.

우리나라 관세법은 1967년 11월 29일에 법률 제1976호로 전면 개정된 이후 수십 차례에 걸쳐 개정되었으며, 전문 13장 329조 부칙으로 구성되어 있다. 한편 수출용 원자재의 국산사용을 촉진하고 사후관리절차를 간소화하기 위하여 종전의 관세 사전면세 제도에서 관세환급 제도로 전환하면서 1974년 12월 12일에 법률 제2675호로 '수출용 원재료에 대한 관세 등 환급에 관한 특별법'을 별도로 제정 공포하여 시행하고 있다.

관세법은 「관세의 부과, 징수 및 수출입물품의 통관을 적정하게 하여 국민경제의 발전에 기여하고 관세수입의 확보를 기함」을 목적으로 하고 있다. 즉, 국민경제 발전과 관세수입 확보가 관세법의 궁극적인 목적이다. 관세자체가 국내산업을 보호하고 소비를 억제하며 국제수지를 개선하는 역할을 하고, 관세율과 관세제도의 조정을 통하여 국내물가의 안정과 수출지원을 도모하여 국민경제발전에 이바지하는 것이다.

한편 관세법은 국가재정수입의 확보를 목적으로 하는데, 국민경제 발전과 관세수입 확보는 관세의 부과, 징수 및 수출입 물품 통관절차를 적정하게 해야 이루어진다.

(2) 관세법령의 기능 및 성격

관세법은 물품이 관세선을 통과할 때에 관세를 징수하는 데 대하여 규제하고 있으므로 조세법적 성격 및 관세선을 통과하는 통관에 대하여 규정하고 있으므로 통관법

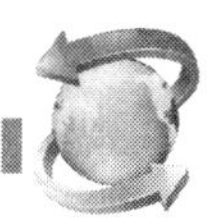

적 성격을 가지고 있으며, 각종 법규위반에 대한 처벌을 규정하고 있으므로 형사법적 성격도 가지고 있다.

가. 통관법적 성격

실제 관세행정에 있어서 대부분 관세의 징수와 동시에 통관이 이루어져 관세징수와 통관이 일체가 되어 있기 때문에 통관만을 분리하여 파악하기란 어렵다. 그러나 통관은 관세징수와 엄격히 구별되는 개념이다.

통관이라 함은 대외무역법에 의거하여 정부의 수출입 허가 또는 승인 사항을 수출입되는 실물과 대조, 확인하여 실물이 허가(승인)사항과 일치하는 경우 수출입신고라는 형식을 취하여 현실적으로 수출입을 실현하게 하는 행위이다. 다시 말하면 수출입하는 물품의 통로는 개항(開港)이란 특정통로에 허용하여 놓고 이 개항에 세관이 주재하여 서면으로 된 대외무역법상의 수출・입 승인사항을 수출입되는 실물에 의거 확인하는 절차 및 과정이 통관이다.

따라서 통관이란 무역관리에 관한 규제를 현장에서 집행하는 것으로 규제 자체가 실제 법적 성격이 있다면, 통관에 관한 관세법상의 규정은 절차법적 성격이 있다 하겠다.

관세법 제6장 「통관」이외에 운수기관에 관한 규제, 보세제도 등이 모두 직접, 간접으로 통관에 관련되는 규정이라고 할 수 있다.

나. 조세법적 성격

관세법은 그 명칭이 「세법」인 바, 수입물품에 대한 관세의 부과, 징수, 감면에 관하여 규정하고, 징수의 확보를 위하여 보세제도, 운수기관에 대한 규제, 처벌 등을 규정하고 있다. 조세법으로서의 관세법은 실체적인 동시에 절차법이란 양면성을 가지고 있다. 즉, 관세의 납세의무 등 과세요건과 감면요건을 규정하는 동시에 그 징수절차와 감면절차도 함께 규정하고 있다. 이와 같은 조세법적 성격은 관세법의 대부분의 규정에 나타나 있다.

다. 형사법적 성격

관세법에는 벌칙과 조사 및 처분에 관한 방대한 규정을 두고 있어 이를 관세형법이라고도 하고 있다. 관세형법이란 관세징수와 통관의 적정을 보호하기 위한 규정으로서 내국세 분야의 처벌법규인 조세범처벌법과 상호 보완관계에 있다.

(3) 관세법의 관리체계

관세법의 체계는 크게 보아 동 법의 기능과 성격에 따라 물품의 통관절차와 관세 등의 과세절차로 구분하여 볼 수 있다.

먼저 통관절차는 수입통관, 수출통관 및 반송절차로 나누어 볼 수 있고, 과세절차는 과세의 4대요건, 즉 과세물건, 납세의무자, 관세율, 과세표준으로 나누어 살펴볼 수 있으며, 수출입물품이 관세영역과 보세구역의 경계선을 이동하는 것을 최종적으로 관리한다는 점에서 우리나라 수출입 관련 제반 법규를 총괄적으로 확인, 집행하는 기능을 갖고 위반사항이 있을 경우 이의 처벌에 대한 규정을 정하고 있다.

① 주체 : 납세의무자, 통관할 수 있는 자
② 대상 : 과세물건, 과세표준, 보세구역
③ 행위 : 보세운송, 통관, 관세의 부과 및 징수 등
④ 행정 : 심사와 심판, 조사와 처분, 벌칙 등

3. 외국환거래법

(1) 개요

외국환이란 일반적으로 국제간의 채권, 채무의 결제수단을 말하며, 외국환거래법에서는 대외지급수단, 외화채권, 외화증권 등을 말한다.

따라서 외국환업무는 이러한 대외지급수단의 매매, 발행 및 외국과의 지급과 추심 및 이에 부대하는 업무로서 외국환의 지급이나 영수를 발생케 하는 대외거래의 전과정을 의미하고 있으며, 외국환관리는 이러한 거래의 전 과정을 직접 또는 간접으로 규제하는 것을 말한다. 외국환관리는 항상 고정되어 있는 것이 아니라 국내외적인 환경과 시대의 흐름에 따라 변화하는 것으로 전세계적으로 점차 규제가 완화되어 가는 추세에 있다.

우리나라는 1988년 11월 IMF 제14조국에서 제8조국으로 이행하였고, 그 후 대내외 여건과 환경의 변화로 기업의 대외활동 촉진과 국민의 생활편의 증진을 위해 외환제도를 '규제위주'로부터 '원칙자유'로 전환할 필요성이 증대되었다.

즉 대내적으로는 금융개혁이 가속화되고 기업의 해외진출 등 국제화, 세계화가 촉진되어 왔고, 대외적으로는 WTO체제 출범 등 국경 없는 무한경쟁시대가 도래하였다.

이러한 환경변화에 대처, 21세기 선진경제 진입과 세계화에 대비한 국가경쟁력 강

화를 위해 외국환관리법이 폐지되고 외국환거래법이 제정・시행(1999. 4. 1.)되었다.

외국환관리의 목적은 국제수지의 균형, 통화가치의 안정, 대외거래의 원활화를 기하는 데 있다고 할 수 있다. 일반적으로 대내적인 재정금융정책 및 가격정책만으로는 대내・대외 균형의 달성이 불충분하기 때문에 직접적인 대외경제거래 규제방식을 취하는 것이다.

우리나라의 외국환거래법 제1조는 "이 법은 외국환거래 기타 대외거래의 자유를 보장하고 시장기능을 활성화하여 대외거래의 원활화 및 국제수지의 균형, 통화가치의 안정을 도모함으로써 국민경제의 건전한 발전에 이바지함을 목적으로 한다."고 규정하고 있다.

외국환거래법은 외국환과 그 거래, 기타 대외거래에 다른 채권, 채무 관계를 규제하는 법이다. 외국환관리법은 1961년 12월 31일에 법률 제933호로 제정된 이후 1992년 9월 1일, 1996년 6월 등 수차례에 걸쳐 개정되었으며, 현재 외국환거래법으로써 전문 6장 32조 및 부칙으로 구성되어 있다.

동 법은 외국환과 그 거래, 기타 대외거래를 합리적으로 조정 또는 관리를 통하여 대외 거래의 원활화를 기하고 국제수지의 균형, 통화가치 안정, 국민경제의 건전한 발전에 이바지하는 데 그 목적이 있다.

(2) 외국환거래법령의 기능 및 성격

가. 결제방법에 대한 허가

우리나라 외국환관리 체계상 외화의 영수는 적정한 대가의 대외수취에 대해 근거만 확인하면 원칙적으로 자유이나, 지급은 지급원인(계약) 또는 지급행위 중 어느 하나에 대해 허가 또는 인증을 받아야 한다.

외국환거래법의 중심규정은 이러한 결제방법에 대한 허가(인증)인데, 1999년 4월 1일 이에 대한 관리 방법이 종전「원칙금지, 예외허용」방식(positive list system)인 금지법 체계에서「원칙자유, 예외제한」방식(negative list system)으로 변경되었고 외환거래자유화 계획에 따라 많은 규제들이 완화되었다.

나. 국제성

외국환거래법은 외국환거래라는 국제거래를 규제대상으로 하는 것이므로 국제상관습을 존중해야 하고 국제조약을 준수함으로써 국제적으로 통용될 수 있도록 하고 있다.

(3) 외국환거래법의 관리체계

외국환거래법도 대외무역법과 마찬가지로 관리법적인 성격을 갖는다. 따라서 관리대상을 파악함으로써 외국환거래법 체계를 파악할 수 있다.

즉, 주체에 대한 관리로서 경제활동의 중심지를 기준으로 한 거주성에 대한 관리, 객체에 대한 관리로서 대외지급수단, 즉 외국통화, 외국통화로 표시된 지급수단, 표시통화와 관계없이 외국에서 사용할 수 있는 지급수단에 대한 관리이며, 행위에 대한 관리로서 결제방법, 즉 결제통화, 결제금액, 결제기관, 결제기간 등에 대한 관리 및 각종 벌칙 등 행정관리로 나누어 볼 수 있다.

① 인적 관리 : 거주자, 비거주자

② 물적 관리 : 외국환, 환율 등

③ 행위관리 : 결제방법

④ 행정관리 : 외국환수급계획, 외국환평형기금, 벌칙 등

4. 외국인투자촉진법

외환·자본거래의 자유화와 외국인투자 유치강화를 위한 법령체계 정비를 위해 외환·자본거래 및 외국인투자 제도를 전면 개편하여 종전의 '외국인투자 및 외자도입에 관한법'을 폐지하고, 1998년 9월 16일 '외국인투자촉진법'을 제정하여 같은 해 11월 17일 시행되었다.

주요내용은 외국인투자제도를 외국투자가 중심으로 개편하고, 지방정부가 외국인투자를 경쟁적으로 유치하도록 하는 투자환경을 조성하고 외국인투자 법체계를'규제·관리' 위주에서 '촉진·지원' 중심으로 개편하여 외국인투자 관리에 관한 사항은 최소한으로 축소하고, 각종 인·허가 절차를 간소화하였다.

Chapter 02

수출입 개요

2-1 수출입의 개념

수출입이란 국가와 국가 사이에 행하여지는 상품의 매매거래를 의미하며 수출(export)과 수입(import)으로 구분되며, 이를 총칭하여 무역(international trade)이라고도 한다.

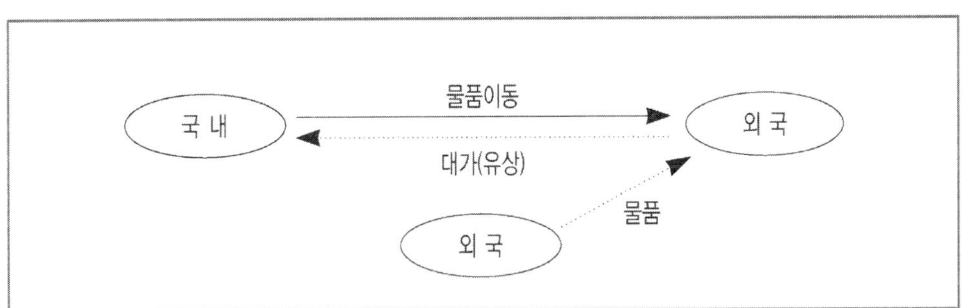

❙도 1-2❙ 수출의 개념도

수출 및 수입의 정의에 관하여는 대외무역법 시행령 제2조(용어의 정의)에서 "수출이라 함은 매매, 교환, 임대차, 사용대차, 증여 등을 원인으로 국내에서 외국으로 물품을 이동하는 것과 유상으로 외국에서 외국으로 물품을 인도하는 것으로서 산업통상자원부장관이 정하여 고시하는 기준에 해당하는 것"이라고 명시하고 있고, "수입이라 함은 매매, 교환, 임대차, 사용대차, 증여 등을 원인으로 외국으로부터 국내로 물품을 이동하는 것과 유상으로 외국에서 외국으로 물품을 인수하는 것으로서 산업통상자원부장관이 정하여 고시하는 기준에 해당하는 것"이라고 규정하고 있다.

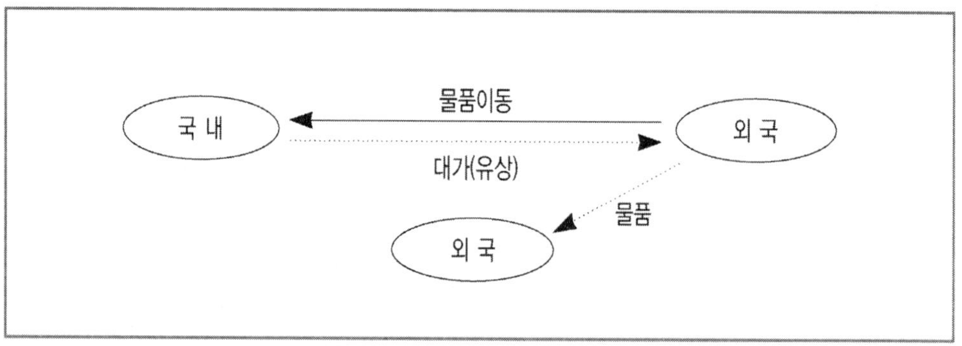

▌도 1-3▐ 수입의 개념도

최근에는 전자적 형태의 무체물(無體物)을 정보통신망을 통한 전송, 기타 산업통상자원부장관이 정하여 고시하는 방법으로 인수·인도하는 거래도 수출입의 범주에 포함시키게 되었으며, 전자적 형태의 무체물은 ① 소프트웨어산업진흥법에 의한 소프트웨어, ② 부호, 문자, 음성, 이미지, 영상 등을 디지털방식으로 제작하거나 처리한 자료 또는 영상물(영화, 게임, 애니메이션, 만화, 캐릭터 포함), 음향·음성물, 전자서적 및 데이터베이스 등을 말한다.

2-2 수출입 거래의 특성

수출입 거래는 국내거래와는 달리 여러 특수한 여건을 내포하고 있다. 물품의 국가간 이동으로 수출국과 수입국의 법령, 상관습 또는 가치관이 상이하며, 물품결제통화가 외국통화인 점 등으로 인하여 국내 상거래에 비하여 환율변동에 의한 환리스크가 상존하며, 상대방의 신용파악이 어려운 점, 물품의 납기 내 공급 및 수취 불확실성, 대금결제의 위험성, 분쟁발생 시 해결의 어려움 등이 있다. 특히 수출자에게는 수출대금 회수의 불안정성(신용위험)이 있으며, 수입자에게는 물품의 납기 내 수취의 불확실성(상업위험)이 있다.

2-3 수출입거래 절차

1. 수출절차 개요

수출절차라 함은 수출계약의 체결단계부터 수출대금이 회수되어 수출에 따른 거래가 종료되는 때까지 거치는 일련의 행정적, 법규적 흐름을 말한다.

일반적인 수출절차를 살펴보면, 먼저 수출업자는 수출하고자 하는 물품의 적당한 구매자(buyer)를 찾기 위하여 해외시장 조사를 행하게 되며, 그 다음 단계로 당해 시장에서의 거래처를 물색하게 된다.

거래상대방(수입자)을 선정한 후, 수출계약을 체결하고 신용장을 받게 되며, 수출물품이 수출입공고 등에 의하여 수출제한품목인 경우에는 동 제한조치에 따라 관련 수출조합 등에서 관련서류를 구비하여 수출승인을 얻게 된다.

수출승인을 받은 수출업자는 자체 제조・생산하거나 완제품을 구매하여 수출물품을 확보하고 수출검사 과정을 거쳐 물품을 보세구역에 반입, 세관장에게 수출신고를 하여 수출 신고필증을 교부받은 후 물품을 보세구역에서 반출하여 선적을 하고 선박회사로부터 선하증권(B/L)을 교부받아 신용장에서 요구하는 서류를 구비, 거래은행에 환어음의 매입(Nego)을 의뢰하게 되며, 은행은 환어음을 매입한 후 신용장 발행은행에 추심하여 대금결제가 이루어짐으로써 수출절차가 종료된다.

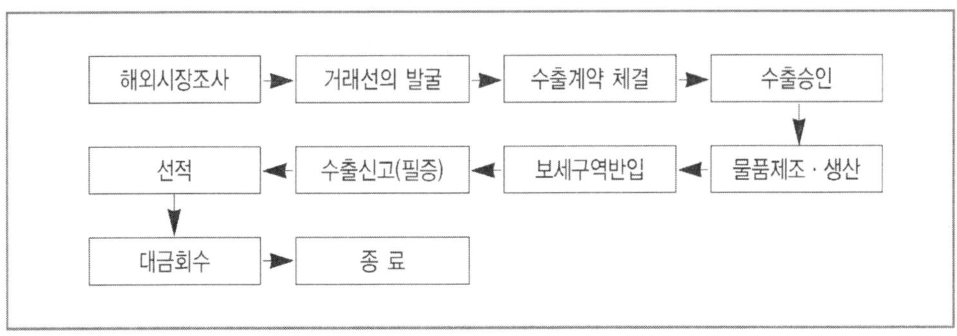

도 1-4 수출 절차도

이러한 절차를 규정하는 법규는 물품의 수출입에 관한 기본사항을 관리하는 '대외무역법', 수출대금의 결제와 관련된 사항을 규정한 '외국환거래법', 물품의 통관과 감시를 위한 '관세법', 수출입에 따른 자금지원을 규정한 '무역금융 관련규정', 수출물품에 대한 품질기준을 정한 '수출품 품질향상에 관한 법' 등 여러 무역관련 법규가 상호 유기적으로 운용되고 있으며, 대외무역법의 주요내용에 대해서는 수출입 담당자로서의 기본 지식에 해당하므로 다음 제4부에서 설명하기로 한다.

2. 수입절차 개요

수입절차라 함은 무역거래 당사자간에 계약을 체결하는 단계로부터 대금결제 및 물품을 통관하여 수입거래가 종료되기까지 일련의 절차를 말한다.

일반적인 수입절차를 살펴보면, 우선 수입업자가 해외시장조사 과정을 통하여 수입하고자 하는 물품과 거래상대방을 선정하여 수입계약을 체결하고 당해 물품이 수출입공고 등에 의하여 수입제한품목에 해당되는 경우에는 수입계약서 또는 물품매도확약서 등에 의하여 동 제한조치에 따라 관련기관, 조합 등으로부터 수입승인 등을 받아야 한다.

수입승인을 받은 수입업자는 신용장발행은행에 의뢰, 신용장을 발행하고 이를 수출자에게 송부하게 된다.

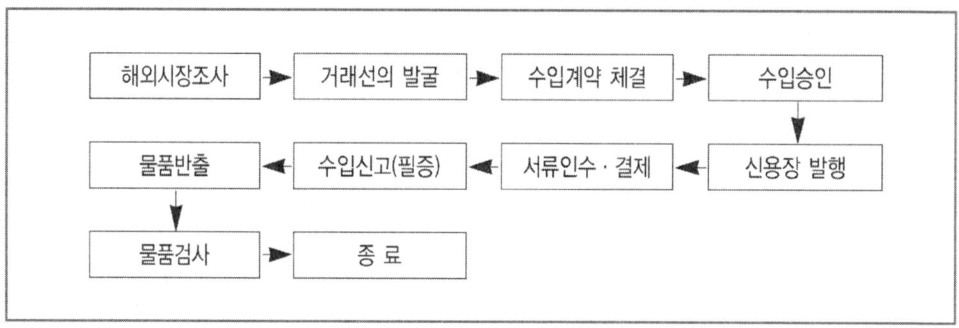

▌도 1-5▌ 수입 절차도

수출자는 신용장 조건에 따라 물품을 선적한 후 선적서류 등을 구비하여 환어음을 작성, 거래은행을 통하여 신용장발행은행에 송부하면 동 은행은 선적서류 등이 신용장조건과 일치되는지 여부를 확인한 후 수입업자에게 선적서류의 도착통지를 하게 되고, 통지를 받은 수입자는 수입대금과 관련 수수료 등을 납부하고 선적서류를 수취하여 '관세법'또는 기타 법령에 정하는 바에 의하여 세관에 통관절차를 거쳐 수입을 완

료하게 된다.

이러한 수입절차는 수출의 경우와 마찬가지로 '대외무역법', '외국환거래법', '관세법' 등 각종 관련 법규에 의하여 상호 유기적으로 운용되고 있다.

2-4 수출입과 외국환

1. 외국환의 발생원인

(1) 외국환의 의미

외국환(foreign exchange)에 대한 의미는 추상적인 의미와 구체적인 의미의 두 가지로 설명할 수 있다. 추상적인 의미로서의 외국환은 환(換)의 일종으로서 당사자 중 한 사람이 외국에 소재하고 있는 경우에 발생한다. 즉, 외국환이란 국제간의 채권·채무 관계를 현금을 직접 수송하지 않고 제3자(은행 등 금융기관)를 통하여 지급위탁의 방법에 의하여 결제하는 제도·수단을 말한다. 구체적인 의미로서는 외국환거래법(법 제3조 제1항 13호)상 대외지급수단, 외화증권 및 외화채권 등을 말하며, 외국환 관리의 대상이 된다.

여기서 대외지급수단이라 함은 외국통화와 외국통화로 표시되거나 외국에서 사용할 수 있는 지급수단을 말하며, 외화증권은 외국통화로 표시된 증권 또는 외국에서 지급받을 수 있는 증권을 총칭하며, 외화채권은 외국통화로 표시된 채권 또는 외국에서 지급받을 수 있는 채권을 말한다.

(2) 외국환의 발생원인

가. 국제간의 자금이동

국제간의 자금이동의 원인은 경상거래에 수반된 자금이동과 자본거래에 수반된 자금이동으로 구분할 수 있다. 경상거래에는 무역거래, 무역외거래, 이전거래가 해당되고, 자본 거래는 단기자본거래와 장기자본거래로 구분할 수 있다.

나. 국제(대외)거래의 결제

국제간에는 경제거래가 필연적으로 발생하게 되고, 이러한 경제거래의 결과에 따라 대금지급을 하려면 외국환(foreign exchange)이라는 결제 제도 · 수단을 이용하게 된다. 이와 같이 외국환은 국제(대외)거래의 결과에 따라 발생하는 국제간 거래의 결제 수단이 된다.

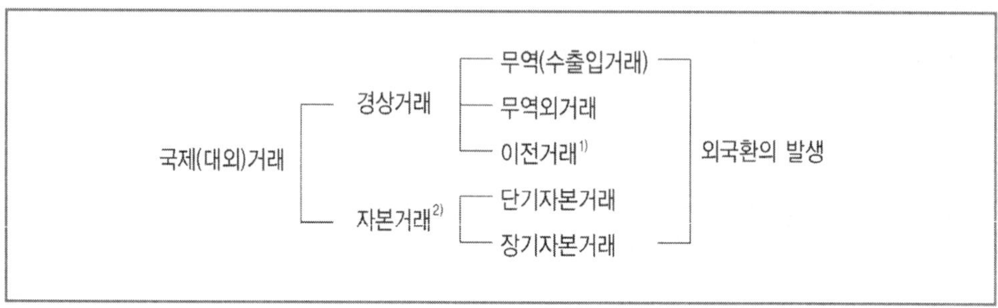

| 도 1-6 | 국제거래의 내용

2. 외국환의 일반적 특징

외국환과 내국환은 격지자간의 채권 · 채무관계를 현금의 수송 없이 은행 등 금융기관이라는 중개기관을 통하여 결제한다는 점과 환의 수단으로서 수표나 어음 지급지시서 등을 이용한다는 점에서는 동일하다.

그러나 내국환에서는 환의 수단인 수표나 어음 등에 표시되어 있는 통화나 은행과 고객간의 수수 통화가 동일하고 자금이동도 동일국내로 한정되며 은행간의 결제차액을 결제하는 기관으로서의 중앙은행이 있다.

반면 외국환에서는 환의 수단으로서의 수표나 어음 등에 표시되어 있는 통화와 은행과 고객간의 수수통화가 동일하지 않은 경우가 많으며, 국제간 대차관계의 결제이므로 내국환의 중앙은행에 해당하는 결제기관이 없다. 따라서 외국환은 다음과 같은 특징을 가지게 된다.

---

1) 이전거래 : 거주자와 비거주자간의 증여, 정부간의 배상금지급, 군사원조 등
2) 자본거래 : 거주자와 비거주자간의 직접투자, 대부 및 차관의 원리금 지급 등

(1) 환율의 개입

내국환거래는 동일 국가 내에서 동종통화에 의하여 결제되는 것이지만 외국환거래는 국제간의 채권·채무관계를 결제하는 것이므로 이종(異種) 통화간의 교환비율, 즉 환율의 적용문제가 발생하게 된다.

또한 외국환거래에는 환율의 변동에 의한 환위험(exchange risk) 문제가 따르게 된다. 이러한 환리스크가 존재하는 이유는 여러 가지 요인에 의하여 환율이 항상 변동하기 때문이다. 외국환은행과 고객 모두에게 있어서 「환리스크 방지(회피)」는 매우 중요한 사항으로 자리잡고 있다.

(2) 복잡한 환 결제구조

외국환거래는 내국환거래에서처럼 자금의 집중결제기관이 별도로 없기 때문에 환의 결제구조가 매우 복잡하고 다양해진다.

외국환거래에 있어서 은행은 자기은행의 해외지점이나 현지법인 외국의 예치환거래은행 등을 통하여 자금결제를 하고 있다.

(3) 외국환거래와 국제수지

내국환거래는 동일국 내에서의 거래이기 때문에 일국의 국제수지에는 아무런 영향을 미치지 못하게 된다. 그러나 외국환거래는 국제간의 대차관계를 결제하기 때문에 일국의 국제수지에 영향을 미치게 된다. 즉 재화나 용역을 외국에 수출하는 경우 외국환의 수취(수입)가 발생하게 되고 반대로 재화나 용역을 외국으로부터 수입하는 경우 외국환의 지급이 발생하게 된다. 따라서 국제(대외)거래의 결과 외국환의 수취(receipts)가 지급(Payments)보다 많을 경우에는 국제수지 흑자요인이 되며, 그 반대일 경우에는 국제수지 적자요인이 된다.

(4) 이자 요소 개입

외국환거래는 외국과의 거래이어서 시간적인 간격(time-lag)이 게재되므로 이자요소가 개입된다. 이러한 이자요소를 배제하기 위한 것으로 전신환(Telegraphic Transfer)이 있다.

3. 외국환의 결제구조

(1) 외국은행과의 환거래 계약

대외송금, 대외추심 등 외국환거래와 국제간 자금거래 업무 등의 원활한 수행을 위해 은행간에 환거래의 대상 점포, 업무의 종류, 거래통화의 종류, 대금결제 방법 등의 계약 내용이 담긴 계약문(schedule of agency arrangement)과 함께 외국환거래에 필요한 서명부(list of authorized signatures), 전신암호문 또는 전신건(telegraphic test key), 비수(fixed number), SWIFT Authenticator Key, 거래조건 및 제 요율표(terms and conditions) 등 환거래에 필요한 각종 문서를 교환하는 것을 환거래계약이라고 하고, 이러한 제 문서를 부대문서(control documents)라고 한다.

이러한 계약을 체결한 은행을 환거래은행(correspondent bank) 또는 Corres은행이라 하며, 이에는 예치환거래은행(depositary correspondent bank)과 무예치환거래은행(non-depositary correspondent bank)이 있다.

예치환거래은행이란 상대은행과의 환거래에 따르는 대금결제 등을 더욱 원활히 하기 위하여 상대방 환거래은행에 자기 명의의 당좌예치금 계정(our account)을 개설한 은행을 말하며, 상대방 환거래은행에 당좌예치금계정을 개설함이 없이 송금에 관한 지급의 위탁, 환어음추심의 위탁, 신용장의 통지 및 매입의 수탁 등과 같은 일반적인 환거래만을 유지하는 은행을 무예치환 거래은행이라 한다. 쉽게 말해 은행간 결제계좌가 있느냐 없느냐로 구분된다.

(2) 은행간 자금 결제

가. 예치환거래은행 상호간의 자금결제

돈을 보내는 은행과 돈을 받는 은행이 서로 환거래계약을 체결하고 있고 자행에 상대방 계좌를 보유하고 있을 경우에는 자금결제 방법이 아주 간단하다.

먼저 수출상에게 Nego대전으로 자기자금을 선지급한 매입은행이 신용장관련 서류를 개설은행으로 송부할 때 "우리 은행에 예치된 귀행 계좌에서 Nego대전을 인출하겠다"는 통지를 하고 서류를 받은 개설은행이 "우리 은행에 예치된 귀행 계좌에 Nego대전을 입금시키겠다"고 통보하면 양쪽 은행이 확인된 금액을 장부상에서 차기 또는 대기하는 방법만으로 모든 결제를 마칠 수 있게 된다.

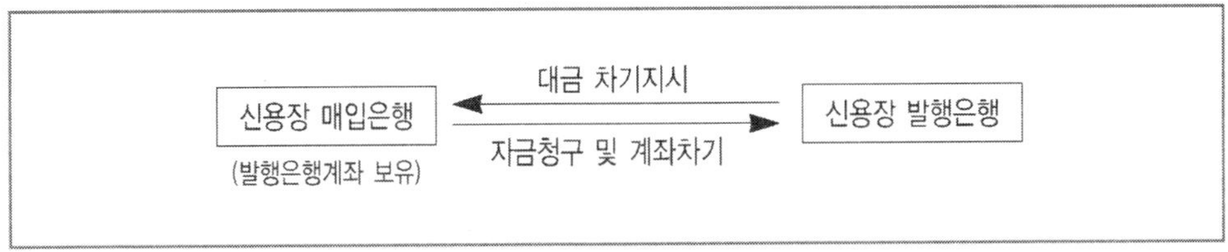

▌도 1-7▐ 예치환은행과의 자금결제

나. 무예치환거래은행 상호간의 자금결제

양쪽 은행 사이에 계좌개설이 되지 않은 경우에는 '계정간 이체방식'에 의한 자금결제가 불가능하기 때문에 부득이 양쪽 은행 사이에 제3의 은행을 개입시켜야 하고 이 제3의 은행을 통하여 자금결제를 하게 된다. 이때 결제를 담당하는 제3의 은행을 상환은행(reimbursing bank)이라 하며, 결제은행이라 하기도 한다.

일반적으로 상환은행으로 선정되는 은행은 자본규모가 크고 조직망이 잘 정비된 세계 일류은행인 경우가 많다.

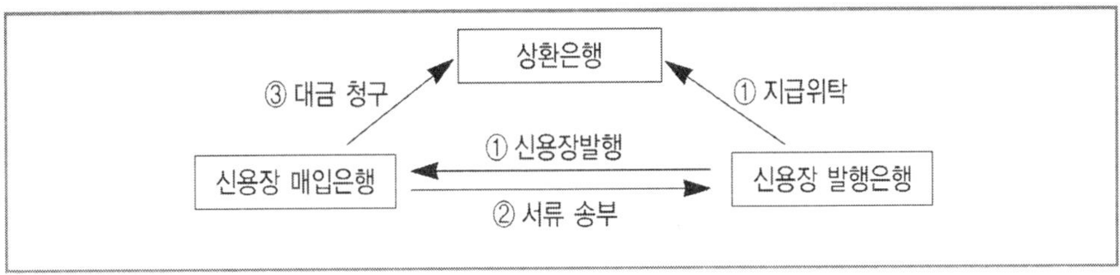

▌도 1-8▐ 무예치한은행과의 자금결제

Chapter 03

무역대금 결제방식

국제무역거래에서 가장 이상적인 대금결제방법은 국내 매매와 같이 상품의 인도와 대금의 지급이 동시에 이루어지는 동시이행조건(concurrent payment)일 것이다. 그러나 국제 무역거래에서는 국내거래와는 달리 수출상과 수입상이 격지에 떨어져 있으므로 상품의 수수와 대금결제에 있어서 시간적인 차이가 많이 발생하게 된다.

신용장이 생기기 전의 국제무역거래에 있어서 수출상과 수입상이 매매계약을 체결하고 상품의 대가를 지급하는 방법에는 가장 쉬운 방법으로 수입상이 수출상 앞으로 송금(remittance)하는 방법을 들 수 있으며, 또 다른 방법으로는 수출상이 상품을 선적한 후 환어음을 발행하여 수입상 앞 청구하는 추심(collection)방법을 생각할 수 있다.

송금방식은 수출상이 선적을 이행하고 확보한 서류를 수입상앞 직접 송부하여 대금은 은행을 통해 결제받는 방법인 반면, 추심방식은 서류를 은행을 통해 송부하고 수입상앞 청구하고 대금도 동 은행을 통해 결제받는 방식이다. 추심방식에는 수입상의 거래은행의 지급보증을 받지않는 D/P나 D/A방식의 추심방식과 지급보증을 받는 신용장 방식으로 구분할 수 있으며, D/P와 D/A방식을 '협의의 추심방식'이라 부르기도 한다.

3-1 송금결제방법

송금방법은 수입상이 상품을 인도 전, 인도 후 또는 인도와 동시에 수출상에게 송금(remittance)을 하여 지급함으로써 결제를 완료하는 방법을 말하며, 상품선적 전에

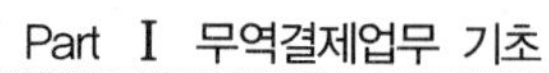

결제하는 사전송금 방법과 선적 후 송금하는 사후송금방식이 있다.

송금방식은 대금지급 의무자인 수입상이 수출상 앞으로 대금을 결제한다는 측면, 즉 환(換)이 이루어지는 방향의 관점에서 순환의 일종으로 볼 수 있으며, 수출상이 선적을 이행하고 확보한 서류는 거래 은행을 통한 전달이 아니고 수입상에게 직접 송부하게 된다.

1. 사전송금방식(advance remittance)

수입상이 대금의 전액을 상품선적 전에 외화, 수표 등으로 수출상에게 미리 송금하여 지급하고, 수출상은 일정기일 이내에 이에 상응하는 상품을 선적하는 방식이다.

사전송금은 수출상 입장에서는 선수금에 해당하며, 수입상 입장에서는 선지급금에 해당된다.

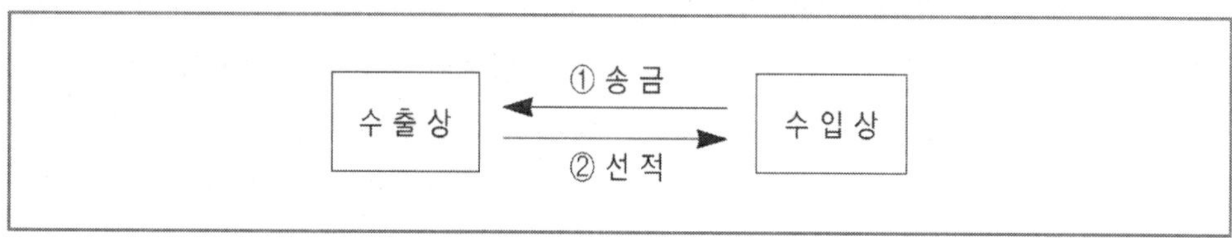

2. 사후송금방식(later remittance)

수출상이 먼저 수입상에게 상품을 선적하고 수입상은 대금의 전액을 상품수령 후에 수출상에게 송금하여 결제하는 방식을 말하며, 외상거래에 이용된다.

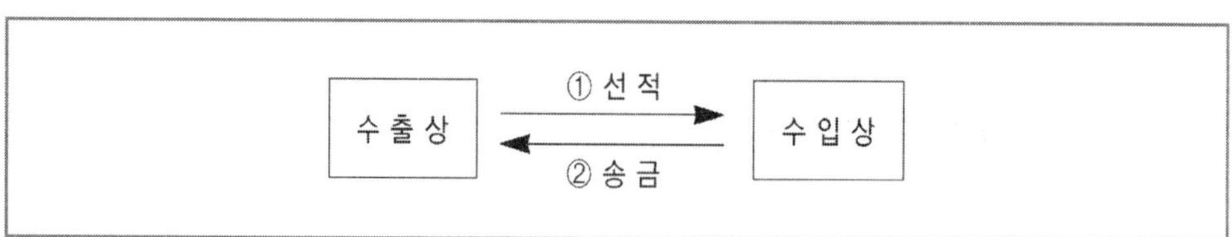

3. 동시결제방식(concurrent payment)

상품인도와 동시에 대금이 결제되는 방식으로 두 가지 방식이 있으나, 이는 선적 이후에 대금이 결제된다는 점에서 사후송금방식에 포함된다. 다이아몬드 같은 귀금속을 거래할 경우에는 그 품질의 차이, 즉 크기, 빛깔 등의 미세한 차이에 의해 엄청난 가격차이가 나게 될 경우, 상품(또는 서류)을 인도하는 현장에서 그 품질 등 계약조건을 확인하고 대금결제를 해야만 안심이 되는 거래에서 많이 이용되는 방식이다.

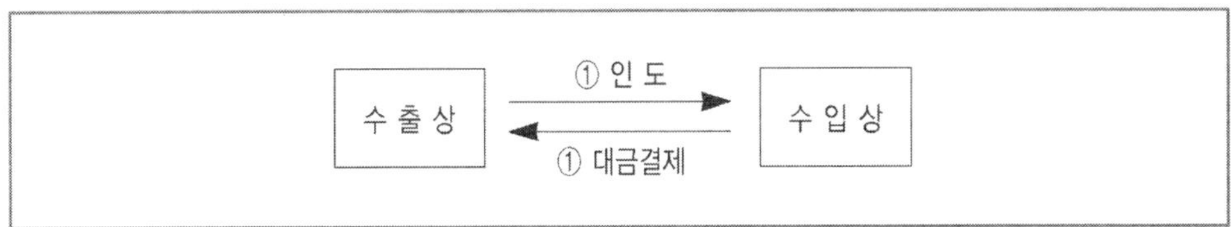

(1) 상품인도결제방식(cash on delivery; COD)

대금교환도조건이라고도 하며 수출상이 상품을 선적한 후 선적서류를 자신의 대리인(주로 수입업자의 국가에 소재함)에게 송부하여 상품이 목적지에 도착하면 수입상이 검사 후 인도받으면서 대금을 결제한다.

(2) 서류인도결제방식(cash against documents; CAD)

수출상이 상품을 선적한 후 선적서류를 수입업자의 대리인(주로 수출상의 국가에 소재)에게 선적서류를 인도하면서 대금을 결제받는 방식을 말하며, 선적서류교환도조건이라고도 한다.

동시결제방식은 국내거래에서는 자주 접할 수 있겠으나, 수출입상이 격지에 떨어져 있는 국제무역거래에서는 특수한 경우 이외에는 이루어지기 어렵고 상품이 수출상의 수중에서 떠난 이후에 대금결제가 이루어진다는 점에서 외국환관리 측면에서는 사후송금방식으로 간주하여 관리하고 있다.

사전송금방법은 수출상의 입장에서 무역대금의 회수 불능 등과 같은 위험부담은 없어 좋은 조건이라고 할 수 있으나, 수입상은 대금만 먼저 지급하고 그 후에 물품을 받지 못하는 위험을 부담하게 된다. 사후송금방법은 물품을 받은 후 대금을 지급하는 수입상은 안전하나 수출상은 대금 미회수의 위험을 부담하게 된다.

송금방식의 구체적 결제수단으로서는 전신송금(T/T), 우편송금(M/T), 송금수표(D/D), 은행수표(bank check) 및 개인수표(personal check) 등이 있는데, 무역실무에서 가장 많이 이용되는 방식은 전신송금방식이다.

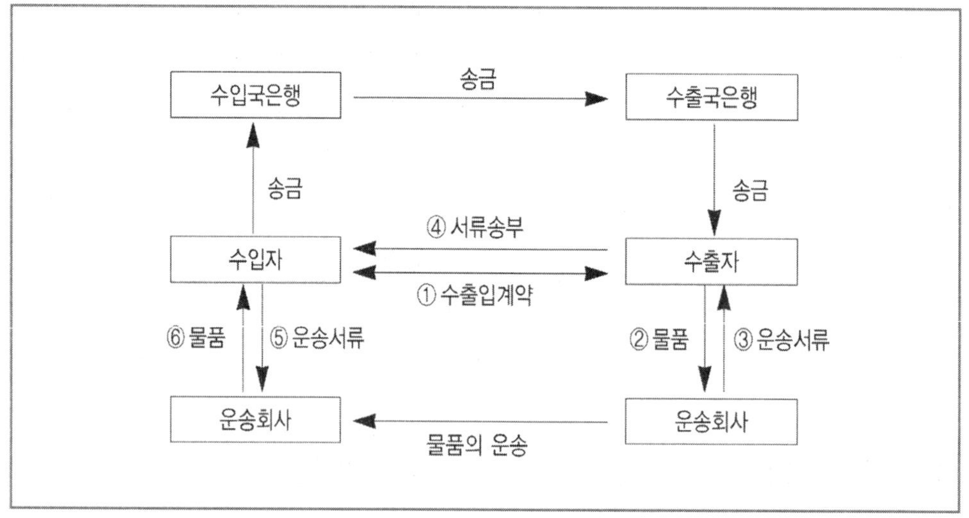

┃도 1-9┃ 송금방식 거래절차도

3-2 추심결제방법

추심결제방법이란 매매당사자간의 계약에 의거하여 수출상이 상품을 선적한 후 관련서류를 첨부한 화환어음을 수입업자에게 제시하면, 수입업자가 그 어음에 대한 지급 또는 인수를 하여 결제하는 방법을 말하며, 무신용장방식이라고도 한다. 여기에는 수입상이 선적서류 영수와 동시에 대금을 결제하는 지급인도조건(Documents against payment; D/P)과 환어음을 인수한 후 선적서류를 영수하고 일정기간 후에 대금을 결제하는 인수인도 조건(Documents against Acceptance; D/A)의 두 가지가 있다.

지급인도조건과 인수인도조건 모두 채권자인 수출상이 수입대금을 지급해야 할 의무가 있는 채무자인 수입상 앞으로 대금결제를 청구한다는 점에서 앞에서 설명한 송금방식과 반대방향으로 이루어진다. 따라서 추심결제방식을 역환의 일종으로 볼 수 있다.

추심결제방법은 대금의 결제를 은행을 통한 추심에 의존하므로 만약 수입상이 대금지급의 의무를 이행하지 않으면 대금회수에 많은 어려움이 따르며 설사 회수를 하더라도 막대한 비용을 부담하게 될 가능성이 있다. D/P, D/A 방식에서는 지급 및 인수의 근거가 '환어음'이 되므로 어음의 존재가 필수요건이 되며 은행의 역할은 매매당사자를 대신하여 수출대금을 추심하거나, 송금하여 주는 데 있다.

그러나 이 거래방식에서는 은행이 대금지급의 의무를 부담하지 않기 때문에 만일 수입자가 대금결제를 지연시키거나 거절하는 경우 은행은 수출상에게 이 사실을 통보해 주는 데 그치고 그 이후의 문제(계약의 이행 및 클레임의 처리)는 수출자와 수입자가 직접 해결할 수밖에 없다. 따라서 이 결제방식은 매매당사자가 서로의 신용을 깊이 신뢰하는 사이에서만 가능하다 하겠다.

이 방식의 특징은 첫째, 채권자가 채무자에게서 돈을 받는 수단은 환어음을 이용하는 것이므로 반드시 어음의 존재가 필요하고, 둘째, 채권자를 대신하여 채무자에게 돈을 받아주는 역할을 추심은행이 담당하게 되므로 비록 신용장의 경우에서처럼 은행의 대금지급 의무가 없더라도 은행의 존재가 필수적이라는 점이다.

1. 지급인도조건(Documents against Payment; D/P)

수입지에서 대금결제조건에 따라 수입상이 지급(支給, payment)을 하면 서류(documents)를 수입상에게 인도(引渡)하는 결제방식이다.

D/P 업무처리절차를 <도 1-10>에서 살펴보면 다음과 같다.

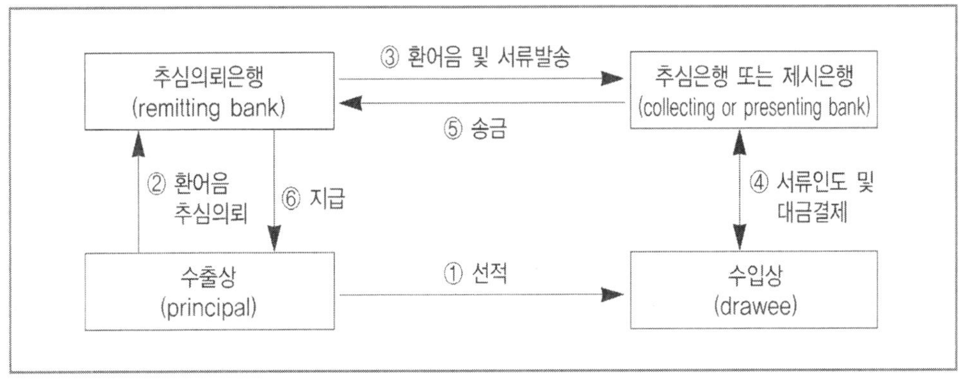

도 1-10 D/P조건의 대금결제

① 수출상이 수입상 앞으로 상품을 선적한 후,
② 관련서류가 첨부된 일람불화환어음(documentry sight bill)을 수입상을 지급인(drawee)으로 발행하여, 자신의 거래은행에 추심을 의뢰하면,
③ 수출상의 거래은행은 그러한 서류가 첨부된 환어음을 수입상의 거래은행으로 보내어 추심을 의뢰하고,
④ 수입상의 거래은행은 그 환어음의 지급인인 수입상으로부터 대금을 지급받으며 서류를 인도하고,
⑤ 지급받은 대금은 추심을 의뢰하여 온 은행으로 송금하여 결제하는 방법을 말한다.

2. 인수인도조건(Document against Acceptance; D/A)

이 방식은 위 D/P방식과 같이 서류를 은행을 통해 수입상에게 제시되어질 경우, 수입상이 대금을 일정기간이 지난 만기일에 지급하겠다는 인수(引受, acceptance)하면 서류(documents)를 인도(引渡)하는 조건이다.

D/A업무처리절차를 <도 1-11>에서 살펴보면 다음과 같다.

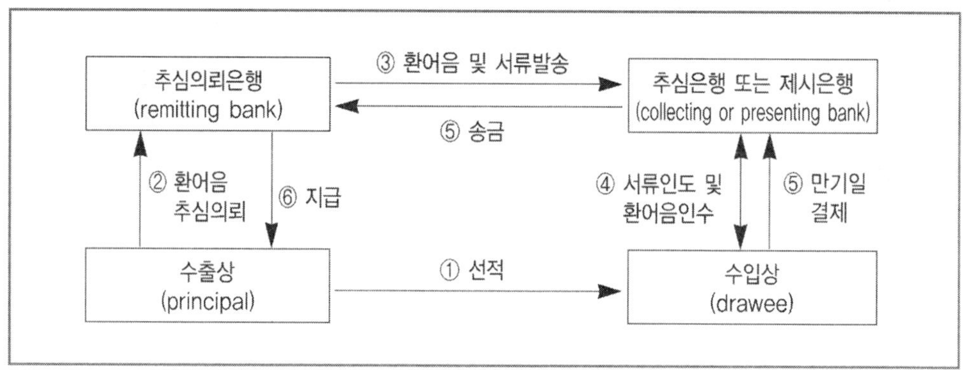

❙ 도 1-11 ❙ D/A조건의 대금결제

① 수출상이 상품을 선적한 후 관련서류가 첨부된 기한부 환어음(documentary usance bill)을 수입상을 지급인(drawee)으로 발행하여, 자신의 거래은행에 추심을 의뢰하면(①, ②),
② 수출상의 거래은행은 그러한 서류가 첨부된 환어음을 수입상의 거래은행으로 보내어 추심을 의뢰하고(③),

③ 수입상의 거래은행은 그 환어음의 지급인인 수입상으로부터 어음의 인수를 받으면 서류를 인도하고, 어음의 만기일에 대금을 지급받아 추심을 의뢰하여온 은행으로 송금하여 결제하는 방법을 말한다(④~⑥).

3. 결제방법의 장단점

상기와 같은 송금방식이나 추심결제방법은 매매당사자가 상대방에 대하여 신뢰감을 가져야 거래관계가 발전적으로 진행될 수 있다. 신뢰감을 갖기 위하여 거래 전 상대방의 신용조사를 실시할 수 있으나, 그 결과가 양호하다고 하여도 앞으로 계속 그 기업이 절대적으로 안전하다고 말할 수 없다. 정치, 경제, 산업구조, 사회 및 기타의 정세 등의 변동이 계속 예상되기 때문에 때때로 신용조사를 할 필요가 있다.

그러면 위의 두 가지 결제방법의 장단점을 살펴보기로 하자.

❙표 1-1❙ 송금 및 추심방법의 문제점

결제방법	종류	수출상(seller)	수입상(buyer)
선적 전 송금결제방법 (remittance before shipment)	사전송금 방식	유리	경우에 따라 대금회수와 물품인수가 보장 안 됨.
선적 후 송금결제방법 (remittance after shipment)	COD	대리인의 신용에 따라 대금영수 및 물품회수가 보장 안 됨.	유리
	CAD	대금의 영수가 보장 안 됨.	
추심결제방법 (collection)	D/P	대금의 영수가 보장 안 됨.	유리
	D/A	대금영수 및 물품회수가 보장 안 됨.	

다음 <표 1-1>에서 보듯이 어느 결제방법에서나 일방이 자신에게 불리한 조건을 감수하여야 거래가 성립되어진다.

즉, 사전송금방법은 수입상이 상품을 수령하기 전에 송금하는 방법으로 수출상은 유리하나 수입상은 불리하다. 이것은 수출상이 대금을 받고 상품을 선적하지 않을 우려가 있기 때문이다. 또한 선적 후 송금방법으로서는 수입상이 상품을 수령한 후에 대금을 지급하므로 수출상이 불리하며, 이 역시 수입상이 물품을 수령하고도 대금을 결제하지 않는 사례를 가정할 수 있기 때문이다.

따라서 송금방법은 대금결제의 안전성이 높다고 볼 수 없으며 대금결제에 대한 위험성을 항상 내포하고 있다.

그리고 추심결제방법인 D/P · D/A는 추심에 의존하기 때문에 수출상이 선적을 완료한 후 추심을 의뢰하면 수입상이 대금지급을 하지 않거나 인수를 하지 않을 경우에는 상품을 반송하거나 현지에서 전매 또는 공매처분함으로써 많은 비용 또는 손실을 면할 수 없게 된다. 그러므로 D/P · D/A 역시 대금결제의 안전성이 없다고 하겠으며 수출상으로서는 대금결제에 대한 위험을 느끼게 된다.

3-3 신용장결제방법

사전송금방식에 있어서 수입상은 계약물품을 입수할 수 있을지에 대한 의문을 갖게 되며, 사후 송금방식에서는 반대로 수출상이 선적한 상품의 대금을 일정기간 내에 회수할 수 있을까 하는 위험을 갖게 된다. 또한 D/P, D/A 방식에서는 수출상이 수출대금 회수가 보장이 안 되어 대금회수의 위험을 느끼게 된다.

따라서 수출상은 상품의 인도전에 대금을 받기 원하고 수입상은 상품을 받고 대금을 결제하기를 원한다. 왜냐하면 수출상은 상품을 먼저 인도하면 대금회수에 불안이 따르고, 반대로 수입상이 대금을 먼저 지급하면 상품을 인도받지 못할 수 있는 위험이 따른다. 이와 같이 수출상이 직면하는 위험을 신용위험이라 하며, 수입상이 수출상에 대하여 부담하는 위험을 상업위험이라 한다.

송금 또는 추심결제 방법에 의한 일방의 불이익을 방지하고 당사자간의 신용결여에 따른 무역거래상의 어려운 점을 해결하기 위하여 등장한 것이 신용장(letter of credit; L/C)이다. 즉, 신용장의 발행은행(issuing bank)이 수입상을 대신하여 대금지급의 확약을 함으로써 수출상의 대금회수 불능에 대한 위험을 방지하고 수입상은 조건과 일치하는 서류를 인도 받으면서 발행은행에 대금을 지급하므로 상품인수 불능에 대한

위험을 방지할 수 있으며, 이로써 은행이 매매당사자 사이에 개입하여 당사자간의 상호 다른 위험을 제거하고 있다.

송금결제방법에 있어서는 사전 또는 사후에 대금결제가 이루어지기 때문에 당사자간의 이해가 상반되나 신용장에 있어서는 선적후 선적서류를 송부하여 대금회수를 하는 것이 원칙이므로 당사자간 위험부담이 없다.

참고 1-1 위험의 종류

가. 신용위험(credit risk)

수출상이 수출대금을 계약에 따라 수입상으로부터 회수할 수 없는 위험을 말하며 이는 계약 성립 후 수입국 내에서 계약물품의 가격이 하락하여 시장성이 없다고 판단하여 수입상이 수입을 거절 할 수도 있을 수 있고 수입상이 부도 등으로 인하여 대금지급능력을 상실할 수 있는 위험을 말하며, 사후송금방식이나 D/P, D/A 등 추심결제방법에서 수출상이 부담하는 위험이 될 수 있다.

나. 상업위험(mercantile risk)

이 위험은 사전송금의 경우에 수출상이 계약물품을 일정기간 내에 수입상에게 선적하여 수입상이 약정된 선적기일 내에 상품을 인수할 수 있는지의 여부에 대한 위험을 말하며 주로 수입상이 부담하는 위험이다.

즉, 신용장은 제3자인 은행이 지급을 보증하는 것이므로 수입상의 신용과 크게 관계가 없으며, 신용이 있는 은행이 대금의 지급을 확약하는 것이므로 대금회수에 안전성이 있다. 이와 같이 신용장거래는 대금결제의 안전성이 보장되므로 현대무역거래에서 주류를 이루고 있다.

이상과 같은 신용장이라는 형태의 대금결제수단이 언제부터 등장하였는지는 뚜렷하게 알 수 없다. 그러나 초기의 신용장은 은행이 발행한 보증서가 아니고 당시 사회적으로 명망과 재산을 소유하고 있던 왕, 왕족 또는 귀족들에 의하여 보증서의 형태로 발행되어짐으로써 상인들의 신용거래에 이용되어 왔다. 고증에 의하면 국왕 또는 왕후가 대신들의 자금조달을 돕기 위하여 상인 앞으로 서장(書狀)을 써서 신하들에게 주어 사용시킨 데서부터 시작되었다는 설도 있다.

상인이 실질적으로 이러한 서장의 발행인으로 등장하기는 13세기경 유태상인 또는 롬발트상인들에 의하여 발행되어 상품매입이나 자금조달에 사용되어 왔는데 기록상으로는 17세기경의 것이 전해지고 있다. 그 한 예를 들면 1654년 영국의 Thomas가 파리에 출장가는 John을 위하여 파리 상인 William 앞으로 발행한 것으로 그 내용은 John에게 1회 또는 수회에 걸쳐 2,000Crowns 한도로 수령증 또는 환어음을 받고 지급하여 그 금액을 발행인인 Thomas의 계정에 대체시키도록 하였으며, 신용장은 그것에 대하여 충분히 보증한다는 것이었다. 이와 같이 초기의 신용장은 여행자신용장에 가까운 형식을 취하고 있다.

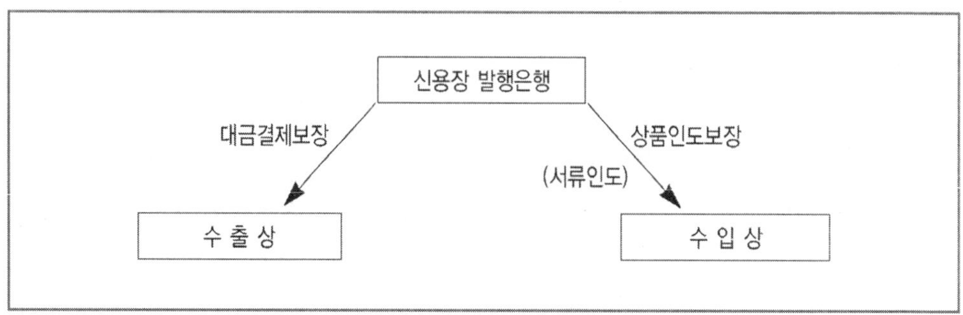

❙도 1-12❙ 신용장 발행은행의 역할

은행이 신용장의 발행자로서 개입하게 된 것은 19세기에 들어서였다. 그러나 이 당시에 발행되었던 은행의 신용장도 역시 여행자신용장의 형식에 의한 것이었다. 그러다가 20세기초에 신용장의 발행의뢰인인 수입상이 지명한 수익자 앞으로 은행이 자기가 발행한 신용장을 직접 교부하며 또한 은행이 발행의뢰인을 대신하여 어음의 지급인이 되는 등의 근대적인 신용장이 등장하게 되었다.

신용장은 수입상(applicant)의 요청에 의하여 신용장발행은행(issuing bank)이 신용장조건에 일치하는 운송서류와 상환으로 수출상(beneficiary) 또는 그 지시인에게 무조건 대금을 지급하거나 만기일에 가서 인수한 어음에 대한 대금지급을 약정하는 증서이다. 즉 요약하면 '발행은행의 수출상에 대한 조건부 지급확약'으로 정의되는 거래이다. 이것을 분석하면 거래내용을 정하는 사람은 수출상과 수입상이지만, 거래에 따르는 대금의 지급책임은 은행이 진다는 점이다. 따라서 신용장에 의한 무역대금의 결제는 송금방식이나 추심방식의 단점을 해결하여 줌으로써 금융기능과 지급보증의 기능을 갖고 있기 때문에 무역대금 결제방식 중 가장 많이 이용되는 결제방식이다.

따라서 신용장 거래를 할 경우 수출상은 자신이 신용장에 대한 전문지식이 있고 신중하기만 하면 어떠한 경우에도 돈을 떼이지 않는 안전한 거래라는 점이 장점이다.

신용장의 종류 등 이론적인 측면은 제2부 신용장에서 상세한 설명을 하기로 한다.

여기에서는 가장 많이 이용되고 있는 신용장방식의 거래절차에 대한 기본적인 이해를 확실히 해 두기 바란다. 신용장방식도 송금이나 추심방식처럼 대금결제시기에 따라 사전결제되는 자금전대신용장(資金前貸信用狀 red-clause L/C), 동시결제되는 일람불신용장(一覽拂信用狀, sight L/C)와 사후결제되는 기한부신용장(期限附信用狀, usance L/C)가 있으며, 제2부에서 구분 설명하기로 한다.

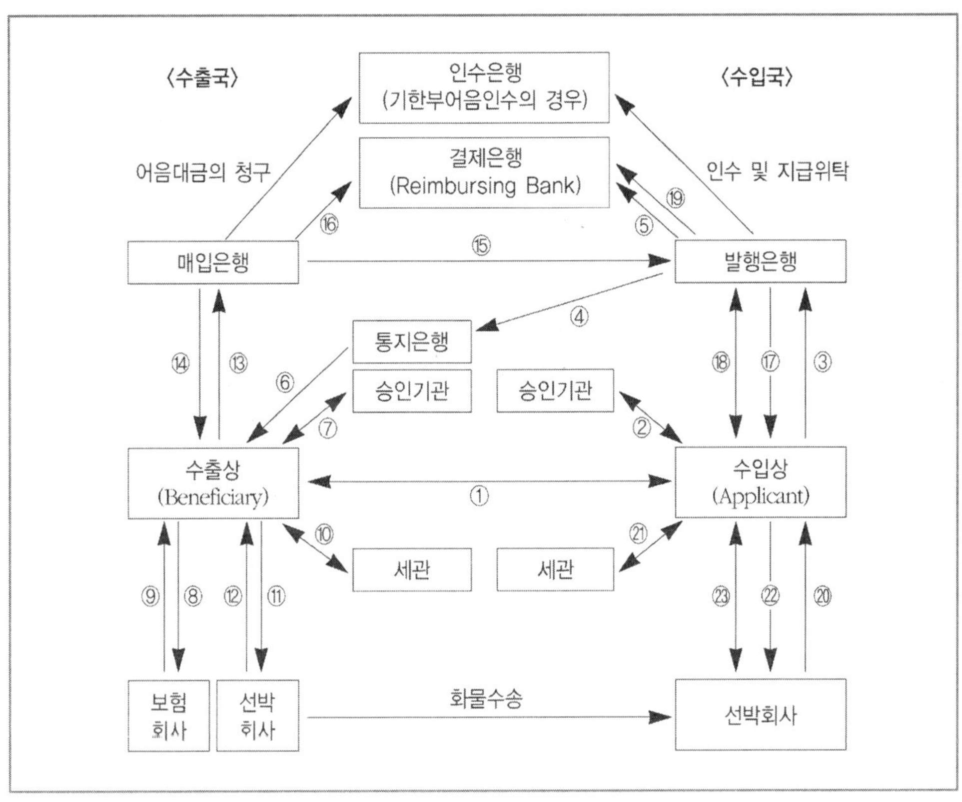

▌도 1-13▐ 신용장방식 거래절차도

① 매매계약 체결
② 수입승인 신청 및 승인(제한품목)
③ 신용장(L/C) 발행 신청
④ L/C 발행
⑤ 지급위탁(Non-Depositary은행앞 L/C발행할 경우)
⑥ L/C 통지
⑦ 수출승인 신청 및 승인(제한품목)
⑧ 화물에 대한 보험부보신청(수출상이 부보하는 경우)
⑨ 보험증권발행
⑩ 수출신고
⑪ 화물선적 의뢰
⑫ 선하증권 발행

⑬ 화환어음 및 운송서류 매입의뢰
⑭ 어음 매입대금 지급
⑮ 환어음 및 운송서류 송부
⑯ 어음대금의 청구
⑰ 운송서류도착통지
⑱ 환어음 결제 및 운송서류 인도
⑲ 환어음 결제대금의 결제
⑳ 화물도착통지
㉑ 수입신고 및 관세납부
㉒ 운송서류(선하증권)제시
㉓ 화물인도

▌결제시기별 결제방식 비교▐

방법 / 종류	송 금	추 심	
		D/P, D/A	신용장
선지급	사전송금 Cash in advance, Cash with Order(CWO)	–	Red clause L/C
동시지급	Cash on Delivery(COD), Cash against Documents(CAD)	Documents against Payment(D/P)	Sight L/C
후지급	사후송금 Cash in deferred payment, Open Account(O/A)	Documents against Acceptance(D/A)	Usance L/C

신용장은 수출입상간의 거래에 은행이 개입하여 수입상의 대금지급을 확약함으로써 수출상의 대금회수불능에 대한 위험을 방지하고 수입상은 조건과 일치하는 서류를 인도받으면서 발행은행에 대금을 지급하는 방식이다.

각 결제방법의 장단점 등에 대해 다음 표로 정리해 보자.

▌대금결제 방식별 이해관계▐

결 제 방 법		수 출 상	수 입 상	서류전달
송금방식	사전송금	유리	불리	직접
	사후송금	불리	유리	
추심방식	지급인도조건(D/P)	불리	유리	은행
	인수인도조건(D/A)	불리	유리	
신용장방식	자금전대, 일람불, 기한부	유리	유리	

3-4 기타 결제방법

국제무역거래에서의 대금결제는 주로 신용장(약 60~70%)에 의해 이루어지고 있으며, 그 다음으로는 D/P, D/A와 같은 추심방식(약 25%)과 송금방식(약 5%)에 의해서 대부분 결제되고 있으며, 무역량이 증가함에 따른 무역업체의 경비절감 필요성과 은행의 업무처리 단계 생략으로 인한 시간절약의 효율성이 부가되면서 종래의 신용장 위주 거래보다 무신용장 방식의 거래비중이 높아지고 있는 추세이다. 송금, 추심 및 신용장방식 이외에 기타 결제방법으로 국제팩터링, 포페이팅과 open account 방식이 있다. 그러나 국제팩터링과 포페이팅 방식은 국내에서는 거의 이용되지 않고 있어 개념 정도 이해해 둘 필요가 있고, open account 방식은 신용이 좋은 대기업 중심으로 이루어지고 있다.

1. 국제팩터링(international factoring)

우선 팩터링(factoring)이라고 하면, 판매자가 구매자에게 물품이나 서비스를 외상조건으로 제공하여 얻어지는 외상매출채권을 관련 팩터링 회사(factor)가 판매자로부터 할인 매입하여 대금을 지급한 후 외상조건에 따라 구매자로부터 외상대금을 회수함으로써 판매자에게 전도금융(前渡金融)을 제공하는 금융서비스를 말한다.

국제팩터링은 무신용장방식에 의하여 국제무역거래가 이루어질 때, 수입 팩터링회사가 신용위험을 인수함으로써, 즉 신용승인을 통하여 지급보증의 기능을 하고 있으며, 수출상의 외상매출채권에 대한 자금부담을 덜어 주기 위하여 수출금액 범위 내에서 전도금융(前渡金融)을 제공하는 방식이며 최근에 일부 시중은행에서 소규모로 취급되고 있다.

국제팩터링 거래의 이용자는 주로 소규모 무역업자로서 복잡한 거래절차를 원하지 않고 담보부족 등으로 신용장 발행에 어려움이 있는 중소기업이 대부분을 차지하고 있다.

2. 포페이팅(forfaiting)

포페이팅이란 불어의 a'forfait에서 유래한 말로서 현금을 대가로 채권을 포기 또는 양도한다는 것을 뜻하는 것으로 재화와 용역거래 특히 수출거래에 따른 환어음이나 약속어음을 이전의 소지자에게 소구함이 없이(without recourse) 고정이자율로 할인 매입하는 금융 기법을 말한다.

포페이팅은 신용장거래에서 만기일에 대금지급을 확약하는 인수(acceptance)와 유사하나 인수에 비하여 기간이 장기이고 어음소구권이 없는 점이 다르다. 즉, 연지급 어음을 매입한 자(forfaiter)는 자기 이전에 어음을 소지하였던 자에게 사후에 소구권을 행사할 수 없다.

포페이팅은 1950년대 후반부터 1960년대 초까지 자본재 수출로 인한 경쟁격화에 따라 생성되었으나 머천트뱅크와 기관투자가들이 이 금융방식을 지극히 위험성이 높은 것으로 간주함에 따라 크게 발전하지 못했다. 소구권이 없다는 측면에서 수출업자 입장에서는 절차의 단순성 및 신속성이 재인식됨에 따라 1970년대 이후 새로운 주목을 받고 있으나, 은행의 입장에서는 위험도가 높다는 점에서 아직은 활성화되지 못하고 있다.

3. Open Account방식

이 방식은 한마디로 순수한 외상판매방식이다. 수출상이 미리 상품선적을 해서 서류를 보낸 후 즉시 또는 일정기일이 경과하면 수입상이 송금하여 결제해 주는 방식이다. 수출상으로서는 모든 것이 불리하다. 전적으로 수입상의 신용에 의존하여야 한다. 반대로 수입상에게는 위험이 전혀 없다.

따라서 이 방식에 의한 무역거래는 수출상이 동의하지 않으면 이루어질 수 없다. 현실적으로 신용거래가 보편화된 서유럽국가들 사이에서 많이 이용되고 있는 거래방식이다.

이 방식은 수출자가 수입자를 신뢰하여 선적한 후 서류를 수입자 앞 직접 송부하여 사후에 결제받는다는 점에서 앞에서의 COD 또는 CAD 같은 사후송금방식과 유사하다.

Open Account의 또 다른 의미로는 청산계정의 의미로서, 두 나라 또는 수출입거래 당사자가 일정기간 동안 거래를 지속하다가 쌍방의 수출입대금을 상계하고 나머지 잔금만을 결제하기 위해 설정한 계정을 말하기도 한다.

PART 02

신용장과 서류

학습목표

최근 들어 신용장에 의한 거래비중은 많이 낮아졌지만 그 중요성은 여전하며, 아직도 서류심사를 둘러싼 국제분쟁은 끊이질 않고 있다. 본 편에서는 신용장과 서류에 대한 보다 깊은 이해와 무역결제와 관련된 국제규칙의 이해를 목표로 한다. 제3편 '수입결제실무'와 제4편 '수출결제실무'의 근간을 이루므로 잘 이해해 두면 좋겠다.

첫째, 신용장의 의의와 기능 및 효용 그리고 법적 성질을 알아본다.

둘째, 신용장거래가 매매거래 등 여타 거래와 비교하여 어떠한 특성이 있으며, 거래상의 한계점은 무엇인지 알아본다.

셋째, 신용장거래의 당사자는 누구이며, 당사자간의 법률관계는 어떻게 형성되는지 알아본다.

넷째, 신용장의 내용은 어떻게 구성되어 있는지 알아본다.

다섯째, 신용장에는 그 분류기준에 따라 어떠한 종류가 있는지 알아본다.

여섯째, 신용장은 어떠한 과정을 거쳐 발행되고 소멸되는지 알아본다.

일곱째, 신용장거래에 있어 모든 당사자에게 적용되는 신용장통일규칙의 내용과 신용장에서 다루는 서류와 관련된 국제표준은행관행을 이해한다.

여덟째, 신용장 대금의 결제과정에서 은행간에 적용되는 신용장 대금상환에 관한 통일규칙과 D/P.D/A조건과 관련된 추심에 관한 통일규칙을 이해한다.

아홉째, 국제무역거래에서 서류가 갖는 의미와 중요성에 대해 알아보고 그 종류 및 실무상 유의사항을 살펴본다.

Chapter 04

신용장의 기본개념

4-1 신용장의 정의

제1편 제3장에서 우리는 국제무역거래에서 이용되는 결제방법과 각각의 결제방법이 안고 있는 문제점을 해소하기 위해 신용장이 탄생하게 된 배경에 대해서 알아보았다.

본 장에서는 신용장이란 무엇을 의미하는지 구체적으로 알아보고, 신용장이 갖는 기능과 신용장거래에서 발생되는 이점이 무엇인지 알아보기로 한다.

1. 신용장의 의의

19세기 중엽 국가간의 상거래가 활발해짐에 따라 급속히 보급된 신용장은 영어로 "Letter of Credit" 또는 단순히 "credits"라고도 하며, 통상 L/C라고 부르고 있다. 좀 더 상세히 말할 때에는 "commercial letter of credit(상업신용장)" 또는 "Documentary Letter of Credit(전신문에서는 DLC 또는 DC라고 약칭하기도 함)"라고 한다. Documentary Letter of Credit을 우리는 화환신용장(貨換信用狀)이라고 번역하여 부르고 있는데, document의 형용사형인 documentary(서류의)가 화물 화(貨), 바꿀 환(換)으로 번역되어 언뜻 이해가 어려우나, 화물이 선적된 후 서류로 바뀌어서 거래된다는 의미에서 서류가 첨부된 신용장이라는 의미로 '화환신용장'을 이해하면 좋겠다.

신용장이란 국제 무역거래에 있어서 대금결제의 원활을 기하기 위하여 수입업자의 거래은행이 수입업자의 요청과 지시에 따라 발행하며 신용장조건과 일치된 서류를 첨부하여 제시하면, 발행은행이 수입상을 대신하여 수출상 또는 어음매입은행 및 선의의 어음소지인에게 환어음의 지급 또는 인수를 보증하는 조건부 지급확약서를 말한다.

따라서 신용장은

① 발행의뢰인의 요청과 지시를 근거로 하여 발행되고(보증신용장에서 발행은행 자신이 자기를 위하여 발행하는 경우도 있음),

② 발행은행의 보증채무는 "명시된 서류와 상환"으로 "신용장 조건과 일치하는 경우"에만 발생하는 조건부 확약서이며,

③ 확약의 방법은 발행은행 자신이 직접 지급, 인수를 확약하는 직접약정과 타은행을 통하여 지급, 인수 또는 매입을 확약하는 수권(간접)약정이 있다.

또한, 신용장은 일종의 약정으로서 화환신용장(documentary credit) 및 보증신용장(standby letter of credit)을 포함하여 그 명칭이나 표현에 관계없이 위와 같은 실질적인 내용을 판단 기준으로 하고 있다. 결국 신용장은 은행이 수입상을 위하여 자기의 신용을 제공하는 행위로 불확실한 수입상의 신용을 확실한 은행의 신용으로 대체한 증서이다. 따라서 신용장 조건에 맞도록 발행된 화환어음은 비록 수입업자가 대금결제를 못하더라도 발행은행이 어음의 지급인(drawee)이 되든지, 또는 지급에 대한 최종적인 책임을 지게 되므로 수출상과 수출상의 환어음을 매입한 매입은행은 안심하고 거래할 수 있다.

2. 신용장의 기능과 효용

(1) 신용장의 기능

가. 대금결제수단

신용장 거래는 매매당사자 이외에 제3자인 발행은행이 개입하여 신용장 조건과 일치하는 서류와 상환으로 상품대전의 지급을 확약함으로써 신용장조건과 일치하는 서류의 제시조건하에 상품거래를 서류거래화하여 매매당사자인 수출상에게는 대금회수 전의 상품선적에 대한 대금회수의 위험을 제거하여 주는 한편, 수입상에게는 신용장에 의하여 수출상이 의무를 이행하도록 하며 상품인수 전 대금지급을 확약하는 대금결제 수단으로서의 기능을 갖는다.

신용장 제도가 오늘날 국제무역거래의 대금결제방식으로서 주류를 이루게 된 것도

바로 이러한 신용장의 대금결제 수단으로서의 기능 때문이다.

나. 금융수단

신용장은 거래당사자의 금융상의 부담을 경감하여 주는 기능을 한다.

즉, 신용장은 수출상에게는 상품선적 즉시 대금회수를 가능케 하며 수입상에게는 상품의 도착과 더불어 대금의 지급을 가능케 하는 금융수단으로서 기능을 하는 한편, 나아가 발행은행의 공신력을 바탕으로 수출입거래의 자동결제기능(function of self-liquidating)이 부여되어 각종의 신용편의(credit facility)가 창출된다.

신용장을 근거로 한 수출관련 금융상품(financing facilities)으로는 무역금융(trade financing), 우편기일여신(mail credit), 인수 및 할인(acceptance & discount, 양자는 분리취급될 수도 있음), 재매입(re-negotiation) 등이 있으며, 수입관련 무역금융(trade financing)으로는 신용장의 확인 내지 보증(confirmation or guarantee), 화물대도(Trust Receipt: T/R), 인수 및 할인(acceptance and discount), 상환자금(L/C 결제자금) 여신(reimbursement financing) 등이 있다.

인수 및 할인은 할인후 재매각 또는 재대(refinancing)할 수 있으며, 이러한 금융기법을 미국 단기금융시장(money market)에서는 은행인수(Bankers' Acceptance: B/A)로 통용된다. 금융편의에 대한 상세한 설명은 국제금융관련 교재를 참고하기 바란다.

(2) 신용장의 효용

신용장은 전술한 바와 같이 주로 대금결제수단과 금융수단으로서 기능을 하기 때문에 수출입 거래시 신용장이 수출상과 수입상의 양측에서 볼 때 유리한 점을 살펴보면 다음과 같다.

가. 수출상에 유리한 점

① 신용장제도는 수입상의 지급불능 또는 지급거절에 의하여 대금을 회수할 수 없게 되는 신용위험(credit risk)을 제거하여 준다.

② 일단 발행된 신용장은 수입상이 임의로 취소할 수 없기 때문에 신용장이 발행되면 수출상은 안심하고 제품의 집화 또는 제조를 할 수 있으며 신용장 조건에 모순되지 아니 하는 한 수출대금의 회수를 보장받을 수 있다.

③ 수출계약이 체결되어도 신용장이 발행되지 않으면 계약이 취소될 가능성이 많으나 취소불능신용장이 발행된 뒤에는 취소하기가 어렵기 때문에 주문이 확보된다.

④ 수출상은 상품을 선적한 후 신용장 조건에 일치하는 서류를 은행에 제시함으로써 소정이자(환가료)만 공제하고 수출대금을 즉시 회수할 수 있다.

⑤ 대부분의 국가에서는 수출상 앞으로 신용장이 발행되면, 이를 근거로 하여 금융상의 지원을 해 주고 있다. 우리나라에서도 무역금융규정에 의거 수출상에 대하여 금융상의 지원을 해 준다.

나. 수입상에 유리한 점

① 수입상은 은행의 신용을 이용하여 자기의 신용을 현저히 강화할 수 있어 수출상과의 계약조건에서 자기에게 유리하도록 할 수 있고 아울러 수입도 원활하게 할 수 있다.

② 상품의 대금은 상품이 도착한 후 지급하게 되므로 금융상 유리하며 더구나 기한부 신용장일 경우에는 수입상품의 판매대전으로 결제할 수 있는 이점이 있다.

③ 수출상은 신용장에서 요구하고 있는 제반 조건대로 선적하지 않으면 수출대전을 받지 못하므로 수입상은 계약조건대로 계약상품이 선적될 것이라는 확신을 가질 수 있다.

④ 신용장의 선적기일과 유효기일이 명시되어 있으므로 늦어도 언제까지 상품이 수입지에 도착할 것이라는 예측을 할 수 있다.

3. 신용장의 법적 성질

신용장의 법률적 성질에 대해서는 주로 취소불능신용장에 있어서 수입자와 발행은행, 수출자와 발행은행, 수입자와 수출자, 통지은행 및 매입은행과 기타 당사자와의 관계에 발생하는 여러 가지 법적 관계를 추구하고 있으나 여기서는 영·미법상의 여러 설을 고찰하기로 하자.

(1) 계약신청설

계약신청설(Offer acceptance theory)은 수입자가 발행은행에 신용장 발행을 신청하여 신용장이 발행되면 수출자가 환어음과 선적서류를 제공함으로써 계약이 성립된다는 설이다.

즉, 신용장의 발행을 수익자에 대한 발행은행의 청약(offer)으로 보고 수익자가 환

어음과 선적서류를 제공하는 것을 승낙(acceptance)으로 본다.

그러나 이 설을 취할 때 신용장이 발행되어 수출자가 선적서류를 제공하기까지의 관계를 설명할 수 없게 된다. 다시 말하면, 신용장 발행을 계약신청으로 본다면 이를 승낙하기 전에는 발행은행이 이를 취소나 철회할 수 있어야 하는데 이는 취소불능신용장의 근본취지에 반하게 된다. 취소불능신용장이란 일단 발행되면 신용장 당사자 중 당사자가 일방적으로 취소, 변경할 수 없다는 데 특징이 있는 것이다.

(2) 채무보증설

채무보증설(guarantee theory)이란 신용장을 발행하게 되면 수입자의 대금지급의무를 발행은행이 보증한다는 것을 요지로 하는 설이다. 그러나 발행은행은 수입자의 대금지급과 관계없이 매입은행 등이 신용장조건과 합치하는 환어음과 선적서류를 제공하면 대금을 지급하겠다는 보증이므로 절대적인 보증이 아닌 조건부보증으로 보고 있다.

그러나 취소불능신용장은 발행은행이 어음의 발행인 및 선의의 소지인에 대하여 어음과 선적서류가 신용장조건에 일치하면 지급, 인수 또는 매입을 하겠다는 확약이기 때문에 일차적 채무(primary liabilities)이지 이차적 채무(secondary liabilities)인 보증채무가 아니다. 즉 발행은행의 채무는 매매계약과 독립된 추상적 채무이다.

(3) 계약설

계약설(contract theory)은 신용장이란 발행은행과 수출자간의 계약이라는 설이며, 발행은행은 신용상 발행과 동시에 계약상의 의무로서 수입자와는 별도로 수출자에 대하여 어음의 인수 또는 지급을 해야 한다는 것을 주장하고 있다.

이 설은 신용장을 발행은행과 수익자와의 계약관계로 보기 때문에 발행은행이 수입상과 계약하지 않고 수출상과 계약하여도 좋다는 모순성이 있다.

(4) 금반언설

금반언설(禁反言說; estoppel theory)은 발행은행이 취소불능신용장을 발행할 때 은행은 수입자로부터 수출자의 어음을 결제할 수 있는 자금을 수령하였다는 것을 표시하고 있으므로 수출자에 대하여 자금수탁의 사실을 부인할 수 없다는 설이며, trustee theory라고도 한다. 이 설은 계약설의 약점을 보완했다는 데 의의가 있으나 신용장발행을 어떤 사실이 존재했다는 표시로 볼 수 없고 은행의 단순한 지급약속으로 보아야 한다는 점에서 문제점이 있다고 여겨진다.

(5) 상업적 특수행위설

상업적 특수행위설(mercantile specialty theory)은 신용장, 특히 취소불능신용장은 어음, 수표 등과 같이 유통증권(negotiable instrument)의 일종이며, 약인(約因)이 필요없는 상업적 특수행위로 인정하고자 하는 설이다. 즉, 취소불능신용장에 있어서 은행의 약속은 그 형식상 취소불능성을 명확히 하고 있으며 또한 수익자는 이를 믿고 있으므로 법률은 이러한 거래관습상의 원칙을 승인하여야 한다는 것이다. 이 설은 미국에서 주로 받아들여지고 있다.

이 설에는 두 가지 문제점이 있다. 하나는 신용장의 형식이 어음과 같이 통일성이 있는 것이 아니므로 어음에 관한 원칙을 그대로 신용장에 적용할 수 있느냐는 것이고, 다른 하나는 약인의 문제로 신용장제도에 있어서 상업적 특수성을 인정한다 하더라도 약인을 불필요하다고 할 수 없다는 것이다.

4-2 신용장 거래의 특성과 한계성

그러면 이러한 신용장에 의한 거래는 어떠한 특징이 있는 것일까? 만일 수입업자가 주문한 물품이 부산항에 도착한 경우 들어온 물품의 품질 및 수량이 매매계약의 내용과 비교하여 정확한지 은행원이 검사를 한 뒤 지급해야 한다고 가정해 보자. 은행원은 상품에 대한 지식, 통관에 대한 전문지식이 없으므로 업무를 수행한다는 것이 현실적으로 불가능하게 된다.

따라서 이러한 실물거래와는 무관하게 서류에 의한 거래만을 인정토록 해야 되는 필연성이 발생하게 되며 이를 위해 신용장은 다음과 같은 특징을 갖게 되는데, 이러한 특징이 곧 신용장 거래의 특수성이 되는 것이다. 또한 특수성을 인정한 데 따라 발생되는 문제점, 즉 한계가 무엇인지 본 장에서 살펴보자.

1. 신용장거래의 특성

신용장 거래는 매매계약(sales contract) 또는 기타 계약에 기초한 상품거래의 대금결제를 종결시키는 데 그 목적이 있다.

▌신용장거래, 매매계약과 상품거래와의 관계▐

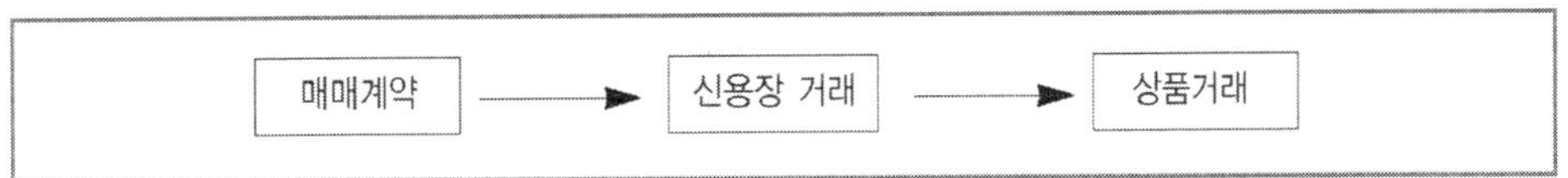

그러나 지급을 보증하는 주체도 은행이며 신용장에 의한 수출입당사자간의 의무이행 여부를 판단하는 것도 은행이 된다. 따라서 상품거래에 대한 지식과 경험이 없는 이러한 은행을 보호하고 상품거래에 의한 매매계약 등의 구속으로부터 해방시킴으로써 자유롭고 원활한 신용장거래가 이루어지도록 하기 위하여 신용장에 다음과 같은 독립성과 추상성을 부여하고 있다.

이 두 원칙은 신용장거래에 있어서 황금률(golden rule)로 인정되고 있다.

(1) 독립성의 원칙(principle of independence)

신용장은 신용장 그 자체로서 독립된 거래라는 것이다. 즉 매매계약 또는 기타계약에 근거를 두고 발행된 것이기는 하나 그러한 계약과는 아무런 관계가 없는 별개의 독립된 거래이며, 은행은 신용장에 그러한 계약에 관한 어떠한 참조사항이 포함되어 있더라도 그러한 계약과는 하등의 관계가 없으며 또한 구속되지 아니한다(신용장통일규칙 제4조).

예컨대, 신용장에 “Commodity descriptions are as per offer No.100. dated Oct. 1, 20××”의 기재가 있는 경우라도 신용장은 “offer No.100”과는 관련이 없는 것이다. 이것은 신용장 거래를 매매계약에 연계시키게 되면 은행이 매매계약의 내용을 일일이 확인하여야 하는바, 이는 현실적으로 불가능하므로 이러한 구속으로부터 은행을 해방시켜 신용장 거래가 원활하게 이루어지도록 함에 그 취지가 있다.

(2) 추상성의 원칙(principle of abstraction)

추상성의 반대는 구체성이다. 즉 매매거래는 상품 자체를 거래대상으로 하지만 신용장거래는 상품이 아닌 서류상의 거래로 약속하자는 것이다. 다시 말하면 신용장 거래에서 모든 당사자는 서류에 의하여 거래를 하는 것이지 서류와 관계된 상품, 서비스 또는 기타 계약이행에 의하여 거래를 하는 것이 아니다(신용장통일규칙 제5조).

은행은 오직 문면상 신용장 조건과 일치하는 서류와 상환으로 대금지급의무를 부담할 뿐 제시된 서류에 명시된 상품 자체나 서비스 또는 기타 계약이행의 의무와는 별개이다.

즉, 실제 선적된 상품이 제시된 선적서류상의 내용과 상이하거나 품질 등에 하자가 있는 경우라도 제시된 서류가 신용장 조건과 일치하면 발행은행은 대금지급의무가 있으며 상품에 관한 문제는 수입상이 별도의 claim을 제기하여 상사중재에 의해 해결하여야 한다.

이를 신용장의 추상성이라 하며 이러한 추상성에 의해 신용장 거래가 가능한 반면, 한편으로는 신용장 거래의 한계성도 바로 여기에 있다고 할 수 있다.

2. 신용장 거래의 한계성

신용장은 국제간의 무역거래를 촉진시켜 주는 편리한 수단이지만 원만한 계약이행을 위해서는 궁극적으로 수출입당사자간의 성실성이 무엇보다도 중요한 것이며 신용장이 발행되었다고 해서 모든 것이 다 원만하게 해결되는 것은 아니다. 따라서 신용장도 이행할 수 없는 한계를 가지고 있다.

(1) 수입상에 대한 한계

수입상이 요구하는 상품을 반드시 입수할 수 있다는 보장이 되지 않는다는 점이다.

신용장의 거래는 어디까지나 서류상의 거래이기 때문에 수출상이 이러한 특성을 악용하여 품질이 나쁜 상품 또는 전혀 엉뚱한 것을 선적하고 서류만 신용장 조건대로 작성하여 제시하면 은행은 반드시 대금지급을 하므로 수입상 입장에서는 자기가 원하는 상품이 정확하게 수입될 것이라는 보장이 없다.

(2) 수출상에 대한 한계

신용장 거래는 서류에 의한 거래이므로 서류만을 근거로 지급을 하게 된다. 그러나 수입상이 이러한 특성을 악용하여 수출상이 매매계약 내용을 성실히 이행하였음에도

불구하고 서류상의 오류를 트집잡아 지급을 거절하거나 가격할인을 요구하는 경우가 있다.

3. 독립·추상성의 예외

신용장 거래에 있어서 관계당사자간의 중요한 약속인 독립·추상성의 특성이 있으나, 그의 예외로서 Injunction이라는 관행이 있다.

Injunction이란 법원의 지급금지 명령을 의미하며, 우리나라 민사소송법의 가처분과 유사한 미국의 소송용어이다. 이 용어는 1941년 'Sztejin V. Henry Schroder Banking corp'. 사건에서 재판부가 발행은행에게 "매입은행이 비록 하자 없는 서류를 제시하고 대금지급 청구를 했더라도 수출상의 사기행위에 방조하는 대금지급은 허용할 수 없으므로 발행은행은 대금지급을 하지 말라"고 판시한 데서 유래한다.

그러나 이 판례는 신용장의 근본 성질인 독립·추상성의 원칙에 위배되는 판례라는 점에서 많은 논란이 있었다. 이 사건은 인도의 수출상이 미국의 수입상에게 신용장상의 품목 대신 쓰레기 더미를 포장하여 선적한 후 Clean B/L을 발급받아 매입은행인 Chartered Bank에 추심의뢰했으나 물품 도착 이전에 정보를 입수한 수입상이 발행은행을 상대로 '지급금지 요청' 소송을 제기하였으며, 이 소송에서 재판부는 "지급금지를 하더라도 매입 은행이 수출상에게 대금지급을 하지 않은 채 추심조건으로 서류만 송부했으므로 관련 은행에는 아무 피해가 없다. 따라서 본 건의 지급금지는 신용장의 독립·추상성과는 무관하다"는 요지의 판결이유와 함께 원고의 신청을 받아들인 것이다.

그런데, 최근 우리나라와 중국과의 거래에서 중국의 법원들이 이 injunction제도를 남발하여 우리나라 수출상들이 큰 곤경을 겪은 바 있다. Injunction으로 수입상을 보호해야 할 필요성이 있다 하더라도 이것이 신용장제도의 본질을 훼손해서는 안 될 것이므로 다음과 같은 요건을 갖춘 때에 국한하여야 할 것이다.

① 발행은행의 대금지급 이전일 것
② 수출상의 사기행위에 대한 명백하고 확실한 증거가 제시될 것
③ 매입은행의 피해가 없을 것

4-3 신용장거래의 당사자 및 당사자간의 법률관계

본 절에서는 신용장에 의한 수출입절차를 먼저 살펴보고 신용장거래에 관계되는 당사자는 누구이며, 당사자들간에 형성되는 권리와 의무는 어떠한 것들이 있는지 살펴보기로 한다.

1. 신용장거래 절차

신용장거래에 관련되는 자를 관계당사자라고 하고, 이들 관계당사자를 보다 쉽게 이해하기 위하여 신용장 거래의 일반적인 경로를 설명하고자 하며, 보다 상세한 내용은 다른 권에서 설명하기로 한다.

① 먼저 수출상과 수입상 사이에 매매계약이 체결되고 그 계약조건의 하나인 결제조건(terms of payment)을 신용장에 의하도록 약정할 수 있다.

② 위의 계약조건에 따라 수입상은 자기의 거래은행에서 신용장발행을 의뢰한다. 이때 수입상이 신용장의 발행의뢰인(applicant)이 된다.

③ 거래은행이 신용장을 발행하면 발행은행(issuing bank)이 되며, 발행은행은 수출상의 소재지에 있는 환거래은행에 대하여 수출상 앞 신용장 통지를 의뢰한다.

④ 이때 의뢰받은 환거래은행이 통지은행(advising bank)이 되고 신속하게 수출상 앞 L/C 통지를 한다.

⑤ 신용장을 받은 수익자(beneficiary)인 수출상은 상품을 생산 또는 집화하여 선적한다.

⑥ 선적 후 수익자는 환어음을 발행하고 신용장상에 명기한 서류를 제시하여 자신의 거래은행에서 수출대금을 회수한다. 이때 선적서류 매입은행을 매입은행(negotiating bank)이라고 한다.

⑦ 서류를 매입한 매입은행은 이를 발행은행 앞으로 송부하고 발행은행으로부터 매입대금을 상환 받는다.

⑧ 발행은행은 신용장의 발행의뢰인인 수입상으로부터 수입대금을 받고 송부되어 온 서류를 인도한다.

⑨ 수입상은 마지막으로 이 서류를 운송인에게 인도하고 수입상품을 인도받게 된다.

앞에서 설명한 것은 일반적인 경우이고 신용장의 종류와 결제방법에 따라 앞서 언급된 당사자 외에도 확인은행(confirming bank)이나 인수은행(accepting bank) 및 상환은행(reimbursing bank)이 개입할 경우도 있다.

▌신용장거래 절차▐

통지, 매입은행 (advising or nego bank)

발행은행 (issuing bank)

수출상 (수익상, beneficiary)

수입상 (발행의뢰인, applicant)

⑨ 상환(reimbursement)

⑦ 서류발송

③ L/C발행 및 통지의뢰

⑥ 수출대금회수

⑥ 서류제시

④ L/C통지

② L/C발행의뢰

⑧ 서류도착통지

⑧ 선적서류인도 및 수입대금결제

물품의 운송

① 매매계약

⑤ 선적

⑨ 화물인수

2. 신용장의 관계당사자

신용장 거래의 당사자(concerned parties)란 신용장 거래에 직접 또는 간접적으로 관계되는 자를 총칭하며, 그 주요한 당사자는 다음과 같다. 그러나 이들 당사자는 동일한 신용장 거래에 모두 다 함께 등장하는 것이 아니고, 신용장 거래의 유형에 따라 관계 당사자가 상이하기도 하고, 또한 당사자를 그가 하는 기능에 따라 상이하게 부르기도 한다.

(1) 발행의뢰인(applicant)

매매계약에서 규정한 조건에 따라 신용장의 발행을 자기의 거래은행에 신청하는 수입업자인데 화물의 실질적인 수화인이 되고 환어음의 최종결제인이 된다.

(2) 수익자(beneficiary)

발행은행으로부터 신용장을 수취하여 이에 요구된 제조건을 일치시키고 서류를 제시함으로써 대금의 결제를 받게 되어 이익을 받는 수출업자이다.

발행의뢰인, 수익자는 그 효능과 보는 각도에 따라 다음과 같이 여러 가지로 불리고 있으므로 기본 상식으로서 꼭 이해해 두도록 하자.

▌수출상과 수입상의 명칭 비교▐

거래내용	수출상		수입상	
매매관계	seller	매도인	buyer	매수인
무역관계	exporter	수출상	importer	수입상
신용장관계	beneficiary	수익자	applicant	발행의뢰인
어음관계	drawer	발행인	drawee	지급인
계정관계	accounter	대금수령인	accountee	대금결제인
화물관계	consignor	송화인	consignee	수화인

(3) 신용장 발행은행(issuing bank)

신용장 발행의뢰인의 신청과 지시에 따라 매매계약의 당사자인 수출상 앞으로 신용장을 발행하는 은행을 신용장 발행은행(issuing bank)이라고 하며 신용장 개설은행(opening bank)이라고도 하나, 신용장 통일규칙 3차개정(1974년) 때 'issuing bank'로 용어가 수정되었다. 또한 신용을 공여한다는 관점에서 'credit writing bank, grantor'라고도 한다.

(4) 통지은행(advising bank)

발행은행의 요청을 받아 신용장을 통지하여 주는 은행을 신용장 통지은행(advising bank, notifying bank)이라 한다.

통지은행은 통지해 주는 신용장에 대해서 어떠한 책임을 지거나 약정하는 것은 아니지만 신용장 통일규칙 제9조에 의하면 신용장을 통지함에 있어서 신용장의 진정성을 확인하여야 한다.

(5) 확인은행(confirming bank)

여기서 확인이란 사실여부를 확인하는 그런 확인이 아니다. 신용장은 발행은행의 대외공신력을 바탕으로 한 지급확약이다. 그러나 발행은행의 공신력이 미약할 경우 등의 사정으로 수익자가 발행은행의 지급확약에 대하여 의문을 가질 경우에는 발행은행 이외의 은행에 의한 신용장의 확인(confirmation)을 요구하는 경우가 있다. 이 경우 발행은행의 요청을 받은 제3의 은행이 신용장에 의한 인수, 지급, 매입을 틀림없이 하겠다는 추가적인 확약을 하는데 이를 신용장의 확인(確認)이라 하며, 확인하는 은행을 확인은행(confirming bank)이라 한다.

(6) 매입은행(negotiating bank)

수익자는 상품선적을 완료한 후 신용장조건에 따라 신용장 발행의뢰인 또는 발행은행 앞으로 환어음을 발행하고 서류를 첨부하여 자기의 거래은행에 환어음의 매입을 신청하는데, 이에 따라 수출환어음을 매입하는 은행을 매입은행(negotiating bank)이라고 한다. 또한 한 은행에서 매입한 환어음을 타 은행에서 다시 매입하는 것을 재매입(再買入, renegotiation)이라고 하며, 재매입을 하는 은행을 재매입은행(renegotiating bank)이라고 한다.

(7) 지급은행(paying bank)

발행은행과 예치환거래계약을 체결하여 자행에 발행은행 명의의 예금계정을 설치하여 두고 신용장의 조건과 일치되는 서류가 제시될 때, 또는 그러한 서류가 첨부된 (일람출급) 환어음이 자행을 지급인으로 하여 제시될 때 발행은행의 예금계정에서 차감하면서 지급을 이행하는 은행을 지급은행(paying bank)이라 한다.

(8) 인수은행(accepting bank)

신용장의 조건과 일치되는 서류가 첨부된 (연지급) 환어음이 제시될 때 그 어음의 인수를 하였다가 만기일에 가서 지급을 이행할 의무를 지게 되는 은행을 인수은행(accepting bank)이라 한다.

(9) 상환은행(reimbursing bank)

발행은행의 지시에 따라 발행은행을 대신하여 신용장대금을 매입은행 등에 지급하는 은행을 상환은행(reimbursing bank)이라 하며, 발행은행이 당좌예금계정을 개설하고 있는 예치환거래은행(depository correspondent bank)이 이를 담당한다. 대금을 결제한다는 의미에서 결제은행(settling bank), 어음에 대하여 지급을 하는 은행이라는 점에서 어음지급은행(drawee bank)이라고도 한다.

(10) 양도은행(transferring bank)

신용장을 수령한 수출상이 부득이한 사유로 수출을 할 수 없을 경우 제3자에게 신용장의 모든 권리를 이양하여 수출을 이행할 수 있을 것이다. 이것이 신용장의 양도(讓渡, transfer)이며, 양도가능 신용장하에서 수익자의 요청에 의하여 제2수익자에게 신용장을 양도하는 은행을 양도은행(transferring bank)이라고 한다.

3. 신용장거래 당사자간의 법률관계

본 항에서는 앞에서 설명한 관계당사자간의 권리와 의무에 대하여 간단히 요약 설명하고자 한다.

(1) 발행의뢰인과 발행은행

발행의뢰인과 발행은행간의 기본적인 법률관계는 수입거래시 체결하는 외국환거래약정서에 의해 결정된다. 먼저 발행의뢰인의 발행은행에 대한 의무를 살펴보기로 한다.

가. 발행의뢰인의 의무

① 지시의 완전명확성

신용장조건은 발행의뢰인의 요청과 지시대로 따르게 되나 지나치게 상세한 지시내용은 신속과 정확을 생명으로 하는 신용장거래에 적합하지 못한다.

이에 관하여 신용장통일규칙은 신용장발행 및 조건변경을 위한 지시는 완전하고 정확해야 하며, 또한 혼란과 오해를 방지하기 위하여 발행은행은 발행의뢰인의 과도한 명세의 삽입을 시도할 때 이를 억제해야 한다고 규정하고 있으므로, 발행의뢰인은 그 지

시와 요구를 필요한 범위 내에서 간단 명료하게 하여야 할 의무를 부담하는 것이다.

② 타은행 이용의 비용과 위험부담

발행은행은 발행의뢰인의 요청에 따라 외국의 제3은행을 통지은행, 지급은행 또는 확인은행 등으로 이용하게 되는데, 이때의 비용과 제3의 은행이 발행은행의 지시내용을 제대로 이행하지 못함으로써 야기되는 위험을 발행은행이 부담하는가의 문제가 제기될 수 있다.

따라서 이 문제를 명확히 해결하기 위하여 신용장통일규칙 제37조 a항에서는 「신용장 발행의뢰인의 지시를 이행하기 위한 목적으로 타은행의 서비스를 이용하는 은행은 동 발행의뢰인의 비용과 위험부담하에 이를 이행한다」고 명문으로 규정하였고, 동조 b항에서는 「은행이 자발적으로 타은행을 선택하였더라도 그가 전달한 지시사항이 이행되지 아니할 경우 은행은 의무와 책임을 부담하지 아니한다」고 규정하고 있는 것이다.

③ 서류인수 및 상환의무

발행의뢰인은 발행은행이 지급, 인수 또는 매입한 서류를 최종적으로 인수하고 발행은행에 대하여 외국환거래 약정서에 따라 그 대금을 상환해 주어야 한다. 제시된 서류가 수익자와의 매매계약내용과 상이하다 하더라도 신용장의 조건과 문면상 일치되는 한, 발행 의뢰인은 그 서류인수를 거부할 수 없다. 이것은 신용장이 상품매매계약과 별개로 독립된 서류거래이므로 서류자체에 하자가 없는 한, 발행의뢰인은 당연히 그 서류를 인수하고 대금을 상환하여야 할 것이다.

나. 발행은행의 의무

① 지시준수의 의무

발행은행은 신용장 발행시 발행의뢰인의 요청과 지시에 따라 행동하여야 하며, 발행은행이 지시를 준수하지 않아 발행의뢰인에게 손해가 발생하였을 때에는 발행은행은 채무불이행으로 인한 손해배상책임을 부담하여야 한다.

② 신용장 통지의무

발행은행은 발행의뢰인에 대하여 외국환거래 약정서에 따라 수익자 앞으로 신용장을 통지해 줄 의무를 부담한다. 따라서 발행은행은 이를 이행하지 못할 경우 발행은행에 명백한 책임이 있는 한 채무불이행으로 인한 손해배상책임을 부담한다.

발행은행이 통지의무를 이행하기 위하여 제3의 통지은행을 이용한 경우 통지은행의 의무불이행에 대하여는 아무런 책임도 부담하지 않는다.

③ **서류심사의 의무**

발행은행은 신용장대금을 지급할 때 서류가 신용장조건과 일치하는가를 상당한 주의(reasonable care)를 가지고 심사하여야 한다. 이 경우 서류의 형식, 충분성, 진정성 등에 대하여는 책임을 지지 않는다.

다만, 발행은행이 신용장에 따른 서류심사의무를 게을리 하여 대금지급을 하였을 경우에는 발행의뢰인으로부터 그 대금을 받을 수 없게 된다.

(2) 수익자와 발행은행의 관계

취소불능신용장은 은행이 수익자에 대하여 지급 또는 인수를 행해야 할 의무를 가진다.

이 경우 은행은 신용장의 이후에는 수익자의 동의가 없이는 신용장을 취소하거나 변경할 수가 없게 된다.

발행은행은 이 경우 수익자가 제시한 서류가 신용장조건과 일치하면 매매계약상의 분쟁을 이유로 대금의 지급을 거절할 수가 없으며, 발행은행은 발행의뢰인이 대금지급을 할 수 없게 되는 경우에도 수익자에게 신용장 대금을 지급하도록 하여야 한다.

(3) 발행의뢰인과 수익자

양 당사자간의 관계는 대개 상품의 매매계약내용에 의해서 결정된다. 그러나 양자간에 상품거래에 대한 계약이 있든지 없든지 간에 그 계약은 신용장과는 직접 관계가 없고, 신용장관계는 상품계약과는 관계가 없는 독립성을 가지므로 발행의뢰인과 수익자간에 신용장상의 법률관계를 거론하는 실익은 거의 없는 것으로 보인다.

(4) 통지은행의 지위

가. 발행은행과의 관계

양자간에는 통지에 관하여 위임관계가 성립되어 통지은행은 위임받은 대로 지시내용을 신속하게 수익자에게 전달할 의무가 있다.

나. 발행의뢰인과의 관계

통지은행의 선택은 발행은행이 발행의뢰인의 대리인으로서가 아니라 자기 이름으

로 자기를 위하여 선택위임하는 것이므로 발행의뢰인과 통지은행 사이에는 직접 아무런 법률관계가 성립되지 않는다.

따라서 통지은행의 통지의무 불이행은 발행은행에 대한 채무불이행이 될 뿐 발행의뢰인에 대한 채무불이행은 되지 않는다. 그러므로 발행의뢰인이 통지은행의 통지의무 해태로 손해를 입었다면 불법행위의 법리에 따라 손해배상을 청구할 수밖에 없을 것이다.

다. 매입은행과의 관계

통지은행은 신용장을 확인(confirmation)하지 않는 한, 통지로써 그 임무는 종료하고 매입은행에 대하여는 아무런 의무도 없다.

라. 수익자와의 관계

앞에서 본 바와 같이 통지은행의 통지의무는 수익자에 대한 의무는 아니고 발행은행에 대한 의무이므로 동 의무해태로 수익자가 사실상 손실이 발생되었다면 불법행위의 법리에 의하여 손해배상을 청구할 수 있을 뿐이다.

(5) 매입은행의 지위

가. 수익자와의 관계

매입은행이 신용장에 의하여 매입이 지정되어 있지 않는 한 반드시 수익자가 발행한 환어음을 매입할 의무는 없다. 그러나 일단 매입을 하면 어음발행인인 수익자에 대하여 어음법상 소지인 등 어음상의 권리자가 되어 그 어음의 인수나 지급이 거절되면 어음발행인인 수익자에게 어음법상 소구권을 갖는다.

다만, 확인은행이 매입은행이 되면 확인은행도 절대적 채무자이므로 어음발행인인 수익자에 대하여 소구권이 없게 된다.

또한 매입은행은 어음법상 소구권 이외에 발행어음이 인수 또는 지급거절되었을 때 수출거래 약정서에 기하여 수익자에 대하여 어음의 환매청구권을 행사할 수 있는 것이다.

나. 발행은행과의 관계

발행은행은 수익자와 똑같이 매입은행(배서인 또는 선의의 소지인)에 대하여 지급을 확약하였기 때문에 신용장조건과 일치되는 한 매입은행에 그 대금의 지급, 인수 또는 매입을 결제할 의무가 있다.

Chapter 05

신용장의 구성내용과 종류

5-1 신용장의 구성내용

신용장의 형식은 국제상업회의소에서 1986년에 표준양식을 제정하여 각국에 그 채택을 권고하고 있으나 아직도 그 형식에 대한 전면적인 통일을 기하지 못하고 각국의 은행에 따라 차이가 있다. 그러나 대다수 국가의 은행들이 신용장통일규칙을 채택하여 신용장거래의 국제적인 통일성을 꾀함으로써 신용장의 양식도 점점 표준화되어 가고 있으며, 우편이 아닌 표준화된 스위프트(SWIFT)방식으로 거의 대부분의 신용장이 발행되고 있어 양식의 통일이 된 셈이고 세부내용에 대한 이해가 더 중요하다고 하겠다.

무역결제에 이용되는 화환신용장은 어떠한 양식을 사용하든 간에 일반적으로 기재되는 공통적인 항목으로 ① 신용장 자체에 관한 사항, ② 환어음에 관한 사항, ③ 선적에 관한 사항, ④ 서류에 관한 사항, ⑤ 상품에 관한 사항, ⑥ 기타 기재사항 등으로 구분할 수 있다.

이를 <예시 2-1>의 우편신용장을 중심으로 살펴보면 다음과 같다. 신용장의 내용을 공부하기에는 우편신용장이 좋다. 전신신용장은 신용장의 내용을 세로로 이어서 작성되어 내용의 구분이 쉽지 않기에 우선 우편신용장으로 공부하고, 후에 전신신용장 중 가장 많이 이용되는 스위프트(SWIFT)신용장을 이해하기로 한다.

▌예시 2-1▐ 우편신용장 표준양식(1986년 제정)

KOREA EXCHANGE BANK ① Seoul, korea Cable Address : Instbank Telex Number : 6809 Place and date of Issue : Seoul, MAy 20,20 ×× ②	**DOCUMENTARY CREDIT ⑤** Credit number ⑥ M0601403NS67689 Date and place of expiry ⑦ September 20, 20×× in seattle
Applicant ABC Co., Ltd C.P.O Box 8983, Seoul, Korea ③	**Beneficiary** America International ⑧ 576 Industry Drive, Seattle, Wa. 98188 U.S.A
Advising Bank Seattle-First National Bank ④ Seattle, Washington, U.S.A.	**Amount** U.S. Dollars one million only ⑨ (US$ 1,000,000)
Partial Shipments ⑱: ☒allowed ☐not allowed Transhipment ⑲: ☐allowed ☒not allowed Loading on board/dispatch/taking in charge from/at Seattle ⑮ not later than September 10,20×× ⑰ for transportation to Pusan ⑯	Credit available with any bank by ☐ sight payment ☐ deferred payment at ⑩ ☐ acceptance ☒ negotiation against presentation of the documents listed below, marked "X" ☐ and of beneficiary's draft(s) in ⑪ duplicate at sight ⑫ drawn on Bank of California, San Fransisco ⑬

☒ Signed commercial invoice in quintuplicate
☒ Full set of clean on board ocean bills of lading made out to the order of KOREA ××× BANK marked Freight prepaid and Notify accountee
⑳ ☐ Air waybill consigned to KOREA ×××BANK marked Freight and Notify accountee
☒ Insurance policy or certificate in duplicate, endorsed in blank for 110% of the invoice value, expressly stipulating that claims are payable in Korea and it must include the institute Cargo Clause(A/R)
☒ Packing list in triplicate
㉒ Covering 1,000 cases of cashmere wool yarn U.S.A. origin @ US$ 1,000 CIF Pusan
㉓ Special conditions and other required documents(if any)

㉔ Unless otherwise expressly stated all banking commissions and charges outside issuing country are for account of beneficiary

㉑ Documents to be presented within 10 days after the date of shipment but within the validity of the credit.

㉕ All documents must be forwarded to issuing bank in two lot(s) by registered airmail

㉖ We hereby issue this Documentary Credit in your favor. It is subject to the Uniform Customs and Practice for Documentary Credits(2007 Revision, International Chamber of Commerce. Paris, France, Publication No. 600) and engages us in accordance with the terms thereof.
⑭ the number and the date of the credit and the name of our bank must be quoted on all drafts required. if
㉗ the credit is available by negotiation, each presentation must be noted on the reverse of this advice by the bank where the credit is available.

㉘ REIMBURSEMENT the negotiating bank is authorized to reimburse itself by sending beneficiary's drafts to the above drawee bank. ㉙ Authorized signature	Advising bank's notification Advice No.and date ④ Authorized signature

1. 신용장 자체에 관한 사항

① 발행은행명 : 왼쪽 상단의 'Korea EXCHANGE Bank'가 발행은행이다.

② 신용장 발행일 및 장소 : 발행은행 아래의 'Seoul, May 20, 20××'.가 발행일과 발행장소이며, 이날로부터 지급확약의 효력이 발생된다.

③ 발행의뢰인 : 왼쪽 맨 상단칸의 'ABC Co., Ltd.'이며, 수입상을 의미한다.

④ 통지은행과 통지번호 : 왼쪽 위에서 둘째 칸의 'Seattle First National Bank'가 통지은행이며, 우측 아래에서 둘째 칸의 통지번호의 란은 통지은행이 기입하는 란이다.

⑤ 신용장의 종류 : 우측 맨 윗칸의 'Documentary Credit'로서 취소불능 여부에 대한 아무런 표시가 없으므로 취소불능 화환신용장을 의미한다.

⑥ 신용장번호 : 신용장종류 기재칸의 'M0601403NS67689'이며, 한국은행이 제정한 '수출입승인서 및 신용장 등의 번호기재요령'에 따라 번호를 부여한다.

⑦ 유효기일 및 장소 : 신용장 번호밑의 September 20, 20××로 Seattle에서 이날까지 은행에 서류와 환어음을 매입을 위하여 신용장에서 정해진 장소에 제시하여야 한다. 유효기한을 표시하는 문언에는 다음과 같은 것이 있다.

㉠ Draft must be negotiated not later than… 20….

㉡ All drafts against this credit are to be drawn and presented in Seoul not later than… 20….

㉢ This credit expires in Korea on 20… for negotiation.

㉣ Your drafts must be presented on or befor… 20….

㉤ Drafts must be presented at this office not later than 20….

⑧ 신용장의 수익자 : 우측 위에서 넷째칸의 America International이다.
신용장이란 발행은행이 수익자인 수출상 앞으로 지급보증을 확약하는 증서를 의미한다.

⑨ 신용장금액 : 우측 위에서 다섯째칸의 US$1,000,000이다. 이는 이 신용장에서 은행이 지급을 확약하는 최고한도 금액이며 환어음 발행한도금액이 된다.

⑩ 신용장의 사용방법 : 신용장에 의한 지급은 신용장상에 약정되어 있는 일람출급, 연지급, 인수 또는 매입 중 어느 방식으로 가능하도록 되어 있는데, 모든 신용장에는 그것이 일람지급, 연지급, 인수 또는 매입 중 어느 것으로 사용되는 것이라는 것이 명확하게 표시되어 있지 않으면 안된다(신용장통일규칙 제6조 참조).

예시의 신용장에서는 이 지시에 관해서 우측 6번째 칸의 둘째 줄 by 다음의 네모칸 중 negotiation 칸에 ×표가 되어 있으므로 매입조건의 신용장이다.

2. 환어음에 관한 사항

⑪ 환어음의 발행인 : 우측 위에서 6번째 맨 아래쪽 네모칸 다음의 beneficiary's draft의 beneficiary가 어음발행인인데, 이 신용장의 수익자인 America International이다.

⑫ 환어음의 지급기한(tenor of the draft) : beneficiary's drafts 아래의 at sight, ×× days after sight로 되어 있다.

⑬ 환어음의 지급인 : drawn on 다음의 Bank of california로서 상환 또는 결제 은행이 된다.

⑭ 환어음에의 기재사항 : 좌측 아래에서 둘째칸의 신용장통일규칙 준수문언 다음에 The number and the date of … 로서 모든 어음에 신용장번호와 신용장 발행일 및 발행 은행을 기재하도록 하고 있다.

3. 선적에 관한 사항

⑮ 선적항 : 좌측 위에서 넷째칸의 Loading on board… 다음의 Seattle.

⑯ 도착항 : for transportation to Pusan이다.

⑰ 선적기일 : September 10, 20××로 표시되어 있다.

⑱ 분할선적 : 좌측 위에서 셋째칸의 왼쪽에 허용여부를 X표로 표시하도록 되어 있는데, 여기서는 허용되어 있다. 별도의 명시가 없을 경우에도 허용하는 것으로 해석한다.

⑲ 환적 : 분할선적 표시의 좌측에 허용여부를 X로 표시하도록 되어 있는데, 여기서는 환적을 금지하고 있다.

4. 서류에 관한 사항

⑳ 제출해야 할 서류의 종류와 부수 : 제출해야 할 서류는 선화증권, 보험증권 또는 보험증명서, 상업송장 및 포장명세서 등을 요구하고 있으며, 제출부수에 대해서는 우선 선화증권은 Full set로 되어 있어 원본이 3부이며, 보험증권에 관해서는 2부가 된다. 상업송장과 포장명세서는 각각 5부, 3부씩으로 되어 있다.

각 서류의 작성내용으로서는

첫째, 선화증권은 무고장(clean), 본선적재(on board), 해양(ocean), 선화증권으로 지시식(order) 선화증권 형식으로 작성해야 하며, 무기명식배서(blank endorsed)하고, 운임란에는 지급필(prepaid)로 기재되고 화물도착통지란에는 ABC co., Ltd.로 기재되어야 한다.

둘째, 보험증권 또는 보험증명서는 부보금액이 상업송장 금액에 10%를 가산한 금액이어야 하며, 보험청구는 환어음과 동일한 화폐로 Korea에서 청구할 수 있도록 되어야 하고, 담보위험과 부보조건은 협회화물약관을 적용하되 All Risks 조건이어야 한다.

셋째, 상업송장은 수출업자가 서명하여야 한다.

넷째, 포장명세서는 정상적인 발행절차에 따라 발행된 것이어야 한다.

서류에 관한 내용은 제7장 '서류'에서 자세히 설명하기로 한다.

㉑ 서류제시기간 : 좌측 아래에서 넷째칸에 유효기일 이내이면서 선적일로부터 10일 이내에 제시하도록 되어 있다.

5. 상품에 관한 사항

㉒ 서류제시에 이어 covering 다음에 선적해야 할 상품명 'Cashmere Wool yarn'과 수량 '1,000 cases,' 단가 @US$1,000 CIF Pusan으로 되어 있다.

6. 기타 기재사항

㉓ 특수조건(special condition) : 서류제시칸 맨 아래에 기입할 수 있다.

㉔ 은행비용의 부담에 관한 사항 : 발행국가 이외에서 발생된 비용은 수익자 또는 발행의뢰인부담으로 할 수 있으나 여기에서는 수익자부담으로 되어 있다.

㉕ 서류의 처리방법 : 등기우편에 의해 2set로 나누어 발행은행으로 송부하도록 요구되어 있다.

㉖ 발행은행의 지급확약문언 등 : 좌측 아래에서 둘째칸에 발행은행의 신용장 발행사실과 신용장통일규칙 준수문언 등이 기재되어 있다.

㉗ 매입은행 등에 대한 지시사항 : 지급확약문언 다음에 지시사항이 기재되어 있다.

㉘ 대금상환방법 : 좌측 맨 아래에 매입은행은 수익자가 발행한 환어음을 결제은행에 제시하여 대금을 상환 받도록 하고 있다.

㉙ 서명 : 좌측 아래에 발행은행의 서명란이 있다.

5-2 신용장의 종류

신용장은 그 사용방법이나 결제기간 등에 따라 여러 가지로 분류되는데 이는 신용장을 보는 관점에 따라 분류한 것이기 때문에 하나의 신용장이 단일의 명칭을 나타내는 것이 아니고 여러 명칭을 겸하고 있다. 즉, 앞에 예시한 신용장은 신용장의 사용방법상 매입신용장이자 취소불능의 화환신용장이며, 대금지급조건으로는 일람출급신용장이며, 매입은행이 지정되지 않은 자유매입신용장이며 우편신용장인 것이다. 실무에서 많이 쓰이는 신용장을 중심으로 분류기준별로 살펴보면 다음과 같다.

이상의 분류기준에 따라 〈예시 2-1>의 신용장의 종류와 근거를 살펴보기로 하자.

① 신용장은 그 명칭과 상관없이 기본적으로 취소가 불가능한 '취소불능 신용장'이며,

② 사용방법에 대해서는 'by negotiation'의 표시가 있으므로 '매입신용장'이라 할 수 있고,

③ 대금지급시기면에서는 'at sight'의 표시로서 '일람출급 신용장'이며,

④ 'credit available with any bank'로 되어 어느 은행에서도 매입되어질 수 있기 때문에 '자유매입신용장'이 되며,

⑤ 양도가능(transferable) 여부에 대한 표시가 없으므로 '양도불능 신용장'이다.

⑥ 연계무역과 관련된다는 특수한 조건이 없으므로 일반적인 신용장이며,

⑦ 확인 및 회전사용여부에 대한 표시가 없기 때문에 '불확인 비회전 신용장'이라 할 수 있고,

⑧ 대금결제방법상 결제은행인 'Bank of California, San Fransisco'로 환어음을 발송하여 상환받으므로 '상환신용장'이 되며,

⑨ 기타 분류기준으로는 서류제시를 조건으로 하는 '화환신용장'이며, 수입상이 서울의 'ABC Co., Ltd.'이므로 '수입신용장'이고, '우편신용장'이 된다.

여기에서 우리는 신용장 종류마다 특정한 신용장이 있는 것이 아니고, 하나의 신용장을 여러 가지 분류기준에 따라 다양하게 분류할 수 있다는 것을 알 수 있다.

신용장의 종류

- 취소가능여부기준
  - 취소불능 신용장
  - 조건부 취소불능 신용장
- 사용방법기준
  - 매입 신용장
  - 지급 신용장
  - 인수 신용장
  - 연지급 신용장
- 대금지급시기기준
  - 일람출급 신용장
  - 기한부 신용장
  - 자금선대 신용장
  - 할부지급 신용장
- 매입은행지정여부기준
  - 자유매입 신용장
  - 지정 신용장
- 양도가능여부기준
  - 양도가능신용장
  - 양도불능신용장
- 연계무역관련기준
  - 동시발행신용장
  - 기탁 신용장
  - 토마스신용장
- 확인여부기준
  - 확인신용장
  - 불확인신용장
- 회전사용여부기준
  - 회전신용장
  - 비회전신용장
- 대금결제방법기준
  - 난순신용장
  - 상환신용장
  - 송금신용장
- 기타분류기준
  - 상업신용장
    - 화환신용장
    - 무화환신용장
  - 클린신용장
    - 여행자신용장
    - 보증신용장
  - 수출신용장과 수입신용장
  - 상환청구가능 또는 상환청구불능 신용장
  - 우편신용장과 전신신용장

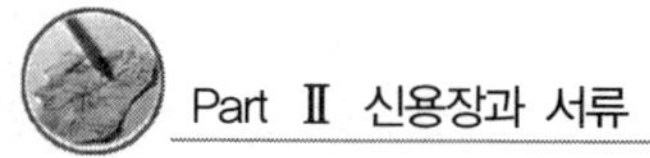

1. 취소가능여부 기준

발행주체인 신용장발행은행이 발행한 신용장을 취소할 수 있느냐 아니냐가 기준이나, 현행 신용장통일규칙에서는 은행이 신용장을 발행하려면 취소가 불가능한 조건으로 발행하여야 한다고 규정되어 있어 모든 신용장은 취소불능 신용장인 셈이다.

(1) 취소불능 신용장(irrevocable credit)

신용장은 기본적으로 그 명칭과 상관없이 발행은행이 일치하는 제시에 대하여 결제하겠다는 확약서로서 취소가 불가능한 취소불능 신용장이다. 그것은 신용장 관계 당사자 전원의 동의 없이는 취소 또는 변경할 수 없는 신용장을 말한다.

여기에서의 신용장 관계 당사자란 발행은행, 수익자(확인신용장인 경우 확인은행 포함)를 말하며, '취소불능(irrevocable)'이란 발행은행의 지급확약이 취소불능이라는 중요한 의미로서 은행에서도 원칙적으로 취소불능 신용장에 한해서만 선적서류의 매입을 하도록 하고 있다.

(2) 조건부 취소불능 신용장(conditional irrevocable credit)

위 5-1-1의 취소불능 신용장이긴 하나, 조건 중에 선적을 보류하거나 매입을 보류하고 있어 실질적으로는 취소불능으로 볼 수 없는 신용장을 가리킨다. 예컨대 "Shipment is subject to further instruction"이나 "Negotiation is subject to further instruction"과 같은 문구가 있는 경우가 그것이다. 전자는 선적을 하려면 추후지시가 있어야 함을 뜻하는 것으로 추후지시가 없으면 선적을 할 수 없다. 따라서 취소불능이라는 말이 있어도 선적에 대한 지시가 없으면 선적을 할 수 없어 취소불능성이 없어진다. 후자는 추가지시가 있어야 매입을 할 수 있다는 것을 뜻하는 것으로 역시 신용장의 취소불능성에 의미가 없다. 이러한 신용장의 발행은 가능한 한 억제하여 신용장의 대금결제기능을 제고시켜야 할 것이다.

2. 신용장의 사용방법 기준

수출상이나 관계되는 은행이 신용장을 어떻게 사용하느냐, 즉 즉시 지급할 것인지, 일정기간 후에 지급할 것인지, 아니면 지급이 아닌 매입방식으로 이용할 것인지 신용

장상에 표기되어야 한다.

신용장통일규칙 제6조에서 신용장을 일람출급신용장(sight payment credit), 연지급신용장(deffered payment credit), 인수신용장(acceptance credit), 매입신용장(negotiation credit)으로 구분하고 모든 신용장은 이 중 어느 형태로 사용가능한지, 또한 별도로 어느 은행에서나 매입이 가능하도록 명시된 매입신용장 이외에는 사용은행을 지정토록 규정하고 있다. ICC의 표준양식의 네 가지 형태 중 택일토록 되어 있으며 이들 각 신용장의 종류별 특징 및 표시방법 등을 좀 더 살펴보면 다음과 같다.

(1) 매입신용장(negotiation credit)

① 이 신용장에서는 어느 은행이나 매입할 수 있는 것이 원칙이고 예외적으로 통지은행 앞으로 매입을 제한하는 경우가 있다.

② 어음을 필요로 하는 신용장이다. 즉 선적서류 매입의뢰시 서류와 함께 어음을 제시하여야 한다.

③ 일람출급 또는 기한부 신용장으로 사용된다. 기한부 신용장으로는 수출상이 신용을 공여하는 shipper's usance의 경우에 사용하는 것이 일반적이다.

④ 신용장의 뒷면에 매입사실의 배서를 요구하는 배서 신용장이다.

(2) 지급신용장(payment credit)

① 일반적으로 수출지의 통지은행이 지급은행이 되며, 통지은행이 발행은행의 예치환거래은행이나 해외지점일 경우 사용될 수 있다.

② 어음을 필요로 하지 아니하는 무어음신용장이다.

③ 일람출급 신용장으로 사용된다.

④ 신용장의 뒷면에 매입사실의 배서를 요구하지 않는 비배서 신용장이다.

(3) 인수신용장(acceptance credit)

① 발행은행이 인수은행(통지은행이며 대개의 경우 발행은행의 예치환거래 은행임)으로부터 인수편의(acceptance facility)를 제공받을 때, 즉 banker's usance의 경우에 사용하는 것이 일반적이다. 인수은행이 발행은행을 위하여 신용장대금을 지급하여 주고 어음의 만기일에 대금을 발행은행으로부터 받는 신용공여 형태임.

② 어음을 필요로 하는 신용장이다.

③ 기한부 신용장이다.

(4) 연지급신용장(deffered payment credit)

연지급(延支給)이란 지급(payment)를 연기(延期, deffered)한다는 의미로 일정기간 후 사후결제하는 방식의 신용장을 말한다.

① 일반적으로 수출지의 통지은행이 연지급은행이 되며, 통지은행이 발행은행의 예치환거래은행 또는 해외지점일 때 사용된다.

② 어음을 필요로 하지 아니하는 무어음신용장이다(본래 기한부 거래에서는 반드시 환어음이 필요하였으나 독일이나 프랑스와 같은 나라에서는 환어음발행에 따른 인지세가 비싸므로 이를 기피하는 현상이 있어, 참고로 신용장통일규칙 제4차 개정(1983년) 시에 신설된 내용임).

③ 기한부 신용장이다.

④ 신용장의 뒷면에 매입사실의 배서를 요구하지 않는 비배서 신용장이다.

▌신용장 종류별 비교▐

종 류		지급방법	어음	서류매입방법	배서여부
매 입 신용장	일람출급매입신용장	일람출급	유	매입은행자유 또는 제한	배서필요
	기한부매입신용장	기 한 부	유	매입은행자유 또는 제한	배서필요
지급신용장		일람출급	무	지급은행지정(통지은행)	배서불필요
인수신용장		기 한 부	유	인수은행지정(통지은행)	배서불필요
연지급신용장		기 한 부	무	연지급은행지정(통지은행)	배서불필요

3. 대금 지급시기 기준

(1) 일람출급 신용장(sight credit)

서류 제시 즉시 대금을 지급하는 신용장으로, 전술한 지급 신용장과 일람출급 매입신용장이 이에 해당된다.

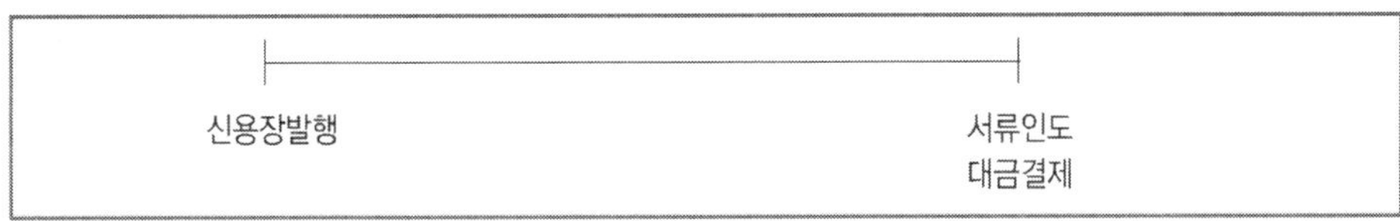

(2) 기한부 신용장(usance credit)

서류 제시 후 일정기간이 경과한 후에 대금을 지급하는 신용장으로 일정기간에 대한 기간의 이익을 수입상이 향유하며 전술한 인수신용장, 연지급신용장, 기한부 매입신용장이 이에 해당된다. 이는 다시 일정기간에 대한 신용공여를 누가 하느냐에 따라 은행이 신용을 공여하는 "banker's usance"와 수출상 자신이 공여하는"shipper's usance"로 분류된다.

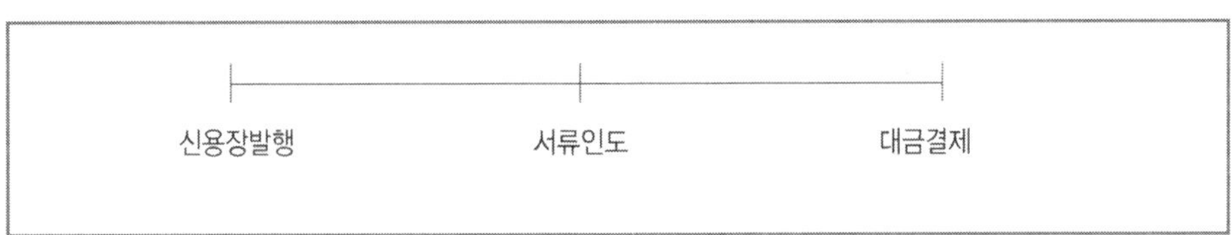

(3) 자금선대신용장(advance payment credit)

자금선대(資金先貸)란 신용장 대금을 수입상이 먼저(先, advance) 대여(貸與)한다는 의미이니, 수출상으로서는 선적전에 대금을 결제받을 수 있는 신용장이며, advance payment L/C라고도 한다.

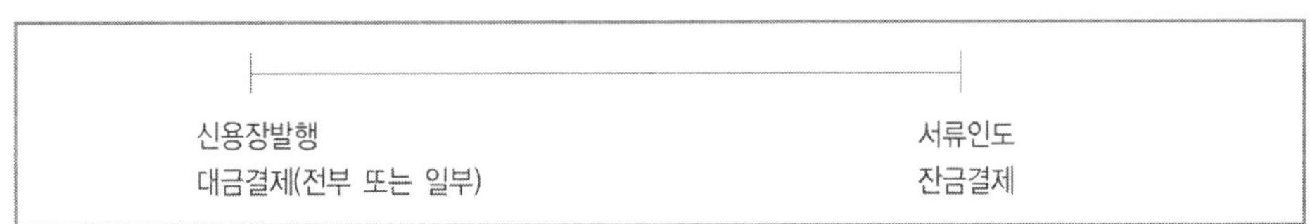

수출상이 해당상품의 선적 전에 대금을 선지급 받을 수 있도록 수권하고 있는 신용장으로 그 선대받은 대전이 수출상품의 포장(packing)이나 집화에 사용된다는 뜻에서 집화(集貨)신용장(packing credit), 선대문언을 붉은 타자로 표시하는 관행에서 레드 클로즈(red clause) L/C라고 한다(예시 2-4). 이러한 선대(先貸)신용장은 전대(前

貸)신용장이라고도 하며, 발행은행이 자금전대은행을 지정한다. 또한 일국의 통화정책 및 국제수지와 밀접한 관련이 있어 현행 우리나라 외국환거래규정에서도 대응수출 이행기간 등에 대해 규제하고 있다.

| red clause credit 기재 예 |

We authorize the negotiating bank to pay the sums not exceeding 20% of the above mentioned amount to the beneficiary against presentation of the following documents ;

① Beneficiary's clean draft drawn at sight on the accountee.

② Benficiary's receipt stating that the beneficiary have duly received the sums representing 20% advance payment for the delivery of(commodity) from Pusan to New York.

(4) 할부지급신용장(installment payment credit)

기한부신용장의 한 종류로서 서류를 인도받을 때에는 착수금만 지급하고 잔액은 일정기간에 일정액으로 나누어 지급되는 신용장이며, 거치기간(grace period)을 인정하는 것이 보통이다. 거치기간이란 이자만 지급하고 원금은 지급하지 않는 기간을 말한다.

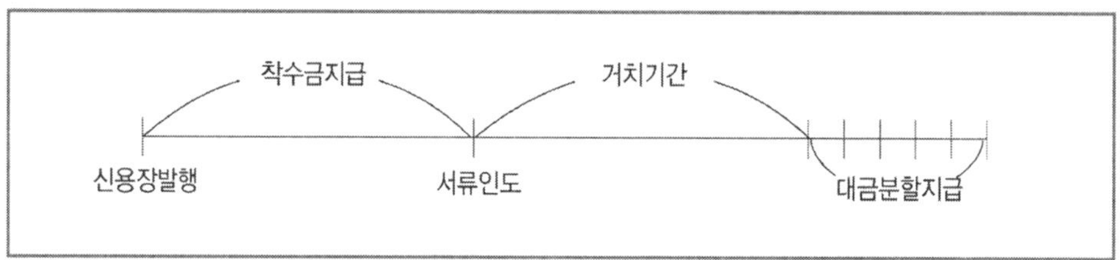

4. 매입은행 지정여부 기준

(1) 자유매입 신용장(freely negotiable credit)

앞서 2항의 신용장 중 매입신용장은 원칙적으로 어느 은행에서나 어음의 매입이 가능하도록 발행하는데 이를 자유매입신용장(freely negotiable credit), 매입은행이 특

정되지 않는다 하여 보통신용장(general credit)이라고도 하며, 매입이 모든 은행에 개방되어 있다 하여 개방신용장(open credit)이라고도 한다. 이와는 반대로 특정은행에서만 어음의 매입이 가능토록 발행한 신용장을 매입은행 제한신용장(restricted credit)이라고 한다.

매입은행 제한신용장은 신용장 원본에 매입을 제한하는 명시적인 문구가 기재되어 있는 매입제한 신용장(negotiation restricted credit)과 상환문구를 통지은행용 사본에만 표시하고 있어 결과적으로 매입이 제한되는 상환제한 신용장(reimburse- ment restricted credit)으로 구분된다.

매입제한 문언은 매입제한 신용장의 경우 “Negotiation under this credit is restricted to ×× Bank(Yourselves, Advising Bank)” 등으로 표시되며 상환제한신용장은 “We are holding special instructions regarding reimbursment” 등으로 통상 표시된다.

(2) 지정신용장(straight credit)

앞서 2항의 신용장 중에서 지급신용장, 연지급신용장 및 인수신용장이 이에 속하며, 이들 신용장의 지급확약문언에서 보는 바와 같이 신용장에 의한 환어음의 매입여부 및 어음의 배서인이나 선의의 소지인에 대한 아무런 조건 없이 신용장조건과 일치하는 서류나 환어음을 제시하면 지급하겠다고 약정하고 있는 신용장을 말한다. 신용장통일규칙 제7조에서 발행은행은 지급신용장과 인수신용장은 반드시 지급은행이나 인수은행을 지정하여 신용장조건과 일치된 서류의 제시시 지급 또는 인수토록 수권하고, 동 수권된 은행에 대하여 상환할 의무를 부담한다고 규정하고 있다. 실무적으로 이러한 지정 신용장에 대한 서류의 매입은 매입은행 제한신용장(restricted credit)에 준하여 처리하고 있다. 지정신용장은 매입은행이 특정되어 있다고 하여 특수신용장(special credit) 또는 지정신용장(nominated credit)이라고도 한다.

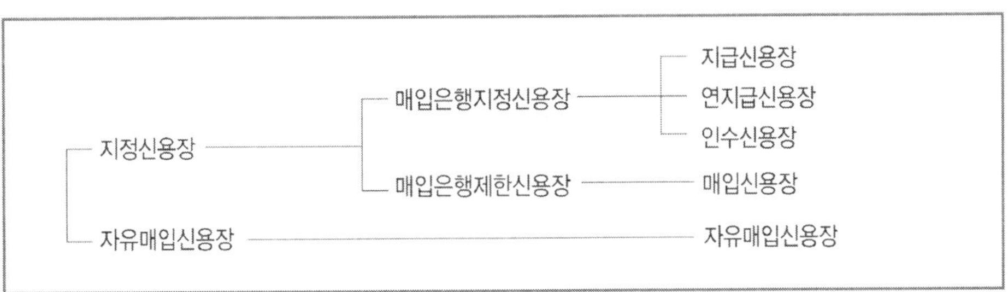

5. 양도가능여부 기준

(1) 양도가능 신용장(transferable credit)

수익자가 신용장 금액의 전부 또는 일부를 제3자(제2의 수익자)에게 양도할 수 있는 권한이 부여된 신용장을 말한다. 즉 신용장상에 "transferable"이라는 문구가 표시되어 있는 신용장을 말한다.

(2) 양도불능 신용장(non-transferable credit)

수익자가 신용장을 제3자에게 양도할 수 없는 신용장을 말한다. 즉 신용장상에 "transferable"이라는 문구가 표시되어 있지 않은 신용장을 말한다.

6. 연계(連繫)무역거래관련 기준

무역거래에는 수출이면 수출, 수입이면 수입. 이렇게 이루어지는 게 대부분이지만 때로는 수출입 두 당사자간에, 또는 그 이상의 당사자간 관련되어 수출과 수입이 동시에 이루어지는 거래형태도 일어나기도 한다. 이러한 방식을 연계무역(連繫貿易, countertrade)라고 하는데 여기서 이용되는 신용장의 형태를 말한다.

(1) 동시발행 신용장(back to back credit)

원래의 뜻은 원 신용장(master credit)을 견질로 하여 발행되는 제2의 신용장(back to back credit)을 의미할 수도 있겠으나 수출과 수입을 연계하여 수출입의 균형을 기하기 위한 연계무역에서 사용되어지는 신용장을 말한다. 즉, 일국에서 일정액의 수입신용장을 발행할 경우 그 신용장은 수출국에서 동액 또는 그와 상응하는 일정액의 수입신용장을 발행하여 오는 경우에만 유효하다는 조건이 있는 신용장을 back to back credit라 한다(예시 2-6).

(2) 기탁 신용장(escrow credit)

연계무역에서 수출입의 균형을 기하기 위하여 수입자가 수입신용장 발행시에 신용장의 한 조건으로 당해 신용장에 발행되는 어음의 매입대금은 수익자에게 지급되지

않고 수익자 명의의 기탁계정(escrow account)에 기탁하여 두었다가 그 수익자가 원 신용장 발행국으로부터 수입하는 상품의 결제대전에만 사용하도록 명시된 신용장을 말한다(예시 2-5).

이 수익자 명의의 "escrow account"는 약정에 의해 매입은행, 신용장발행은행 또는 제3국에 있는 환거래은행 중 어느 곳이나 설치하여 운용할 수 있다.

(3) 토마스 신용장(Tomas credit)

"back to back credit"와 유사하나 수출입 당사자가 서로 동액 또는 그와 상응하는 일정액의 신용장을 발행하는 데 있어, 먼저 신용장을 발행하는 일방이 신용장의 유효조건으로 동액 또는 그와 상응하는 일정액의 "back to back credit" 발행을 전제로 하는 것이 아니라 상대방이 일정기간 후 동액의 신용장을 발행하겠다는 보증서의 제출을 조건으로 하는 신용장을 말한다. "Tomas"란 용어는 최초로 이 방식을 사용하여 중국과 거래를 성사시킨 일본 무역회사의 전신약호에서 유래한다.

7. 확인여부 기준

신용장을 제3의 은행이 확인했느냐 하지 않았느냐에 따라 확인신용장(confirmed credit)과 불확인신용장(unconfirmed credit)으로 구분된다.

확인신용장이란 수익자가 발행한 어음의 인수, 지급 또는 매입에 대한 제3은행의 추가적 확약이 있는 신용장을 말한다. 만일의 경우 발행은행이 지급불능 상태에 빠지면 확인 은행이 발행은행을 대신하여 지급하여야 하므로 수익자는 이중의 지급확약을 받게 되어 그만큼 신용도가 높아지게 된다. 일반적으로 발행은행이 통지은행에게 신용장 통지시 확인을 추가하도록 요청하게 되며, 수익자 소재지 또는 제3국의 유력한 은행에게 확인을 요청하는 경우도 있다.

8. 회전사용여부 기준

수출상과 수입상간에 동일상품을 계속적으로 거래해야 할 경우, 매 거래시마다 신용장을 발행한다면 번거로움이 따르고 그렇다고 거래예상금액을 한꺼번에 발행하면 많은 비용부담이 되기 때문에 발행인에게 너무 과중한 자금부담이 생긴다. 이런 경우 신용장금액이 일정조건하에 결제와 동시에 자동적으로 동액의 금액이 되살아나는 신용장을 회전신용장(回轉信用狀 revolving credit, self-continuing credit)이라고 하며(예시 2-7), 회전되지 않는 신용장을 비회전신용장(non-revolving credit)이라고 한다.

회전신용장의 장점은 매 거래시마다 신용장발행에 따른 수수료, 시간, 수고의 절약에 있으며, 회전방법으로는 다음과 같은 경우가 있다.

① 환어음에 대하여 지급되었다는 통지가 있으면 회전되는 경우

② 환어음이 결제되는 일정일수를 정해 놓고 그 기간 내에 부도통지가 없으면 회전되는 경우

③ 1개월 후 등과 같이 일정기일 후의 소정기일에 회전되는 경우

회전신용장의 표시 및 기재 예는 다음과 같다.

"We hereby issue our cumulative revolving credit………."

"The amount of drawing made under this credit become automatically reinstated on payment by us. Draft drawn under this credit must not be exceeding to US$1,000,000 in any calendar month."

한편, 회전신용장 중 회전될 때 전회의 미사용잔액이 있는 경우 그 잔액이 이월되는 경우를 누적적 회전신용장(cumulative revolving credit), 그 잔액이 이월되지 않는 경우를 비누적적 회전신용장(non-cumulative revolving credit)이라고 한다.

회전신용장이 아닌 일반신용장도 신용장금액의 증액, 선적 및 유효기간의 연장 등의 조건변경 등을 통하여 회전신용장과 같은 효과를 얻을 수 있다.

9. 대금결제방법 기준

(1) 단순신용장

지급신용장은 수출지의 서류매입은행이 발행은행의 예치환은행일 때에 발행되고, 매입신용장은 서류매입은행이 발행은행의 무예치환은행일 때에 발행된다고 설명한 바 있다. 지급신용장하에서는 서류매입은행에 발행은행의 당좌계정이 있으므로 서류매입시 이 계정에서 인출하여 수출자에게 지급하므로 업무취급이 상당히 간편하다. 그러므로 이러한 신용장을 대금결제방법이 단순하다고 하여 단순신용장(simple credit)이라고 한다.

▌단순신용장하의 대금지급▐

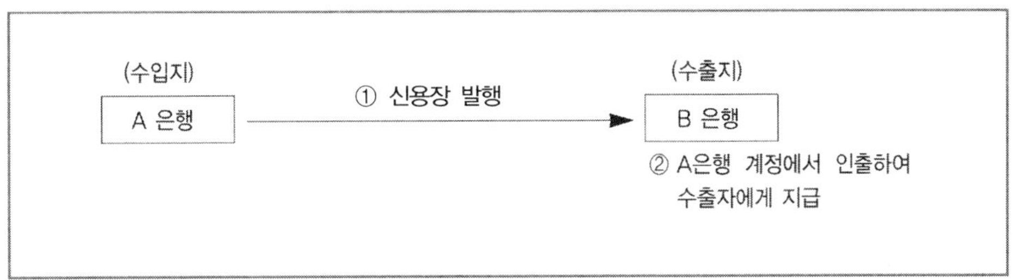

(2) 상환신용장

그러나 수출지의 서류매입은행이 발행은행의 무예치환거래은행인 경우에는 당좌계정을 가지고 있지 않으므로 발행은행이 당좌계정을 갖고 있는 예치환거래은행 앞으로 대금상환을 청구하여야 한다. 이와 같이 매입은행이 상환청구를 별도로 하여야 한다는 의미에서 상환신용장(reimbursement credit)이라고 한다. 예컨대 한국의 A은행이 일본의 B은행으로 신용장을 발행하고 미국의 C은행으로 상환을 청구하도록 하는 경우가 그것이다.

▌상환신용장하의 대금지급▐

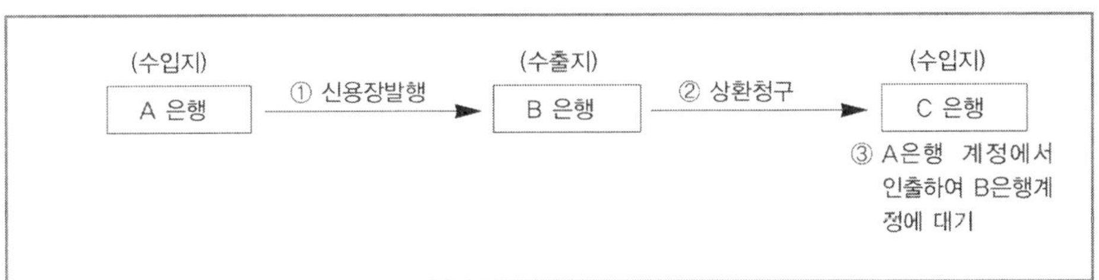

뒤에 설명하는 '신용장대금 상환에 관한 국제규칙'은 이와 같이 신용장발행은행, 수출지 매입은행과 상환은행 상호간에 대금결제과정에서의 분쟁을 예방하고자 제정된 국제규칙이다.

(3) 송금신용장

송금신용장(remittance credit)은 이와는 달리 사전에 대금지급수권을 하는 것이 아니고 서류매입은행이 서류를 매입하고 자기가 대금받기를 원하는 은행을 지정하면, 이 은행에 송금함으로써 대금을 지급하는 신용장을 말한다.

▌송금신용장하의 대금지급▐

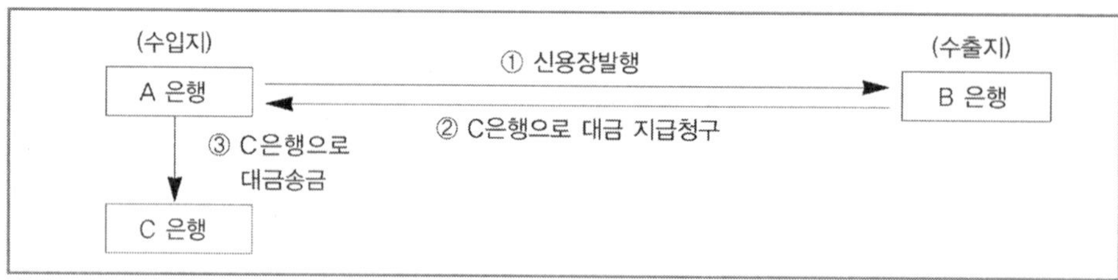

10. 기타 분류기준

(1) 상업신용장과 클린신용장

신용장의 경제적 기능에 따라 무역거래에 이용되는 상업신용장(commercial credit)과 무역외거래에 이용되는 클린신용장(clean credit)으로 나뉜다. 상업신용장은 무역신용장(trade credit)이라고도 하는데, 무역대금의 직접적 결제에 이용되는 것으로 화물의 이동이란 뒷받침이 있다.

상업신용장은 화환신용장(documentary credit)과 무화환신용장(documentary clean credit)으로 나뉘어진다.

화환신용장은 환어음에 서류를 첨부할 것을 요구하는 신용장을 가리킨다. 무화환신용장은 서류의 첨부를 요구하지 않는 신용장을 말하는데, 일반적으로 상업신용장이라 하면 화환신용장을 가리킨다.

한편, 클린신용장은 여행자신용장(traveller's credit)과 보증신용장(stand-by credit)으로 분류된다(예시 2-8 및 2-9).

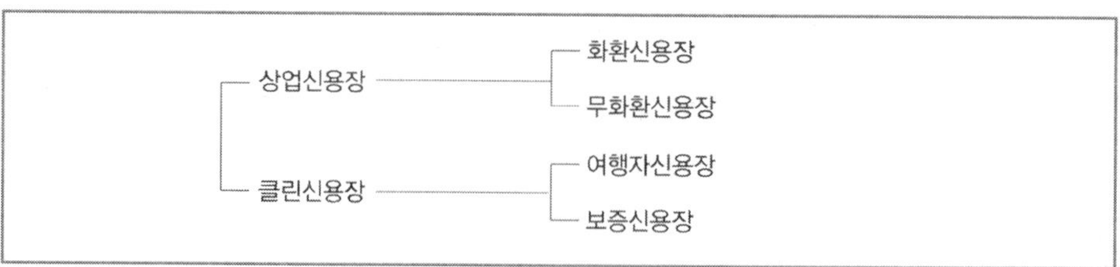

여행자신용장은 여행자의 현금 휴대의 위험성을 회피하기 위하여 이용되나, 그 이용의 번잡성과 여행자수표(traveller's check; T/C)로도 똑같은 효과를 거둘 수 있어 그 사용을 거의 찾아볼 수 없다.

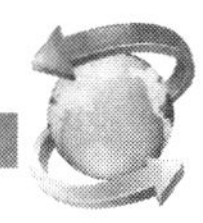

보증신용장은 각종의 보증금(bond), 즉 입찰보증금(bid bond), 계약이행보증금(performance bond) 등의 적립에 대신하여 사용되거나 차입금의 반환을 보증하는 데 사용된다.

(2) 수출신용장과 수입신용장

신용장을 그 이용자의 입장에서 수출신용장과 수입신용장으로 구별할 때가 있다.

그러나 이 분류는 별로 의미가 없다. 왜냐하면 동일한 신용장이 수입상에게는 수입신용장이 되고, 수출상에게는 수출신용장이 되는 것뿐으로 본질적인 차이는 존재하지 않기 때문이다.

(3) 상환청구 가능신용장과 상환청구 불능신용장

취소불능신용장에서 수익자가 발행한 어음이 신용장조건에 일치하게만 발행된 이상 발행의뢰인의 파산과 관계없이 발행은행은 이러한 어음의 지급이나 인수의 의무를 면치 못한다. 그러나 만일 그 어음이 신용장조건과 불일치하게 발행되었을 때는 어음의 지급인은 지급을 거절할 수 있는데, 이때 어음의 선의의 소지자(대개는 매입은행)가 어음발행인에게 상환청구할 수 있으면 상환청구 가능신용장(with recourse credit), 할 수 없으면 상환청구불능신용장(without recourse credit)이라고 하며 전자를 담보어음부신용장, 후자를 무담보어음부신용장이라고도 한다.

우리나라 어음법 제9조에서는 "어음발행인은 어음을 발행함으로 인하여 그 어음의 인수와 지급을 담보하는 것으로 인수나 지급이 없을 때에는 스스로 지급을 할 의무를 부담한다. 이에 반하여 지급의 무담보는 어떠한 경우에도 허용되지 않으며, 이러한 기재를 하여도 그 기재는 하지 아니한 것으로 본다"라고 규정하고 있어 지급무담보의 without recourse는 인정되어 있지 않다. 따라서 가령 어음에 그 기재가 있다 해도 무효로 된다.

어음은 행위지법에 준하도록 되어 있으므로 외국 앞으로의 어음이라 할지라도 우리나라에서 발행된 것은 우리나라의 법률에 따른다.

그러나 영・미법에서는 without recourse의 문언을 어음면에 기재하는 것은 법적으로 유효하다. 그렇지만 미국에서는 without recourse의 어음은 연방준비은행에서 할인적격으로 인정되지 않고 있어서 실제로 이러한 종류의 어음이 발행되고 있는 일은 극히 적은 것 같다.

(4) 우편신용장과 전신신용장

신용장을 발행하는 방법에 따라 우편에 의해 발행되는 신용장을 우편신용장(mail credit)이라 하고, 전신에 의해 발행되는 신용장을 전신신용장(cable credit)이라 한다. 그러나 전신신용장은 이용되는 통신수단이 cable(전보)만이 아니고 telex(가입전신)나 표준화된 메시지를 컴퓨터 통신망을 이용해 신속하게 전달하는 SWIFT 주1) 방식에 의한 경우 모두를 통칭한다.

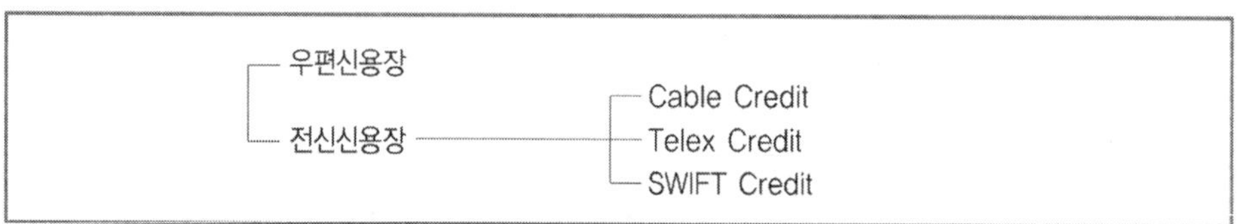

우편신용장의 내용에 대해서는 앞서 설명하였고, 앞서 약속한 SWIFT방식에 의한 신용장에 대해서는 <예시 2-2>, Cable신용장은 <예시 2-3>에서 설명하기로 한다.

▌예시 2-2▐ SWIFT방식에 의한 신용장

: 700 ISSUE OF DOCUMENTARY CREDIT
: 27 SEQUENCE OF TOTAL : 1/1
: 40A FORM OF DOCUMENTARY CREDIT : IRREVOCABLE
: 20 DOCUMENTARY CREDIT NUMBER : M06014303NS67689
: 31C DATE OF ISSUE : MAY 20, 20 ××
: 31D DATE AND PLACE OF EXPIRY : SEPT. 20, 20××IN SEATTLE
: 50 APPLICANT : ABC CO. LTD
C.P.O.BOX 8783 SEOUL KOREA
: 59 BENEFICIARY : AMERICA INTERNATIONAL
576 INDUSTRY DRIVE, SEATTLE, WA, 98188, USA
: 32B CURRENCY CODE AND AMOUNT : USD1,000,000
: 39A PERCENTAGE CREDIT AMOUNT TOLERANCE : 5%
: 41A AVAILABLE WITH : ANY BANK BY NEGOTIATION
: 42C DRAFTS AT : SIGHT
: 42A DRAWEE : BANK OF CALIFORNIA, SAN FRANSISCO

: 43P PARTIAL SHIPMENTS : ALLOWED
: 44A LOADING/DISPATCH/TAKING CHARGE AT/FROM : SEATTLE
: 44B FOR TRANSPORTATION TO : PUSAN
: 44C LATEST DATE OF SHIPMENT : SEPT.5, 20××
: 45A DESCRIPTION OF GOODS AND/OR SERVICES : 1,000 CASES OF CASHMERE WOOL YARN USA ORIGIN AT US$1,000 CFR PUSAN
: 46A DOCUMENTS REQUIRED :
+SIGNED COMMERCIAL INVOICE IN QUINTUPLICATE
+FULL SET OF CLEAN ON BOARD OCEAN BILLS OF LADING MADE OUT TO THE ORDER OF KOREA BANK MARKED FREIGHTPREPAID AND NOTIFY ACCOUNTEE
+PACKING LSIT IN TRIPLICATE
: 47A ADDITIONAL CONDITIONS : DOCUMENTS TO BE PRESENTD WITHIN 10 DAYS AFTER THE DATE OF ISSUANCE OF THE TRANSPORT DOCUMENTS BUT WITHIN THE VALIDITY OF THE CREDIT
: 71B CHARGES : BENEFICARY
: 49 CONFIRMATION INSTRUCTIONS : WITHOUT
: 53A REIMBURSEMENT BANK : BANK OF CALIFORNIA, SAN FRANSISCO
: 72 SENDER TO RECEIVER INFORMATION :
THIS CREDIT IS SUBJECT TO UCP(2007 REV., ICC PUBLICATION NO. 600)
: 78 INST TO THE PAY/ACCEPT/NEGOTIATE BANK :
+ALL DOCUMENTS MUST BE FORWARDED TO ISSUING BANK : IN TWO LOT(S) BY REGISTERED AIRMAIL
+IF THE CREDIT IS AVAILABLE BY NEGOTIATION, EACH PRESENTATION MUST BE NOTED ON THE REVERSE OF THIS ADVICE BY THE BAND WHERE THE CREDIT IS AVAILABLE

설명

700 : SWIFT 에서 정한 메시지 형태(message - type; MT)의 구분 코드로서 번호에 따라 내용이 구분되므로 이해해 두자.

메시지 번호	내 용	메시지 번호	내 용
700	화환신용장발행	742	대금결제 신청
707	신용장 조건변경	750	신용장조건 불일치 통보
720	신용장 양도통지	754	신용장지급, 인수, 매입통지

27 : 동일신용장 발행 일련번호
40A : 신용장종류 표시
20 : 신용장 번호
31C : 신용장 발행일자
31D : 신용장 유효기일 및 장소
50 : 신용장발행 의뢰인
59 : 신용장 수익자
32B : 통화 CODE 및 금액
39A : MORE/LESS 조건
41A : 신용장 지급방식 및 은행
42C : 화환어음조건
42A : 어음지급인
43P : 분할선적 허용여부
43T : 환적 허용여부
44A : 선적항
44B : 도착항
44C : 최종 선적일자
45A : 상품(용역)명세
46A : 요구서류
47A : 기타 특별지시사항
71B : 수수료 부담자
49 : 확인지시 문언
53A : 결제은행
72 : 통지은행앞 지시사항
78 : 지급, 인수, 매입은행앞 지시사항

▌예시 2-3▐ Cable 신용장(Covering)

KOREA EXCHANG BANK

0 5 9 5 8 7 9

Head Office : 181.2-ka Ulchi-ro, Chung-ku, Seoul, 100-793, Korea
(CPO BOX 2924, CABLE : KOEXBANK, TLX NO : 23141-5)

ADVICE OF IRREVOCABLE DOCUMENTARY CREDIT	Advice No. (Please quote this No. in communicatins with us) A - 0666-310-06213
	Credit No. GGFC - 02387
	Anount USD 24,800,00
Beneficiary TEL : 729-3592 GOLDEN BELL CO LTD. 60-1 3KA CHUNGMURO CPO 423, 55 CHANGKYO	Applicant TORA IND (HK)LTD
	Issuing Bank THE SAKURA BANK LTD, HONG KONG

Gentlemen :

At the request of the issuing bank, and without any engagement or responsibility on our part. we are pleased to inform you that we have received (×) authenticated/( ) unauthenticated teletransmission/( ) mail as attached.

Please note that we reserve the right to make such corrections to this advice as may be necessary upon receipt of the cable confirmation and assume no responsibility for any errors and/or omissions in the transmission and/or translation of the teletransmission, and for any forgery and/or aiteration on the attached credit.

If the credit is available by negotiation, each presentation must be noted on the reverse of this advice by the bank where the credit is available.

THIS ADVICE IS SUBJECT TO THE UNIFORM CUSTOMS AND PRACTICE FOR DOCUMENTARY CREDITS 2007 REVISION, ICC PUBLICATION No. 600.

Yours very truly

(Signed)

Authorized Signature

This document consists of (2) pages.

(Cable 내용)

KOREA EXCHANG BANK

(은행사용란)
DECODED BY GYH, VERIFIED BY HJS
383280269 USD＊＊＊＊＊＊＊＊＊＊24,800

Receipt-number : T-0654-00 Date : .10. 21 Editor : AUTO

CH# : 06-0740 . 10. 21 14 : 47 : 49
ZCZC OCT/21 14 : 46
+++ RCVD F3852 00/00 : 00 +++
KOEXBK K24244
TORAY (1P)
MSG NO. 34227
TO KOREA EXCHANGE BANK, SEOUL, KOREA
FROM THE SAKURA BANK LTD., HONG KONG BRANCH
OCT 21, 20××
KEY : (FOR USD 24,800.-)
WE HEREBY OPEN OUR IRREVOCABLE LETTER OF CREDIT NO. GGFC<&23927>02387
IN FAVOUR OF GOLDEN BELL CO LTD., C. P. O. BOX 423, SEOUL, KOREA
FOR ACCOUNT OF TORA INDUSTRIES (HK) LTD., 3/F., TAL BLDG.,
49 AUSTIN ROAD, KOWLOON, HONG KONG FOR USD 24,800.- (SAY U. S.
DOLLARS TWENTY FOUR THOUSAND EIGHT HUNDRED ONLY) AVAILABLE BY
BENEFICIARY DRAFTS AT SIGHT IN DUPLICATE FOR INVOICE VALUE DRAWN ON
TORAY INDUSTRIES (HK) LTD., HONG KONG AND TO BE ACCOMPANIED BY THE
FOLLOWING DOCUMENTS : -
1) SIGNED COMMERCIAL INVOICE IN 3 COPIES
2) FULL SET OF CLEAN ON BOARD OCEAN BILLS OF LADING MADE OUT TO
ORDER AND BLANK ENDORSED AND MARKED FREIGHT PREPAID AND MARKED
NOTIFY ACCOUNTEE
3) MARINE INSURANCE POLICY OR CERTIFICATE IN DUPLICATE ENDORSED
IN BLANK FOR 110 PCT OF THE INVOICE VALUE, STIPULATING CLAIMS,
IF ANY, TO BE PAYABLE IN HONG KONG IN CURRENCY OF THE DRAFTS
INSURANCE MUST INCLUDE INSTITUTE CARGO CLAUSES (ALL RISKS)
INSTITUTE WAR CLAUSES INSTITUTE STRIKES RIOTS AND CIVIL
COMMOTIONS CLAUSES
4) INSURANCE IS TO BE COVERED BY SELLER
5) OTHER DOCUMENTS REQUIRED :
1. PACKING LIST IN TRIPLICATE
2. BENEFICIARY'S CERT, CERTIFYING THAT FULL SET OF NON-NEGOTIABLE
SHIPPING DOCUMENT HAVE BEEN SENT DIRECTLY TO ACCOUNTEE BY
COURIER SERVICE WITHIN 3 DAYS AFTER B/L DATE
EVIDENCING SHIPMENT FROM SEOUL, KOREA TO HONG KONG OF : -
DIISONONYL PHTHALATE (DINP) AT USD775.-/MT CIF HO'G KONG AS PER
CONTRACT NO. DINP-1003/93 (THK'S CONTRACT NO. R2P/93/Z732)
SHIPMENT SCHEDULE :
16 M/TONS (1×20'FCL) SHIPPED BEFORE NOV 10, 19
16 M/TONS (1×20'FCL) SHIPPED BEFORE NOV 20, 19
PARTIAL SHIPMENTS ARE PERMITTED TRANSSHIPMENT IS NOT PERMITTED
SHIPMENT MUST BE EFFECTED NOT LATER THAN NOV 20, 1993
THIS L/C EXPIRES ON DEC 5, 19 : IN THE COUNTRY OF THE BENEFICIARY
SPECIAL INSTRUCTIONS : -
1. ALL BANKING CHARGES OUTSIDE HONG KONG ARE FOR ACCOUNT OF
BENEFICIARY
2. PACKING : 200 KGS NET IN RECONDITIONED DRUM
3. MANUFACTURER : HANYA&G CHEMICAL CORP.
INSTRUCTION TO THE NEGOTIATING BANK : -

- TO BE CONTINUED -

본 전문은 당행의 통지안내서에 첨부되어야 유효함.

(Cable 내용)

KOREA EXCHANG BANK

(은행사용란)

- CONTINUED FROM PREVIOUS PAGE -

1. THIS CREDIT IS AVAILABLE WITH ANY BANK BY NEGOTIATION
2. ALL DOCUMENTS ARE TO BE DESPATCHED IN TWO REGISTERED AIRMAILS TO US. WE WILL T. T. REMIT THE PROCEEDS TO YOU AS INSTRUCTED UPON RECEIPT OF ALL DOCUMENTS IN ORDER

ALL DRAFTS DRAWN HEREUNDER MUST INDICATE THE CREDIT NUMBER AND DATE OF ISSUE AND NAME OF ISSUING BANK. THE AMOUNT OF ANY DRAFT DRAWN UNDER THIS CREDIT MUST BE ENDORSED ON THE REVERSE HEREOF BY THE NEGOTIATING BANK. WE ENGAGE WITH THE DRAWERS, ENDORSERS AND BONA FIDE HOLDERS OF DRAFTS DRAWN UNDER AND IN COMPLIANCE WITH THE TERMS OF CREDIT THAT THE SAME SHALL BE DULY HONORED ON DUE PRESENTATION AND DELIVERY OF DOCUMENTS AS SPECIFIED

PROVISIONS APPLICABLE TO THIS CREDIT SUBJECT TO UNIFORM CUSTOMS AND PRACTICE FOR DOCUMENTARY CREDITS (2007 REVISION) INTERNATIONAL CHAMBER OF COMMERCE PUBLICATION NO. 600

THIS CABLE IS OPERATIVE

CREDIT INSTRUMENT STOP

N N N N

75106 MTKBK HX

NNNN

본 전문은 당행의 통지안내서에 첨부되어야 유효함.

▌예시 2-4▐ Red Clause L/C

Bank of America

June 4, 20××

All drafts drawn must be marked,
Drawn under "S of A" Credit No. LA-53592
REGISTERED

SPECIMEN

Gentlemen :

We confirm our cable dispatched on 6-4-86 requesting you to advise XYZ Ind. Co., Ltd., C. P. O. Box ooll, Seoul, Korea

That we have established our irrevocable letter of credit in their favor for account of Cacopa International Inc., Granada Hills, California up to the aggregate amount of US$39,600.00(Thirty nine thousand six hundred and No/100 dollars) available by beneficiary's drafts drawn Sight on us and accompanted by documents specified below covering Full invoice value of merchandise to be described in invoice as :

Zinc concentrates consisting approximately 47% of zinc 13% iron and 0.29% cadmium in the quantity of one hundred seventy metric tons at 5225.00 per metricton. F. O. B. Vessel Busan, Korea.

Documents required :

1. Commercial invoice in triplicate.
2. Special U. S. Customs invoice in duplicate.
3. Packing list in triplicate.
4. Full set of clean on board ocean bills of lading to order of shipper, blank endorsed Notify Cacopa International, Inc., 16852 San Fernando Mission Boulevard, Granada Hills, California.

Shipment from Busan Korea to Los Angeles, California. Shipment latest August 30, 20××

Partial shipments permitted. Transhipment not permitted. Insurance to be effected by Buyer.

Special Instructions :

Negotiations are restricted to bank of America N. T. & S. A., Seoul, Korea.

Red clause : Bank of America N. T. & S. A. Seoul, Korea is hereby authorized to make advances to the beneficiary up to the aggregate amount of 100% of this letter of credit at the request of and against the beneficiary's receipt stating that the advances are to be used to pay for the purchase and shipment of the merchandise covered by this credit and beneficiary's undertaking to deliver to Bank of America N. T. & S. A., Seoul Korea, the documents as outlined in this credit. Documents received within validity of letter of credit are to be reduced from redclause. Interest are for account of the beneficiary.

The advances with interest are chargeable as withdrawals against this credit should they not be repaid by the beneficiary prior to the expiration of this credit. It is imperative that all red clause advances are endorsed on reverse of the original letter of credit and that we are advised of any red clause drawing in writting.

The negotiating bank must forward all documents to us in one cover by airmail.

All bank charges outside of the United States are for account of the beneficiary.

We hereby agree with bona fide holders that all drafts drawn ender and in compliance with the terms of this credit shall meet with due honor upon pressntailon and delivery of documents as spocilied to the drawee if drawn and presented for negotiation on or before September 10, 20××

Provisions' applicable to this credit

"This credit is subject to the ?Uniform Customs and Practice for Documentary Credits (2007 Revision). International Chamber of Commorce, Publication No. 600."

▌예시 2-5▐ Escrow L/C

HANOVER BANK

June 4, 20××

Hanover, Germany

Hanil Bank
Seoul, Korea

SPECIMEN

Credit No. 0034 April 29, 20××

Gentlemen :

By order of XYZ Co., 5 Beethoven StraBe Hanaver For account of idem

We open the following irrevocable Credit

Beneficiarys ABC Company, IPO Box 105
Seoul, Korea

Amounts max, US $ 100,000.-

Valid until 20th December 20×× at your bank

Available at sight against surrender of the following documents,

1) Commercial invoice in duplicate

2) Packing list in duplicate

3) Specification list in duplicate, showing individual piece length, gross and net weight of each bale. All measurements on specification lists to be in yards and made out on neutral paper.

4) Insurance poilcy covering ALL RISKS as per Institute Cargo Clause "ALL RISKS" incl. SR & CC for 110% of invoice value.

5) Full set of clean on board Bills of Lading made out to order, blank andorsed, marked : FREIGHT PREPAID and Noiify, Spedition, Hanovor.

Covering One million inches, 100% Grey Cotton Cloth sheeting, width 38", canstruction, 60°ø60 hreads per inch, 20/20 No (English counts), price : US Cents 14.30 per inch CIF Hamburg.

Goods to be packed in export sea-worthy bales (export standard packing).

Monthly shipments of 200,000 Inches, beginning June is (latest shipment date : November 30th, 19) from South Korea to Hamburg.

Partial shipments and transhipment are authorized.

The entering in force of this credit is also subject to the presentation of the following additional documents :

a) Confirmation of Messrs……, that they have duly placed orders for a total amount US$ 100,000.- for anitln-dyestuffs and texille-auxiliaries with Messrs……, and that those orders have been duly accepted by said suppilers.

b) Confirmation of Messrs……, that they have obrained from the Korean Authorizations a valid import licence for the goods mentioned under or above.

c) Irrevocable undertaking of the beneficiary to use the funds of this letter of credit exclusively for the goods mentioned under or above.

It is a further condition of this credit that the proceeds of sante remain blocked at your bank in a special account in the name of the beneficiary for account of Messrs……, until fuifilment of clause c) above.

Please advise the beneficiary of the opening of our letter of credit, adding your confirmation.

An additional copy of the invoice B/L are required for our files. For the reimbursement of your payments and commissions……please refer to our separate letter.

Yours faithfully
Hanover BANK

▌예시 2-6▐ Back to Back L/C

KOREA FIRST BANK

Seoul, Korea

ABC Compny
PO Box 3036
HONG KONG

SPECIMEN

February 4, 20××

Latter of Credit No. 0123

Gentlemen :

We hereby open our irrevocable latter of credit in your favor for account of XYZ Company, Seoul for a sum or sums not exceeding a total of US$200,000.- available by your draft(s) drawn at sight on us for 100% of invoice cost, and accompanied by the following documents evidancing shipment(s) of 200 M/Tons of Crude Sugar

from Hong Kong to Busan, Korea

Full set of clean on board ocean bills of lading made out to the order of Korea First Bank, Seoul marked "Freight Collect? and" "Notify, XYZ Company, Seoul"

Signed commercial invoice in quintuplicate

Packing list in triplicate

Consular invoice and certificate of origin in duplicate issued or visaed by Korean Consul in HONG KONG

Partial shipments are permitted Transhipment is prohibited

Shipment must be effected on or before April 15, 20××

Draft(s) must be presented for negotiation on or before April 30, 20××

All drafts hereunder must be marked "Drawn under Korea First Bank, Seoul. Credit No. 0123 dated February 1, 20×× and all other documents shall also contain the reference number of this credit.

The amount and date of negotiation of each draft must be endorsed on the reverse hereof by the negotiating bank.

Unless otherwise expressly stated, this credit is subject to "Uniform Customs and Practice for Documentary Credits(2007 Revision), International Chamber of Commerce, Publication No. 600."

We hareby agree with the drawers, endorsers, and bona fide holders of drafts drawn under and in compliance with the terms of this credit that the same shall be duly honored on due presentation and on delivery of documents as specified.

This Letter of Credit shall not be available unless and until standard prime banker's irrevocable Letter(s) of Credit in favor ot XYZ Company, Seoul for account of ABC Company, HONG KONG for an aggregate amount of US$200,000.- have been established pursuant to contract No. 1005 for the export of 20M/Tons of atuminiuns coil from Korea to Hong Kong.

The export Letter(s) of Credit shall be mentioned executive until and not later than February 20, 20××referring to Compensating Transaction Approval No. 2500 dated December 25, 20×× and shall be available against sight drafts accompanied by the usual commercial documents.

This Letter of Credit shall not be available, if beneficiary's Letter of Credit(for export) are established through banks other than those opening and advising this credit.

Yours very truly,

▌예시 2-7▐ Revolving L/C(Cumulative)

IRREVOCABLE LETTER OF CREDIT NO. 3455

THE BANK OF CALIFORNIA *National Association*

Portland, Oregon
February 24, 20××
Advised through : THE COMMERCIAL BANK OF KOREA
P. O. Box Central 126
Seoul, Korea

U. S. $ 40,000.00
- Revolving-
Acme Plywood Co.
SPECIMEN
Seoul Korea

SPECIMEN

Gentlemen :

You are authorized to draw on The Bank of California, N. A., Fortland, Oregon at .... sight for account of THE MARK THOMAS COMPANY, 6443 S. W. Beaverton<&23927>Hills. dale Hwy., Portland, Oregon 97221.

up to an aggregate amount of U. S. $ 40,000,00 ....

(FORTY THOUSAND AND 00/100) .... U. S. DOLLARS

Your drafts must be accompanied by :

(1) Invoice in quadruplicate.

(2) Special Customs invoice #5515 in duplicate.

(3) Certificate of Origin in quadruplicate.

(4) Packing list in quadruplicate.

(5) Full set of clean on board ocean bills of lading issued to order of the Bank of California, N. A., marked "freight prepaid" and "notify George S. Bush & Co., P. O. Box 8829, Portland, Oregon 97208".

Evidencing shipment of"

5/32°×4' ×90" Lauan Plywood C. & F. from Korea to Vancouver, Washington.

Any shipment not to exceed invoice value of $ 40,000.00.

After a draft has been paid under this credit, the credit reverts to its original amount of $ 40,000.00. Any unused Portion of monthly availment may be used during any subsequent month

Insurance for buyer's account.

Partial shipment and Transhipment prohibited.

All drafts so drawn must bear the clause : "Drawn under The Bank of California N. A., Portland, Oregon Letter of Credit No. 2455 dated February 24, 1s "and the amount of each negotiation must be endorsed on the roverse horoof by the negotiating bank.

We engage with drawers, endorsers and bona fide holders that all drafts drawn in compliance with the terms of this Credit shall be honored upon presentation and delivery of the documents, if drawn and negotiated on or before August 20, 20××

Yours very trly,
Authorized Signature
Perry G. Holland(P-17)

This Credit is subject to the "Uniform Customs & Practice for Documentary Credit (2007 Revision) International Chamber of Commerce Publication No. 600.

❙ 예시 2-8 ❙ Standby L/C

CHASE MANHATTAN BANK

IRREVOCABLE LETTER OF CREDIT

123 Wall Street
New York, N. Y.

SPECIMEN

January 22, 20××
10005

STANDBY LETTER OF CREDIT

We hereby establish an irrevocable Letter of Credit in your favor for account of ABC Co., 21st East 34th Street New York, N. Y. and thereby undertake to honour drafts at sight on us not exceeding in the aggregate US $100,000.00(U. S. Dollar one hundred thousand dollars) each such draft to be accompanied by your written statement that drawing represents sum owed to you through failure of ABC Co., 21st East 34th Street New York, N. Y., to make payment in connection with your bid invitation No. 12345.

This credit is valid until March 5, 20××and drafts drawn hereunder if accompanied by document as specified above will be honoured if presented to us at our office on or before that date.

Except as otherwise expressly stated herein, this credit is subject to the "Uniform Customs and Practice for Commercial Documentary Credits(2007 Revision), International Chamber of Commerce, Publication No. 600".

Your faithfully,

Chase Manhattan Bank

Authorized counter signature

authorized signature

▌예시 2-9▐ Clean L/C

ROTTERDAM BANK

Cable Confirmation
Cable Address : ROTTERBANK

Messrs. Pan Korea Company
I. P. O. Box 123
Seoul/Korea

4th January, 20××
via air mail through
Hanil Bank
Seoul/Korea

SPECIMEN

Irrevocable Commercial Letter of Credit No. 00123

Gentlemen :

By order of Juliana Company
Blumenstraat 16

We hereby open in your favor on irrevocable clean Letter of Credit for US$ 20,000(US Dollars Twenty Thousand)

available by your drafts at sight on

for 100% of the invoice value which represents 2,000 dozens of men's sweaters.

Each draft must state that it is "Drawn under Rotterdam Bank, Letter of Credit No. 00123 dated January 4, 20×× "and the amount thereof must be endorsed on the back of this Letter of Credit by the negotiating bank.

We hereby agree with the drawers, endorsers, and bona fide holders of all drafts drawn under and in compliance with the terms of this Letter of Credit that such drafts shall be duly honoured on presentation to the drawee.

This Commercial Letter of Credit is subject to Uniform Customs and Practice for Documentary Credits (2007 Revision), International Chamber of Commerce Publication No. 600.

Yours very tryly.

5-3 신용장의 순환(循環)

이 절에서는 지금까지 살펴본 신용장 거래가 어떻게 시작되어 어떤 과정을 거쳐 거래가 종료되는지 소위 신용장의 라이프 사이클(life-cycle)을 살펴보고자 한다.

1. 제1단계 : 신용장의 발행계약 체결

무역거래 당사자가 매매계약을 체결하고 대금결제를 신용장에 의하기로 하였다면 수출상은 수입상 앞으로 계약물품을 인도해 줄 의무가 부여되는 한편, 수입상에게는 수출상을 수익자로 하는 신용장을 발행해 줄 의무가 부여된다.

따라서 수입상은 자신의 거래은행과 신용장 발행계약을 체결한다. 이는 현재 외국환거래약정서를 상호 약정함으로써 성립된다.

2. 제2단계 : 신용장 발행

신용장 발행신청인(수입상)은 거래은행에 신용장발행신청서를 제출하고 발행은행은 신용장발행신청서에 의하여 신용장을 발행하고 수출지에 소재하는 환거래은행(코레스은행) 또는 해외의 본지점을 이용하여 수출상에게 신용장발행을 통지한다.

3. 제3단계 : 신용장 통지 · 확인 · 양도

발행은행으로부터 신용장의 통지를 요청받은 통지은행은 단순히 통지만을 요청받은 경우에는 수출상에게 신용장 통지만 하면 되지만 신용장 통지 및 확인(confirmation)까지 요청받은 경우에는 신용장에 확인을 부가하여 통지한다.

신용장을 수령한 수출상은 수출을 이행하기 어려운 부득이한 사정이 발생하였을 경우 신용장상에 지정된 은행에 요청하여 신용장의 전부 또는 일부를 다른 수출상(제2수익자)에게 양도할 수 있다.

4. 제4단계 : 서류의 제시 또는 매입의뢰

신용장을 수령한 수출상은 신용장에 규정된 물품을 조달한 후 선적하고 신용장에서 요구하는 서류를 작성하여 지정은행에 지급을 위한 제시를 하거나 자신의 거래은행에 추심 전 매입(negotiation)을 의뢰한다. 그러므로서 수출대금을 회수하게 된다.

5. 제5단계 : 대금의 지급

서류를 제시받은 지정은행이나 매입의뢰받은 은행은 제시된 서류가 신용장에서 규정된 대로 일치할 경우 매입대전을 수출상 앞 미리 지급하고 발행은행 앞으로 서류를 송부하고 대금 상환을 청구한다.

이때 발행은행은 제시된 서류를 심사한 후 신용장조건에 일치할 경우 대금을 결제한다.

6. 제6단계 : 선적서류의 인도

서류를 접수한 은행은 서류를 수입상에게 제시한 후 인도하고 수입대금을 수령하여 신용장발행계정을 정리함으로서 신용장거래를 종료시키게 된다.

7. 제7단계 : 수입대금의 결제

발행은행은 수입상으로부터 대금을 수령하여 매입은행 또는 지급은행에 지급함으로써 신용장에 의한 수입절차는 종료된다.

이상의 7단계를 거쳐 신용장거래가 이루어지고 있으며, 제1단계와 제2단계의 신용장 발행계약 및 발행단계와 제6단계 및 제7단계의 서류 인도 및 대금 결제단계에 대한 자세한 내용은 본 연수교재 수입실무편에서 설명되어질 것이며, 제3단계에서 제5단계에 이르는 신용장의 통지 및 매입내용에 대한 보다 상세한 내용은 수출실무편에서 다루어진다.

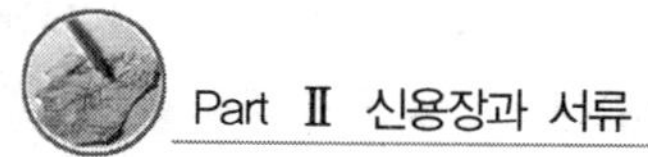

실무사례

선적서류의 인수 및 만기통보 후 내려진 법원의 지급정지 가처분결정의 효과

A국의 발행은행은 UCP 600하에서 신용장을 발행하였고 B국 수출상은 동 신용장하에서 A국 수입상 앞으로 자전거를 수출하였다.

선적서류의 접수 후(20XX. 2. 9), 발행은행은 만기(20XX. 3. 13.) 통보를 하였다.

20XX년 2월 26일 서류의 접수 후 13은행영업일이 경과된 시점에 발행은행은 선적서류에 대한 이의를 제기하였다. 즉, 신용장에는 선적기일을 20XX년 2월 10일로 명시하였는데 실제로 선박은 B국을 20XX년 2월 16일에 출항하였다고 주장하였다.

조사한 결과 수출상은 2008년 1월 16일에 컨테이너를 운송회사에 인도하였고 운송회사는 20XX년 1월 27일에 동 컨테이너를 기차에 실어 보냈다. 그리고 2008년 2월 16일에 선박 MV…에 선적되었다. 같은 날 선박은 출항하여 B국을 떠나 20XX년 3월 9일에 A국에 도착하였다.

신용장은 복합 운송서류가 아닌 해상운송 선화증권의 FULL SET을 요구하고 있었다.

20XX년 3월 13일에 물건을 인도받은 A국의 수입상은 자전거에 대한 일부 결함에 대한 주장을 하였고 현지 법원에 가서 사기를 사유로 지급정지 가처분을 신청하였다. 동 지급정지 가처분 결정은 20XX년 3월 24일에 내려졌고 같은 날 발행은행은 B국에 있는 수출상에게 팩스로 동 건에 대하여 법원의 지급정지 가처분을 사유로 지급할 수 없다는 의사를 전달하였다.

1) 법원은 발행은행의 5은행영업일 이후의 서류심사에 대하여도 고려할 수 있는가?
2) 발행은행에서 선적서류의 인수 후 다시 2주 후에 서류에 대한 이의를 제기하였을 때 법원이 지급을 정지할 수 있는가?
3) 만일 발행은행에서 5은행영업일 후에 법원에 갈 수 있다면 은행에게 있어 5은행 영업일의 제한이 무슨 의미가 있는가?

답변 발행은행이 기한부 신용장하에서 선적서류에 대한 인수 및 만기통보 후에도 법원의 지급정지 가처분 결정에 의하여 지급이 정지될 수 있다.

문제점/해설

1) 법원에서는 발행은행에서 5은행영업일 이후에 지적한 사항에 대하여 심의를 할 수 있다.

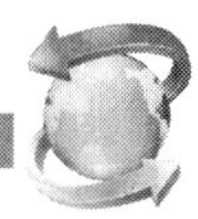

2) 발행은행에서 선적서류의 인수 후 2주 후에 서류에 대한 이의를 제기한 경우 법원에서는 현지법에 따라 신용장 대금의 지급을 정지시킬 수도 있다.
3) 발행은행에서 5은행영업일 이후에 법원에 갈 수 있는 점에 대해서는 현지법에 따른다. 신용장통일규칙하에서 5은행영업일의 제한은 발행은행의 남용을 위해서 있는 것이 아니고 지급 의무가 있는 은행(발행은행 또는 확인은행)이 그 의무를 충실히 수행하도록 명확한 한계를 그어놓은 것이다.

실무상 유의사항

신용장 통일규칙은 법이 아니다. 따라서 신용장 거래가 정상적인 경우는 신용장통일규칙의 적용을 받지만 사기와 같은 법적인 문제가 발생하는 경우에는 법의 적용을 받는다.

발행은행에게 적용된 지급정지 가처분 결정이 부당하다고 판단되면 매입은행은 현지의 변호사를 통해서 지급정지 가처분 기각신청을 통해서 대항하면 된다.

Chapter 06

무역결제관련 국제규칙

6-1 신용장통일규칙(UCP600)

격지간의 국제무역거래에서 이용되는 신용장은 각국의 상관습의 차이로 해석이 각기 달라 분쟁이 자주 발생하게 되었다. 이 절에서는 상관습의 통일이 필요하게 된 신용장거래의 'Bible'격인 통일규칙의 제정과 개정내용 및 현행 규칙의 주요내용을 알아보기로 한다. 신용장의 통지 및 매입내용에 대한 보다 상세한 내용은 제4편 수출결제 실무편에서 다루어진다.

1. 통일규칙 제정의 필요성

국제무역거래에서 신용장(L/C)이 본격적으로 사용되기 시작한 것은 제1차 세계대전 이후의 일이다.

이러한 신용장거래는 각국의 법률이나 관습이 서로 다르고 또한 은행간에 사용되는 신용장의 양식이나 내용에 통일성과 일관성이 없으므로 국제간의 거래에서 발생되는 분쟁을 해결할 수가 없었다.

그리하여 이와 같은 문제의 해결을 위한 국제적으로 통일된 서식과 해석기준의 제정 논의가 전개되게 되었고, 국제적 민간기구인 국제상업회의소(International Chamber of Commerce; ICC)는 범세계적으로 통용되는 신용장 통일규칙을 제정하기에 이르렀다.

2. 통일규칙의 제정과 개정

(1) 제정

1926년 ICC 위원회에서 미국이 주장해 온 신용장규약의 국제적 단일화에 대한 권고안을 심의하기로 결정하였으며, 1930년에는 "Uniform Regulations for Commercial Documentary Credits"라는 보고서안이 채택되었으나, 각국의 수정안에 따라 재검토가 이루어지게 되었다.

그러다가 1933년 5월 빈 회의에서 신용장 통일규칙인 "Uniform Customs and Practice for Commercial Documentary Credit(UCP)"가 ICC Brochure No.82로 제정되었으나 이 규칙은 영국과 영연방제국들이 채택하지 않아 불완전하였다.

(2) 개정

1933년의 통일규칙 제정 이후 새로운 관행이 생겨났거나 변경되어 개정이 불가피하게 되어 1951년 리스본 회의에서 제1차 개정안이 통과되었으며, 특히 신용장거래는 서류만의 거래라는 독립추상성 규정을 추가하였다.

제2차 개정은 적용 과정상의 많은 문제점 등으로 1962년에 채택되었으며, 1차 개정 때와는 달리 영연방 및 공산권국가들까지도 이를 채택하여 명실공히 전세계적으로 적용되는 통일규칙으로서 의미를 갖게 되었고, 통일규칙의 적용조항을 신용장에 삽입하도록 정한 데 의의가 있다.

1973년부터 시작된 제3차 개정 작업은 1974년에 채택되었고, 1975년 10월부터 효력을 발생하였다. 동 개정은 특히 국제무역법위원회(United Nations Commission on International Trade Law; UNCITRAL)와 동구제국의 은행들이 적극 참여하였고, 국제운송에서의 복합운송 관련 규정과 약식 선화증권(선하증권)의 공식화 등의 조항이 추가되었다.

3차개정 이후 통일규칙은 운송수단의 관계의 명확화, 여러 가지 국제무역관련 규칙 및 규정들의 개정, 통신수단의 확장, 연지급 신용장의 소개 등으로 개정의 필요성이 증대되어 1979년 ICC 은행기술실무위원회의 개정 작업에 따라 1983년 6월 최종안이 작성되었고 국제무역법위원회(UNCITRAL)의 합의를 거쳐 1984년 10월부터 시행하게 되었다.

4차 신용장 통일규칙은 그동안 국제운송시장에 있어서 컨테이너와 복합운송방식이 정착되고 컴퓨터와 통신기술의 혁신적인 발달로 인해 전자자료교환(EDI)방식에 의한

무역시대로 접어들게 되자 이러한 시대적 변화에 맞추어 각국간에 상이한 무역관행의 조정과 문제점의 해결의 필요성이 대두되어 다시금 제4차 개정이 이루어지게 되었으며 동 개정 규칙의 간행물 번호가 400이 되어 'UCP 400'이라고 불렀다.

ICC 은행기술·실무위원회를 중심으로 제5차 개정을 위한 4차례의 수정안이 마련되었으며, 1993년 4월 23일자로 신용장 통일규칙 제5차 개정안이 ICC 이사회의 승인을 거쳐 채택됨으로써 1994년 1월 1일부터 새로운 시행을 하게 되었으며, 이를 'UCP 500'이라 불렀다.

현행은 6차 신용장통일규칙이 2007년 7월 1일부터 개정되어 적용되고 있으며 이를 "UCP600"이라 약칭한다.

총 39개 조항으로 구성된 6차 개정 신용장통일규칙은

① 기존의 UCP 각 조항을 단순화시켰으며,

② 국제적인 은행 실무관행을 반영하여 신용장 실무를 한층 더 표준화시키고,

③ 신용장을 취소불능이라고 전제하고 발행은행 및 확인은행의 주된 책임을 명확하게 규정함으로서 신용장의 신뢰성을 높이고,

④ 서류를 요구하지 않는 신용장의 조건(non.documentary condition)은 무시한다고 규정하고,

⑤ 각 운송서류별로 서류의 수리요건을 규정하였다.

이상과 같이 신용장통일규칙은 1933년 제정된 이래 50년대(1951년), 60년대(1962년), 70년대(1974년), 80년대(1983년), 90년대(1993년) 및 2000년대(2007년)에 각각 개정되어 약 10년을 주기로 변천 개정되어 왔음을 알 수 있다.

제징 및 개정의 소사(小史)를 간략히게 요약하면 다음과 같다.

▌표 2-1▌ 신용장 통일규칙의 제정과 개정 연혁

구 분	연 도	간 행 물 번 호	효 력 발 생 시 기
제 정	1933년	Brochure No. 82	
1차 개정	1951년	Brochure No. 151	
2차 개정	1962년	Brochure No. 222	
3차 개정	1974년	Publication No. 290	1975. 10. 1
4차 개정	1983년	Publication No. 400	1984. 10. 1
5차 개정	1993년	Publication No. 500	1994. 1. 1
6차 개정	2007년	Publication No. 600	2007. 7. 1

3. 통일규칙의 주요내용

(1) 총칙 및 정의

가. 적용범위(제1조)

통일규칙은 적용가능한 범위 내에서 보증신용장(stand-by L/C)을 포함하여 모든 화환신용장(documentary credits)에 적용되며 이를 신용장 본문에 표시하여야 하고, 신용장에 별도의 명시가 없는 한 모든 관계 당사자를 구속한다.

이 통일규칙은 주로 화환신용장(documentary credit) 적용을 전제로 제정되어 있고 서류에 관한 조항 등은 보증신용장에 적용하기 어려운 조항이 많아 이 문제점을 보완하기 위하여 보증신용장통일규칙(International Standby Practices 1998, 약칭 ISP 98)이 제정되었으며, 제5장 '외국환관계 국제규범'편에서 설명하기로 한다.

나. 신용장의 정의(제2조)

신용장이란 발행의뢰인의 요청과 지시 또는 은행자신의 발의에 따라 발행은행이 신용장의 조건과 일치하는 서류와 상환으로 제3자 또는 그의 지시인에게 지급하거나 수익자 발행어음을 지급 또는 인수하는 취소가 불가능한 모든 약정을 말한다.

다. 신용장의 독립성(제4조)

신용장은 매매계약이나 다른 계약에 근거를 두고 있다 하더라도 성질상 이러한 계약과는 별개의 거래이다.

또한 수익자는 은행상호간 또는 발행신청인과 발행은행간에 존재하는 계약관계를 원용할 수 없다.

라. 신용장의 추상성(제5조)

신용장거래에 있어서 모든 관계당사자는 서류상의 거래를 하는 것이지 관련된 상품, 용역 및 기타 계약이행에 의해 거래하는 것은 아니다.

마. 신용장 발행/변경의 지시(제9조)

신용장 발행의 지시, 변경지시나 내용은 완전하고 정확하여야 하며, 과도한 명세는 방지하도록 하여야 한다. 또한 이전의 신용장을 참조하여 발행하는 유사신용장(Similar

Credit)의 발행을 억제하여야 하고, 신용장상에 서류의 내용을 정확히 표시하여야 한다.

(2) 신용장의 형식과 통지

가. 통지은행의 책임(제9조)

통지은행은 신용장의 외관상 진정성을 확인하기 위한 상당한 주의를 다해야 하며, L/C의 진정성을 확인할 수 없거나 통지하지 않기로 한 경우에는 지체 없이 신용장발행 은행에 그러한 내용을 통보하여야 하며, 그럼에도 불구하고 통지은행이 신용장을 통지하기로 하였다면 수익자에게 "신용장의 진정성을 확인할 수 없었다"는 사실을 통보해야 한다.

나. 발행은행 및 확인은행의 책임(제6, 7조 및 8조)

① 취소불능 신용장은 명시된 서류가 제시되고 신용장상에 지급, 연지급, 인수 또는 매입을 약정한 경우 발행은행은 약정조건에 대한 지급의 확약을 명백히 하는 것이다.

② 신용장은 발행의뢰인을 지급인으로 하는 환어음이 발행되도록 개설되어서는 안되며 그럼에도 불구하고 발행의뢰인을 어음지급인으로 하는 환어음을 요구하였다면, 은행은 이러한 환어음을 부수적인 서류로 간주하게 된다. 그리고 발행은행은 조건변경서 발급시점부터 임의로 취소하지 못하며 수익자는 조건변경에 대한 수락여부를 반드시 통보하여야 하며 조건변경에 부분적인 수락은 허용되지 않는다.

③ 확인은행도 발행은행과 동일한 책임이 있다. 확인을 요청받았으나 확인을 할 수 없는 경우에는 발행은행 앞으로 그 내용을 통고하여야 한다.

④ 발행은행, 확인은행 그리고 수익자의 동의없이 취소불능신용장이 변경되거나 취소되지 않는다.

⑤ 조건변경서는 발행은행은 발행시점, 수익자는 조건변경에 대한 승낙여부 통보시점, 확인은행의 경우 변경조건을 확인하고 통지한 시점부터 효력이 발생된다.

다. 신용장의 종류(제6조)

① 모든 신용장은 일람지급(sight payment), 연지급(deffered payment), 인수(acceptance) 또는 매입(negotiation) 중 사용가능한 것을 명확히 표시하여야

하며, 어느 은행에 의해서도 매입될 수 있도록 허용하고 있지 않는 한 사용방법에 대한 수권은행을 지정해야 한다. 그리고 발행은행의 지정만으로 지정은행이 어떠한 확약을 하는 것이 아니다.

② 매입(negotiation)이란 환어음 및 서류를 수리하고 가액을 지급하는 것이다.

라. 전신 및 사전통지 신용장(제11조)

① 진정성이 확인된 전신신용장은 원본으로 간주되며, 이때 우편확인서를 송부해서는 안 되며 송부되더라도 효력이 상실된다.

② 전신상에 "완전한 세부사항은 추후 통지함"이라고 명시하거나 "우편신용장이 유효한 신용장"이라고 명시한 경우 전신은 유효한 신용장이 아니며 이때 발행은행은 유효한 신용장을 지체 없이 송부하여야 한다.

③ 조건변경은 반드시 원 통지은행을 이용하여야 한다.

④ 예비적 통지(사전통지)를 한 발행은행은 사전 통지와 동일한 조건으로 지체없이 신용장을 발행하여야 한다.

마. 불완전, 불명확한 지시(제9조)

신용장의 발행, 확인, 통지 또는 조건변경을 위한 불명확한 지시를 받았을 경우, 요청받은 은행은 수익자에게 아무런 책임없이 단순한 정보로서 예고할 수 있다. 이때 발행은행에 필요한 정보를 제공하여 줄 것을 요청하여야 한다.

(3) 책임과 의무

가. 서류심사 기준(제14조)

① 은행은 서류가 신용장의 모든 조건과 일치하는가의 여부를 확인하기 위해 상당한 주의(reasonable care)를 기울여 모든 서류를 검토하여야 한다. 문면상 모순되는 서류는 신용장조건과 불일치한 것으로 간주한다.

② 서류가 신용장조건과 일치하는가의 여부는 통일규칙에 반영된 국제적으로 표준화된 은행관행(international standard banking practice)에 의해 결정된다. 또한 신용장에서 요구하지 않은 서류는 심사하지 않으며 발행은행 및 확인은행 등의 서류심사 기간을 서류접수익일을 기산하여 5은행영업일로 한다.

③ 신용장에 서류에 대한 언급 없이 조건만 내포하고 있는 경우에는 무시되며, 이

러한 조건을 비서류조건(non-documentary condition)이라 한다.

나. 불일치 서류와 그 통고(제16조)

① 지급, 연지급약정, 인수 또는 매입을 수권받은 은행이 신용장조건과 일치하는 서류와 상환으로 지급, 연지급약정, 인수 또는 매입한 것에 대하여 발행은행은 서류를 인수하고 해당금액을 상환할 의무가 있다. 또한 발행은행이 서류의 접수, 특히 신용장조건과 불일치한 것으로 간주할 때에는 상환거절, 클레임 제기를 할 수 있고 서류만을 기준으로 판단해야 하며, 이때 발행의뢰인에게 수리여부를 조회할 수 있다.

② 발행은행은 제출된 서류에 대해 지급 거절할 경우에는

- 지체 없이 이를 전신 등 신속한 수단으로 통지하며,
- 모든 하자내용(all discrepancies)을 명시하고,
- 서류의 보관 또는 반송 중임 등을 명시하여야 한다. 이 때 발행은행은 서류송부은행에 이미 상환해 준 대금의 환불을 요구할 권리를 갖는다.

다. 서류의 유효성과 은행의 면책(제34조)

① 은행은 서류의 형식, 충분성, 정확성, 진정성 등 서류 자체에 대해 면책된다. 또한 서류에 부기된 조건, 상품의 상태, 서류작성자에 대한 면책 등에 대하여도 책임과 의무를 부담하지 않는다.

② 은행은 발행의뢰인의 요청으로 신용장을 발행하여 수익자에게 전달해 주는 과정에서 전신이나 서류의 내용이 훼손, 분실 또는 지연되어도 은행으로서는 책임을 지지 않는다.

라. 불가항력(제36조)

① 천재지변, 소요, 전쟁 등 불가항력이나 동맹파업 및 직장폐쇄 등으로 인한 은행업무의 중단으로 발생하는 결과에 대하여도 책임이나 의무를 지지 않는다.

② 또한 은행은 업무를 재개할 때 업무중단기간 중에 유효기간이 만료된 신용장에 대하여 책임지지 않는다.

마. 비용과 위험부담(제37조)

은행이 신용장 발행의뢰인의 지시에 따라 기타 은행서비스를 이용하는 경우에는 발

행 의뢰인의 비용과 위험부담으로 한다.

바. 은행간 대금상환 약정(제13조)

① 신용장발행은행은 상환은행 앞으로 사전에 상환지시(Reimbursement Authorization; R/A)를 하여야 하며 상환은행이 상환을 이행하지 못한 경우 상환의 책임을 부담하며 그 이자 손실의 책임을 부담한다.

② 발행은행은 상환청구은행이 신용장조건을 준수하였다는 일치증명서(Compliance certificate)를 상환은행에 제출할 것을 요구해서는 안되며, 상환은행의 비용은 원칙적으로 발행은행이 부담한다.

이 조항에 대해서는 제3절의 신용장 대금 상환에 관한 통일 규칙이 새로이 제정되었다.

(4) 서류

가. 불명료한 서류 발행자(제3조 및 제17조)

① 서류에는 'first class', 'well-known', 'qualified', 'independent', 'official', 'competent', 'local' 및 유사한 용어는 수익자를 제외한 모든 당사자가 서류발행자가 될 수 있다.

② 원본서류는 복사, 자동화 또는 컴퓨터 장치 또는 복사본에 의한 경우라도 원본이라는 표시가 되어 있어야 하며 육필, 팩시밀리 서명, 스탬프, 기호 또는 그밖의 기계식 또는 전자식 확인방법에 의해 서명할 수 있다.

③ 신용장에서 여러 통의 서류를 요구할 때 서류자체가 달리 명시한 경우를 제외하고는 원본 1통과 사본으로 된 잔여분을 제출하면 되며 사본서류에는 서명할 필요가 없다.

④ 그리고 신용장에서 운송서류, 보험서류와 상업송장 이외의 기타 서류를 요구하는 경우 그 서류의 발행인, 문구 또는 자료내용을 명시하여야 한다.

나. 발행 전 일자 수리(제14조)

신용장에 별도의 명시가 없는 한, 은행은 신용장 및 규칙에 따라 표시된 기간 내에 제시되면 신용장이 발행되기 전 발행일자로 된 서류는 수리한다.

다. 운송서류(제19조 내지 제27조)

① 6차 개정에서는 19조 내지 27조에 각각 세분하여 각 운송방식별로 운송서류의 수리 요건, 발행자의 명칭과 자격표시, 서명방법, 선적일, 환적 허용여부, 제시할 원본 통수 등 수리요건을 명시하였으며, 제3권 수출실무 제3장 '서류'편에서 상세히 설명하기로 하겠다.

② 신용장상에 별도의 명시가 없는 한, 은행은 다음의 요건을 갖춘 서류들을 별도로 금지하는 규정이 없으면 수리한다.

③ 해상선화증권이나 비유통해상화물운송장의 발행자로서 문면상 지정운송인 또는 그의 대리인 외에 선장 또는 그의 대리인에 의해서 발급되고, 서명 또는 기타의 방법으로 인증하여야 하며, 물품의 인수 또는 본선 적재를 표시하고 발행된 원본 전통이 제시되어야 한다. 본선 적재 부기에 운송인 또는 대리인의 서명이 불필요하나 intended vessel 표시가 있으면 실제 적재선박 표시를 포함한 on board notation이 필요하며 선적항과 다른 수탁지 표시가 있는 경우 선적항과 실제 적재선박을 표시한 본선적재부기가 되어야 한다(제20조).
신용장에서 환적이 금지되더라도 컨테이너, 트레일러 및 LASH에 선적되거나 운송인의 환적 권리 유보조항이 표시되어 있는 서류는 수리한다.

④ 용선계약 선화증권은 신용장에서 허용하거나 요구한 경우 선장, 선주 또는 그 대리인이 발행하여야 하고, 용선계약에 따른다는 표시가 있어야 하며 본선적재 표시가 있어야 수리가능하다. 또한 신용장에 명시된 선적항과 양륙항이 표시되어야 하고 발급된 원본 전통이 제시되어야 하며 선박이 돛에만 의존하여 추진된다는 표시가 있는 경우 수리거절된다(제22조).

⑤ 복합운송서류의 수리요건으로서는 운송인, 복합운송인 또는 선장과 각각 그의 대리인이 표시되고 상품이 본선적재되었음을 나타내야 한다(제19조).

⑥ 항공, 도로, 철도 또는 내수로 운송서류도 운송인 또는 그 대리인이 발행하여야 수리가능하며 특사송배달시에는 특사송배달업체가 발행한 서류여야 수리가 된다(제23조, 제24조, 제25조).

⑦ 운송중개인이 발행한 운송서류는 운송중개인이 운송인 또는 복합운송인과 각각 그의 대리인으로서 행동한다는 표시가 되고 본선적재 되었음이 확인되어야 수리가능하다.

⑧ 또한, 갑판적재 운송서류는 L/C에서 허용하지 않는 한 수리거절되며 부지약관 운송 서류와 제3자 운송서류는 금지하지 않는 한 수리가 가능하다(제26조).

⑨ 무고장 운송서류는 물품 또는 포장에 하자 없는 운송서류를 말하며, 고장 운송서류는 수리 거절된다(제27조).

⑩ 신용장에 달리 명시되지 않는 한 운임후지급 운송서류도 수리가능하며, 운임선지급을 요구하면 동 요건을 충족하여야 한다. 또한 운임에 추가되는 비용의 표시가 있는 운송서류도 수리 가능하다.

라. 보험서류(제28조)

① 보험서류는 신용장에 규정된 바와 꼭 같아야 하며, 보험회사, 보험인수업체 또는 보험대리인이 발행, 서명하고 복본 전통이 제시되어야 한다. 신용장에 특별히 수권되어 있지 않는 한 보험중개인이 발행한 부보각서 또는 보험승인서(cover note)는 수리되지 않는다.

② 신용장에서 달리 명시하지 않는 한 은행은 보험증명서 또는 보험회사나 보험인수업자 또는 그 대리인이 사전 서명한 포괄예정 보험계약에 의거 발행된 보험서류를 수리하며 신용장이 특별히 보험증명서 또는 포괄예정 보험에 의한 신고를 요구하더라도 은행은 그 대신으로 보험증권을 수리할 수 있다.

③ 운송서류에 표시된 본선적재일자, 발송일자, 수탁일자보다 늦은 발행일자를 표시하고 있는 보험서류는 수리 거절된다.

④ 또한 별도의 명시가 없는 한 보험서류는 신용장에 표시된 통화와 동일한 통화로 표시하고 가격을 서류의 문면상으로 결정할 수 있을 때 CIF 또는 CIP 금액의 110%를 최저 보험금액으로 하여야 한다.
그렇지 못한 때에는 지급 등의 금액에 110% 또는 송장금액의 110% 중에서 큰 금액으로 한다.

⑤ 보험조건에 관한 용어도 'usual risks' 또는 'customary risks'와 같은 불명확한 용어를 사용해서는 안되도록 규정하고 있다.

⑥ 비공제 또는 공제면책비율약관의 적용을 받는다는 표시가 있는 보험서류는 수리 된다. 신용장에서 'all risks' 조건의 부보를 요구할 경우 all risks의 개념이 포함된 보험서류는 수리되며, 특정한 위험은 제외된다 하더라도 부보되지 않은 위험에 대하여 책임을 지지 않으며 이를 수리한다.

마. 상업송장(제18조)

신용장에 별도의 명시가 없는 한, 상업송장은 신용장의 수익자가 발행하여야 하고 신용장 발행의뢰인 앞으로 작성되어야 하며 발행자의 서명은 하지 않아도 된다. 은행

은 신용장이 허용하는 금액을 초과하는 금액으로 작성된 송장을 거절할 수 있다. 또한 상업송장에 기재되는 상품명세는 신용장의 상품명세와 일치하여야 한다.

여타 서류에는 신용장의 상품명세와 모순되지 않는 일반적인 용어로 표시할 수 있다.

바. 기타서류

신용장이 해상운송 이외의 운송에서 특정한 중량증명서의 요구를 하고 있지 않는 한 운송서류상에 운송인 및 그 대리인이 표시한 어떤 종류의 중량증명서도 은행이 수리한다.

(5) 잡칙

가. 신용장금액, 수량 및 단가의 과부족 허용(제30조)

① 신용장에 명시된 수량, 단가 또는 금액과 관련하여 사용된 'about', 'circa' 등의 경우는 10% 이내의 과부족을 허용한다.

② 어음발행금액이 신용장금액을 초과하지 않으면 5%의 과부족이 허용되나, 포장단위 또는 개개의 품목으로 수량이 명기된 때에는 제외된다.

③ 또한 분할선적을 금지하더라도 상품수량이 전량 선적되고 신용장상의 단가가 인하되지 않는 경우 어음의 5% 이내의 감액발행도 허용된다.

나. 분할선적 및 할부선적(제31조 및 제32조)

① 신용장상에 분할선적 및 분할어음발행에 관해서 아무런 언급이 없으면 분할선적 및 분할어음발행이 가능한 것으로 간주하며 동일항해, 동일운송수단으로 이루어진 수회의 선적은 분할선적으로 간주하지 않는다.

② 우편 또는 특사배달에 의한 운송시 신용장에서 지정된 장소에서 동일자에 소인, 서명 또는 기타 인증된 방법으로 표시된 경우 분할선적으로 간주하지 않는다.

③ 또한 할부기간 내에 당해선적이 이루어지지 못한 경우 당해 선적분을 포함하여 이후의 모든 할부선적 및 할부어음발행분이 무효가 된다.

다. 유효기일, 서류제시장소 및 서류제시기간(제6조 내지 제14조)

① 모든 신용장에는 서류제시를 위한 최종기일, 즉 유효기일을 명시하여야 하고 모든 서류는 유효기일 이전에 제시되어야 한다. 또한 자유매입신용장을 제외하고

서류제시장소를 명시하여야 한다.

② 1개월간 또는 6개월간 유효하다고 명시할 경우 기산일은 신용장발행일이 되며, 은행은 이러한 방식을 억제하여야 한다.

③ 또한 선적일 이후의 서류제시기간을 명시하여야 하며 명시가 없을 경우 선적일 이후 21일이 경과되어 제시된 서류는 수리거절한다.

④ 동일운송수단, 동일항로, 동일 목적지를 표시하고 수회에 선적된 운송서류는 최종선적일자를 선적일자로 간주한다.

⑤ 신용장의 유효기일과 서류제시기간이 은행휴업일에 종료하는 경우 은행의 익영업일까지 연장되나 선적기일은 연장되지 않는다.

⑥ 은행은 은행영업시간 이외에 제시된 서류를 수리할 의무가 없다.

라. 선적기일관련 표현(제3조)

① 선적과 관련하여 사용되는 loading on board(본선적재), dispatch(발송), accepted for carriage(운송을 위한 인수), date of receipt(우편수취일), date of pick-up (집배일), taking in charge(수탁) 등의 표현은 모두 'shipment(선적)'의 의미로 본다.

② 'prompt', 'immediately' 등의 표현은 선적일자와 관련하여 사용해서는 안되며 'on or about'는 지정일의 전후 5일(총 11일) 이내에 선적이 이루어져야 한다.

③ 'to', 'untill', 'till', 'from'의 용어는 해당일자를 포함하는 것으로 해석하나'after'는 해당일자를 제외하는 것으로 해석된다.

④ 월의 표현에 'first half'는 1~15일, 'second half'는 16일 ~말일까지를 의미하며 'beginning'은 1~10일, 'middle'은 11~20일, 'end'는 21일 ~말일까지를 의미한다.

(6) 양도

가. 신용장의 양도 및 대금의 양도(제38조 및 제39조)

여기서 신용장의 양도(讓渡, transfer)와 신용장대금의 양도(讓渡, assignment of proceeds)는 서로 다른 의미이다. 신용장의 양도는 앞에서도 설명하였지만 신용장 자체의 모든 권리를 제3자에게 이양하여 제3자로 하여금 수출을 이행하게 하는 것이고, 신용장대금의 양도는 수출상이 수출이행 후 신용장대금을 회수하는 과정에서 대금의 일부 또는 전부를 제3자에게 채권을 양도하는 행위를 말한다.

① 신용장의 양도는 '양도가능(transferable)'으로 명시된 경우에 지정된 은행에서만 가능하며, divisible, fractionable, assignable, transmissible은 사용될 수 없다.

② 양도은행은 명시적으로 동의한 방식과 범위 내에서 양도에 응할 수 있고, 그 범위 이외로 양도를 이행할 의무는 없다.

③ 제1수익자는 신용장 조건변경을 제2수익자에게 직접 통지하도록 할 것인지 지정하여야 하며, 분할양도시 일부 제2수익자가 조건변경을 거절하더라도 다른 제2수익자의 조건변경이 무효가 되지 않는다. 즉 동의한 제2수익자에게만 조건변경이 성립된다.

④ 양도비용은 별도의 명시가 없으면 제1수익자가 부담한다.

⑤ 신용장에 별도의 명시가 없으면 1회에 한하여 양도가 가능하며, 제1수익자에게 재양도(retransfer)는 양도로 보지 않으며, 분할선적이 금지되어 있지 않는 한 분할양도도 가능하다.

⑥ 신용장 양도시 원신용장의 조건과는 달리 신용장금액과 단가를 인하하거나 유효기일, 제시기일 또는 선적기일을 단축할 수 있고, 부보금액을 증액시킬 수 있다.

⑦ 또한 제1수익자는 어음 및 송장을 대체할 권리가 있으며, 신용장이 양도된 장소에서 매입이 이루어질 수 있도록 요구할 권리를 가진다.

⑧ 신용장 자체의 양도와는 달리 신용장 대금의 양도도 가능하다.

6-2 국제표준은행관행(ISBP745)

1. 국제표준은행관행의 의의 및 구성

(1) 국제표준은행관행의 의의 및 개정

국제표준은행관행(International Standard Banking Practice; 이하 ISBP라 칭한다)이라는 용어는 1993년도 5차 개정 신용장통일규칙 제13조 a항에 서류의 심사기준으로서 처음 등장하였고, 제정기관인 국제상업회의소(International Chamber of Commerce

; ICC)에서는 ISBP라는 일종의 규범을 추후 제정하여 준비하겠다고 해명하였으나 추상적인 개념으로만 전해져 왔었다.

1933년 신용장통일규칙이 제정된 이래, 신용장관련 분쟁이 세계 도처에서 발생되었고, 이때마다 ICC에서는 의견(opinions), 결정(decisions), 입장(position papers) 등 소위 유권해석을 발표하여 왔고, 2002년도에 와서 서류의 종류별로 과거의 유권해석을 종합정리하여 ISBP 초안을 완성하게 되었고, 최종 200개의 항목으로 ISBP645로 탄생되어 2003년 1월부터 서류심사의 기준으로서 신용장통일규칙을 보완하게 되었다. 따라서 국제표준은행관행의 의의는 명확하지는 않지만, 그간의 자료 등을 검토하여 볼 때 “신용장통일규칙(UCP600)에 반영되어 있는 규정, 즉 ICC 은행위원회의 의견 및 결정 내용에 기초하여 예견 가능한 은행업무 관행을 구현하는 국제적인 표준규범”이라고 할 수 있을 것이다.

이후 2007년 6차 개정 신용장통일규칙(UCP 600)의 제14조에서도 은행의 서류심사기준에 관하여 “규정된 서류의 문면상 신용장의 제 조건과의 일치여부는 본 규칙에 반영되어 있는 국제표준은행관행(ISBP)에 따라 결정된다”라고 규정하고 있다. 신용장통일규칙 6차 개정에 따라 ISBP의 개정이 필요하게 되었으며, 이에 ICC 은행위원회에서는 일부 조항에 대한 변경을 통해 개정 ISBP(Publication No.681)를 2007.7월부터 시행하게 되었으며, 다시 3차 개정으로 ISBP(Publication No. 745)를 2013년 7월부터 적용하게 되었다.

▌ISBP 제정 및 개정 연혁▐

시행일	인쇄물 번호	항목수
2003.1.1	645	200
2007.7.1	681	185
2013.7.1	745	296

(2) 국제표준은행관행의 구성

국제표준은행관행의 구성은 서문(introduction) 외에 예비적 고려사항(preliminary considerations)으로 신용장의 발행신청과 발행(application and issuance of the credit)에 관한 기준을 설정하고 있고, 그 다음으로 국제표준은행관행에 공통적으로 적용되는 일반원칙(general principles)과 환어음(drafts), 송장(invoice), 운송서류

(transport documents), 보험서류(insurance documents) 및 원산지증명서(certificate of origin) 등 서류별로 세부 기준을 설정하고 있다.

국제표준은행관행에 규정하고 있는 항목은 ① 사전적 고려사항, ② 일반원칙, ③ 환어음과 만기일 계산, ④ 송장, ⑤ 복합운송서류, ⑥ 선하증권, ⑦ 용선계약선하증권, ⑧ 항공운송서류, ⑨ 도로/철도/내수로 운송서류, ⑩ 보험서류 및 ⑪ 원산지증명서 등 총 296개 단락으로 구성되어 있다.

▌ISBP745의 구성내용▐

내 용	단락 부호	항목수
사전적 고려사항	-	7
일반원칙	A	41
환어음과 만기일 산정	B	18
상업송장	C	15
복합운송서류	D	32
선화증권	E	28
비유통 해상화물운송장	F	25
용선계약 선화증권	G	27
항공운송서류	H	27
도로 철도 내수로운송서류	J	20
부험서류	K	23
원산지증명서	L	8
포장명세서	M	4
중량증명서	N	6
수익자증명서	P	4
분석, 검사 증명서	Q	11
부 록	-	-
합 계		296

2. 국제표준은행관행의 주요 내용

(1) 사전적 고려사항

국제표준은행관행의 사전적 고려사항은 신용장의 발행신청과 신용장발행과 관련하여 특히 발행의뢰인과 발행은행의 유의 사항에 관하여 규정하고 있다. 국제표준은행관행에서 규정하고 있는 사전적 고려사항의 주요 내용을 요약하면 다음과 같다.

① 신용장 조건은 신용장의 근거거래(underlying transaction)에 관하여 특별히 언급하고 있다 하더라도 근거거래와는 별도로 독립적이다. 그러나 서류심사에서 불필요한 비용, 지연 및 분쟁을 피하기 위하여 발행의뢰인과 수익자는 요구서류, 작성자 그리고 서류제시를 위한 시간범위에 관하여는 신중히 고려하여야 한다.

② 발행의뢰인은 신용장 발행 또는 조건변경을 위한 지시에서의 모호함에 따른 위험을 부담한다.

③ 발행의뢰인은 UCP에서 예상하지 못한 결과를 초래할 수 있는 조항 자체를 완전하게 숙지하여야 한다.

④ 신용장은 발행의뢰인의 작성 또는 부서된 서류제시를 요구하여서는 아니 된다. 그러나 신용장이 이러한 조건을 포함하여 발행된 경우, 수익자는 조건변경을 하거나 그 조건에 따라야 하며, 이를 행하지 아니함에 따른 위험을 부담한다.

⑤ 서류심사 단계에서 야기되는 많은 문제들은 근거거래, 신용장발행신청 그리고 약정된 바의 신용장발행에 대한 상세한 주의로 회피되거나 해결될 수 있다.

UCP에서 "신용장은 그 성질상 매매계약 또는 기타계약과는 별개의 거래이며, 은행은 신용장에 그러한 계약에 어떠한 참조사항이 포함되어 있다 하더라도 그러한 계약과는 아무런 관계가 없으며 또한 구속되지 아니한다"라고 하여 신용장과 계약과의 독립성에 관하여 규정하고 있는, 이른바 신용장의 독립성에 관한 조항을 보충하고 있다. ISBP에서는 UCP의 매매계약 또는 기타계약이라는 근거계약(underlying transaction)이라는 용어를 사용하여 근거계약을 포함한 기초가 되는 모든 거래를 지칭하여 포괄적인 의미를 담아 근거거래와 신용장과의 독립성을 강조하고 있다. 신용장의 물품명세에서 근거계약(거래)에 대하여 특별히 "other details as per sales contract No. 123…"과 같이 명시되었다 하더라도 이 근거계약과 신용장은 무관하고 오직 상업송장 상에 문면상으로 물품명세의 일부로 기재하면 족하다 할 것이다. 또한 특히 신용장발행의뢰인과 수익자는 매매계약의 당사자이므로 비용절감 및 결제상의 분쟁을 예

방하기 위하여 제시되는 서류의 종류, 서류작성자 및 서류제시기한 등 중요사항을 먼저 고려하도록 권고하고 있다.

또한 ISBP 제2에서는 UCP의 신용장의 완전성과 정확성의 원칙을 규정한 내용, 즉 신용장발행 또는 변경지시에서 신용장발행은행의 완전 정확성과 관련하여 신용장 발행 의뢰시 발행의뢰인에 의하여 과도한 명세를 삽입하거나 혼란과 오해의 소지가 있는 조건 등이 포함된 신용장에 대하여 발행은행이 미처 제지하지 못하고 발행된 경우, 불명확함에 따른 위험부담의무를 발행의뢰인으로 규정하고 있음은 주목할 만하다.

한편 제시 서류를 심사하는 과정에 야기되는 문제들을 예방하기 위하여 발행의뢰인은 신용장발행을 의뢰하면서 특히 UCP의 서류심사기준 및 요구되는 서류 중 운송서류와 선적과 관련된 조항에 관하여 숙지할 것을 강조하고 있다.

(2) 일반원칙

국제표준은행관행의 일반원칙은 UCP에 일부 규정되거나 반영되지 아니한 것으로 신용장의 모든 서류심사에서 공통적으로 적용되는 기준이다. 국제표준은행관행에서 규정하고 있는 일반원칙의 주요 내용을 요약하면 다음과 같다.

① 일반적으로 인정되는 약어(abbreviations)는 정식어 대신 약어를, 약어 대신 정식어를 사용하였다 하더라도 불일치된 서류로 간주되지 아니 한다. 또한 사선(slash marks "/")은 단어를 대체하는 것으로 사용되어서는 아니 된다(ISBP A2).

② 증명(certification), 선언(declarations) 또는 이와 유사한 내용은 별도의 서류 또는 신용장에 요구된 다른 서류 속에 포함될 수 있다. 이 경우 발행 및 서명이 동일할 경우에는 별도의 서명이나 일자를 필요로 하지 아니 한다(ISBP A5).

③ 수익자 이외의 자가 발행한 서류의 정정 및 변경(corrections and alterations)은 서류 발행인 또는 수권한 자에 의하여 인증 및 인증자의 자격(capacity)을 표시하여야 한다(ISBP A7).

④ 환어음, 운송서류, 보험서류는 일자(dates)를 반드시 표기하여야 하며(ISBP A11), 특히 선적 전에 발생된 행위를 증명하는 서류의 경우 선적일자 이전 또는 선적 당일자를 표기하여야 한다(ISBP A12).

⑤ 물품인도지시서(delivery order) 및 운송주선인 수령증명서(forwarder's certificate of receipt)는 UCP 제19조에서 제25조까지 규정된 운송서류가 아니다. 따라서 이와 같은 서류들은 UCP 600 제14조 (c)항은 이들 서류에 적용

되지 않고 동조(f)항에 의해 검토된다.(ISBP A18)

⑥ 선적서류(shipping documents), 기간경과서류 수리가능(stale documents acceptable), 제3자 서류 수리가능(third party documents acceptable), 수출국(exporting country)과 같은 표현은 UCP에서 정의되지 아니하였으므로 사용되어서는 아니 된다(ISBP A19).

⑦ 신용장에 서류발행인을 지정할 경우 지정인이나 위임자에 의하여 발행되거나 보통, 상호 및 주소가 인쇄된 용지서두가 있는 용지를 사용하여 발행하거나 용지서두가 없는 경우에는 지정인 이나 위임자를 표기하여야 한다(ISBP A20).

⑧ 수익자가 발행한 서류는 신용장 언어(language)로 작성하여야 하며, 복수의 언어를 허용한 신용장의 경우에도 지정은행은 언어의 수를 제한할 수 있다(ISBP A21).

⑨ 서류에서 상세한 수학적 계산(mathematical calculations)은 은행의 점검대상이 아니며, 은행은 오직 신용장 총액 및 기타 요구 서류들을 점검할 의무가 있다(ISBP A22).

⑩ 단어나 문장의 뜻에 영향을 주지 않는 오자 또는 타자 오류(misspelling or typing error)는 서류를 불일치한 것으로 간주되지 아니 한다(ISBP A23).

⑪ 다수의 페이지로 합철된 페이지는 하나의 서류로 심사되며, 특별히 신용장에서 서명이나 배서의 위치를 지정하지 않으면 서류의 어느 곳에나 할 수 있다(ISBP A24).

⑫ 원본(original)은 원본, 부본 등으로 표시될 수 있으며, 사본(copy) 제시를 허용하지 않는 한 최소한 한 통의 원본을 제시하여야 한다(ISBP A29).

⑬ 신용장에서 화인(shipping marks)의 명세를 명시하는 경우, 서류는 이 같은 명세를 반드시 표기하여야 하며, 신용장 조건과 모순되지 아니하는 한 추가 정보가 표시되어도 불일치로 간주되지 아니한다(ISBP A33~A34).

⑭ 요구 서류에 대하여 유사 명칭을 사용하거나 요구 서류의 기능을 충족시킬 수 있도록 서류의 내용이 기재되어야 한다(ISBP A39). 또한 결합(복합)된 서류를 제시할 경우 결합된 서류의 원본 2통을 제시하여야 한다(ISBP A40).

(3) 환어음 및 만기일

환어음 및 만기일(draft and maturity date)에 관하여 국제표준은행관행은 환어음의 지급기일(tenor), 만기일, 배서(endorsement), 환어음의 발행, 정정 및 변경 등에 관하여 규정하고 있다. 국제표준은행관행에서 규정하고 있는 환어음 및 만기일의

주요 내용을 요약하면 다음과 같다.

① 환어음의 지급기일은 신용장의 조건과 일치하여야 하며 일람불 또는 일람후 특정기일이 아닌 지급기일로 발행된 경우에는 만기일 확정이 가능하여야 한다(ISBP B2a).

② 환어음의 지급기일이 선화증권 일자 후 xxx일로 언급된 경우, 본선적재일이 선화증권의 발행일보다 이전이거나 이후라 하더라도 본선 적재일을 선화증권 일자로 간주한다(ISBP B2c).

③ 환어음의 만기일을 결정하기 위하여 “from” 및 ”after”라는 용어가 사용된 경우 UCP에서의 “from” 및 ”after”라는 용어는 신용장에 별도로 규정하지 않은 한, 언급된 일자를 제외한다(ISBP B2d).

④ 단일 선화증권에 환적으로 인해 복수의 운송수단(예, A 선박 및 B 선박)에 의한 본선적재부기가 있는 경우 2개의 본선적재부기일 중 가장 빠른 선적일을 환어음 만기산정을 위한 기준일로 본다(ISBP B2e)

⑤ 단일 선화증권에 동일한 운송수단(예, A 선박)에 의한 복수의 본선적재부기가 있거나 또는 하나의 환어음에 복수의 선화증권이 제시되고 상이한 일자의 본선적재부기가 있는 경우에는 기재된 본선적재 부기일 중 가장 늦은 선적일을 환어음 만기산정을 위한 기준일로 본다(ISBP B2e)

⑥ 환어음의 만기일을 실제의 일자로 기재한 경우, 신용장 조건과 일치되게 계산되어야 한다(ISBP B4).

⑦ 일람후 정기출급으로 발행된 환어음의 만기일은 서류가 일치하는 경우 또는 어음지급은행(drawee bank)이 서류를 거절하지 않기로 하였으나 서류가 불일치하는 경우, 만기일은 지급은행의 서류수령일 이후를 기준으로 하며, 한편 서류가 불일치하는 경우 지급은행이 서류의 거절통지를 하였다가 추후에 승인한 경우, 만기일은 지급은행의 환어음인수일 후를 기준으로 하며, 환어음의 인수일은 서류의 승인일보다 늦어서는 아니된다(ISBP B5).

⑧ 지급은행은 제시인(presenter)에게 만기일을 통지하여야 하며, 어음 지급기일 및 만기일의 계산은 환어음제시를 요구하지 않는 연지급(deferred payment) 신용장의 경우에도 적용된다(ISBP B6).

⑨ 지급기일이 은행영업일(banking day)이 아닌 경우, 지급은 지급기일의 다음 첫 은행 영업일까지 연장되지만, 은혜일(grace day) 또는 자금을 송금하는 데 있어서의 지연, 송금 소요 시간 등은 환어음 지급기일에 추가되지 아니 한다(ISBP B7).

⑩ 환어음은 필요한 경우 배서되어야 하며, 신용장에 명시된 당사자를 지급인 앞으

로, 수익자가 발행하여야 한다. 또한 발행의뢰인을 지급인(drawee)으로 할 것을 요구하는 신용장이 발행되어서는 아니 된다(ISBP B8).

⑪ 환어음상의 정정 및 변경이 있을 경우, 발행인(drawer)의 인증 표시가 되어야 하며, 국가에 따라 발행인의 인증이 있다 하더라도 정정 및 변경된 환어음이 수리될 수 없는 경우, 그러한 국가의 발행은행은 정정 및 변경이 환어음에 나타나지 않아야 한다는 효력조항을 신용장에 명시하여야 한다(ISBP B17).

(4) 송장

송장(invoice)에 관하여 국제표준은행관행은 송장의 정의, 명칭 및 주소, 물품명세 및 송장에 관련된 다른 일반적인 사항들에 관하여 규정하고 있다. 국제표준은행관행에서 규정하고 있는 송장의 주요 내용을 요약하면 다음과 같다.

① 송장을 요구한 신용장은 어떠한 형태의 송장의 제시에도 충족되지만, 신용장에서 명시적으로 수권되지 않는 한, "가(假, provisional)", "견적(pro-forma)" 또는 유사한 송장은 수리되지 아니하며, 신용장이 상업송장(commercial invoice)을 요구한 경우, 송장(invoice)이라는 명칭의 서류는 수리된다(ISBP C1).

② 송장은 신용장에 지정된 수익자가 발행의뢰인 앞으로 발행되어야 하며, 주소의 일부를 구성하는 텔렉스(telex) 또는 팩스 번호(fax numbers) 등은 표시할 필요가 없으나, 만약 표시된 경우 신용장의 그것과 동일할 필요는 없다(ISBP C2).

③ 송장상의 물품명세는 신용장상의 물품명세와 반드시 일치하여야 한다. 그러나 완전 일치(mirror image)가 요구되는 것은 아니다. 신용장과 일치하는 상품명세가 함께 조합되어 송장이 여러 영역 내에 표시될 수 있다(ISBP C3).

④ 물품명세는 실제로 선적된 물품이 반영되어야 하며, 신용장에 명시된 것과 같이 전체의 물품명세가 표시되고, 신용장이 분할선적을 금지하고 있지 않는 한, 실제로 선적된 물품을 기재한 송장은 수리될 수 있다(ISBP C4).

⑤ 송장은 선적된 물품의 금액을 증명하고 있어야 하며 송장에 표시된 단가 및 통화는 신용장에 표시된 것과 일치하여야 하고, 송장은 신용장에 요구된 할인(discounts) 또는 감액(deductions)도 표시되어야 한다. 또한 송장은 신용장에 명시되지 않은 선지급(advance payment), 할인 등에 따른 감액도 표시되어야 한다(ISBP C6).

⑥ 거래조건(trade term)이 신용장의 물품명세의 일부이거나 금액과 관련하여 표

시된 경우, 송장은 명시된 거래조건이 표시되어야 하며, 그리고 무역조건 근거를 표시하였다면 똑같은 근거가 표시되어야 한다. 신용장 및 송장에서 명시된 거래조건에 반하는 수수료(charges) 및 비용(costs)은 금액 내에 포함되어야 하며, 이러한 금액을 넘어서는 어떠한 수수료 및 비용도 허용되지 아니 한다(ISBP C9).

⑦ 송장은 신용장에서 요구되지 않은 한 서명되거나 일자가 기재될 필요는 없다(ISBP C10).

⑧ 송장에 기재된 물품의 수량, 중량 및 용적은 다른 서류에 표시된 동일한 수량과 모순되지 않아야 한다(ISBP C11).

⑨ 송장에는 초과선적(over-shipment), 또는 무상(free of charge)이라고 기재되어 있다 하더라도(견본, 홍보물 등을 포함하여), 신용장에서 요구되지 않은 물품이 기재되어서는 아니 된다(ISBP C12).

⑩ 신용장에서 요구된 물품의 수량은 5%의 과부족의 허용 범위 내에세 달라질 수 있다. 신용장에서 수량과부족 용인을 특별히 규정하고 있거나, 신용장이 수량을 포장 단위 또는 개개 품목의 수로 명시하고 있는 경우, 이는 적용되지 않는다. 물품 수량에 있어서 초과하는 5%의 변경은 환어음의 발행금액이 신용장금액을 초과하는 것은 허용하지 않는다(ISBP C13). 또한 분할선적이 금지된 경우, 수량이 전부 선적되고, 신용장에 명시된 단가가 감액되지 않은 한 송장금액에서 5% 부족한 범위의 금액은 수리된다(ISBP C14).

⑪ 송장은 원본과 사본의 요구된 통 수가 제시되어야 하며, 신용장이 할부선적을 요구한 경우, 각각의 선적은 할부일정(instalment schedule)에 일치되어야 한다(ISBP C15).

(5) 운송서류

운송서류(transport documents)에 관하여 국제표준은행관행은 해상/해양선하증권, 용선계약 선하증권, 복합운송서류, 항공운송서류 및 도로, 철도 또는 내수로 운송서류에 관하여 규정하고 있다. 국제표준은행관행에서 규정하고 있는 운송서류의 주요 내용을 요약하면 다음과 같다.

가. (항구간 선적을 커버하는) 해상/해양선화증권

항구간 선적을 커버하는 해상/해양선화증권에 관하여 국제표준은행관행은 UCP 제20조가 적용되며 원본, 선화증권의 서명, 본선적재부기, 적재항 및 양륙항, 환적 및 분할선적, 무사고 선화증권, 물품명세, 정정과 변경, 운임 및 추가비용 그리고 한 개를 초과한 선화 증권에 의하여 커버된 물품 등에 관하여 규정하고 있다.

① UCP 제20조의 적용

신용장이 항구간 선적(port-to-port shipment)을 커버하는 운송서류의 제시를 요구한 경우 및 신용장이 "해상(marine)" 또는 "해양(ocean)" 운송서류의 제시를 요구한 경우에는 UCP 제20조가 적용된다. 항구간 선적을 커버하는 한, UCP 제20조에 따르기 위하여는 "marine" 또는 "ocean"이라는 용어를 사용할 필요는 없다(ISBP E2).

② 원본 전통

운송서류에는 발행된 원본의 통수가 표시되어야 한다. 원본(original), 제1원본(first original) 등 유사한 표현이 기재된 운송서류는 모두 원본이며, 원본선화증권으로 수리되기 위하여 선화증권에는 "원본"이라고 기재될 필요는 없다(ISBP E11).

③ 선화증권의 서명

㉠ 신용장에 "운송주선인 선화증권 수리가능" 또는 유사한 표현이 사용되는 경우, 선화증권은 운송주선인의 자격으로서의 운송주선인에 의하여 서명될 수 있으며, 운송인 또는 지정운송인의 대리인으로서의 확인은 필요하지 않으며, 운송인의 명칭은 기재될 필요가 없다(ISBP E3).

㉡ 원본선화증권은 UCP 제20조 (a) (i)항에 규정된 방식에 따른 서명을 포함하여야 하며, 운송인(carrier)의 명칭이 선화증권의 문면상에 나타나야 한다(ISBP E5a).

㉢ 운송인을 대리하여 선화증권에 서명한 경우, 대리인은 대리인으로서 확인되어져야 하며, 서명을 대리하는 운송인이 확인되어야 한다(ISBP E5c).

㉣ 선장(master, captain)이 선화증권에 서명하는 경우, 선장의 서명은 "선장"으로서 확인되어져야 하며 선장의 명칭은 기재될 필요가 없다(ISBP E5d).

㉤ 대리인이 선장을 대리하여 선화증권에 서명하는 경우, 그 대리인은 반드시 대리인이라는 표시를 해야 하며, 선장이름이 표시될 필요는 없다(ISBP E5e).

④ 본선적재부기

㉠ 본선선적 선화증권(Shipped on board bill of lading)이 제시되는 경우, 별개의 본선적재부기일이 포함되어 있지 않는 한 그 발행일은 선적일로 간주되며, 본선적재일이 선화증권의 발행일 이전이든 이후이든 불문하고 본선적재부기일

은 선적일로 간주된다(ISBP E6).

㉡ "Shipped in apparent good order." "Laden on board." "clean on board" 또는 "shipped" 또는 "on board"와 같은 용어와 결합된 다른 표현들은 "Shipped on board"와 동일한 효력을 가진다(ISBP E7).

⑤ 적재항 및 양륙항

㉠ 지정 적재항은 선화증권 내의 적재항 난(port of loading field)에 명시하여야 하나, 선박에 의하여 물품이 수령지로부터 운송된 것이 명백하고, 기재된 항구에서 선박에 본선적재되었음을 증명하는 본선적재부기가 있는 한 "Place of final destination" 또는 유사한 표제의 난에 기재될 수 있다(ISBP E6).

㉡ 지정 양륙항은 선화증권 내의 양륙항 난(port of discharge field)에 명시하여야 하나, 선박에 의하여 물품이 최종목적지로 운송된 것이 명백하고, 양륙항이 "Place of final destination" 또는 유사한 용어하에 기재되었음을 증명하는 부기가 있는 한 "Place of final destination" 또는 유사한 표제의 난에 기재될 수 있다(ISBP E8).

㉢ 신용장에 적재항 및/ 또는 양륙항의 지역 또는 구역이 주어진 경우, 선하증권에는 실제의 적재항 및/ 또는 양륙항이 표시되어야 하며, 그러한 장소는 해당 지역 또는 구역 이내이어야 한다(ISBP E10).

⑥ 수화인, 지시인, 송화인 및 배서, 착화통지처

㉠ 신용장이 선화증권에서 지정당사자를 물품의 수화인으로 표시할 것을 요구하는 경우, 지시식이라는 용어를 포함하지 않아야 하며, 지정당사자를 지시식으로 물품의 수화인으로 표시할 것을 요구한 경우, 기명식으로 기재되지 않아야 한다(ISBP E12).

㉡ 선화증권이 단순 지시식 또는 송화인 지시식으로 발행된 경우, 송화인에 의하여 배서되어져야 하며, 송화인을 대리하여 표시된 배서도 수리 가능하다(ISBP E13).

㉢ 신용장이 착화통지처를 명시하지 않은 경우, 선화증권의 해당란은 공란으로 두거나 어떠한 방식으로든지 채워질 수 있다(ISBP E14).

⑦ 환적 및 분할선적

㉠ 환적(transhipment)이란 신용장상의 적재항으로부터 양륙항까지의 해상운송 과정 중에 한 선박에서 다른 선박으로의 물품의 양륙 및 재선적을 말한다. 이러

한 두 항구 간에서 발생되지 않는 경우, 양륙과 재선적은 환적으로 간주되지 아니 한다(ISBP E17).

㉡ 분할선적(partial shipments)을 금지하고, 1조 이상의 원본 선화증권이 제시된 경우, 동일한 선박에 의한 물품선적과 동일한 항해 및 동일한 양륙항을 표시한 서류는 수리가능하다. 이 경우 다른 선적일이 포함되어 있는 경우, 선적일자는 신용장에 표시된 최종선적일 또는 그 이전이어야 한다(ISBP E19).

⑧ 무사고 선화증권

㉠ 물품 또는 포장의 하자 상태를 명시적으로 표시한 선화증권상의 조항(clause) 또는 부기(notation)는 수리되지 아니하며, 포장이 "해상운송에 대하여 충분하지 않다"라는 표시도 수리되지 아니 한다(ISBP E20).

㉡ 신용장이 "clean on board bill of lading" 또는 "clean on board"라고 기재된 선화증권을 요구한다 하더라도 "clean"이라는 용어는 선화증권상에 표시될 필요는 없다(ISBP E21a).

㉢ "clean"이라는 용어가 선화증권상에 표시되었다가 삭제된 경우, 그러한 선화증권은 사고부로 간주되지 아니 한다(ISBP E21b).

⑨ 물품명세

선화증권의 물품명세는 신용장에 기재된 것과 상호 모순되지 아니하는 일반용어로 기재될 수 있다(ISBP E22).

⑩ 정정과 변경

㉠ 선화증권상의 정정 및 변경은 운송인, 선장 또는 운송인 또는 선장의 대리인에 의하여 확인되어야 한다(ISBP E24).

㉡ 선화증권의 비유통사본(non-negotiable copies)은 원본상의 서명 또는 원본에 행하여 진 변경 또는 정정에 대한 확인을 요하지 아니 한다(ISBP E25).

⑪ 운임 및 추가비용

㉠ 선화증권에 나타나는 운임지급을 표시하는 기재는 신용장에 명시된 것과 동일할 필요는 없으나, 그 서류나 기타 명시된 다른 서류 또는 신용장에 명시되는 그것과 저촉되지 않아야 한다(ISBP E26).

㉡ 신용장이 운임에 대한 추가비용은 수리되지 아니한다고 규정한 경우, 선화증권

에는 운임에 대한 추가비용이 발생되었거나 발생될 수 있음을 표시하여서는 아니 된다. 그러나 물품의 양륙에서의 지연 또는 물품이 양륙된 이후의 지연의 결과에 따른 비용으로 부과될 수 있다는 운송서류상의 비용에 관한 언급은 추가비용의 표시로 간주되지 아니 한다(ISBP E27).

⑫ 하나 이상의 선화증권에 의하여 커버된 물품

컨테이너에 적재된 물품이 당해 선하증권에 추가하여 1조 이상의 다른 선하증권에 의하여 커버되어 있는 경우, 이는 모든 컨테이너가 수화인에게 양도되어야 함을 의미하는 것으로, 컨테이너에 관련된 모든 선화증권이 제시되어져야 한다. 이러한 선화증권은 동일한 신용장하에서 동일한 제시의 일부를 구성하고 있어야만 수리될 수 있다(ISBP E28).

나. 용선계약 선화증권

용선계약 선화증권에 관하여 국제표준은행관행은 UCP 제22조가 적용되며 원본, 선화증권의 서명, 본선적재부기, 적재항 및 양륙항, 환적 및 분할선적, 무사고 선화증권, 물품명세, 정정과 변경, 운임 및 추가비용 등에 관하여 규정하고 있다.

① UCP 제22조의 적용

신용장이 항구간 선적을 커버하는 용선계약 선화증권의 제시를 요구하는 경우 및 용선 계약에 따른다는 표시가 포함된 운송서류는 UCP 제22조가 적용된다(ISBP G1).

② 원본 전통

운송서류에는 발행된 원본의 통수가 표시되어야 한다. 원본(original), 제1원본(first original) 등 유사한 표현이 기재된 운송서류는 모두 원본이며, 원본선화증권으로 수리되기 위하여 용선계약 선화증권에는 "원본"이라고 기재될 필요는 없다(ISBP G10).

③ 용선계약 선화증권의 서명

㉠ 원본 용선계약 선화증권은 UCP 제22조 (a) (i)항에 규정된 방식에 따른 서명을 포함하여야 한다(ISBP G4a).

㉡ 선장 또는 선주가 용선계약 선화증권에 서명하는 경우, 선장 또는 선주의 서명은 "선장" 또는 "선주(owner)"로서 확인되어야 한다(ISBP G4b).

㉢ 대리인이 선장 또는 선주를 대리하여 용선계약 선화증권에 서명하는 경우, 그 대

리인은 반드시 선장 또는 선주의 대리인이라는 표시를 해야 하며 이 경우 선장 이름을 표시될 필요가 없으나 선주의 이름이 반드시 표시되어야 한다(ISBP G4c).

④ 본선적재부기

㉠ 본선선적 용선계약 선화증권이 제시되는 경우, 본선적재부기일이 포함되어 있지 않는 한 그 발행일은 선적일로 간주되며, 본선적재일이 선화증권의 발행일 이전이든 이후이든 불문하고 본선적재부기일은 선적일로 간주 된다(ISBP G5).

㉡ "Shipped in apparent good order", "Laden on board", "clean on board" 또는 "Shipped" 또는 "on board"과 같은 용어와 결합된 다른 표현들은 "Shipped on board"와 동일한 효력을 가진다(ISBP G6).

⑤ 적재항 및 양륙항

신용장에서 적재항 및/ 또는 양륙항의 지역 또는 구역이 주어진 경우, 용선계약 선화증권에는 실제의 적재항이 표시되어야 하며 그러한 장소는 해당 지역 또는 구역 이내이어야 하나, 다만 양륙항은 지역 또는 항구의 구역을 표시할 수 있다(ISBP G7).

⑥ 수화인, 지시인, 송화인 및 배서, 착화통지처

㉠ 신용장이 용선계약 선화증권에 지정당사자를 물품의 수화인으로 표시할 것을 요구하는 경우, 지시식이라는 용어를 포함하지 않아야 하며, 지정 당사자를 지시식으로 물품의 수화인을 표시할 것을 요구한 경우, 기명식으로 기재되지 않아야 한다(ISBP G11).

㉡ 용선계약 선화증권이 단순 지시식, 또는 송화인 지시식으로 발행된 경우, 송화인에 의하여 배서되어져야 하며, 송화인을 대리하여 표시된 배서도 수리 가능하다(ISBP G12).

㉢ 신용장이 착화통지처를 기재하지 않은 경우, 선화증권의 해당란은 공란으로 두거나 어떠한 방식으로든 채워질 수 있다(ISBP G13).

⑦ 분할선적

신용장이 분할선적을 금지하고, 1조를 초과한 원본 용선계약 선화증권이 제시된 경우, 동일한 선박으로의 물품선적과 동일한 항해 및 동일한 양륙항을 명시한 서류는 수리 가능하다. 이 경우 다른 선적일이 포함되어 있는 경우, 선적일자는 신용장에 명시된 최종 선적일 또는 그 이전이어야 한다(ISBP G17).

⑧ 무사고 용선계약 선화증권

㉠ 물품 또는 포장의 하자 상태를 명시적으로 표시한 용선계약 선화증권상의 조항 또는 부기는 수리되지 아니하며, 포장이 "해상운송에 대하여 충분하지 않다"라는 표시도 수리되지 아니 한다(ISBP G18).

㉡ 신용장이 "clean on board charter party bill of lading" 또는 "clean on board"라고 기재된 운송서류를 요구한다 하더라도 "clean"이라는 용어는 용선계약 선화증권상에 표시될 필요는 없다(ISBP G19a).

㉢ "clean"이라는 용어가 용선계약 선화증권상에 표시되었다가 삭제된 경우, 그러한 용선계약 선화증권은 사고부로 간주되지 아니한다(ISBP G19b).

⑨ 물품명세

용선계약 선화증권의 물품명세는 신용장에 기재된 것과 상호 모순되지 아니 하는 일반용어로 기재될 수 있다(ISBP G20).

⑩ 정정 및 변경

㉠ 용선계약 선화증권상의 정정 및 변경은 선주, 선장 또는 선주 또는 선장의 대리인에 의하여 확인되어야 한다(ISBP G22).

㉡ 용선계약 선화증권의 비유통사본은 원본상의 서명 또는 원본에 행하여진 변경 또는 정정에 대한 확인을 요하지 아니한다(ISBP G23).

⑪ 운임 및 추가비용

㉠ 용선계약 선화증권에 나타나는 운임지급을 표시하는 기재는 신용장에 명시된 것과 동일할 필요는 없으나, 그 서류나 기타 명시된 다른 서류 또는 신용장에 명시되는 그것과 저촉되지 않아야 한다(ISBP G24).

㉡ 신용장이 운임에 대한 추가비용은 수리되지 아니한다고 규정한 경우, 용선계약 선화증권에는 운임에 대한 추가비용이 발생되었거나 발생될 수 있음을 표시하여서는 아니 된다. 그러나 물품의 양륙에서의 지연 또는 물품이 양륙된 이후의 지연의 결과에 따른 비용으로 부과될 수 있다는 운송서류상의 비용에 관한 언급은 추가비용의 표시로 간주되지 아니 한다(ISBP G25).

다. 복합운송서류

복합운송서류에 관하여 국제표준은행관행은 UCP 제19조가 적용되며 원본, 서명,

본선 적재부기, 수탁지 발송지, 환적 및 분할선적, 무사고 복합운송서류, 물품명세, 정정과 변경, 운임 및 추가비용, 하나 이상의 복합운송서류에 의하여 커버된 물품 등에 관하여 규정하고 있다.

① UCP 제19조의 적용

㉠ 신용장이 두 가지 이상의 운송방식을 이용하는 운송을 커버하는 운송서류의 제시를 요구하고, 수탁지 또는 항구, 공항 또는 선적지로부터 신용장에 기재된 최종목적지로의 선적을 커버하고 있음이 운송서류에 나타나는 경우에는 UCP 제19조가 적용된다. 이 경우, 복합운송서류는 선적 또는 발송이 단지 한 가지 운송방식에 의하여 행하여졌음을 나타내어서는 아니 된다(ISBP D1).

㉡ 서류 내에서 "multimodal transport document"라는 용어는 "combined transport document"라는 용어를 포함한다. UCP 제19조에 따라 수리요건으로, 서류에는 "Multimodal transport document" 또는 "combined transport document"라는 명칭이 사용될 필요는 없다(ISBP D2).

② 원본 전통

운송서류에는 발행된 원본의 통수가 표시되어야 한다. 원본(original), 제1원본(first original) 등 유사한 표현이 기재된 운송서류는 모두 원본이며, 원본운송서류로 수리되기 위하여 복합운송서류에는 "원본"이라고 기재될 필요는 없다(ISBP D15).

③ 복합운송서류의 서명

㉠ 원본 복합운송서류에는 UCP 제19조 (a) (i)항에 규정된 방식에 따른 서명을 포함하여야 하며, 운송인 또는 복합운송인(multimodal transport operator) 으로 확인될 수 있는 운송인 또는 복합운송인의 명칭이 복합운송서류의 문면상에 나타나야 한다(ISBP D5a).

㉡ 대리인이 운송인 또는 복합운송인을 대리하여 복합운송서류에 서명한 경우, 대리인은 누구를 대리하여 서명하는지 확인되어야 한다(ISBP D5c).

㉢ 선장이 복합운송서류에 서명하는 경우, 선장의 서명은 "선장"으로서 확인되어져야 하며 선장의 명칭은 기재될 필요가 없다(ISBP D5d).

㉣ 대리인이 선장을 대리하여 복합운송서류에 서명하는 경우, 대리인은 대리인으로서 확인되어져야 하며 서명을 대리하게 한 선장의 명칭이 기재되어야 한다(ISBP D5e).

㉤ 신용장에 "운송주선인 복합운송서류 수리가능(Freight Forwarder's Multi-

modal transport document is acceptable)" 또는 유사한 표현이 사용되는 경우, 복합운송서류는 운송주선인의 자격으로서의 운송주선인에 의하여 서명될 수 있으며, 운송인 또는 복합운송인 으로서의 확인은 필요하지 않으며, 운송인 또는 복합운송인의 명칭은 기재될 필요가 없다(ISBP D3b).

④ **본선적재부기**

㉠ 복합운송서류의 발행일은 발송일, 수탁일 또는 본선적재일로 간주되며, 부기일은 서류의 발행일 이전이든 이후이든 불문하고 선적일로 간주된다(ISBP D6).

㉡ "Shipped in apparent good order", "Laden on board", "clean on board" 또는 "shipped" 또는 "on board"과 같은 용어와 결합된 다른 표현들은"Shipped on board"와 동일한 효력을 가진다(ISBP D11).

⑤ **수탁지, 발송지, 본선적재지 및 목적지**

신용장에서 수탁지, 발송지, 본선적재지 및 목적지의 구역이 주어진 경우, 복합운송서류에는 실제의 수탁지, 발송지, 본선적재지 및 목적지가 표시되어야 하며, 그러한 장소는 해당 지리적 지역 또는 구역 이내이어야 한다(ISBP D14).

⑥ **수화인, 지시인, 송화인 및 배서, 착화통지처**

㉠ 신용장이 복합운송서류에 지정당사자를 물품의 수화인으로 표시할 것을 요구하는 경우, 지시식이라는 용어를 포함하고 있지 않아야 하며, 지정당사자를 지시식으로 물품의 수화인을 표시할 것을 요구한 경우, 기명식으로 기재되지 않아야 한다(ISBP D16).

㉡ 복합운송서류가 단순지시식, 또는 송화인 지시식으로 발행된 경우, 송화인에 의하여 배서되어져야 하며, 송화인을 대리하여 표시된 배서도 수리가능하다(ISBP D17).

㉢ 신용장이 착화통지처를 기재하지 않은 경우, 복합운송서류의 해당란은 공란으로 두거나 어떠한 방식으로든지 채워질 수 있다(ISBP D20).

⑦ **환적 및 분할선적**

㉠ 환적이란 신용장상의 최종목적지로의 운송의 과정 중에 한 운송방식으로부터 다른 운송방식으로의 물품의 하역과 재적재를 말한다. 환적이 금지된 경우, 전 운송과정이 하나의 동일한 복합운송서류에 의하여 커버되는 한 은행은 환적이 이루어진 복합운송서류를 수리한다(ISBP D21).

㉡ 운송수단이 동일한 일자에 동일한 목적지를 향하여 출발하였다 하더라도, 한 개를 초과하는 운송수단으로의 선적은 분할선적으로 간주된다(ISBP D22).

㉢ 신용장이 분할선적을 금지하고, 1조를 초과하는 원본 복합운송서류가 제시된 경우, 동일한 운송수단과 동일한 항해 및 동일한 목적지를 명시한 서류는 수리가 능하다. 이 경우 다른 선적, 발송 또는 수탁일이 포함되어 있는 경우, 선적일자는 신용장에 명시된 선적일, 발송일 또는 수탁일의 최종일 또는 그 이전이어야 한다(ISBP D23).

⑧ 무사고 복합운송서류

㉠ 물품 또는 포장의 하자 있는 상태를 명시적으로 표시한 복합운송서류상의 조항 또는 부기는 수리되지 아니하며, 포장이 "운송에 대하여 충분하지 않다"라는 표시도 수리되지 아니한다(ISBP D24).

㉡ 신용장이 "clean on board multimodal transport document" 또는 "clean on board"라고 기재된 운송서류를 요구한다 하더라도, "clean"이라는 용어는 복합운송서류상에 표시될 필요는 없다(ISBP D25a).

㉢ "clean"이라는 용어가 복합운송서류상에 표시되었다가 삭제된 경우, 그러한 복합운송서류는 사고부로 간주되지 아니 한다(ISBP D25b).

⑨ 물품명세

복합운송서류의 물품명세는 신용장에 기재된 것과 상호 모순 되지 아니하는 일반용어로 기재될 수 있다(ISBP D26).

⑩ 정정 및 변경

㉠ 복합운송서류상의 정정 및 변경은 운송인, 선장, 복합운송인 또는 그들의 대리인 중의 한 사람에 의하여 확인되어야 한다(ISBP D28).

㉡ 복합운송서류의 비유통성 사본은 원본상의 서명 또는 변경 또는 정정에 대한 확인을 요하지 아니 한다(ISBP D29).

⑪ 운임 및 추가비용

㉠ 복합운송서류에 나타나는 운임지급을 표시하는 기재는 신용장에 명시된 것과 동일할 필요는 없으나 그 서류나 기타 명시된 다른 서류 또는 신용장에서 명시되는 그것과 저촉되지 않아야 한다(ISBP D30).

㉡ 신용장이 운임에 대한 추가비용은 수리되지 아니한다고 규정한 경우, 복합운송서류에는 운임에 대한 추가비용이 발생되었거나 발생될 수 있음을 표시하고 있어서는 아니 된다. 그러나 물품의 양륙에 있어서의 지연 또는 물품이 양륙된 이후의 지연의 결과에 따른 비용이 부과될 수 있다는 운송서류상의 비용에 관한 언급은 추가비용의 표시로 간주되지 아니 한다(ISBP D31).

⑫ 하나 이상의 복합운송서류에 의하여 커버된 물품

컨테이너에 적재된 물품이 당해 복합운송서류에 추가하여 또는 다수의 다른 복합운송서류에 의하여 커버되어 있는 경우, 이는 모든 컨테이너가 수화인에게 양도되어야 함을 의미하는 것으로, 컨테이너에 관련된 모든 복합운송서류가 제시되어져야 한다. 이러한 복합운송서류가 동일한 신용장하에서 동일한 제시의 일부를 구성하고 있어야만 수리될 수 있다(ISBP D32).

라. 항공운송서류

항공운송서류에 관하여 국제표준은행관행은 UCP 제23조가 적용되며 원본, 서명, 선적일, 발송일, 출발공항 및 목적 공항, 환적 및 분할선적, 무사고 항공운송서류, 물품명세, 정정과 변경, 운임과 추가비용 등에 관하여 규정하고 있다.

① UCP 제23조의 적용

신용장이 공항간 선적(airport-to-airport shipment)을 커버하는 운송서류의 제시를 요구한 경우(ISBP 134) 및 “항공화물운송장(air waybill)” 또는 “항공물품수탁서(air consignment note)” 또는 유사한 서류의 제시를 요구한 경우 UCP 제23조가 적용된다. 공항간 선적을 커버하는 한, UCP 제23조에 따르기 위하여 이러한 용어의 사용을 요하지 아니한다(ISBP H2).

② 원본 항공운송서류

항공운송서류는 서류의 문면상 “송화인/선적인용 원본”(Original for Consignor/Shipper)임이 나타나야 한다. 원본 전통에 대한 요구는 문면상 송화인/선적인을 위한 원본임을 표시한 서류를 제시하는 것으로 충족된다(ISBP H12).

③ 항공운송서류의 서명

㉠ 원본 항공운송서류는 UCP 제 23조 (a) (i)항에 규정된 방식에 따른 서명을 포

함하여야 하며, 운송인의 명칭이 항공운송서류의 문면상에 나타나야 한다. 운송인을 대리하여 대리인이 항공운송서류에 서명한 경우, 대리인은 대리인으로서 확인되어져야 하며, 서명을 대리하는 운송인이 확인되어야 한다(ISBP H3a).

㉡ 신용장이 "혼재물품운송장 수리가능" 또는 "운송주선인 항공물품운송장 수리가능" 또는 유사한 표현이 사용되는 경우, 운송주선인의 자격으로서의 운송주선인에 의하여 서명될 수 있으며, 운송인 또는 지정운송인의 대리인으로서의 확인은 필요하지 않으며, 운송인의 명칭은 기재될 필요가 없다(ISBP H3b).

④ 운송을 위하여 인수된 물품, 선적일, 및 실제의 발송일

㉠ 항공운송서류에는 물품이 운송을 위하여 인수되었음을 표시하여야 한다(ISBP H7).

㉡ 신용장이 항공운송서류에 실제의 발송일이 나타나도록 지시한 경우, 서류에는 반드시 별도의 부기가 포함되어야 한다. 이러한 발송일은 선적일로 간주되며, "운송인전용(For Carrier Use Only)" 이라는 표제의 난에 포함된 정보는 실제의 발송일을 결정하는 데 있어서 고려되지 아니한다(ISBP H8).

⑤ 출발공항 및 목적 공항

㉠ 항공운송서류에는 출발공항과 목적공항이 표시되어야 한다. 공항명 전체를 기재하는 대신에 국제항공운송협회(IATA) 코드의 사용에 의한 공항의 표시는 불일치가 아니다(ISBP H9).

㉡ 신용장에서 출발공항 및/ 또는 목적 공항의 지역 또는 구역이 주어진 경우, 항공운송서류에는 실제의 출발공항 및/ 또는 목적 공항이 표시되어야 하며, 그러한 장소는 해당 지역 또는 구역 이내이어야 한다(ISBP H11).

⑥ 수화인, 지시인 및 착화통지처

㉠ 항공운송서류는 권리증권이 아니므로 "단순지시식" 또는 지정당사자의"지시식"으로 발행되어서는 아니 된다. 신용장에서 항공운송서류가 "단순지시식" 또는 지정당사자의 "지시식"으로 발행되도록 요구한 경우에도, 제시된 서류가 "단순지시식" 또는 "특정인의 지시식"에 대한 언급 없이, 물품이 그러한 당사자를 수화인으로 표시하고 있다면 수리가능하다(ISBP H13).

㉡ 신용장이 착화통지처를 기재하지 않은 경우, 항공운송서류의 해당란은 공란으로 하거나 또는 어떠한 방식으로든지 채워질 수 있다(ISBP H14).

⑦ 환적 및 분할선적

㉠ 환적이란 신용장상의 출발공항으로부터 목적 공항까지의 운송의 과정 중에 하나의 항공기로부터 다른 항공기로의 양화 및 재적재를 말한다. 두 개의 공항간에 이러한 일이 일어나지 않았다면, 양화 및 재적재는 환적으로 간주되지 아니한다(ISBP H17).

㉡ 항공기가 동일한 일자에 동일한 목적지를 향하여 출항한다 하더라도, 한 개를 초과한 항공기에 의한 선적은 분할선적으로 간주된다(ISBP H18).

㉢ 신용장이 분할선적을 금지하고, 1조를 초과하는 항공운송서류가 제시된 경우, 동일한 항공기와 동일한 운항에 의한 물품의 발송을 커버하고 동일한 목적 공항을 명시한 서류는 수리가능하다. 이 경우 다른 선적일이 포함된 한 개를 초과하는 항공운송서류가 제시된 경우, 그러한 선적일의 최종일이 제시기간의 계산을 위하여 취해질 것이며, 선적일자는 신용장에 명시된 최종선적일 또는 그 이전이어야 한다(ISBP H19).

⑧ 무사고 항공운송서류

㉠ 물품 또는 포장의 하자 있는 상태를 명시적으로 표시한 항공운송서류상의 조항 또는 부기는 수리되지 아니하며, 포장이 "운항에 대하여 충분하지 않다"라는 표시는 수리되지 아니한다(ISBP H20).

㉡ "clean"이라는 용어가 항공운송서류상에 표시되었다가 삭제된 경우, 그러한 항공운송서류는 사고부로 간주되지 아니한다(ISBP H21).

⑨ 물품명세

항공운송서류의 물품명세는 신용장에 기재된 것과 상호 모순되지 않는 일반용어로 기재될 수 있다(ISBP H22).

⑩ 정정 및 변경

㉠ 항공운송서류상의 정정 및 변경은 운송인 또는 운송인의 대리인에 의하여 확인되어져야 한다(ISBP H23).

㉡ 항공운송서류의 사본은 운송인 또는 대리인, 원본상의 서명, 변경 또는 정정에 대한 확인을 요하지 아니한다(ISBP H24).

⑪ 운임 및 추가비용

㉠ 항공운송서류에 나ㄴ타나는 운임지급을 표시하는 기재는 신용장에 명시된 것과 동일할 필요는 없으나, 그 서류나 기타 명시된 다른 서류 또는 신용장에 명시되는 그것과 저촉되지 않아야 한다(ISBP H25).

㉡ 신용장이 운임에 대한 추가비용은 수리되지 아니한다고 규정한 경우, 항공운송서류에는 운임에 대한 추가비용이 발생되었거나 발생될 수 있음을 표시하고 있어서는 아니 된다. 그러나 물품의 양화에 있어서의 지연 또는 물품이 양화된 이후 지연의 결과로서 비용이 부과될 수 있다는 운송서류상의 비용에 관한 언급은 추가비용의 표시로 간주되지 아니한다(ISBP H27).

마. 도로, 철도 또는 내수로 운송서류

도로, 철도 또는 내수로 운송서류에 관하여 국제표준은행관행은 UCP 제24조가 적용되며 원본, 서명, 분할선적, 물품명세, 정정과 변경, 운임 및 추가비용 등에 관하여 규정하고 있다.

① UCP 제24조의 적용

신용장이 도로, 철도 또는 내수로에 의한 이동을 커버하는 운송서류의 제시를 요구한 경우, UCP 제 24조가 적용된다(ISBP J1).

② 도로, 철도 또는 내수로 운송서류의 원본 및 부본

신용장이 철도, 도로 또는 내수로 운송서류를 요구하는 경우, 원본 표시 여부와 관계없이 제시된 서류는 원본으로서 수리된다. 도로운송서류는 선적인용 또는 송화인용 사본임을 표시하거나 또는 누구를 위하여 작성된 서류인지에 관한 표시가 없어야 한다. 철도운송서류는 철도회사의 스탬프에 의하여 정히 인증된 부본만을 선적인 또는 송화인에게 제공하는 것이 많은 철도회사의 관행으로 그러한 부본은 원본으로서 수리된다(ISBP J7).

③ 도로, 철도 또는 내수로 운송서류의 운송인 및 서명

㉠ 운송서류상의 어떠한 서명, 인증, 수령 스탬프(reception stamp), 또는 기타 수령의 표시는 운송인으로 확인되는 운송인, 또는 운송인을 위하여 또는 운송인을 대리하여 서명하고, 서명을 대리하게 한 운송인의 명칭과 자격을 표시한 지정대

리인에 의하여 행하여진 것으로 표시되어야 한다(ISBP J2).

ⓛ 운송서류에 운송인에 의하여 또는 운송인을 대리하여 대리인에 의하여 서명된 것으로 표시되는 한 "운송인"이라는 용어는 서명란에 표시될 필요는 없다. 국제표준은행관행은 운송인의 명칭 또는 운송인을 위하거나 대리하여 서명하는 지정대리인의 명칭을 표시하지 않고 출발철도역에 의하여 일부 스탬프로 증명하는 철도화물운송장을 수리한다(ISBP J4a).

ⓒ UCP 제24조에서 사용된 "carrier"라는 용어는 "발행운송인(issuing carrier)", "실제운송인(actual carrier)", "후속운송인(succeeding carrier)" 및 "계약운송인(contracting carrier)"과 같은 운송서류상의 용어를 포함한다(ISBP J4b).

④ 지시인 및 착화통지처

㉠ 권리증권이 아닌 운송서류는 "단순지시식" 또는 지정당사자의 "지시식"으로 발행되지 않아야 한다. 신용장이 권리증권이 아닌 운송서류가 "단순지시식" 또는 지정당사자의 "지시식"으로 발행을 요구하였다 하더라도, "to order" 또는 "to order of"에 대한 언급 없이 물품이 그러한 당사자에게 탁송되었음을 표시한다면 수리가능하다(ISBP J8).

ⓛ 신용장이 착화통지처를 명시하지 않은 경우, 운송서류의 해당란은 공란으로 두거나 어떠한 방식으로든지 채워질 수 있다(ISBP J9).

⑤ 분할선적

운송수단이 동일한 일자에 동일한 목적지를 향하여 출발하였다 하더라도, 한 개를 초과하는 운송수단으로의 선적은 분할선적으로 간주된다(ISBP J13).

⑥ 물품명세

운송서류의 물품명세는 신용장에 기재된 것과 상호 모순되지 아니하는 일반 용어로 기재될 수 있다(ISBP J17).

⑦ 정정 및 변경

㉠ UCP 제24조가 적용되는 운송서류상의 정정 및 변경은 운송인 또는 운송인의 대리인에 의하여 확인되어야 한다(ISBP J18).

ⓛ UCP 제24조가 적용되는 운송서류의 사본은 원본 상에 행하여진 서명, 또는 어떠한 변경 또는 정정에 대한 인증을 포함할 필요는 없다(ISBP J19).

⑧ 운임 및 추가비용

㉠ 도로, 철도 또는 내수로운송서류에 나타나는 운임지급을 표시하는 기재는 신용장에 명시된 것과 동일할 필요는 없으나, 그 서류가 기타 명시된 다른 서류 또는 신용장에 명시되는 그것과 저촉되지 않아야 한다(ISBP J20a).

㉡ 발행의뢰인 및 발행은행은 운임이 선지급 또는 후지급될 것인지의 여부를 서류의 요구사항에 명확히 하여야 한다(ISBP J20b).

(6) 보험서류

보험서류에 관하여 ISBP는 UCP 제28조가 적용되며 보험서류의 발행인, 담보 위험, 일자, 통화 및 금액, 피보험자 및 배서 등에 관하여 규정하고 있다.

① UCP 제28조의 적용

신용장이 보험서류의 제시를 요구한 경우, UCP 제28조의 조항이 적용된다(ISBP K1).

② 보험서류의 발행인

㉠ 보험서류는 문면상 보험회사 또는 보험업자 또는 그 대리인에 의하여 발행되고 서명된 것으로 나타나야 한다(ISBP K2).

㉡ 보험서류가 보험회사 또는 그 대리인 또는 보험업자 또는 그 대리인에 의하여 발행되어 있는 한 보험중개인의 용지(insurance broker's stationery)에 발행된 보험서류는 수리 가능하다. 보험중개인은 지정보험회사 또는 지정보험업자의 대리인으로서 서명할 수 있다(ISBP K3).

③ 담보위험

㉠ 분할담보의 보험서류가 담보비율에 의하거나 또는 각 보험자의 담보가액 그리고 각 보험자가 그들의 책임의 부분을 개별적으로 부담한다는 것이 명확하게 표시되지 않는 한, 동일한 선적에 대한 동일한 위험을 담보하는 보험은 하나의 서류하에서 담보되어야 한다(ISBP K16).

㉡ 협회적화약관 ICC(A) 조건담보를 표시한 보험서류는 "전위험(all risks)" 조항 또는 부기를 요구한 신용장의 조건을 충족한다(ISBP K17).

④ **일자**

유효기일을 포함하고 있는 보험서류는 그러한 유효기일이 보험금청구의 제시를 위한 유효기일과는 다르며, 물품의 본선적재 또는 발송 또는 수탁이 행하여질 최종일에 관련된 것임을 명확히 표시되어야 한다(ISBP K10).

⑤ **통화 및 금액**

㉠ 보험서류는 신용장의 통화로, 최소한 신용장에서 요구된 금액으로 발행되어야 한다. 신용장이 최소담보비율금액을 명시하지 않은 경우, 최소담보비율금액은 CIF 가액의 110% 또는 CIP 가액의 110%이어야 한다. "110%에 대한 보험" 또는 이와 유사한 요구사항은 요구된 보험담보의 최저금액으로 간주된다. UCP는 어떠한 최대담보비율에 대하여 규정하고 있지 않다(ISBP K12).

㉡ 신용장이 담보비율에 관계없이 보험담보를 요구하는 경우, 보험서류는 보험담보가 소손해면책률(franchise) 또는 공제면책률(excess deductible)을 조건으로 기재한 조항이 포함되어서는 아니 된다(ISBP K14).

㉢ 신용장 또는 서류로부터 최종송장금액이 물품의 총가액의 특정한 부분만을 나타내는 것이 명확한 경우, 보험담보의 계산은 물품의 총가액의 전액에 기초하여야 한다(ISBP K15).

⑥ **피보험자 및 배서**

㉠ 보험서류는 신용장에 요구된 바와 같은 형식으로 발행되어야 하며, 필요한 경우 보험금청구권을 가진 당사자에 의하여 배서되어야 한다. 소지인식으로 발행된 서류는 신용장이 백지 배서된 보험서류를 요구하는 경우 수리가능하며 그 반대의 경우도 마찬가지이다(ISBP K19).

㉡ 신용장이 피보험자에 관하여 명시하고 있지 않은 경우, 보험금청구가 송화인 지시식 또는 수익자 지시식으로 지급될 수 있음을 증명하는 보험서류는 배서되지 않는 한 수리될 수 없다. 보험서류는 지급받을 수 있는 권리가 서류의 양도시에 또는 그 이전에 이전 될 수 있도록 발행되거나 배서되어야 한다(ISBP K21).

(7) 원산지증명서

원산지증명서에 관하여 ISBP는 기본요건, 원산지증명서의 발행인, 원산지증명서의 내용 등에 관하여 규정하고 있다.

① 기본요건

원산지증명서의 요건은 물품의 원산지를 증명하는 것으로 서명되고 일자가 기재된 서류의 제시에 의하여 충족된다(ISBP L1).

② 원산지증명서의 발행인

원산지증명서는 신용장에 규정된 당사자에 의하여 발행되어야 한다. 그러나 신용장이 원산지증명서가 수익자, 수출업자 또는 제조업자에 의하여 발행된 것을 요구하는 경우, 수익자, 수출업자 또는 제조업자가 명확하게 확인되는 한 상업회의소에 의하여 발행된 서류는 수리 가능한 것으로 간주된다. 신용장이 증명서 발행자를 규정하지 않은 경우, 수익자를 포함한 어떠한 당사자에 의하여 발행된 서류도 수리가능하다(ISBP L3).

③ 원산지증명서의 내용

㉠ 원산지증명서는 송장상의 물품에 관련이 있는 것으로 나타나야 한다. 원산지증명서의 물품명세는 신용장에 표시된 것과 상호 모순되지 아니하는 일반용어로 또는 요구서류에서 물품과의 관련성을 표시한 기타 모든 언급에 의하여 표시될 수 있다(ISBP L4).

㉡ 수화인 정보(consignee information)는, 운송서류의 수화인 정보와 상호 모순되어서는 아니 된다. 그러나 신용장이 운송서류가 "단순지시식", "송화인 지시식", "발행은행 지시식" 또는 "발행은행 기명식"으로 발행될 것을 요구한 경우, 원산지 증명서는 신용장의 발행의뢰인 또는 다른 당사자를 수화인으로 표시할 수 있다. 신용장이 양도된 경우, 수화인으로서의 제1수익자(first beneficiary)의 명칭이 표시된 경우 또한 수리될 수 있다(ISBP L5).

㉢ 원산지증명서는 신용장의 수익자 또는 운송서류상의 송화인이 아닌 다른 당사자로 기재될 수 있다(ISBP L6).

(8) 포장명세서

① 신용장에서 포장명세서를 요구하나, 문서상 제목이 없어도 물품의 포장에 대한 내용을 포함하고 있는 문서는 이 조건을 충족한다(ISBP M1).

② 포장명세서는 신용장에서 명시된 주체가 발행한다(ISBP M2).

③ 신용장이 발행자의 이름을 명시하고 있지 않으면 어떤 주체도 포장명세서를 작성할 수 있다(ISBP M3).

(9) 중량증명서

① 신용장이 중량증명서를 요구하나, 문서상 제목이 없어도 물품의 중량에 대한 내용을 포함하고 있는 문서는 이 조건을 충족한다(ISBP N1).
② 중량증명서는 신용장에서 명시한 주체가 발행하여야 한다(ISBP N2).
③ 신용장에서 중량에 대한 조건이 있다면 중량증명서의 내용은 이것과 상충되면 안 된다(ISBP N4).

(10) 수익자 증명서

① 신용장에서 수익자증명서를 요구할 때 제목이 없어도 신용장에서 요구하는 내용과 증명을 포함하고 있는 서류가 제시되면 된다(ISBP P1).
② 수익자증명서는 수익자에 의해서 또는 그의 대리인에 의해서 서명된다(ISBP P2).
③ 수익자증명서의 내용 또는 확인사항은 신용장에서 요구하는 것과 똑같을 필요는 없지만 신용장에서 요구하는 조건을 충족한다는 것을 명확히 표시해야 한다(ISBP P4a).

(11) 검사증명서

① 요청된 검사의 결과를 나타내는 증명서로서 제목이 신용장에서 요구하는 것과 유사하든 안 하든 주어진 역할을 하는 서류이면 된다(ISBP Q1).
② 검사증명서는 신용장에서 명시한 주체가 발행하여야 한다(ISBP Q3).
③ 증명서는 요구된 물품이 일부만 검사되었다고 표시할 수 있다(ISBP Q6a).

6-3 신용장대금상환에 관한 통일규칙(URR725)

이 절에서는 신용장통일규칙(UCP 600) 제13조에서 간단하게 다루고 있는 은행간 신용장 대금의 상환에 대해 당사자가 되는 각 은행들이 대금결제 과정에서 발생될 수 있는 불필요한 지체와 마찰을 제거하여 원할한 신용장거래를 도모하기 위하여 제정된

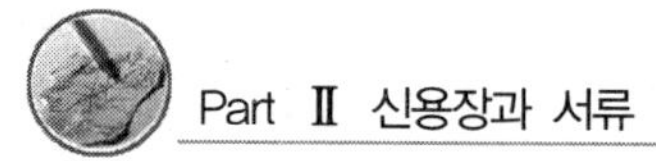

동 규칙의 내용에 대하여 살펴보기로 한다.

1. 통일규칙 제정의 필요성

제6차 개정 신용장통일규칙 제13조에서는 은행간 신용장대금 상환약정에 관하여 신용장 발행은행, 상환은행과 상환청구은행간에 대금상환에 관해 포괄적으로 기술하고 있을 뿐 상환지시의 시기, 방법, 상환이행 등 구체적인 언급이 되어 있지 않아 신용장대금 상환에 대해 당사자가 되는 각 은행의 의무와 권리, 상환의 절차와 요건 등을 보다 구체적이고 명확하게 규정할 필요가 생겼다.

또한 은행간 대금상환에 관한 거래규모가 커지고 복잡해지고 있을 뿐 아니라, 국제금융 중심지별로 각기 다른 관행을 적용하고 있고, 미국의 경우는 미국 내에서 적용되는 별도의 지침을 제정하여 운용하고 있어 국제적인 통일이 필요하게 되었다.

1970년대에 무역대금 결제의 중심역할을 해 온 미국에서는 대금상환의 가이드라인격인 국내규칙(US Practices and Procedures governing Bank-to-Bank Reimburse- ment under Letter of Credit)이 적용되어 왔고, 이러한 관행은 신용장통일규칙에서 다룬 내용을 넘어서게 되었다.

이에 따라, 국제거래의 기본이 되는 각종 무역규칙을 제정 보급하여 국제 상거래가 원할하게 이루어질 수 있는 바탕을 마련하는 데 핵심적인 역할을 수행해 온 대표적인 민간 국제경제기구인 국제상업회의소(ICC)에서는 1993년 3월 은행간 대금상환과정에 적용되는 규칙을 개발하도록 작업반에게 권한을 부여하게 되었다.

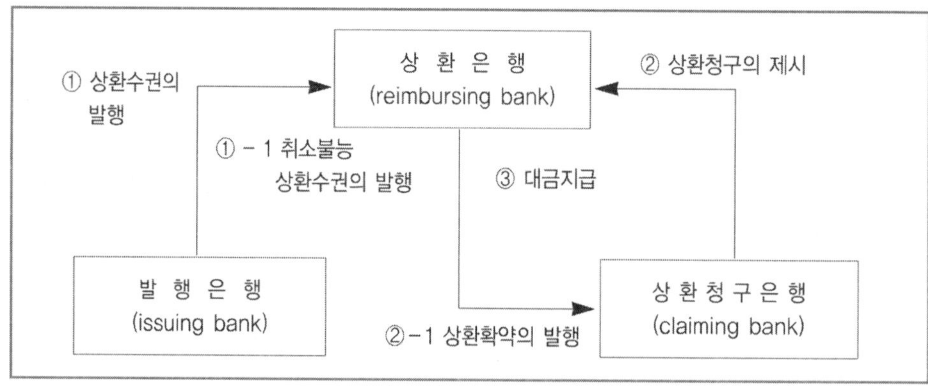

| 도 2-1 | 신용장대금상환 처리과정

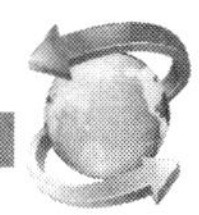

그 결과 이 신용장대금상환에 관한 통일규칙은 UCP 600의 일부 조문과 일관성을 유지시키기 위하여 2008년 10월 1일부로 개정되었으며(ICC 간행물 번호 725번; 'URR 725'), 현재 동 개정판이 발효 중이며, 총 4개장 17개 조항의 이 규칙을 약칭하여 'URR725'라 부른다.

2. 통일규칙(URR725)의 주요내용

(1) 총칙 및 정의

가. 적용범위(제1조)

신용장 및 상환수권서에 본 규칙이 적용됨을 명시할 경우 모든 은행간 대금상환에 적용되며, 모든 관계당사자를 구속한다.

나. 용어의 정의(제2조)

① 발행은행(issuing bank) : 신용장을 발행하고 상환수권서를 발행한 은행
② 상환은행(reimbursing bank) : 상환수권에 따라 대금상환을 하도록 지시받은 은행
③ 상환수권(Reimbursement Authorization; R/A) : 상환청구은행에 대금상환을 하도록 발행은행이 상환은행에게 발행하는 신용장과는 독립된 지시 또는 수권
④ 상환청구은행(claiming bank) : 신용장에 따라 매입하고 상환은행에게 상환청구를 제시하는 은행
⑤ 상환청구(reimbursement claim) : 상환청구은행이 상환은행에게 하는 대금상환요청
⑥ 상환확약(reimbursement undertaking) : 발행은행의 수권에 따라 상환은행이 상환청구은행의 상환청구에 대해 취소불능의 지급 확약
⑦ 신용장 통일규칙에서와 같이 특정은행의 다른 나라에 있는 지점은 별개의 은행으로 간주한다.

다. 상환수권과 신용장의 구분(제3조)

상환수권은 비록 신용장에 명시되어 있더라도 신용장 조건과는 별개이다.

(2) 의무와 책임

가. 상환청구에 대한 지급(제4조)

상환은행은 상환확약을 발행하지 않는 한 상환청구에 응할 의무를 지지 않는다.

나. 발행은행의 책임(제5조)

발행은행은 본 규칙에서 요구하는 내용을 상환수권서와 신용장에 명시할 책임이 있다.

(3) 상환수권 및 상환청구의 형식과 통지

가. 상환수권의 발행과 접수(제6조)

① 모든 상환수권은 진정성을 확인할 수 있는 전신이나 서명된 서신의 형식으로 발행되어야 하며, 전신은 유효한 상환수권서로 간주된다. 우편확인서는 송부되어서는 안되며 송부된 경우 무효이다.

② 상환수권서에는 신용장번호, 통화와 금액, 상환청구은행과 비용부담자 등이 명시되어 완전하고 명확하여야 하며, 신용장의 제조건과 일치한다는 증명서를 요구해서는 안된다.

③ 상환청구 전에 발행은행에게 상환청구 선통지를 하게 하거나 계좌차기 선통지를 원할 경우 동 지시사항은 신용장에 명시되어야 한다.

④ 상환은행이 상환에 응할 용의가 없을 경우에는 지체 없이 발행은행에 알려야 하고, 발행은행과 상환청구은행이 이 규칙대로 이행하지 않아 발생되는 지연 등의 결과에 대해서는 면책된다.

나. 상환수권의 유효기일(제7조)

상환은행이 상환확약을 발행하도록 요청한 경우가 아니라면, 상환수권서는 유효기일이나 상환청구 최종제시일에 의하여 영향을 받아서는 아니된다. 상환은행은 신용장 유효기일에 대해서는 책임이 없으며, 상환수권서에 이것이 명시되었다고 하더라도 이를 무시할 수 있다.

다. 상환수권의 조건변경 또는 취소(제8조)

① 상환은행이 상환확약을 발행한 경우를 제외하고 발행은행은 언제든지 상환수권

을 변경 또는 취소할 수 있고 상환지시에 영향을 미치는 조건변경시 지정은행(자유매입신용장인 경우 통지은행)에 통고하여야 한다.

② 발행은행은 상환은행이 상환수권의 취소 또는 조건변경을 접수하기 전에 상환된 경우 상환하여야 한다.

라. 상환확약(제9조)

① 발행은행은 상환은행에게 상환확약서를 발행하도록 취소불능으로 지시할 수 있으며, 이에 응할 수 없을 경우 지체 없이 발행은행에게 통고하여야 한다.

② 상환청구의 최종제시일이 휴업일일 경우 상환은행의 익영업일로 연장된다.

③ 취소불능 상환수권은 상환은행의 동의 없이 조건변경 또는 취소될 수 없으며, 동의여부를 발행은행 앞 통지하여야 한다.

④ 상환확약은 상환청구은행의 동의 없이 조건변경 또는 취소될 수 없으며, 동의여부를 상환청구은행앞 통지하여야 한다.

⑤ 상환은행은 상환확약을 발행한 시점부터 그에 따른 청구에 대하여 결제할 의무를 지닌다.

마. 상환청구의 기준(제10조)

① 상환청구는 원본 서신 또는 발행은행이 금지하지 않았다면 전신으로 하여야 하며, 상환은행은 상환청구서의 진정성이 확인될 수 있도록 요청할 권리가 있다. 전신으로 청구한 경우 우편확인서가 송부되어서는 안되며, 우편확인서가 송부되어 이중상환에 따른 결과에 대해 상환청구은행이 책임진다.

② 상환청구서에는 지급, 인수 또는 매입이 유보조건으로 되었다고 표시되어서는 안된다.

③ 상환은행이 기한부 환어음을 인수하도록 요청하는 경우에는, 그 환어음과 함께 상환청구서에 다음 내용을 포함시켜야 한다.

㉠ 상품, 용역의 일반적 명세

㉡ 원산지 국가

㉢ 상품의 최종 도착지 또는 용역의 이행지

㉣ 선적일자

㉤ 선적 장소

바. 상환청구의 처리(제11조)

① 상환은행은 상환청구 접수 익일로부터 3영업일 이내에 처리되며, 발행은행이 계좌차기선통지를 요청한 경우 동 통지기간은 추가된다.

② 상환은행이 상환확약과의 불일치 또는 상환수권을 이행하지 않기로 한 경우에는 청구 접수 익일로부터 3영업일 이내에 발행은행과 상환청구은행에 전신 또는 신속한 방법으로 그 취지를 통지하여야 하며, 상환확약의 경우 지급거절사유를 명시하여야 한다.

③ 상환은행은 자금결제일 소급요청을 처리하지 않으며, 상환청구서에는 상환일자를 명시하여 상환일 전 10영업일 이전에 제시되어서는 안 된다. 어길 경우 상환청구를 무시할 수 있고, 동 사실을 상환청구은행에 전신 또는 신속한 수단으로 통지하여야 한다.

④ 상환은행은 상환청구서에 지급, 인수 또는 매입이 유보되었다는 명시가 있더라도 아무런 책임을 지지 않고 무시한다.

사. 상환수권의 중복(제12조)

발행은행은 기존 상환수권에 대해 새로운 상환수권 또는 추가지시를 해서는 안되며, 이를 어겨 중복상환된 경우 그 반환은 발행은행의 책임이며, 상환은행은 면책된다.

(4) 기타 규정

가. 외국의 법률 및 관습(제13조)

발행은행은 외국의 법률 및 관습에 부과되는 모든 의무와 책임에 구속되며 상환은행에 보상해야 한다.

나. 통신송달에 관한 면책(제14조)

상환은행은 통신, 서신 또는 서류의 지연 또는 분실, 번역상의 오류 등에 관하여 면책된다.

다. 불가항력(제15조)

상환은행은 불가항력 사태 등으로 인한 업무중단에 기인한 결과에 대하여 면책된다.

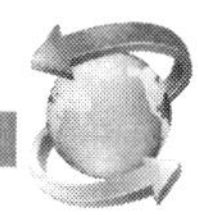

라. 비용(제16조)

상환은행의 비용은 발행은행이 부담하며, 다른 당사자의 부담인 경우 신용장 및 상환수권서에 명시하여야 한다.

또한 상환청구은행이 비용을 명시한 경우 상환수권금액에 추가하여 상환청구은행에 지급된다.

마. 이자청구/가액손실(제17조)

이자손실과 환위험에 따른 손실에 대한 모든 청구는 청구은행과 발행은행간의 일이며, 상환확약의 불이행에 의할 경우에는 그러하지 않다.

6-4 추심에 의한 통일 규칙(URC522)

대금결제방법 중 신용장거래에 대해서는 관계당사자간에 신용장통일규칙이 적용되고, 그 신용장대금의 상환에 대해서는 관계되는 은행간에 신용장대금상환에 관한 통일규칙이 적용되어진다.

그러나 신용장이 아니고 D/P, D/A같이 은행의 지급확약이 없는 추심방식에 의한 대금결세시에는 관계당사자간의 분쟁을 예방하기 위해 추심에 관한 통일규칙이 제정되어 있다.

1. 통일규칙의 제정 및 개정

국제 무역은 법률과 관습이 서로 다른 국가간의 거래인바 분쟁발생의 소지가 많고 그 해결에도 어려움이 많은 거래이다. 특히 추심거래는 각국의 어음법이나 관습이 여러 가지로 달라 국제 무역이 활발해짐에 따라 국제적인 통일규칙을 제정할 필요성이 대두되었다.

이에 따라 국제상업회의소(ICC)의 주관하에 1956년 “상업어음 추심에 관한 통일규칙(Uniform Rules for the Collection of Commercial Paper)"이 제정되었고 1967년에 1차 개정되었다. 그러나 이 규칙은 EC의 몇 나라와 일부 국가에서만 채택되어 D/A · D/P에 관한 국제적인 통일규칙으로서 널리 사용되지 못하였다.

각국은 1978년 6월 국제상업회의소 파리 총회에서 위 규칙의 2차 개정을 통해 그 명칭을 금융서류 및 상업서류를 포함하는 "추심에 관한 통일규칙(URC No.322)"으로 변경하였다.

그러나 동 규칙은 1978년 이후 약 20여 년 동안 국제무역거래에서의 직접추심, 제3자간 상환추심, 사본의 추심 및 일부국가의 전자추심 등 은행간의 새로운 관행을 수용하지 못하여 현실적으로 많은 문제점이 야기되었다.

이에 따라 국제상업회의소에서는 1992년 11월 규칙개정의 필요성을 제기하여 각국의 검토를 거친 후, 1995년 6월 14일 국제상업회의소 이사회에서 1995년 개정(3차개정) "추심에 관한 통일규칙(Uniform Rules for Collection, Publication No.522)"이 정식채택되어 1996년 1월 1일부터 시행하게 되었으며, 약칭하여 'URC 522'라 부르고 있다.

3차 개정규칙은 추심관행의 변화와 2차 개정규칙의 문제점을 해결하기 위하여 규칙을 보다 간소화하고 명확히 하였다.

이에 따라 개정규칙에서는 추심의 형식 및 구성내용을 대폭 보완하여 추심지시서(Collection instruction)에 관련된 사항을 상세하게 규정하고 서류작성에 대한 지시사항과 서류의 효력 및 불가항력에 관한 면책조항을 별도로 설정하였다.

또한 장(章)별로 해당 조항에 표제어를 달아 내용을 이해하기 쉽도록 하였으며 이에 따라 통일규칙은 7장 26조로 구성되게 되었다.

추심거래에서 본 규칙을 적용하기 위해서는 추심지시서의 본문에 다음과 같은 문구를 삽입하여야 하며, 이 문구가 기재된 경우 추심에 관계된 모든 당사자를 구속하므로 당사자간의 분쟁은 이 규칙에 따라 해결토록 하고 있다.

추심지시서에 기재하여야 할 문구는 다음과 같다.

"This collection is subject to Uniform Rules for Collections, 1995 Revision, ICC Publication No.522"

2. 통일규칙의 주요내용

(1) 총칙 및 정의

가. 적용범위(제1조)

추심지시서(collection instruction)에 본 규칙이 적용됨을 다음과 같이 명시하여야 한다.

"subject to Uniform Rules for Collections. 1995 Revision, ICC Publication No. 522"

은행은 추심지시서가 접수되었다고 하여 이를 취급할 의무가 자동적으로 부과되는 것은 아니며, 접수된 추심을 취급하지 않기로 한 경우에는 전신 등의 신속한 방법으로 지체없이 통보하여야 한다.

나. 용어의 정의(제2조)

① 추심 : 은행이 지급 또는 인수받거나 서류를 지급인도 또는 인수인도하거나 기타의 조건으로 서류를 인도하는 목적으로 접수된 지시에 따라 서류를 취급하는 것을 말한다.

② 금융서류 : 환어음, 약속어음, 수표, 영수증 또는 금전의 지급을 받기 위하여 사용되는 기타 이와 유사한 증서 등을 말한다.

③ 상업서류 : 송장, 운송서류, 권리서류 등 금융서류 이외의 서류일제를 말한다.

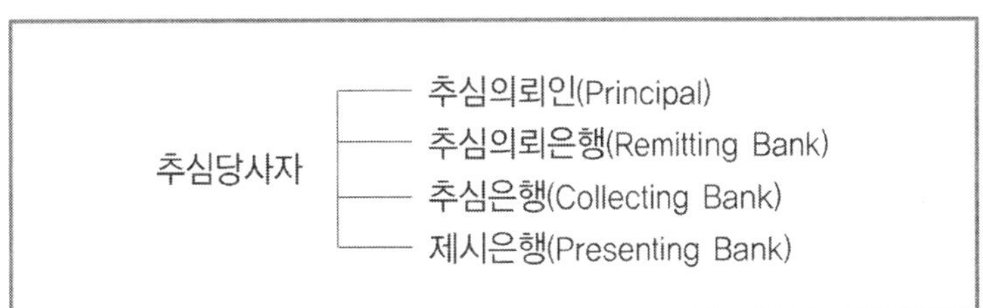

다. 추심당사자(제3조)

지급인(drawee)인 수입상은 추심지시서에 따라 제시를 받는 자로서 당사자가 아니며, 당사자간의 거래절차에 대해서는 제1권 제2장 제6절을 참고하기 바란다.

(2) 추심의 형식 및 구성(제4조)

① 추심서류에는 'URC 522'가 적용됨을 명시한 추심지시서가 첨부되어야 하고 지시내용은 완전하고 정확하여야 한다.

② 추심지시서에 기재되어야 할 내용은

- 추심의뢰은행, 추심의뢰인, 지급인, 제시은행의 명세
- 추심금액 및 통화, 서류목록, 지급/인수조건
- 추심수수료 또는 이자에 관한 사항
- 지급방법과 지급통지의 형식
- 지급/인수거절 및 불일치의 경우에 대한 지시 등이다.

③ 환어음상에 지급장소와 주소를 명기하여야 하며, 주소 불일치로 인하여 발생되는 문제에 대해 추심은행은 면책된다.

(3) 제시의 형식

가. 제시(Presentation)(제5조)

① "제시"란 제시은행이 지시받은 대로 지급인이 서류를 취득할 수 있도록 하는 절차이며 서류는 접수된 원형대로 지급인에게 제시하여야 하며, 추심지시서에 지급인이 행위를 취해야 하는 기간을 명시하여야 한다.

② first, prompt, immediately 또는 이와 유사한 표현은 사용 금지되며, 추심의뢰은행이 제시은행을 지정하지 아니한 경우에는 추심은행이 임의로 지정・이용할 수 있다.

나. 일람출급/인수(제6조)

일람불인 경우 지체없이 지급을 위한 제시를 하여야 하고, 기한부의 경우 지체없이 인수를 위한 제시를 하여야 한다.

다. 상업서류의 인도(제7조)

① D/P서류에 장래의 확정일출급조건의 환어음(D/P Usance)을 포함해서는 안되며, 이를 D/P로 취급함에 따른 문제에 대해 추심은행은 면책된다.

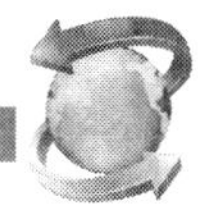

② 추심지시서에는 D/A인지 D/P인지를 명시하여야 하며, 명기되지 않은 경우 D/P로 간주한다.

라. 서류의 작성(제8조)

추심의뢰은행이 추심은행 또는 지급인에게 추심에 포함되어 있지 않은 서류의 작성을 지시하는 경우 당해 은행이 서류의 형식과 문언을 정하여야 한다.

(4) 의무 및 책임

가. 은행의 성실행동 및 주의의무(제9조)

은행은 신의 성실에 따라 행동하고 상당한 주의를 다하여야 한다.

나. 서류 대 물품/서비스/이행(제10조)

① 은행 앞 물품을 직송해서는 안되며 만약 직송된 경우 은행은 모든 위험에 대하여 면책된다.

② 은행은 추심과 관련된 물품의 보관 및 보험에 관하여 조치의무가 없으며, 은행이 조치를 취한 경우라도 상품의 보전결과 등에 대하여 은행은 면책된다. 은행의 물품보전조치에 따른 수수료 및 비용 부담자는 추심을 송부한 당사자가 된다.

다. 지시받은 당사자의 행위에 대한 면책(제11조)

추심의뢰인의 지시를 이행하기 위하여 다른 은행을 이용하는 경우 모든 책임 및 비용을 추심의뢰인이 부담한다.

라. 은행의 면책(제12조. 제15조)

① 은행은 접수된 서류가 외관상 추심지시서에 기재된 대로 있는가를 확인하여야 하고, 다를 경우 전신 등의 신속한 수단으로 추심의뢰은행에 통지하여야 한다. 이때 추심의뢰 은행은 접수된 서류의 종류와 통수에 다툴 수 없고 은행은 기재내용 확인 이외의 추가적 심사의무 없다.

② 은행은 서류의 형식 등 서류 자체에 대하여, 서류상 기재된 물품의 상태에 대하여, 서류의 작성 및 발행자에 대하여도 면책된다.

③ 은행이 행하는 통보, 서신 또는 서류의 송달지연이나 전문용어의 번역, 해석상

오류에 대해 은행은 면책되며, 접수된 지시의 정확성을 기하기 위해 발생되는 지연에 대해서도 면책된다.

④ 천재, 전쟁 등으로 은행이 통제불가능한 경우 또는 파업, 직장폐쇄 등의 업무중단으로 인한 결과에 대해 면책된다.

(5) 지급

가. 지연 없는 지급(제16조)

추심금액은 추심지시서의 조건에 따라 지체없이 추심의뢰은행에 지급되어야 한다.

나. 자국통화에 의한 지급(제17조)

내국통화가 추심지시서에 명시된 방법으로 즉시 처분가능한 경우 자국통화를 대가로 서류를 지급인에게 인도 가능하다.

다. 외국통화에 의한 지급(제18조)

외국통화로 지급할 수 있는 서류의 경우 외국통화를 대가로 서류를 지급인에게 인도 가능하다.

라. 분할지급(제19조)

① 무화환추심에서의 분할지급은 지급지의 법률에 의해 허용되는 경우에 한하여 인정되며, 금융서류는 전액 지급되었을 때 지급인에게 인도된다.

② 화환추심에서의 분할지급은 추심지시서상 별도의 명시가 없는 한 추심대금 전액을 지급받은 경우에만 서류인도가 가능하다. 여기에서 제시은행은 서류인도의 지연에 대해 면책된다.

(6) 수수료 및 비용

가. 이자(제20조)

① 추심지시서에 이자가 추심되어야 함을 명시하고 있는 경우 지급인이 거절하는 경우 제시은행은 이자를 추심하지 않고 서류를 인도할 수 있다.

② 추심지시서에는 이자율, 이자지급기간과 계산근거를 명시하여야 한다.

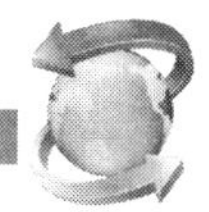

③ 추심지시서에 이자가 포기될 수 없음이 명시되고 지급인이 지급을 거절하면 제시은행은 서류를 인도하지 아니하며, 이 경우 추심의뢰은행 앞 전신 등 신속한 수단으로 통지하여야 한다.

나. 수수료 및 비용(제21조)

① 지급인이 수수료 또는 비용부담을 거절하는 경우로서 추심의뢰서에 이를 포기하여서는 아니 된다는 기재가 없는 한 수수료 등의 추심 없이 서류인도가 가능하다.

② 추심지시서에 수수료 등은 포기될 수 없다고 명시되고 지급인이 이의 지급을 거절하는 경우 제시은행은 지급인에게 서류를 인도하지 않으며, 동 사실을 전신 등 신속한 방법으로 추심지시서 송부은행 앞 통지하여야 한다.

③ 추심은행은 추심과 관련하여 발생되는 제비용을 추심의뢰은행으로부터 즉시 회수할 권리를 가지며, 추심의뢰은행은 추심의 결과에 관계없이 추심과 관련한 제비용을 의뢰인으로부터 상환받을 권리가 있다.

④ 추심의뢰은행에게 추심과 관련된 제비용의 선지급을 요구할 권리가 있으며 그 지급을 받을 때까지 지시이행을 중지할 권리가 있다.

(7) 기타규정

가. 인수(제22조)

제시은행은 환어음의 인수형식이 외견상 완전하고 정확한가를 조사할 책임이 있으나, 서명의 진실성이나 서명인의 권한에 대해서는 면책된다.

나. 약속어음 및 기타증서(제23조)

제시은행은 약속어음 등에 있는 서명의 진실성이나 서명의 권한에 대해서는 면책된다.

다. 거절증서(제24조)

추심지시서에 거절증서(Protest)에 관한 지시를 명시하여야 하며 이러한 명시가 없는 경우 거절증서 작성의무는 없다.

라. 예비지급인(제25조)

의뢰인을 대리하는 예비지급인(case of need)을 지정하는 경우에는 추심지시서에 그 권한을 명시하여야 하며, 이러한 지시가 없는 경우 은행은 예비지급인의 지시에 응하지 아니한다.

마. 추심결과의 통지(제26조)

① 추심결과 통지서에는 추심지시서 번호 및 기타 적절한 명세와 통지방법이 표기되어야 하며, 통지방법에 대한 지시가 없는 경우 추심은행이 선택한 방법으로 추심의뢰은행의 부담으로 통지한다.

② 지급/인수통지서는 지체없이 추심의뢰은행 앞 송부하여야 하며, 지급/인수거절된 추심서류는 거절사실 통지 후 60일 이내에 추후 취급지시를 받지 못한 경우 추심의뢰은행에게 반송할 수 있다.

Chapter 07

서 류

7-1 서류의 개요

1. 서류의 의의 및 중요성

신용장거래는 추상성의 원칙에 따른 서류상의 거래이므로 신용장 발행은행은 수익자가 매입은행을 통하여 제시한 서류가 신용장 조건과 일치할 경우에는 대금의 지급을 거절할 수 없게 된다. 또한 매입은행은 매입된 환어음이 은행에 의해 지급거절 또는 인수거절을 당하면 어음발행인 또는 서류 작성자인 수익자에 대해 상환청구권을 갖고 있으므로 어음채권 담보로서 서류가 중요한 의의를 갖고 있다.

따라서 신용장 업무 중 가장 중요한 것이 바로 적격한 서류의 구비이며, 신용장통일규칙은 서류(document)와 관련하여 각종 서류의 요건 및 은행의 수리여부 결정기준을 명문 규정으로 밝히고 있다.

위와 같은 서류에 대하여 통상 '선적서류(shipping documents)'라고 부르고 있으나, 좁은 의미로는 선화증권 등 운송관계서류(transport document)를 지칭하므로 서류 중의 일부분에 지나지 않으나 은행 또는 무역업계에서는 넓은 의미의 선적서류, 즉 서류의 의미로서 사용되어지고 있다. 또한 '추심에 관한 통일규칙'(제2편 제6장에서 설명)에 의하면 추심대상 서류로서 '상업서류'와 '금융서류' 모두를 '서류'라고 정의하고 있다.

본장에서 설명하는 서류는 제3부 수입결제업무, 제4부 수출결제업무에서 서류의 검토 및 심사와 직접적인 관련이 있으므로 여기에서 잘 이해해주기 바란다.

2. 서류의 종류

신용장과 관련한 상업서류는 크게 나누어 기본서류와 부속서류로 구분된다.

기본서류란 화환신용장이라면 어느 신용장에서나 공통적으로 제출을 요구하고 있는 서류로서 운송서류(transport document), 상업송장(commercial invoice) 및 보험서류(insurance document)를 가리킨다.

▌서류의 종류▐

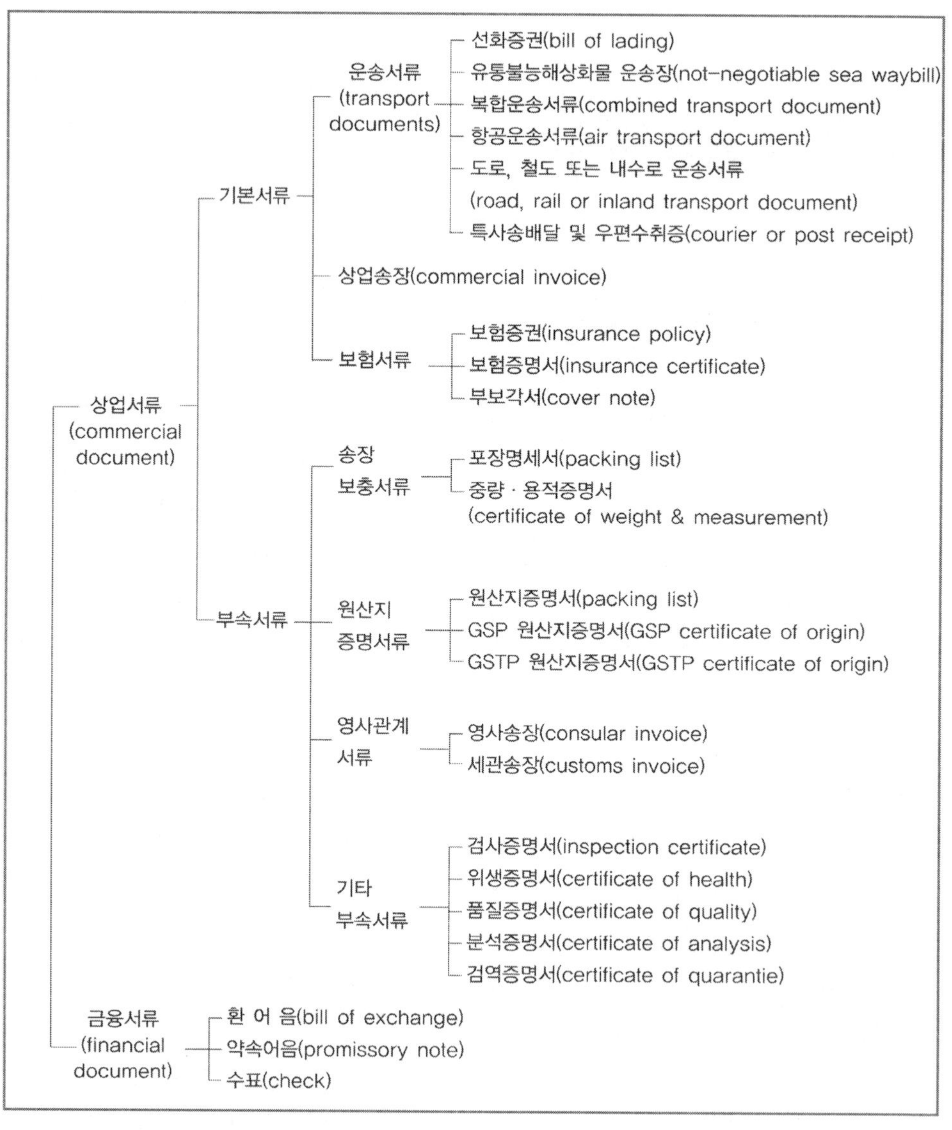

부속서류란 상기 서류 외에 영사송장(consular invoice), 세관송장(customs invoice), 원산지 증명서(certificate of origin), 포장명세서(packing list), 검사증명서(certificate of inspection) 등이 이에 해당되며, 그 서류의 명칭과 통수, 조건 등을 기재하고 있는 경우에 한하여 구비하면 된다. 그러나 일단 신용장상에 언급되어 있는 한 어느 서류나 그 중요성은 마찬가지이므로 수출상은 요구하고 있는 서류의 준비에 최선을 다하여야 한다.

기본서류 또는 신용장상에서 요구되는 기타 부속서류외에 거래에 따라, 또는 품목에 따라서 이상 언급한 서류들 외에도 얼마든지 있을 수 있다.

수입상의 의사에 따라 신용장상에 요구되는 기타 부속서류들은 모두 은행의 매입(negotiation)에 필요한 서류의 일부가 되는 것이다.

3. 서류의 심사

(1) 서류심사의 일반적 원칙

신용장거래는 상품(goods), 용역(service) 또는 기타의 의무이행(performance)과 관계가 없는 서류에 의한 거래이며(신용장통일규칙 제5조), 신용장거래에 관계하는 은행은 서류가 신용장조건과 일치하는가를 상당한 주의를 가지고(with reasonable care) 심사하여야 하고, 서류상호간의 일치성을 심사하여야 한다(동 규칙 제14조).

서류 상호간의 불일치는 신용장의 조건을 충족하지 못한 하자로 간주되므로, 신용장에서 요구하지 않더라도 무역관습상 기재되는 것은 반드시 상호일치하는가를 확인하여야 한다.

또한 서류의 심사는 서류의 문면(on the face of documents)에 의하여 신용장의 조건과 일치하는가를 확인하여야 하며(동 규칙 제14조), 은행은 어떠한 서류이든지 다음에 대하여는 책임과 의무를 부담하지 아니한다(동 규칙 제34조).

① 서류의 형식, 충분성, 정확성, 진정성, 위조 또는 법률상 효력

② 서류에 표시되어 있는 상품의 명세, 수량, 중량, 품질, 상태, 포장, 인도, 가액(價額) 또는 실재여부(實在與否)

③ 상품의 송화인, 운송인, 보험자 또는 기타 어떠한 자의 성실성, 작위(作爲), 부작위(不作爲), 지급능력, 이행성(履行性) 또는 신용상태 등

(2) 제시서류의 명세와 수리조건

가. 서류의 명세

신용장거래는 수차 언급한 대로 상품거래가 아니고 서류거래이므로 어떠한 서류를 제공하여야 할 것인가 하는 문제는 이 거래의 중심문제가 되는 것이다. 이와 같이 신용장거래에 있어서 서류가 매우 중요한 점으로 미루어 보아 신용장에 서류가 구체적이면서 정확하게 명시되지 않으면 안 된다.

따라서 발행의뢰인은 신용장발행을 위한 모든 지시나 경우에 따라서는 신용장조건변경을 위한 모든 지시에 지급·인수 또는 매입을 위하여 제출되어야 할 서류를 구체적으로 정확하게 명시하지 않으면 안 된다. 만일 서류에 대한 지시가 불완전하고 불명확했을 때에는 통지은행 등의 피지시은행(被指示銀行) 등이 통일규칙 제9조의 선택권에 의거하여 신용장을 아무런 책임을 지지 않고 단순한 정보로서 수익자에게 예고할 수 있다. 그 결과 발행의뢰인 내지는 지시은행의 의도와는 달리 정식의 신용장이 안 되거나 경우에 따라서는 조건변경이 안 될 가능성이 있다.

나. 서류발행자에 대한 불명확한 등급용어의 제한

신용장의 지시 중에 예를 들면 'a first class shipping company'가 발행한 운송서류, 'a well-known insurance company'의 보험증권 또는 'a qualified inspector'에 의한 검사증과 같은 서류발행자의 등급을 나타내는 것과 같은 표현이 간혹 엿보인다. 이와 같은 'first class'(일류의)·'well-known'(유명한)·'qualified'(자격이 있는)·'independent'(독립적인)·'official'(공식적인) 또는 이와 유사한 용어는 수익자를 제외한, 해당서류를 발행하는 모든 당사자가 서류 발행자가 될 수 있으므로 가급적 제한한다.

따라서 만약 서류의 발행자를 한정하고자 할 때에는 구체적으로 운송업자·보험자 또는 검사관련의 회사명 내지는 기관을 지시해야 한다.

다. 원본으로서의 수리조건

운송서류와 같은 서류는 사진복사, 자동 또는 컴퓨터 시스템, 복사지에 의해 작성된 경우, 서류 자체에 "original(원본)"의 표시와 함께 "signature(서명)"가 있어야 원본으로 은행이 수리함을 유의해야 한다. 또한 서류를 "duplicate", "two copies"와 같이 요구할 때는 한 통은 원본, 나머지는 사본을 제출하면 충족되는 것으로 해석한다. 따라서 원본 2통 및 사본 한 통을 요구할 때는 "two originals and one copy"와 같이 표기하는 것이 좋다. 개정규칙에서는 "triplicate", "quadruplicate", "quintuplicate"와 같이 표시한다고 해서 모두 원본을 의미하는 것이 아니다.

7-2 운송서류

1. 개요

오늘날 국제 무역거래에서 상품의 수출입에 이용되는 운송수단이 날로 다양해짐에 따라 운송에 필수적인 운송서류 또한 다양하게 요구되고 있다. 제4차 개정 신용장 통일규칙이 개정될 때, 선적서류(shipping documents)가 운송서류(transport documents)로 그 명칭이 바뀌면서 은행이 수리하는 운송서류의 범위가 보다 더 확대되고 있다.

서류 중에서도 가장 중추적 역할을 하고 있는 운송서류는 운송수단에 따라 해상운송서류, 항공운송서류와 육상운송서류 그리고 이들 두 가지 이상의 운송방법이 결합되어 이루어지는 복합운송서류와 특사송배달 또는 우편발송서류로 구분할 수 있다. 해상운송서류에는 해상 선화증권과 유통불능 해상화물 운송장으로 세분할 수 있으며, 항공운송서류는 항공화물 운송장과 항공화물 수탁서로 구분한다. 그리고 육상운송서류에는 운송방법에 따라 도로운송의 경우 트럭화물상환증, 철도운송시 철도화물수탁서, 내수로운송서류로 구분되어진다.

금번 제6차 개정규칙에서 수리 가능한 운송서류는 종전보다 다양해졌고, 특히 어떠한 운송서류든지 그 명칭에 관계없이(however named) 신용장에서 정한 요건들이 충족되면 수리한다는 점을 알아야 한다.

그 명칭이 어떠하든 당해 운송서류는 운송인 또는 그 자격으로 발행하였는가, 그리고 그 운송인의 서명이 있거나 인증되었는가가 매우 중요하므로 은행 및 수출입 당사자들은 이 점에 특히 유념해야 할 것이다. 오늘날 전자문서교환에 의한 운송서류가 급증함에 따라, 때로는 위조한 운송서류를 이용하여 대금결제나 화물수령이 가능하므로 신용장당사자들은 그 진위성 여부를 철저히 확인해야 할 것이다.

▌운송서류의 종류▐

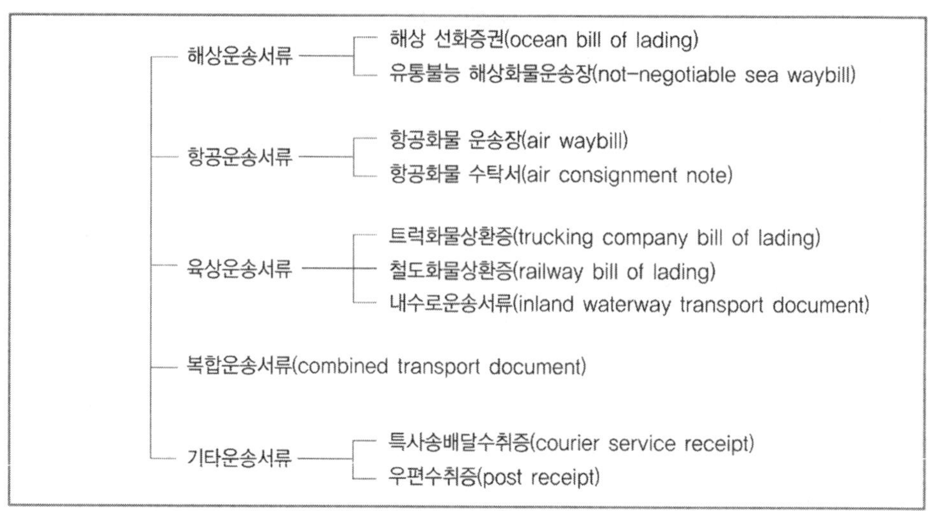

2. 선화증권(船貨證券)[1]

(1) 선화증권의 의의

선화증권(bill of lading; B/L)이란 화주와 선박회사간의 해상운송 계약에 의하여 선박회사가 발행하는 유가증권이다. 다시 말하면 선주가 자기 선박에 화주로부터 의뢰받은 운송화물을 적재 또는 적재를 위해 그 화물을 영수(receipt of cargo)하였음을 증명하고 동 화물을 도착항에서 일정한 조건하에 수화인 또는 그 지시인에게 인도할 것을 약정한 유가증권(document of title)이며, 운송계약의 증거(evidence of carriage contract)서류이다.

B/L은 B/L상에 기재된 화물의 권리를 대체한 것으로서 B/L의 이전은 바로 화물에 대한 권리의 이전을 의미하므로, 화물을 처분할 시에는 반드시 관련 B/L을 갖고 있어야만 한다. 오늘날 국제무역에 있어서 대차결제 수단의 국제적 관례는 통상 화환어음(documentary bill)이며, B/L은 동 환어음을 취결하는 데 상업송장 및 해상 보험증권과 함께 그 기본이 되는 서류이다.

선화증권은 송화인(shipper)이 화물을 본선에 선적하여 선장으로부터 본선수취증

---

1) 선하증권(船荷證券)은 일본식 표기로서 우리나라 상법이나 상당수의 학술서적에도 아직까지 그대로 사용되고 있으나, 여기에서는 한국식 표기로서 선화증권(船貨證券)으로 사용한다.

(M/R ; mate's receipt)을 발급받아 이를 운임과 함께 선박회사에 제출하면 선화증권을 발행받게 된다. 그러나 운임이 도착지불(freight collect)인 경우에는 운임 없이도 선화증권이 발행되며, 화물이 본선에 선적되지 않아도 수취 선화증권이 발급될 수 있다.

(2) 선화증권의 특성

선화증권은 육상운송의 화물상환증보다 널리 쓰이며 해상운송에 있어 필수불가결한 것으로, 다음과 같은 특성이 있다.

① **요인성** : 운송계약에 의해 선박회사가 운송화물을 수취, 선적하였다는 전제하에 선화증권을 발급하기 때문에 요인증권이다.

② **요식성** : 선박의 명칭, 국적, 톤수, 운송화물의 종류와 개수, 기호 등을 기재하고 발행자가 기명, 날인하는 법정의 형식을 요하는 요식증권이다.

③ **유통성** : 선화증권은 화물을 대표하는 유가증권으로서, 증권의 발행인이 배서금지를 기재하지 않는 한 배서 또는 인도에 의해 소유권이 이전될 수 있다.

④ **대표성** : 선화증권은 운송화물을 대표하는 대표증권이며, 소지인이 선박회사에 화물의 인도를 청구할 수 있는 채권증권이다.

(3) 선화증권의 기재사항

선화증권의 기재사항은 법정기재사항과 임의기재사항으로 나눌 수 있다.

가. 법정기재사항

상법 제853조에 규정된 법정기재사항은 대체로 선화증권 표면란에 기재되고 발행시마다 내용이 달라지는 가변적인 사항으로서 다음과 같은 것이 있다.

① 물품의 명세(description of commodity)

② 화인(shipping mark)

③ 선박명, 선박의 국적 및 톤수(name of the ship, nationality and tonnage)

④ 선장명(name of the master of vessel)

⑤ 송화인의 성명(name of the shipper)

⑥ 수화인의 성명(name of the consignee)

⑦ 선적항(port of shipment)

⑧ 양륙항(port of discharge)

⑨ 운임(freight)

⑩ B/L의 발행일자 및 장소(place and date of B/L issue)
⑪ 발행통수(number of B/L issue) 등

나. 임의기재사항

임의기재사항은 선주의 책임면제에 관한 것이 대부분이며, 이를 면책약관이라 한다. 면책약관은 보통 선화증권의 표면약관이나 이면약관 중에 명백히 표시되어 있는데 이러한 면책약관을 일반약관(general clause)이라 하며, 이 외의 선화증권의 여백에 기입되거나 고무인으로 기입되는 것을 특별약관(special clause)이라 한다. 임의기재사항의 주요 항목에는 본선 항해번호(voyage No.), 통지처(notify party), 운임지급지, 선화증권번호 및 면책조항 등이다.

이 중 면책조항은 읽기 힘들 정도의 작은 글씨로 기재되어 있으나 임의기재사항 중 가장 중요한 내용이다.

(4) 선화증권의 종류

선화증권은 분류방법에 의해 여러 가지 종류로 구분할 수 있으나 실무상 필요한 것을 보면 다음과 같다.

❙ 선화증권의 종류 ❙

가. 선적 선화증권(shipped B/L)

화물이 실제로 선적된 후에 발행되는 증권으로 증권면에 “shipped” 또는“shipped on board” 등의 문구가 표시되며, 모든 선화증권은 선적 선화증권으로 발행되어야 하는 것이 원칙이다.

나. 수취 선화증권(received B/L)과 본선적재선화증권(on board B/L)

수취 선화증권은 운송인이 선적을 약속한 화물을 화주가 지정된 창고에 입고시킨 후 화주가 요구할 경우 선적 전에 발행되는 증권으로, 예정된 선박에 선적이 안되는 경우가 있기 때문에 L/C에 “received B/L acceptable”에 상응하는 문구가 없으면 은행에서 매입을 거절할 수 있다. received B/L의 형태로는 화물이 선박회사에 인도되어 있고 지정된 선박은 입항해 있으나 아직 화물이 본선에 적재되지 않은 때 발행되는 port B/L(항구 선화증권)과 화물은 선박회사에 인도되어 있으나 지정된 선박이 아직 항구에 도착하지 않았을 때 발행되는 custudy B/L(기탁 선화증권) 등이 있다. 당해 화물이 본선에 적재될 경우 본선적재 부기(on board notation)함으로써 비로소 본선적재 선화증권(on board B/L)이 된다.

본선적재 부기의 요건은 본선적재의 뜻과 본선적재일자가 있어야 하며, 동 기재 예를 보면 아래와 같다.

i) Loaded on board, dated XXXX.
ii) We certify that the goods were loaded on board the vessel named herein at the port specified in the bill of lading on or before the date of shipment dated XXXX.

다. 무고장 선화증권(clean B/L), 고장부 선화증권(foul or dirty B/L)

화물 선적 당시에 화물의 포장상태 및 수량에 어떠한 손상 또는 과부족이 있으면 운송인은 그 내용을 증권상에 표기하는데, 화물의 손상 및 과부족이 없이 발행되는 증권과 손상 및 과부족이 있을지라도 그 내용이 기재되지 않은 증권을 clean B/L이라 하며, 그 내용이 기재되는 증권을 foul B/L 또는 dirty B/L이라 한다.

고장부 선화증권은 은행에서 수리되지 않으므로 이 경우 수출상, 즉 송화인은 선박회사에 파손화물보상장(letter of indemnity)을 제공하고 무고장 선화증권을 교부받을 수 있다.

라. 기명식 선화증권(straight B/L), 지시식 선화증권(order B/L)

증권의 "Consignee"난에 수입자의 성명 또는 상호가 확실히 명기되어 있는 증권이 straight B/L인데, 발행인이 배서금지의 문구를 기재하지 않으면 배서에 의해서 양도할 수 있다.

그리고 Consignee난에 "To Order", "Order of A" 등의 문구가 기재된 증권을 order B/L 이라 하며 백지배서로 양도가 가능하다. 무역거래에서 일반적으로 이용되는 B/L은 order B/L이며, 기명식 B/L은 상호계산(open account)에 의한 매매나 위탁판매의 상품수송시에 한해서 이용되는 수가 있다.

마. 해양 선화증권(ocean B/L)과 내국 선화증권(local B/L)

ocean B/L은 국외 해상운송에 있어서 발행되는 B/L이고, local B/L은 국내해상운송에서 국내항 상호간의 운송물품에 대해서 발행되는 B/L이다.

해양 선화증권과 일반적으로 함께 쓰여지고 있는 해상 선화증권(marine B/L)은 운송수단이 항공 또는 육상이 아닌 선박에 의한 운송의 경우에 발행되는 B/L이므로 약간의 차이는 있다.

바. 통과 선화증권(through B/L)

해상과 육상을 교대로 이용하여 운송하거나 둘 이상의 해상운송인과 육상운송인이 결합하여 운송할 경우, 최초의 운송인이 전구간의 운송에 대하여 책임을 지고 발행하는 운송증권으로 통상 통과운송계약에 의해서만 행해진다. 수출상소재지와 선적항이 격지일 경우 철도화물운송과 선박수배 등이 번거로울 경우 이용될 수 있으나 복합운송제도가 발달함에 따라 복합운송서류로 대체되고 있다.

사. 환적 선화증권(transhipment B/L)

화물의 운송 도중 중도에서 다른 선박에 환적하여 목적지까지 운송하는 경우 발행되며 각 구간마다 운송인이 연서하여 공동으로 운송책임을 진다.

아. 복합운송 선화증권(combined transport B/L)

수출국의 화물인수장소로부터 수입국의 인도장소까지 육상, 해상, 항공 중 적어도 두 가지 이상의 다른 운송방법에 의해 일관 수송되는 경우에 발행되는 운송증권이다. 이는 주로 컨테이너화물에 사용된다. 복합운송 선화증권을 multimodal transport

B/L 또는 intermodal transport B/L이라고도 한다.

자. 약식(간이) 선화증권(short form B/L)

short form B/L은 선화증권으로서의 필요기재사항을 갖추고 있지만 보통 선화증권(Standard long form B/L)의 이면약관이 생략된 것으로서, 미국을 위시한 여러나라에서 널리 사용되고 있다. 이 약식 선화증권에 관하여 어떤 분쟁이 생기면 일반적으로 Standard long form B/L상의 화주와 선주의 권리와 의무에 따르게 된다. 약식 선화증권은 신용장상 금지하지 않는 한 수리가능하나 운송조건의 일부 또는 전부가 B/L 자체 이외의 자료 또는 서류에 근거하고 있다는 문구가 표시되어야 한다.

차. 용선계약 선화증권(charter party B/L)

용선계약에 의한 B/L은 개품운송계약에 의한 B/L과는 달리 선주와 용선자 사이의 계약관계에 영향을 받으므로 일반 B/L과 같이 완전하지는 못하다. 용선자가 용선료를 체불하여 선주가 유치권 행사를 할 수도 있으며, 이들간에 체결한 특정 계약관계를 B/L 소지인이 알지 못하므로 선의의 피해자가 생길 수도 있다. 따라서 용선계약의 내용이 화주에게는 불리하게 작용되기 때문에 4차 개정규칙에서는 신용장에서 별도의 명시가 없으면 수리 거절하였으나, 5차 개정시부터는 신용장에서 허용하거나 요구한 경우 용선계약에 따른다는 표시가 있고 선장 또는 그 대리인이나 선주 또는 그 대리인이 발행하고 본선적재부기가 된 경우에는 수리 가능하게 되었다.

용선계약에는 정기용선계약(time charter)과 항해용선계약(voyage charter)이 있다. time charter는 선박의 일부 또는 전부를 일정기간(6개월 ~ 1년)을 정하여 용선하는 것이며, voyage charter는 어느 특정항에서 다른 특정항까지 화물운송을 의뢰하고자 하는 용선자와 운항업자간에 체결되는 운송계약을 의미한다. 통상 B/L상에 "as per charter party" 또는 "all other conditions and exceptions as per charter party"라고 기재되어 있다.

카. 예정표시 선화증권(intended clause B/L)

선박, 선적항 또는 양륙항은 B/L의 발급시에 확정되어야 하는 것이나 B/L 발급시에 이들이 확정되지 않고 "intended(예정)" 또는 이와 유사한 조건을 표시하는 경우가 있다. 그러나 선박 또는 선적항과 관련하여 "intended" 등과 같은 표시가 있더라도 본선적재부기(on board notation)가 있고 실제 선적항이 표시되어 있는 경우와 양륙항과 관련하여 “intended” 등의 표시가 되어 있는 경우의 선화증권은 수리한다.

타. 운송중개인 선화증권(forwarder's B/L)

forwarder's B/L이란 운송중개인이 발행한 B/L을 말하며, 운송중개인(forwarder, forwarding agent)이란 선박회사와 송화인간에 개재하여 서비스를 제공하는 자를 말한다.

운송중개인은 운송에 직접적인 관계가 있는 것이 아니라 다만 서비스만 제공할 뿐이고 운송중개업을 하는 데 많은 자금이 필요하지 않으며 송화인이 제공하는 운임을 가지고 선복(shipping space)을 획득하는 데 불과하므로, 사후 운송에 관하여 손해배상의 문제가 발생하는 경우 배상을 원만히 받을 수 없는 경우가 많고 여러 송화인으로부터 물품을 집화하여 다시 운송인에게 선적을 의뢰하게 되므로 선적이 지연될 가능성이 있어 송화인에게 불리하므로 4차 개정규칙에서는 forwarder's B/L을 신용장에서 별도의 명시가 없는 한 수리거절하였으나, 5차 개정시부터는 운송중개인이 운송인 또는 복합운송인과 각각 그의 대리인으로서 행동한다는 표시가 있고 본선적재되었을 경우에는 수리 가능하게 되었다.

파. 기타 특수한 선화증권

① 제3자 선화증권(third party B/L)

선화증권상의 선적인(shipper)이 신용장의 수익자 이외의 제3자(third party)로 기재되어 있는 선화증권을 제3자 선화증권, 즉 third party B/L이라 한다.

선적인은 통상 신용장의 수익자가 되는 것이 보통이다. 그러나 근래에 수출통관을 전문으로 하는 회사가 생겨 통관서비스뿐만 아니라 B/L도 발급받으므로 자연 이들이 선적인이 된다. 따라서 신용장거래의 제3자인 통관사가 B/L의 shipper란에 기재된다. 또한 중계무역에 있어 중계사실을 은폐하기 위하여 신용장에서 제3자를 선적인으로 기재토록 요구하는 경우가 있다.

예를 들면 “B/L must show shipper as ABC company” 등이 그것이다. 그러나 신용장상에 이러한 third party B/L을 요구하는 사항이 없더라도 선적인을 수출자 이외의 제3자로 표시할 수 있으며 이를 수리할 수 있다.

② 부지약관 선화증권(unknown clause B/L)

부지약관(不知約款)은 운송인이 선적된 화물의 내용을 알지 못한다는(不知) 문구를

말한다. 컨테이너 운송의 특이성을 고려한 것으로 재래식의 개품운송인 경우에는 원칙적으로 선박회사가 화물의 내용, 중량 및 상태를 점검하고 그 내용에 대하여 책임을 져야 하나, container 또는 pallet 등의 단위(unit)화물은 송화인이 봉인하였으므로 운송회사는 그 내용물에 대하여는 전적으로 송화인의 진술에 의존할 수밖에 없다. 따라서 선박회사는 부지약관, 즉 "shipper's load and count", "said by shipper to contain", "shipper's weight and measurement", "said to contain"의 문구를 선화증권상에 기재하여 화물에 대하여 운송인의 진술에 의할 뿐 실제로 아는 바 없음을 밝히고 아무런 책임을 지지 않겠다는 것이다.

③ 집단 선화증권(groupage B/L)

집단 선화증권은 운송할 화물이 소량화물, 즉 LCL Cargo(Less than container load cargo)로 한 컨테이너 분이 안되어 만재되지 않을 경우 화물운송회사가 같은 목적지로 가는 화물을 모아서 하나의 그룹으로 선적해 보낼 때 선박회사가 발행하는 B/L을 말한다. 따라서 이 B/L의 선적인은 화물을 주선한 운송중개인(forwarding agent)으로, 실제 선적인이 개개의 화주들에게는 house B/L이라는 일종의 선적증명서(certificate of shipping)를 발급해 준다.

④ 갑판선적 선화증권(on deck shipment B/L)

해상운송이나 해상운송을 포함한 2가지 이상의 운송방식에 의한 경우 신용장에서 특별히 허용되지 않는 한, 물품이 갑판에 적재되었거나 적재될 것이라는 표시가 있는 운송서류는 수리거절한다. 이는 해상운송에 있어서 화물을 갑판에 적재하는 것은 화물의 멸실 또는 손상의 위험이 크기 때문이다.
그러나 신용장에서 화물이 갑판에 적재되었거나 적재될 것이라는 특별한 명시가 없는 경우에는 다음과 같이 화물이 갑판에 적재되어 운송될 수 있다는 유보문언을 포함하고 있는 운송서류는 수리가 가능하다.

"The Carrier has the right to carry the goods in Container(s) under deck or on deck."

이러한 유보약관은 현실적으로 또는 앞으로 갑판적재를 하겠다는 것이 아니라 불가피한 경우에 하겠다는 것으로, 컨테이너 운송 등 운송수단의 발달로 화물의 손상 위험이 상대적으로 감소하여 유보약관을 허용하게 된 것이다.

⑤ 선택 선화증권(optional B/L)

수화인(consignee)이 도착항을 지정할 권한이 부여된 B/L로서, 수입지의 도착항에서 물품의 양륙시 화물의 체화의 우려가 있거나 수입자의 시황의 불투명 등에 따라 판매계획이 결정되지 아니하였을 경우 등을 대비하여 신용장발행시에 도착항을 선택할 수 있는 선택권을 명시한 경우에 한한다. 예를 들어 신용장에서 optional B/L(도착항 : San Francisco Option Seattle)을 요구하면 B/L상의 도착항에 "San Francisco Option Seattle"로 기재하여야 한다. 실무상 유의할 점은 도착항의 선택권은 수화인에게 있으며, 따라서 송화인이 도착항을 선택할 수 있는"San Francisco or Seattle"로 해석해서는 안된다는 사실이다.

⑥ 범선선적 선화증권(B/L Covering shipment by the carrying vessel propelled by sail only)

바람에 의해서만 추진되는 운송선에 의한 운송은 대단히 위험할 뿐만 아니라 항해지연의 위험이 있기 때문에 수리가 인정되지 않는다. 다만, 신용장에서 인정하는 경우에는 수리가 가능하다.

⑦ 콘테이너 선화증권(container B/L)

선화증권면에 container B/L임을 인쇄로 표시하고 있는 경우도 있고, 상품 명세란에 "1 container" 또는 "3 container"로 표시하여 container B/L임을 표시하는 경우도 있다.

이는 화물을 container, pallet(목재나 알루미늄으로 된 용기), igloo 등의 용기에 넣은 후에 선박에 적재하여 양륙항이나 최종 목적지까지 운송하는 단위화물 일관 운송 형태를 취하게 되는데, 주로 복합운송과 결합하게 되나 직송운송의 경우에도 사용되며 통상 CFS나 CY를 통하여 운송된다.

CFS(container freight station)는 선박회사나 그 대리점이 LCL Cargo(less than container load cargo)를 취급하는 특정의 장소를 말하며, LCL cargo란 어떤 회사의 물품이 컨테이너 1개를 모두 쓸 용량이 되지 않아 타사물품이 같이 혼적된 화물을 말한다. 따라서 LCL cargo를 여러 화주로부터 인수하여 목적항별로 선별, 컨테이너에 적재하거나 1개의 컨테이너로부터 반출된 여러 화주의 화물을 각 화주에게 인도하여 주는 서비스를 필요로 하게 되는데, 이를 전문적으로 취급하는 장소를 CFS라고 한다.

한편 CY(container yard)는 FCL cargo(full container load cargo)를 취급하는 컨테이너 집적장소를 말하는데, 1개 회사가 컨테이너를 전부 사용하므로 LCL cargo와 같은 특별한 서비스를 필요치 않는다.

이러한 컨테이너 화물의 운송을 그 운송형태 및 화물의 형태별로 분류하면 ㉠ CFS/CFS(LCL/LCL), ㉡ CFS/CY(LCL/FCL), ㉢ CY/CFS(FCL/LCL), ㉣ CY/CY 등 4가지로 구분되는바, 이 중 컨테이너의 장점을 최대한으로 활용한 운송형태는 CY/CY(FCL/FCL: door to door)이다.

(5) 실무상 유의사항

가. 선화증권의 수리성

① 해상 선화증권(marine bill of lading)

4차 신용장통일규칙 제25조에서는 해상 선화증권(marine bill of lading)의 수리요건으로 발행인을 기재할 것을 명시하고, 용선계약 선화증권(charter party bill of lading) 및 화물운송 주선업자(freight forwarder)가 발행한 선화증권의 수리를 거절하도록 규정하였다.

그러나 5차 및 현행 6차 규칙에서는 해상 선화증권의 수리요건에 발행인은 물론 서명 요건을 추가하고, 용선계약 선화증권 및 화물운송 주선업자가 발행한 선화증권도 원칙적으로 수리하도록 종전과 반대되는 입장을 취하고 있다.

항구간 선적품(port-to-port shipment)에 대해 발행되는 선화증권은 해상운송중인 상품의 권리를 나타내는 물권적 유가증권이다. 따라서 이 선화증권에는 유통성을 보장할 뿐만 아니라 진정성(authenticity)을 입증하기 위해 발행인뿐만 아니라 서명자의 자격이 기재되어야 한다. 선화증권의 발행은 운송회사를 대표할 수 있는 운송인, 선장 또는 그들의 대리인의 명칭이 명시되고 서명되어야 하며, 발행요건의 구비 여부에 따라 은행은 수리여부를 판단해야 할 것이다.

신용장상 선박회사가 발행한 선적 선화증권을 요구하고 있으나 실제 제시된 서류는 선장이 발급 및 서명했다면 신용장 통일규칙의 취지에 따라 은행은 당연히 수리해야 한다.

▌예시 2-10▐ 해상 선화증권

BILL OF LADING

① Shipper GOLDEN BELL CO LTD 1 CHANGKYO-DONG CHUNG-KU (KO-395) SEOUL KOREA	⑩ B/L No. KMTC-BN-12266
② Consignee TO ORDER	KMTC LINE KOREA MARINE TRANSPORT CO., LTD. BILL OF LADING
③ Notify Party MATSUDA TRADING CO LTD 5-36 1-CHOME ASAHIGAOKA KASHIWARA-CITY OSAKA JAPAN	

④ Pre-carriage by	⑤ Place of Receipt BUSAN CY		
⑤ Ocean Vessel BUSAN EXPRESS	⑥ Voyage No. 333 E	⑪ Flag KOREA	⑫ Place of Delivery NAGOYA CY
⑥ Port of Loading BUSAN, KOREA	⑨ Port of Discharge NAGOYA, JAPAN	⑬ Final Destination	

⑭ Container No. / ⑮ Seal No. / Marks & Nos.	⑯ No. of Containers or P'kgs	⑰ Description of Goods	⑱ Gross Weight	⑲ Measurement
KMTU7030849 8373 HYC COMPOUND GRADE : BE-100 NET : 25KGS LOT NO : HAN YANG CHEMICAL CORP. N / M	 1 240 374	 "SHIPPER'S LOAD & COUNT" "SAID TO CONTAIN" X20' BAGS & ROLLS 169,000M OF PVC TRANSPARENT FILM 6,000KGS OF PVC COMPOUND AS PER ORDER SHEET NO. 93013 DATED AUGUST 21. 19 *DOCUMENTARY CREDIT NUMBER : 41-2791824-209 "FREIGHT PREPAID"	 17,685.00 KGS	 20.000CSM

⑳ Total Number of Containers or Packages (in words) SAY : ONE (1) CONTAINER ONLY.

㉑ Freight & Charges	㉒ Revenue Tons	㉓ Rate	㉔ Per	㉕ Prepaid	㉖ Collect
** FREIGHT AS ARRANGED **					

㉗ Freight Prepaid at SEOUL, KOREA	㉘ Freight Payable at	㉛ Place of Issue SEOUL, KOREA
㉙ Total Prepaid in	㉚ No. of Original B/L THREE (3)	㉜ Date of Issue SEP. 16, 19

Laden on Board the Vessel ㉝ Date SEP. 16, 19 ㉞ By	㉟ Korea Marine Transport Co., Ltd. By for Master

본선적재 또는 선적에 있어서 현행 규칙에서도 본선적재나 선적의 표시를 요건으로 하고 있다. 그러나 "예정된 선박(intended vessel)"에 있어서 4차 신용장통일규칙에서는 최종 목적지와 양륙항이 상이한 경우는 수리하고 그 밖에는 거절하였으나, 현행 규칙에서는 적재항 및 양륙항과 관련해서 "intended" 또는 이와 유사한 제한이 있는 선화증권을 수리하도록 요건을 개정하였다.

또한 현행 규칙에서는 상품이 실제 적재된 선박명이 표시된 선화증권상에 본선적재의 부기를 통해 지정선박에 적재되었음을 입증하도록 강화하고 있다.

환적에 있어서는 신용장에 환적이 금지되지 않는 한 은행은 전체 해상운송이 단일 및 동일 선화증권으로 이루어지는 경우에는 환적이 된다는 선화증권을 수리한다. 그러나 환적을 금지하는 경우 관련화물이 컨테이너, 트레일러(trailer) 또는 래쉬 바지(LASH barge)[2]에 Barge는 상자형의 부선으로 주로 예인선(tug boat)으로 끌게 된다.

선적되는 한 환적이 될 것이라고 표시하거나 운송인이 환적할 권리를 가진다는 조항이 삽입되어 있는 선화증권은 은행이 수리한다.

② 용선계약 선화증권

한편 용선계약 선화증권은 4차 신용장통일규칙에서는 수리거절하였으나, 현행규칙에서는 신용장상에 요구할 경우 신용장 통일규칙의 요건을 충족시키면 은행은 수리한다고 개정하였다.

용선계약서는 선박의 용선계약시에 작성되고 이후 선적시에 용선계약 선화증권이 발행되므로 양자간에 내용상의 불일치가 있는 경우도 발생하고, 용선료가 체불될 경우 선주의 유치권이 행사되기도 한다. 국제간에 원목, 철강, 유류와 같은 화물은 주로 용선계약에 의해서 이루어진다.

이러한 용선계약은 용선 중개업자를 통해 선주와 용선자가 용선계약을 체결하고 선적이 완료될 때 발행되지만 선주의 권리가 유보되어 있다. 문제는 신용장상 용선계약 선화 증권과 관련해서 용선계약서의 제시를 요구할 때 이와 같은 불일치에 대하여 은행이 어떠한 입장을 취할 것인지에 대한 문제가 대두된다. 이 경우 은행은 용선계약서의 내용까지 심사할 필요는 없는 것이고 다만 은행은 책임을 지지 아니하고 그대로 전달하면 된다.

용선계약 선화증권은 선장이 서명 또는 인증하지만 선택적으로 선주도 서명할 수 있도록 현행규칙에서의 배려가 이루어졌다.

---

2) LASH는 lighter aboard ship의 약어로서 화물을 적재한 부선(lighter) 선박에 그대로 탑재하여 수송하는 방식이다.

③ 운송중개인 선화증권

운송중개인, 즉 화물운송 주선업자가 발행한 선화증권의 경우 4차 신용장통일규칙에서는 운송인 또는 운송인의 대리인의 자격으로 발행된 것은 수리하고 그 이외의 것은 거절하도록 되어 있다. 그러나 현행 규칙에서는 운송인이나 복합운송인의 명의 및 이들을 대리하는 지정 대리인에 의해서 서명되거나 인증되어야 한다.

화물운송 주선업자는 수출입 화물에 대하여 화주를 위해 운송, 통관, 선적 및 운송에 관련된 업무를 대행해 주고 일정한 보수를 받는다. 은행은 화물운송 주선업자가 발행한 선화증권을 심사함에 있어 운송인이나 복합 운송인과의 대리권 위임을 입증할 만한 증빙서류를 확인하는 것이 바람직하다.

나. 선화증권에 관한 신용장 조건의 의미

선화증권에 관한 일반적인 신용장조건은 다음과 같이 표시된다.

"Full set of clean on board ocean bills of lading made out to the order of (issuing bank) marked "freight collect (or prepaid)"and notify accountee"

위에 표시된 여러 요건을 자세히 살펴보면 다음과 같다.

① Full set

선화증권은 일반적으로 3부(original, duplicate, triplicate)를 1조로 발행되고 있는데, 이는 운송 도중 사고의 염려가 있으므로 분실 또는 멸실되었을 경우를 대비한 거래의 안전을 기하기 위한 것이다. 발행된 3부는 전부 정식의 선화증권으로서 각각 독립적으로 완전한 효력을 가지며, 그 중 어느 1부가 사용되면 나머지 2부는 무효가 된다. 따라서 신용장 발행 은행측 입장에서 보면 선박회사가 발행한 3부의 선화증권 모두를 제시받지 못하면 담보권이 확보되었다고 볼 수 없으므로 신용장조건으로 Full set를 요구하고 있는 것이다.

그러므로 선화증권상에는 반드시 몇 부의 선화증권을 발행하였는지를 명시하여 몇 부가 Full set인지를 밝히고 있다.

이와 같은 정식의 선화증권 이외 non-negotiable copy라고 하여 양도권이 없는 사본이 발행되는데,이 사본은 운송회사의 기록용으로 사용되고, 송화인에 의하여 수화인에게 운송되어 통관수속 등의 사무처리에 사용케 하기도 하는데, 이 non-negotiable

copy는 그 자체로서는 증권이 아니므로 몇 부를 발행하였는지는 문제가 되지 않는다.

우리는 앞에서 신용장의 구성내용 중 서류발송조건을 2set로 나누어서 등기로 우송하는 방법이 일반적으로 이용되어지고 있음을 배웠다. 선화증권의 Full set로 2부만 발행하여도 충분해 보이나 3부씩 발행되고 있는 것은 요즈음과 같이 항공이나 특사송배달(courier)이 발달하기 이전의 운송수단은 사고가 자주 발생하는 해상선박에 의한 송달방법이 주로 이용되었기 때문에 3부씩 발행하는 관례가 지금까지 계속되고 있는 것이다.

② clean

고장부 선화증권(foul or dirty B/L)이 아닌 무고장 선화증권(clean B/L)의 제시를 요구하고 있는 조건이다. foul B/L은 장차 화물이 양륙지에서 인수될 때 claim의 문제가 발생하므로 매입은행에서 수리가 거절된다.

③ 본선적재 선화증권(on board B/L)

선박회사가 수취 선화증권양식을 이용하여 본선적재의 뜻을 따로 증명하는 경우에 이와 같은 B/L을 본선적재 선화증권이라 한다. 따라서 본선적재 선화증권의 법률적 효력은 선적 선화증권과 동일하다. 본선적재의 뜻을 증명하는 것은 본선적재 부기(on board notation)라 하는데, 그 요건은 본선적재의 뜻과 본선적재일자가 표시되어야 하며 선적 서류 발행인 또는 그 대리인의 약식 또는 정식 서명은 필수요건은 아니다.

따라서 신용장에서 요구하는 운송서류가 해상 선화증권일 경우 은행에서 수리할 수 있는 것은 선적 선화증권(shipped B/L)이어야 하며, 수취 선화증권일 경우에는 본선적재를 완료한 후 on board notation을 부기한 본선적재 선하증권(on board B/L)이어야 한다.

④ ocean B/L

해상운송에 사용되는 선화증권은 범선(sailing vessel)에 의한 선적이나 국내 항구간 또는 내륙 수송시에 발행되는 local B/L이 아닌 대양을 항해하는 선박에 의한 선적과 관련하여 발행하는 B/L을 말한다.

⑤ consignee(수화인)

수화인의 기재방식에는 기명식과 지시식이 있는데, 주로 지시식이 많이 사용된다.

신용장조건에 “consigned to ~” 또는 “consignee”라고 기재된 경우에는 기명식 선화증권(straight)으로 수화인이 지정된다. 기명식 선화증권인 경우에는 증권면에 특별한 지시가 없는 한 수화인의 배서에 의하여 양도할 수 있다.

"order of ~"의 경우는 지시식 선화증권(order B/L)으로 수화인은 발행은행 또는 수입상이 된다. "order of shipper and blank endorsed", "to order and blank endorsed" 또는 "to order" 등 선화증권의 수화인란에 특정인을 기재하지 않고 단순 지시식으로 발행되는 경우에는 수출업자가 백지배서(blank endorsement)를 하여 은행에 인도함으로써 운송화물의 소유권은 은행으로 이전되며 은행은 화물의 담보권을 취득하게 된다.

⑥ freight(운임)

가격조건에 따라서 운임의 지급여부가 분명히 표시되어야 한다. 신용장의 가격조건이 CFR, CIF 또는 CIP 등인 경우에는 "freight prepaid"로 명기되며, FCA, FAS 또는 FOB인 경우에는 "freight collect"로 표시하여 운임이 지급 미필임을 명기하여야 한다. "freight prepayable" 또는 "freight to be prepaid"나 이와 유사한 문언은 운임을 지급한 것으로 간주하지 않는다.

⑦ notify party(통지처)

선박회사는 화물이 도착항에 도착하면 통지할 수 있는 상대방을 송화인으로부터 통고 받아 notify party(통지처)로서 선화증권상에 기재한다. 대개의 신용장에서는 "notify accountee"라고 기재되어 신용장 발행의뢰인, 즉 수입상이 통지처가 되거나 경우에 따라서는 수입상이 지정하는 그의 대리인인 통관사 등이 통지처가 될 수도 있다.

다. 선화증권의 기재사항

<예시 3-1>을 보고 앞의 2-2-3항에서 설명한 법정기재사항과 임의기재사항을 구분하며 이해해 보자.

① 송화인(shipper)

송화인, 즉 수출상의 성명 또는 상호를 기재하며 혼동이 예상될 때는 주소를 명기하여 명확히 하는 것이 좋다.

② 수화인(consignee)

신용장상에 'B/L made out to ~' 다음에 표시되는 내용대로 기재되며 보통 신용장

발행 신청인 또는 신용장 발행은행이 수하인이 된다. 수하인은 통상 배서에 의한 유통이 가능하도록 지시식으로 요구하며 이 경우 지시된 자(to the order of XXX)의 배서가 이루어져야 한다. 즉, 'to the order'로 표시된 경우 to order of shipper로 해석하며 B/L 배면에 shipper가 배서하고, 수하인이 신용장발행은행이 아니고 신용장 발행신청인이거나 지시식으로 되어 있는 경우에는 반드시 원본(full set)을 제시받아야 한다.

③ 화물도착 통지처(notify party)

대개 신용장상에서 Notify Accountee라 기재되어 신용장 발행신청인 즉 수입업자 또는 수입업자가 지정하는 대리인이 통지처가 된다.

④ 사전운송(pre-carriage by)

화물인수지점에서 선적항까지 운송을 담당한 운송인을 기재한다.

⑤ 선박명(ocean vessel)

화물을 운송하는 해상운송 선박명이 기재된다.

⑥ 선적항(port of loading)

화물을 선적하는 항구명 및 국명이 표시된다. 예) "Busan, Korea"

⑦ 화물수취장소(place of receipt)

송화인으로부터 운송인이 화물을 수취하는 장소로 "Busan CY", "Busan CFS" 등으로 표기된다.

⑧ 항해번호(voyage No.)

운송선박의 운송횟수로 선박회사가 임의로 정한 일련번호가 기재되는데, 1항차는 출발항에서는 목적항을 거쳐 출발항에 회항하는 것으로 하며, 수출 수입을 구별하기 위하여 East, West, South, North 등을 표기한다.

⑨ 양륙항(port of discharge)

화물의 양륙항 및 국명이 기재된다.

⑩ 선화증권번호(B/L No.)

선사가 임의로 규정한 표시번호를 기재한다. 통상 선적항과 양륙항의 알파벳 첫 문자를 이용하고 번호는 일련번호로 쓴다. "BO-9001" : Busan-Osaka, "HMBU -9001" : Hamburg-Busan

⑪ 선박등록 국적(flag)

선박의 등록국적을 나타낸다. 해상사고시는 국제적 관례인 기국주의에 의한다.

⑫ 최종목적지(final destination)

화물의 최종목적지를 표시하나 선화증권에 운임이 계상되어 있지 않은 경우는 운송인의 운송운임이 없고 단지 참조사항에 불과하며, 복합운송이 아닌 경우에는 기재되지 않는 경우가 많다.

⑬ 인도장소(place of delivery)

운송인이 책임지고 운송하여 수화인에게 인도하여 주는 장소를 명기한다.

⑭ 컨테이너 번호(container No.)

화물이 적재되는 container No.를 표기한다.

⑮ 컨테이너봉인번호(seal No.)

container에 적재된 화물에 봉인을 한 seal No.를 표기한다.

⑯ 컨테이너 또는 포장 갯수(No. of containers or Pkgs.)

선적된 상품의 컨테이너 또는 포장의 갯수를 표기한다.

⑰ 물품명세(description of goods)

Packing List 및 Invoice에 기재된 상품의 내용을 열거 기재하며 L/C No.도 통상 표시되어진다.

⑱ 총중량

⑲ 용적(gross weight, measurement)

등록 검량회사에서 검측된 중량 및 용적이 명기되어 Packing List, Invoice와 일치되지 않는 경우 remark를 부기하여야 하고, 화물에 이상이 있으면 송화인에게 훼손화물보상장(Letter of Indemnity; L/I)을 첨부시킨다. 수출입의 경우 Packing List와

B/L이 상이한 경우 통관되지 아니하므로 세심히 작성되어야 한다.

⑳ 컨테이너 총 개수(Total No. of Container or Packages : in words)

상품의 수량 또는 Full Container의 갯수를 영문으로 표시하여 명백히 나타내며, in words의 의미는 선화증권 발행자가 직접 상품을 확인하지 못하고 발행하므로 수량이 틀림없을 것이라는 추측의 의미로 삽입된 단어이다.

㉑ 운임 및 기타비용(Freight and Charges)

상품의 운송에 따른 제반비용의 명세로 Freight, C.A.F, B.A.F, C.F.S, Charge, Warfage 등이 통상 표시되며, Through B/L인 경우는 Inland Charge가 표시된다.

㉒ 운임기준 톤수(Revenue Tons)

중량과 용적 중에서 운임이 높게 계산되는 편을 택하여 표시한다. 즉 총중량과 총용적에 각각의 운임 단가를 곱하여 총중량의 운임이 총용적보다 클 경우는"K/T"를, 총용적이 클 경우는 "CBM"을 표시한다.

㉓ 운임률(Rate)

Revenue Ton당 운임단가 및 C.F.S Charge, Warfage, B.A.F, C.A.F의 Percent 등이 표시된다. Warfage의 경우 국내에서는 톤 이하 무조건 올림으로 산정하고 있어, 만일 7.001 CBM이라면 8 CBM으로 계산된다.

㉔ 단위기준(Per)

용적당 또는 중량당, Full Container의 경우는 Van당을 표시한다.

㉕, ㉖ 선지급 후불표시(Prepaid Collect)

CIF조건의 수출일 경우는 Prepaid 란에 운임을 계산하여 표시하며, FOB 조건의 수출일 경우는 Collect란에 계산 표시한다. 또한 운임의 지불조건은 'Description of Goods'란에 "Freight Prepaid", "Freight Collect"라고 통상 표시되므로 혼동은 되지 않으나 간혹 기재되지 않는 경우도 있으므로 구별하여 각각의 란에 기재하는 것이 좋다. 또한 복합운송의 경우는 각 구간마다의 운임을 표시하여 계산하는 것이 복합운송을 명백히 표시하는 것으로 구간표시를 하고 구간운임계산을 나타내는 것이 좋다.

㉗, ㉘ 운임 선지급장소(Freight prepaid at, Total Prepaid in)

CIF 수출조건인 경우 운임이 지불되는 장소를 나타낸다. 즉 화물이 부산에서 선적 운송되어도 서울에서 운임이 지불되는 경우는 "Seoul, Korea"라고 기재한다. Freight Prepaid의 경우 운임이 지불되지 않으면 B/L 발행자는 특별한 상거래가 없는 한 B/L을 발행 교부하지 않는다.

㉙ 운임후불장소(Freight Payable at)

FOB 수출조건으로 수화인 부담인 경우 수화인의 운임 지불장소가 기재되며, 운임이 지불되지 않으면 운송인 또는 대리점은 화물인도지시서(Delivery Order: D/O)를 발행 교부하지 않는다.

㉚ B/L발급 통수(No. of Original B/L)

Original B/L의 발행통수를 기재한다. Original B/L은 통상 3통을 한 세트로 발행하는데, 그 숫자에는 제한이 없다. Original B/L에는 "Original", "Duplicate", "Triplicate" 등의 문구가 있고, 은행과의 거래를 위하여 "Negotiable"이라는 문구도 표시된다. Original B/L의 경우는 발행통수에 관계없이 그 한 장이라도 회수되면 나머지는 유가증권으로서의 효력을 상실한다(상법 816조). B/L copy의 경우는 "Copy Non-Negotiable"이라 기재되며, B/L copy는 유가증권으로서의 효력이 없고 단지 참조적인 서류에 불과하다.

㉛ B/L발행장소

B/L의 발행장소가 기재된다.

㉜, ㉝, ㉞, B/L발행일자, 본선적재 부기일자 및 서명

Date of Issue, On Board Date and Signature B/L의 On Board Date와 Date of Issue가 기재되며, 일자는 보통 일치되며, Date of Issue가 On Board Date보다 늦을 수는 있으나 빠른 경우는 B/L의 선발행이 되므로 은행에서 매입을 거절한다. On Board Date의 하단에는 B/L 발행자의 Sign이 기재되나 필수 조건은 아니다.

㉟ B/L 발급회사명(Carrier Name)

B/L 발행권자의 Sign이 기재된다. B/L 발행권자가 Sign을 한 후에 B/L을 수정할 경우에는 재발급을 하든가, "Correction" 도장을 날인한 후 Sign하여야 한다.

3. 유통불능(流通不能) 해상화물 운송장(運送狀)

(1) 의의

운송인이 화물운송을 인수하는 경우에는 보통 운송계약서 대신에 운송증권을 발행하여 교부하게 된다. 육상운송의 경우에는 화물상환증이, 해상운송의 경우에는 선화증권(bill of lading)이나 해상화물 운송장(sea waybill)이, 항공운송의 경우에는 항공화물 운송장(air waybill)이 각기 발행된다. 그러나 화물상환증이나 선화증권은 화물의 수령을 증명하고 운송 중인 화물에 대한 도착지에서의 운송물 인도청구권을 표창하는 유가증권인 데 반하여 항공화물 운송장이나 해상화물 운송장은 물권적 유가증권이 아닌 일종의 물품 수취증이며, 단순한 화물의 탁송 및 수취의 역할만을 담당하는 증거서류이다.

제3자에 대한 전매가 불가능하므로 보통 유통불능(non-negotiable)으로 발행된다. 이 운송서류는 화주와 운송인 사이에 빈번히 사용되고 있는 추세에 있어, 5차 개정규칙에서부터 수리 가능한 운송서류로서 선명, 적재나 선적, 운송조건에서 선화증권과 같은 차원에서 운송업계에서의 건의에 따라 신설한 것이다.

▌해상 선화증권과 해상화물 운송장의 비교▐

해상 선화증권	해상 화물운송장
유가증권	단순한 해상화물 수취증
수화인을 지시식과 소지인식으로 기재할 수 있기 때문에 배서나 교부에 의해 수화인의 권리를 양도할 수 있다.	수화인을 기명식으로만 기재할 수 있기 때문에 배서나 교부에 의해서 수화인의 권리가 양도될 수 없다.
수취식인 경우도 있으나 일반적으로 본 선적재식이다.	해상 선화증권과 마찬가지이다.

(2) 해상화물 운송장의 필요성

최근의 컨테이너 정기선에 의한 해상운송의 비약적인 발달은 재래식 해상운송과 비교하여 매우 신속한 서비스를 제공하게 되었다. 즉, 선박 자체가 고속화되어 항해기간이 단축되었을 뿐만 아니라 화물의 수령, 선적, 양륙, 통관, 내륙운송, 인도에 이르기까지 복합 운송에 의하여 일관운송 서비스가 제공됨으로써 운송이 신속하고도 정확하게 이루어지게 된 것이다.

그런데 운송이 신속화됨에 따라 목적지에 화물이 선화증권보다 먼저 도착하는 사태가 자주 생기게 되었다. 수출상은 선적지에서 상품을 선적한 후 선화증권을 발급받고 기타 서류를 준비하여 함께 자기 거래은행에 가서 매입을 의뢰하게 되는데, 매입은행이 매입한 선적서류는 다시 발행은행을 경유하여 수입상의 수중에 들어가기 때문에 그 과정에 상당한 시일이 소요되기 마련이다.

그래서 유가증권이 아니면서 단순히 운송계약을 증명하고 그 소지인에게 운송물을 인도하면 운송채무가 이행되는 것이 되어 면책되는 간편한 Sea Waybill이 필요하게 되었다.

특히, 운송기간이 비교적 짧은 유럽지역에서는 해상운송이 컨테이너화한 이후에는 Sea Waybill의 사용이 보편화되었는데, 이는 Sea Waybill이 단순한 증거증권이고 면책증권에 불과하여 유가증권이 아니므로 선화증권처럼 복잡한 법적 규제 없이 선화증권의 기능을 대신하기 때문이다.

(3) 수리 요건

신용장에서 항구간 선적품에 대한 유통불능 해상화물 운송장을 요구할 경우 신용장에 별도의 명시가 없는 한 은행은 명칭에 관계없이 수리한다. 다만 유통불능 해상화물 운송장을 은행이 수리함에 있어, 운송인의 명의와 서명, 선적 및 적재항과 양륙항 면에서 다음과 같이 그 요건을 강화하고 있다.

첫째, 유통불능 해상화물 운송장은 운송인이나 운송인의 대리인 명의로 작성되고, 운송인, 운송인을 대리하는 지정 대리인, 선장이나 선장을 대리하는 지정 대리인에 의해 서명되거나 인증되어야 한다. 운송인이나 선장을 대리하여 서명이나 인증하는 경우 대리인은 그가 대리하는 운송인이나 선장의 성명 및 자격을 명시해야 한다.

둘째, 당해 서류상에 본선적재 또는 지정선박에 적재되었음을 명시해야 한다. 물품이 선박에 본선적재되었다거나 선적되었다는 취지를 사전 인쇄된 문언으로 표시하고 있을 경우에는 발행일자가 본선적재일자와 선적일자로 간주된다. 그 밖의 모든 경우에 있어서는 물품이 본선적재된 일자를 표시하는 즉 'on-board notation'의 부기로서 입증되어야 하는데, 이 때 본선적재부기일자가 곧 선적일자로 간주된다. 따라서 은행이 운송서류의 선적일자 심사에 있어 이와 같은 면에 유의해야 할 것이다.

유통불능 해상화물 운송장에도 선화증권에서와 같이'intended vessel'에 적재되었다는 문언이 나타나기도 한다. 이 경우 상품의 적재일자 이외에 지정된 선박에 적재

되었음을 입증하는 부기를 당해 운송장상에 명시해야 하므로 운송서류의 작성자는 물론 수리하는 은행 당사자도 유의해야 한다.

셋째, 선적항 및 양륙항과 관련하여 상품의 수탁 및 목적지가 표시된 경우 당해 운송서류는 수리하도록 한다. 상품의 운송에 각종 운송수단이 이용됨에 따라 상품을 선적항과 다른 내륙지점이나 항구에서 수탁하기도 한다. 또한 양륙항과 다른 최종 목적지가 표시되기도 하고, 선적항 및 양륙항과 관련하여 'intended' 또는 이와 유사한 표현을 쓰기도 한다. 이러한 모든 경우 은행은 신용장에 규정된 선적항 및 양륙항이 표시되어 있는 한 당해 유통불능 해상화물 운송장을 수리해야 한다.

유통불능 해상화물 운송장은 지명된 수화인을 운송장에 기재하는 기명식으로 작성되어야 한다. 수입업자는 수입상품의 전매 등을 고려하여 가능하면 해상화물 운송장 대신 해상 선화증권을 요구하는 것이 좋다. 해상화물 운송장은 화주와 운송인과 친밀한 관계에서 발행되는 것이 일반적이므로, 이들에게는 편리하게 사용되는 운송서류일 수도 있다. 그러나 은행은 신용장상에 특별히 이 서류를 요구할 때에 한해서 수리해야 함을 유의하여야 한다.

4. 복합 운송서류(combined transport document; CTD)

(1) 의의

복합 운송서류란 복합운송인(combined transport operator; CTO)이 복합운송계약에 의해 화물을 수탁하였다는 것과 그 계약내용에 따라 화물을 운송하여 인도할 것을 증명하는 운송증권이다.

복합운송(combined transport)이라 함은 2가지 이상 서로 다른 방법에 의하여 물품이 수탁된 장소(place of taking in charge)에서 인도키로 약정된 장소(final destination)까지 운송되는 것을 말한다(복합운송서류에 관한 통일규칙 제2조 a항). 이와 같은 복합운송을 표시하는 용어로서 combined transport, multimodal transport, intermodal transport, overland common point(OCP), miniland bridge(MLB), land bridge(LB) 또는 micro bridge(MB)를 사용하여 표시하는 경우도 있다.

종래 운송방법은 단일 운송방법(single mode transport) 및 개품 운송방법을 취하여 왔으나 운송방법의 발달로 단위화된 화물(unitized cargo)을 단위적재(unit load)하는 방법, 즉 container 또는 pallet를 사용하는 방법이 개발되었으며 이러한 방법은 다시 화물의 출발지점으로부터 목적지까지 여러 종류의 운송방법에 의하여 운송함으로써 "start-to-finish" 또는 "door-to-door"의 서비스를 제공하는 복합운송으로 발전하였다.

복합운송 서비스는 복합운송인에 의하여 제공되며 두 가지의 특징이 있다. 하나는 연결운송 서비스를 제공하고, 다른 하나는 복합운송인이 전 연결운송에 대하여 중개인이 아닌 주체로서 서비스를 제공한다는 것이다.

(2) 복합운송인

복합운송인(combined transport operator ; CTO)은 여러 종류의 운송수단 또는 동종의 운송 수단을 조합하여 운송을 담당하는 자로 UN조약에서는 MTO (multi-modal transprot operator), 미국에서는 ITO(intermodal transport operator)라고도 부른다.

복합운송인은 실제 운송을 담당하는 자와 타인에 의한 운송의 전부에 대하여 또는 일부에 대하여 준비를 배려하는 자로 구분된다. 전자는 선박을 소유하고 있는 운송인, 즉 VOCTO(vessel operating combined transport operator)라고 하며, 운송중개인인 후자를 NVOCTO(non-vessel operating combined transport operator)라고 한다.

(3) 복합 운송서류의 특징

복합 운송서류(CTD)란 복합운송인이 발행한 서류로서 운송인이 화물을 수취하였음을 증명하고 운송계약에 관한 증거가 되는 권리증이다.

복합 운송서류의 특징을 살펴보면 다음과 같다.

첫째, 도로, 철도, 내수로, 해상 또는 항공운송이 결합된 복합운송이 상이한 운송인에 의하여 이루어지더라도 복합 운송서류는 처음부터 끝까지 전 운송구간을 커버하는 서류이다.

둘째, 복합 운송서류는 화주에게 통과운송(through transport)의 전체적인 책임을 지고, 어느 구간에서 발생하였던 화물의 멸실이나 손상에 대해 책임을 지는 복합운송인이 발행한다.

셋째, 복합 운송서류는 본선적재 전에 복합운송인(CTO)이 수탁 또는 수취한 상태에서 발행되는 서류이다.

넷째, 복합 운송서류는 선화증권과는 달리 운송인뿐만 아니라 운송중개인(freight frowarder)에 의해서도 발행된다.

(4) 복합 운송서류의 수리요건

상이한 두 가지 이상의 운송방식으로 화물이 운송될 때 발행되는 복합 운송서류(combined transport document; CTD)는 4차 신용장 통일규칙에서부터 현행규칙에서도 수리하도록 규정하고 있다. 다만 은행이 이 서류를 수리하되 문면상 운송인이나 복합운송인(combined transport operator; CTO)의 명의 표시 및 운송인, 복합운송인, 선장, 이들을 각각 대리하는 지정 대리인에 의해 서명 또는 인증하도록 기재요건을 보다 강화하고 있다.

운송인, 복합운송인 또는 선장의 서명이나 인증은 운송인, 복합운송인, 경우에 따라 선장으로 확인되어야 하며 운송인, 복합운송인 또는 선장을 대리하여 서명 또는 인증하는 대리인은 이들 당사자들의 명의 및 자격(capacity)을 기재하여야 한다.

환적에 있어서는 신용장상에 환적을 금지한다 할지라도 전체 운송이 단일 및 동일 복합 운송서류로 이루어지는 경우 환적이 되거나 환적이 될 수도 있다고 표시된 복합 운송서류를 수리하도록 규정하는 것은 4차 신용장 통일규칙에서의 규정과 같다.

복합 운송서류에서는 상품의 발송(dispatch), 수탁(taking in charge) 또는 본선적재(loading on board)의 일자 및 이 서류의 발행일자가 동시에 표시될 수도 있다.

이때 은행은 수리 기준으로서 어느 일자를 신용장상 선적일자로 보느냐가 문제이다.

통상 선화증권의 발행일자는 선적일자로 해석하지만 이 경우 은행은 실제 상품의 발송, 수탁 또는 본선적재의 일자를 선적일자로 간주해야 한다.

선박, 적재항 또는 양륙항과 관련하여 “intended” 또한 이와 유사한 표시가 복합운송서류상에 있는 경우 실제는 예정된 선박, 적재항 또는 양륙항과 다를 수도 있다. 이때 은행은 운송서류의 수리여부의 결정에 있어서 유의해야 한다. 예정된 선박에 적재, 예정된 적재항 또는 양륙항에 관계없이 신용장에 지정된 선박, 적재항 또는 양륙항이 복합 운송서류상에 명시되었느냐에 따라 당해 서류의 수리여부를 결정해야 한다.

5. 항공 운송서류(air transport document)

(1) 의의

항공운송은 해상운송의 역사에 비해 사실상 매우 일천한바 본격적인 항공화물의 수송이 시작된 것은 1970년대 점보제트기 등 대형여객기 및 화물전용 비행기의 출현과 더불어 시작되었다고 할 수 있다.

최근 항공운송수단의 발달로 고가품인 경우 많이 이용되고 있는 항공 운송서류는 송화인과 운송인간에 화물의 운송계약이 체결되었음을 나타내는 증거서류이며, 동시에 송화인으로부터 화물을 운송하기 위하여 수령하였다는 증거서류를 의미한다.

이들 서류는 물권적 유가증권이 아닌 수취증이므로 보통 유통불능으로 발행한다.

일반적으로 항공운송에 있어서는 화주인 무역업체가 항공회사와 직접 거래하지 않고 항공화물 운송대리점(air cargo agent)이나 혼재업자(consolidator or freight forwarder)와 화물운송계약을 체결하는 것이 관행화되어 있다.

따라서 항공 운송서류에는 항공회사 또는 운송대리점이 화주 또는 혼재업자 앞으로 발행하는 항공화물 운송장(air waybill)과 소량의 화물을 여러 선적인으로부터 수집하여 항공사에 운송을 의뢰하는 운송중개인인 혼재업자가 여러 화주에게 발급하는 house air waybill(house AWB)이 있다.

air waybill(AWB)은 air consignment note(항공화물 수취증)라고도 불리며, 항공회사들은 원칙적으로 air waybill을 사용하고 괄호 내에 air consignment note를 표시하고 있다<예시 3-7>.

(2) 항공화물 운송장과 선화증권의 비교

항공운송장은 때때로 선화증권에 비유되어 단순히 B/L이라고 불리는 경우도 있다. 그러나 양자의 법률적 성격은 몇 가지 중요한 점에 차이가 있다.

양자의 동일한 점은 모두 화물수취증권이며 요인증권이자 요식증권이라는 점이다.

한편 항공화물 운송장과 선화증권의 차이는 선화증권은 화물에 대한 물권적 권리를 나타내는 유가증권인 데 반해 항공운송장은 단순한 수취증거증권으로 항공운송 사실만을 증명한다는 점이다.

▌해상선화증권과 항공화물운송장의 비교▐

구 분	해상 선화증권	항공화물 운송장
유가증권유무	유가증권	수취증
유통성 유무	유통증권	비유통증권
발행형식	소지인식, 지시식	기명식

또한 선화증권은 유통증권인 데 반해 항공화물 운송장은 유통불능증권이며 기명식으로만 발행되는 수취식 증권이란 점이다. 항공화물 운송장은 신속을 요하기 때문에 원칙

적으로 통과 선화증권(through B/L)과 같이 환적(transhipment)을 전제로 하고 있다.

항공화물 운송장은 송화인이 작성하여 항공회사에 교부하는 데 반해 선화증권은 선박회사가 작성하여 송화인에게 교부하도록 되어 있는 점 등이 다르다고 볼 수 있다.

(3) 항공 운송서류의 수리성

항공 운송서류(air transport document)에 관한 규정을 독립적으로 신설하여 신용장 통일규칙에 포함시킨 것은 5차 개정규칙 때부터이다.

은행이 수리하는 항공 운송서류는 해상 선화증권에서와 같이 운송인의 명의, 서명 및 서명인의 자격이 명시되어야 하고, 상품을 운송하기 위해 인수했다는 문언이 있어야 한다. 항공 운송서류의 발행일자는 상품의 적재일자로 간주하고 비행번호 및 일자와 관련된 자료는 발송일자로 간주하지 않는다.

만일 발행의뢰인은 특정한 비행번호 및 일자(flight number and date)에 상품이 적재되기를 요구한다면, 신용장상에 이러한 요건을 명시해야 하고 항공 운송서류상에 명백히 일치하도록 유의해야 한다. 은행은 이 같은 운송서류를 수리함에 있어 별도로 적재일자가 있는 경우와 구별해야 한다.

국제 항공운송업계의 관행을 반영하기 위해 항공운송에서의 환적의 개념이 도입되었다.

환적에 있어서 신용장상에 환적을 금지한다 할지라도 전체 운송이 동일 및 단일 항공 운송서류로 이루어지는 경우 환적이 이루어지거나 환적이 될 수도 있다는 표시가 있는 항공 운송서류를 수리한다. 항공운송에서 환적이라 함은 신용장에 규정된 출발 공항에서 도착공항까지 운송과정 중 한 항공기에서 다른 항공기로 양화 및 재적재하는 것을 의미한다. 만일 신용장 발행의뢰인이 어떠한 형태의 환적을 금지하기를 원한다면, 신용장상에 6차 통일규칙 제23조 c항의 적용을 배제한다는 명시를 해야 한다.

(4) 항공화물 운송장의 기재내용

항공화물 운송장에 관해서는 1929년에 개최된 국제항공 사법회의에서 결정되고 1933년부터 발효된 '국제항공운송에 관한 바르샤바 조약(The convention of unification of certain rules relating to international carriage by air)'을 각국이 채택하고 있어 그 형식이 대개 유사하다.

현재 항공화물 운송장은 국제항공운송협회(IATA)에서 운송장의 양식과 발행방식을 세부적으로 통일하고 표준화하여 전세계의 항공회사들이 동일한 양식의 항공화물 운송장을 사용하도록 의무화하고 있다.

항공화물 운송장은 원본 3매와 사본(dummy air waybill) 6매로 구성되며 항공사에 따라 부본을 5매까지 추가할 수 있다. 즉,

① 원본 1(운송인용)
② 원본 2(수화인용)
③ 원본 3(송화인용)
④ 사본(인도수취증)
⑤ 사본(도착공항용)
⑥ 사본(제3운송인용)
⑦ 사본(제2운송인용)
⑧ 사본(제1 운송인용)
⑨ 사본(영업대리점용)

국제항공운송에 관한 국제조약 제8조는 항공화물 운송장의 필요 기재사항을 다음과 같이 정하고 있다.

① 작성지 및 일자
② 출발지 및 도착지
③ 예정기착지(부득이한 경우 변경 가능)
④ 송화인의 성명 및 주소
⑤ 최초 운송인의 성명 및 주소
⑥ 필요시에는 수화인의 성명 및 주소
⑦ 화물종류
⑧ 화물의 수량, 특별기호 및 번호
⑨ 화물의 중량, 용적, 수량
⑩ 외부에서 인정되는 운송품의 상태
⑪ 운임 특약시에는 운임 지급기일, 장소 및 지급인
⑫ 운임 지급시는 운임 등
⑬ 송화인이 운송인에게 인도시 가격을 신고한 경우는 신고된 가격
⑭ 항공화물 운송장의 발행통수
⑮ 운송장에 첨부하기 위한 운송인 앞 서류
⑯ 특약시의 운송기한 및 경유지
⑰ 기타 운송책임에 관한 특약의 표시

(5) 실무상 유의사항

일반적으로 신용장에서 항공화물 운송장을 요구하는 경우는 다음과 같이 기재하고 있다.

"air waybill consigned to xxx Bank marked", "freight collect", "notify", "accountee" 등인데, 여기서 consigned to xxx Bank라고 한 점은 항공화물운송장은 지시식(order)으로 발행될 수 없고 유통불능(non-negotiable)증권이므로 xxx Bank를 수화인으로 함으로써 화환어음의 물적 담보를 확보하기 위함이다.

여기서 유통과 유통불가능의 차이점은 증권 자체를 정당한 배서(endorsement) 또는 교부로서 제3자에게 양도할 수 있는가 여부에 따른 것이며 통관 후 화물이 전매되는 것과는 다른 것이다.

또한 항공화물운송장은 수취증권(received bill)이므로 발행시 항공회사가 증권면에 on board notation을 추가 기재하는 경우가 있는데, 이는 단순히 화물의 적재사실을 입증하기 위한 증거를 표시하는 것이다.

6. 도로, 철도 또는 내수로(内水路) 운송서류

도로(road), 철도(rail) 또는 내수로(inland waterway)를 이용한 운송의 경우 발행되는 운송서류에 관해서 현행 신용장 통일규칙에서는 별도 독립된 규정에 신설하여 일정한 요건을 구비하면 은행이 당해 운송서류를 수리하도록 신설하고 있다.

은행이 수리하는 당해 운송서류는 발행하는 운송인의 명의 표시 및 서명이 있어야 하며, 대리인의 경우 운송인의 명의 또는 자격을 기재하여야 한다.

운송서류의 발행일자는 선적, 발송 또는 운송의 접수일자를 명시하는 날인이 있는 경우를 제외하고 선적일자로 간주한다.

도로운송의 경우 트럭회사는 운송화물에 대한 trucking company bill of lading (트럭회사 운송화물 상환증) 또는 waybill(화물 수취증)을 발행한다.

철도의 경우 철도 운송회사가 철도화물을 인수하고 railway consignment note (철도화물 수탁서) 등의 서류를 발행한다. 우리나라의 경우 공장이나 보관창고가 내륙장소라면 도로, 철도 및 내수로를 적절하게 활용하여 항구까지 운송할 수 있다. 장차 남북간의 운송에 관한 협정이 이루어져 남북한의 철도가 연결된다면, 남북한 철도, 시베리아 대륙 횡단철도 또는 중국대륙 횡단철도를 이용하여 유럽이나 중국 또는 중동

방면의 물동량을 복합운송을 통해 유효 적절하게 운송할 수도 있을 것이다.

도로, 철도 또는 내수로 운송은 주로 복합운송에서 많이 이용된다. 따라서 환적은 불가피하기 때문에 신용장에서 환적을 금지한다 할지라도 은행은 전체운송이 단일 및 동일 운송서류 그리고 동일 운송방식으로 이루어지는 경우 환적이 되거나 환적이 될 수도 있다는 도로, 철도 또는 내수로 운송서류를 수리한다. 도로, 철도 또는 내수로 운송에서 환적이라 함은 신용장에 규정된 선적지에서 목적지까지 운송 도중 다른 운송방식으로한 운송수단에서 다른 운송수단으로 양화 및 재적재하는 것을 의미한다.

7. 특사 송배달(特使送配達) 및 우편 수취증

특사 송배달업자(courier) 및 속달 서비스업체(expedited delivery service)가 양적으로 증가하고 국제간 상품의 운송에 이용됨에 따라 이들이 발행하는 특사 송배달 증명서(courier receipt ; 예시 2-17) 또는 각종 운송서류는 5차 신용장 통일규칙에서 신설되어, 우편 수취증(post receipt) 또는 우편 증명서(certificate of posting)와 함께 은행이 수리하는 운송서류의 범주에 포함되고 있다. 특사 송배달업자인 Courier Service는 무역관계서류의 배달은 물론 각종 상용견품, 소화물 등을 짧은 시일 이내에 원하는 장소까지 긴급 배달해 주는데, 미국의 UPS 또는 DHL은 그 대표적인 서비스업체이다.

신용장에서 상품인도의 접수를 입증하는 특사 송배달업자 또는 속달 서비스업체가 발행한 서류를 요구하는 경우 신용장에 별도 명시가 없는 한 명칭에 관계없이 문면상 특사 송배달업자 또는 속달 서비스업체의 명칭이 기재되고 이들에 의해 날인이나 인증된 서류를 은행은 수리한다. 이들이 발행한 서류에는 선적 또는 발송일자로 간주되는 수취일자, 접수일자 또는 이 같은 취지의 문언이 표시되어야 한다.

또한 신용장상에 우편 수취증 또는 우편 증명서를 요구하는 경우 신용장에 별도 규정이 없는 한 우편 수취증이나 우편 증명서가 문면상 날인되거나 별도 인증되고, 또한 신용장에 규정된 상품의 선적 또는 발송 장소에서의 일자가 있어야 한다. 물론 이 일자는 선적일자로 간주한다.

▌예시 2-11 ▌ 용선계약 선화증권

BILL OF LADING
TO BE USED WITH CHARTER-PARTIES
B/L No. SRSC930035

Shipper
GOLDEN BELL CO.,LTD
14TH FL.,HYONAM BLDG.1,CHANGKYO-DONG
CHUNG-KU,SEOUL,KOREA

NEPTUNE SHIPPING AGENCY CO., LTD.
TAIPEI, TAIWAN

Consignee
TO ORDER

COPY

Notify address
NINGBO ECONOMIC N TECHNICAL DEVELOPMENT
ZONE FOREIGH CAPITAL ENTERPRISE
MATERIALS SUPPLYING CORP.
FAX:(0574)221866 TEL:(0574)221915

NON NEGOTIABLE

Vessel: M/V "HAI HANG"
Port of loading: MASAN, KOREA
Port of discharge: NINGBO CHINA

은행보관용

Shipper's description of goods

4,343BUNDLES

SPEC : JIS G3112 SD35
SIZE : D16 X 8M
WEIGHT : M/T
DESTINATION : NINGBO CHINA
ORIGIN : MADE IN KOREA

3,999.903M/T OF
DEFORMED STEEL BAR,KS3504
EQUIVALENT TO JIS G3112 SD35
SIZE : D16X8MT 3,999.903M/T 4,002.074M/T
PACKING: IN BUNDLE OF ABT 1 MT WITH 5.5 MM
WIRE ON MIN 4 SPOTS

SIZE	BUNDLE NUMBER	NET WEIGHT	GROSS WEIGHT
D16X8MT	4,343BNDLS	3,999.903M/T	4,002.074M/T

ON BOARD
DATE: APR. 10. 20XX

* L/C NO. 390LC930044

" FREIGHT PREPAID "

(of which on deck at Shipper's risk; the Carrier not being responsible for loss or damage howsoever arising)

Freight payable as per CHARTER-PARTY dated

FREIGHT ADVANCE.
Received on account of freight:

Time used for loading ____ days ____ hours.

SHIPPED at the Port of Loading in apparent good order and condition on board the Vessel for carriage to the Port of Discharge or so near thereto as she may safely get the goods specified above.
Weight, measure, quality, quantity, condition, contents and value unknown.
IN WITNESS whereof the Master or Agent of the said Vessel has signed the number of Bills of Lading indicated below all of this tenor and date, any one of which being accomplished the others shall be void.
FOR CONDITIONS OF CARRIAGE SEE OVERLEAF

Freight payable at

Place and date of issue: SEOUL, KOREA APR. 10. 20XX

Number of original Bs/L: THREE (3)

SEA ROAD STEAMSHIP CO., LTD.
As Agents

▌예시 2-12▐ FIATA FBL

YOUNG CHANG AKKI CO., LTD.
C. P. O. BOX 219
SEOUL, KOREA

FBL No. KLCS 304027

NEGOTIABLE FIATA COMBINED TRANSPORT BILL OF LADING
issued subject to ICC Uniform Rules for a Combined Transport Document(ICC publication 298)

Consigned to order of

TO SHIPPERS ORDER

KOREA LOGISTICS CO., LTD.
1, MYUNG-DONG 2-KA, CHUNG-KU
SEOUL, KOREA
TEL (SEOUL) 779-6341
(BUSAN) 441-6891
FAX (SEOUL) 779-6346
(BUSAN) 441-6890

Notify address

BRASHS PTY. LTD.
276 COLLINS STREET MELBOURNE
VICTORIA AUSTRALIA 3000

For delivery of goods please apply to :
AEROCEAN (MELBOURNE)
19 DRYBURGH STREET
WEST MELBOURNE VICTORIA 3003

TEL: 03 326 5100

Place of Receipt	Port of loading
	BUSAN, KOREA

Ocean vessel
PYRMONT BRIDGE V 93259S

Port of discharge	Place of delivery
MELBOURNE	MELBOURNE

Marks and numbers	Number and kind of packages	Description of goods	Gross weight	Measurement
BRASH PALING MELBOURNE MODEL COLOR SERIAL NO. C/NO. WE41/1 20 W45/21 23 MADE IN KOREA	23CTNS	"SHIPPER'S LOAD & COUNT" SAID TO CONTAIN; 23SETS OF PIANO WITH BENCH "BRASH PALING"BRAND AS PER PROFORMA INVOICE YCP 93319 DATED 15/01/ L/C NO. 67523/3083 FREIGHT COLLECT SAY:ONE(1X20')CONTAINER ONLY.	5,232KGS CNTR NO/SEAL NO 20'ITLU6986620/026620 ON BOARD DATE : APR. 09, 12	27.099CBM

according to the declaration of the merchant

The goods and instructions are accepted and dealt with subject to the Standard Conditions printed overleaf

Taken in charge in apparent good order and condition unless otherwise noted herein at the place of receipt for transport and delivery as mentioned above.
One of these Combined Transport Bills of Lading must be surrendered duly endorsed in exchange for the goods. In Witness whereof the original Combined Transport Bills of Lading all of this tenor and date have been signed in the number stated below, one of which being accomplished the other(s) to be void.

Freight amount	Freight payable at	Place and date of issue
AS ARRANGED	DESTINATION	SEOUL, KOREA APR. 10, 12
Cargo insurance through the undersigned ☐ not covered ☐ Covered according to attached Policy	Number of Original FBL's THREE(3)	Stamp and authorized signature
For delivery of goods please apply to		KOREA LOGISTICS CO., LTD. ACTING AS A CARRIER, NVOCC

▌예시 2-13▐ 컨테이너 B/L

OOCL ORIENT OVERSEAS CONTAINER LINE

BILL OF LADING

SHIPPER / EXPORTER (COMPLETE NAME AND ADDRESS)
PUNGHAN TEXTILE CO., LTD.
SEOUL, KOREA

BILL OF LADING NO: OOLU62014325

CONSIGNEE (COMPLETE NAME AND ADDRESS)
TO ORDER

NOTIFY PARTY (COMPLETE NAME AND ADDRESS)
KATOEN NATIE LOGISTIC
SYSTEMS N.V., VAN AERDT
STRAAT 33, 2060
ANTWERP 6.

PLACE OF RECEIPT BY PARTICIPATING CARRIER: BUSAN/CFS

VESSEL / VOYAGE / FLAG: OOCL FRIENDSHIP V-37W

PORT OF LOADING: BUSAN/KOREA

ORIGINALS TO BE RELEASED AT: SEOUL

PORT OF DISCHARGE: ROTTERDAM

PLACE OF DELIVERY BY PARTICIPATING CARRIER: ANTWERP/CY

PARTICULARS FURNISHED BY SHIPPER

CNTR NOS. W/SEAL NOS. MARKS & NUMBERS	QUANTITY (FOR CUSTOMS DECLARATION ONLY)	DESCRIPTION OF PACKAGES AND GOODS	GROSS WEIGHT	MEASUREMENT
OOLU2218710/HS043300	/	72 BALE(S) /CFS TO CY 720GP7		
K T N P/O 3620-1 ANTWERP B/NO.145-216	72	BALE(S) SAID TO CONTAIN: 72 BALES OF, (45,000YDS) 100% COTTON GREY CLOTH NE 30/30 76X68 PER INCH, WIDTH 98 INCH CLOSED SELVEDGE OPENER'S P/O NO. 3620. L/C NO.: 00/230'300-350	13470	25.946

TOTAL PACKAGE : ***72*** BALE(S) 13470KGS 25.946CBM
"TERMINAL LOAD" (LCL/FCL) -FREIGHT PREPAID
SAY: SEVENTY TWO (72) BALES ONLY.

NOTICE: For Carriage to or from the United States of America: Clauses 23 and 24 on the reverse side hereof limit the Carrier's liability to a maximum of U.S. $500 per package or customary freight unit by virtue of incorporation of the U.S. Carriage of Goods by Sea Act 1936 unless the Merchant declares a higher cargo value below and pays the Carrier's ad valorem freight charge.

Declared Cargo Value US$ ______ If Merchant enters a value, Carrier's limitation of liability shall not apply and the ad valorem rate will be charged.

CODE	TARIFF ITEM	FREIGHTED AS	RATE	PREPAID	COLLECT
		"FREIGHT AS ARRANGED"			

OOCL (KOREA) LIMITED

❙예시 2-14❙ 통과 선화증권

SENKO CONTAINER LINE UNIFORM THROUGH EXPORT BILL OF LADING

Shipper / Exporter	Booking Number	B/L Number
[illegible] DE ROPA [illegible], S.A. [illegible] AVENIDA 1-51, ZONA 2 MIXCO [illegible] ALVARADO [illegible] GUATEMALA, GUATEMALA C.A.	Export References CY-169-192-197-199	
Consignee TO THE ORDER OF THE BANK OF NEW YORK, N.Y.	Forwarding Agent-References [illegible] Point and Country of Origin GUATEMALA CITY, GUATEMALA C.A.	
Notify Party [illegible] GROUP L.P. [illegible] FIFTH AVENUE SUITE [illegible] NEW YORK, N.Y. [illegible]	Delivery Agent	

Pre-carriage by	Place of Receipt
	GUATEMALA CITY
Vessel-Voyage No.	Port of Loading
[illegible]	[illegible] SANTO TOMAS DE CASTILLA
Port of Discharge	Place of Delivery
[illegible] NEW ORLEANS	[illegible]

PARTICULARS FURNISHED BY SHIPPER

MARKS AND NUMBERS	NO. OF PKGS	DESCRIPTION OF PACKAGES AND GOODS	GROSS WEIGHT	MEASUREMENT
CARTON NO. CONTRACT NO. [illegible] STYLE NO. [illegible] SIZE [illegible] MADE IN GUATEMALA	175	ONE PARTIAL CONTAINER STC: (1X40'ST) CARTONS OF MEN'S SHORT SLEEVE SHIRTS [illegible] CONTAINER NO.: [illegible] SEAL NO.: [illegible] [illegible] BOXES: CONTRACT NO. [illegible] STYLE NO. [illegible] [illegible] L.C. NO. [illegible] [illegible] BOXES: CONTRACT NO. [illegible] STYLE NO. [illegible] [illegible] L.C. NO. [illegible] [illegible] BOXES: CONTRACT NO. [illegible] STYLE NO. [illegible] [illegible] L.C. NO. [illegible] [illegible] BOXES: CONTRACT NO. [illegible] STYLE NO. [illegible] [illegible] L.C. NO. [illegible] [illegible] BOXES: CONTAINING ALL [illegible] FREIGHT COLLECT	NET WT [illegible] [illegible] GROSS WT [illegible] [illegible]	[illegible]

ORIGINAL

RECEIVED by the Carrier in apparent good order and condition except as otherwise noted the total number of Containers or other packages or units enumerated above for transportation from the place of receipt to the place of delivery subject to the terms hereof. One of the original Bills of Lading must be surrendered duly endorsed in exchange for the Goods or Delivery Order. On presentation of this document (duly endorsed) to the Carrier by or on behalf of the holder, the rights and liabilities arising in accordance with the terms hereof shall (without prejudice to any rule of common law or statute rendering them binding on the Merchant) become binding in all respects between the Carrier and the Holder as though the contract evidenced hereby has been made between them.

IN WITNESS WHEREOF THE CARRIER BY ITS AGENT HAS SIGNED 3 BILLS OF LADING, ALL OF THE SAME TENOR AND DATE, ONE OF WHICH BEING ACCOMPLISHED THE OTHERS TO STAND VOID.

This is shipped on board Bill of Lading when validated onboard.

SENKO CONTAINER LINE

BY [illegible] Date [illegible]

FREIGHT CHARGES PAYABLE BY		
CONSIGNEE		
	PREPAID	COLLECT
[illegible]		[illegible]
TOTAL		[illegible]

▌예시 2-15▌ 복합운송 선화증권

COMBINED TRANSPORT BILL OF LADING

Shipper
GOLDEN BELL CO LTD
1 CHANGKYO-DONG, CHUNG-KU
SEOUL, KOREA

CAN / B/L No.
Shipper's Ref. SELA027481
F/Agent's Ref. SEM1

شركة الملاحة العربية المتحدة (ش.ع.م)
UNITED ARAB SHIPPING COMPANY (S.A.G.)

Consignee
TO THE ORDER OF
LIPPOBANK SAWAH BESAR BRANCH
JAKARTA

Notify Address
PT BUKITMEGA MASABADI
JL.CIDENG BARAT NO.15 JAKARTA

Feeder Vessel	Place of Receipt
Ocean Vessel: MV. IBN BAJJAH V 0309W	Port of Loading: BUSAN, KOREA
Port of Discharge: SEMARANG, INDONESIA	Place of Delivery

Owner's mark/Container no. Marks and nos. F.C.L. Seal No.	Number and kind of packages: Description of goods	Gross weight kgs	Measurement m³
PT BM L/C NO.026/006/2869/93/B INVOICE NO. AND DATE 9310IAHD-043D AND OCT. 21. 19 -CONTAINER NOS & SEAL NOS AS PER ATTACHED RIDER-	19X20' CONTRS. "SHIPPER'S LOAD & COUNT" SAID TO CONTAIN: 12,160 BAGS 304 MT POLYETHYLENE CONTRACT NO. : 93P1-09221 STANDARD EXPORT PACKING CONTAINERIZED H.S. NO. : 3901.20.200 COUNTRY OF MERCHANDISE ORIGIN : KOREA L/C NUMBER : 026/006/2869/93/B IMPORT APPLICATION NUMBER : 026/006/2869/B SAY: 19X20' CONTAINERS ONLY. "FREIGHT PREPAID"	306,432.00 KGS LOADED ON BOARD 12 NOV. 19	486.400 CBM

Particulars declared by Shipper

NON-NEGOTIABLE COPY

SHIPMENT SUBJECT TO ALL TERMS AND CONDITIONS PRINTED ON FACE AND REVERSE OF THE ORIGINAL SIGNED BILL OF LADING.

Freight and charges	Revenue tons	Rate	Per	Prepaid	Collect
		"AS ARRANGED"			

*Applicable only when document used as Through Bill of Lading

Freight payable at	Place and date of issue
SEOUL, KOREA	SEOUL, KOREA 12 NOV. 19
Number of original Bs/L: THREE(3)	Signed for the Carrier

For the MASTER

by ____________________
UNITED SHIPPING CO. LTD., Agents

▌예시 2-16▐ 항공화물 운송장

FAF— № 000899

Shipper's Name and Address: DOOSAN INDUSTRIAL CO.,LTD. SEOUL,KOREA
Shipper's account Number:

Not negotiable
AIR WAYBILL
(Air consignment note)

FRITZ AIR FREIGHT

TEL (02)335-7200(7 LINES) FAX (02)324-1479
1ST FL. SUSUNG BLDG. 198-31 DONGKYO DONG. MAPO-KU. SEOUL, KOREA
ISSUED BY JUMBO AIR FREIGHT CONSOLIDATORS LTD

Copies 1, 2 and 3 of this THROUGH CONSIGNMENT NOTE are originals and have the same Validity

Consignee's Name and Address:
NORDSTROM INC.
P.O.BOX 870, SEATTLE, WASHINGTON, U.S.A.
NOTIFY:FRITZ COMPANIES INC.
12403 N.E.MARK STREET PORTLAND, OR 97230.
FAX# (303)251-2230. AND NORDSTROM INC.
CORPORATE TRAFFIC DEPT. P.O.BOX 870,

Consignee's account Number:

MAWB NO: 012-8243 5986

It is agreed that the goods described herein are accepted in apparent good order and condition (except as noted) for carriage SUBJECT TO THE CONDITIONS OF CONTRACT ON THE REVERSE HEREOF. THE SHIPPER'S ATTENTION IS DRAWN TO THE NOTICE CONCERNING CARRIERS' LIMITATION OF LIABILITY. Shipper may increase such limitation of liability by declaring a higher value for carriage and paying a supplemental charge if required.

Issuing Carrier's Agent, Name and City: FRITZ AIR FREIGHT(KOREA)INC.
Agent's IATA Code: **Account No.**:

ALSO NOTIFY NAME AND ADDRESS (OPTIONAL ACCOUNTING INFORMATION): SEATTLE, WA 98111.

Accounting Information:

Airport of Departure (Addr. of first Carrier) and requested Routing: SEOUL(KIMPO)AIRPORT

to	By first Carrier	Routing and Destination	to	by	to	by	Currency	CHGS Code	WT/VAL PPD	WT/VAL COLL	Other PPD	Other COLL	Declared Value for Carriage	Declared Value for Customs
PDX	NW 020						USD			X			N.V.D.	FOB$18,785.00

Airport of Destination	For Carrier Use only / Flight/Date	Amount of Insurance	INSURANCE
PORTLAND, U.S.A.	NW 020/OCT.29	NIL	If Carrier offers insurance, and such insurance is requested in accordance with conditions on reverse hereof, indicate amount to be insured in figures in box marked "amount of insurance"

Handling Information:
ENCL:INVOICE,P/LIST & NEGATIVE DECLARATION.
& BENEFICIARY'S STATEMENT.

신고번호

No of Pieces RCP	Gross Weight	kg lb	Rate Class / Commodity Item No.	Chargeable Weight	Rate / Charge	Total	Nature and Quantity of Goods (incl. Dimensions or Volume)
18	482.0	K		950.5	AS AGREED		221 PCS OF (WOMEN'S APPAREL) LADIES' H/COAT (STYLE NO: 70191) P.O.NO: PV827273 (DEPT #:47) L/C NO: I35638 INV NO. LT1-EAN-3128NS. DIM:110X72X40CM(18) FREIGHT COLLECT

(MAIN MARK)
NSM
ORDER#:PV827273
DEPT #:47
STYLE#: 70191
Q'TY #:
MADE IN KOREA.
P.O.E. : PORTLAND
D.C. #: 89 PORTLAND, OR
STORE#: 20-26,7,9,12
CTN #: 1-12

-DITTO-
D.C. #: 299 DUBUQUE, IA
STORE#: 600,621-623, 520-522,221,222.
CTN #: 13-17.
-DITTO-
D.C. #: 399 ONTARIO, CA
STORE#: 320-364
CTN #: 18.

Prepaid	Weight Charge	Collect
		AS AGREED

Other Charges: H/C:35.00 INLAND CHRG:45.00 PREPAID

Valuation Charge

Tax

Total other Charges Due Agent: 80.00

Total other Charges Due Carrier

Shipper certifies that the particulars on the face hereof are correct and that insofar as any part of the consignment contains dangerous goods, such part is properly described by name and is in proper condition for carriage by air according to the applicable Dangerous Goods Regulations.

ON BOARD
DATE 19 .10.29

Signature of Shipper or his Agent

Total prepaid	Total collect

Currency Conversion Rates	cc charges in Dest. Currency

OCT.29,19 SEL Y.H.CHAE
Executed on (Date) at (Place) Signature of Issuing Carrier or its Agent
JUMBO AIR FREIGHT CONSOLIDATORS LTD

For Carriers Use only at Destination	Charges at Destination	Total collect Charges

FAF— № 000899

PRINTED IN KOREA

▌예시 2-17▐ courier receipt(forwarder airbill)

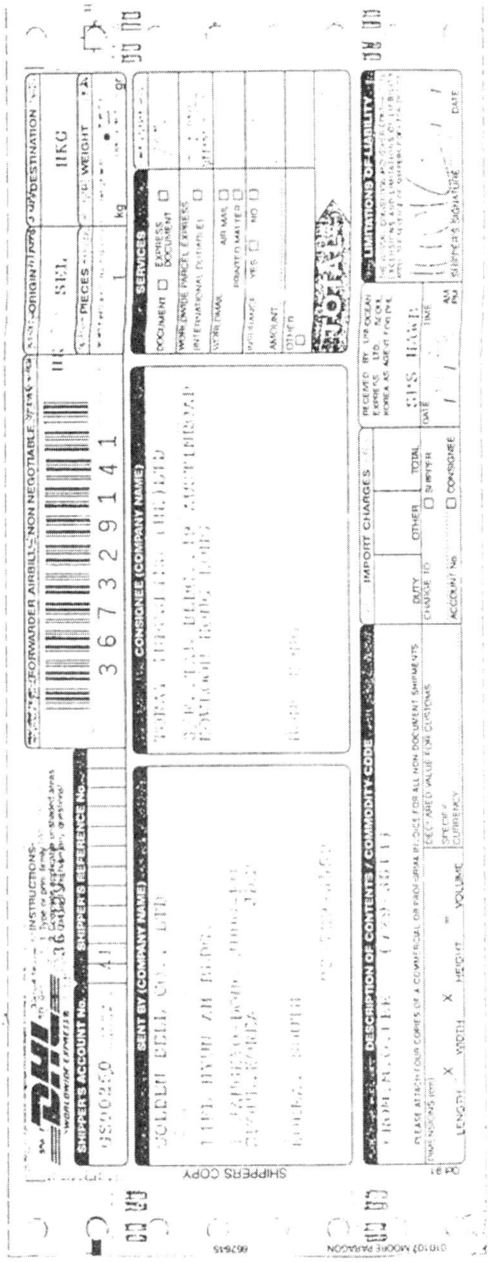

DHL WORLDWIDE EXPRESS

INSTRUCTIONS

FORWARDER AIRBILL NON NEGOTIABLE

367329141

ORIGIN SEL　DESTINATION HKG

PIECES 1　WEIGHT kg gr

SHIPPER'S ACCOUNT No.　SHIPPER'S REFERENCE No.

SENT BY (COMPANY NAME)

GOLDEN BELL CO., LTD

KOREA, SOUTH

CONSIGNEE (COMPANY NAME)

SERVICES

DOCUMENT □　EXPRESS DOCUMENT □

WORLDWIDE PARCEL EXPRESS (INTERNATIONAL DUTIABLE) □

WORLDMAIL　AIR MAIL □　PRINTED MATTER □

INSURANCE YES □ NO □

AMOUNT

OTHER □

TOTAL

DESCRIPTION OF CONTENTS / COMMODITY CODE

PLEASE ATTACH FOUR COPIES OF A COMMERCIAL OR PROFORMA INVOICE FOR ALL NON DOCUMENT SHIPMENTS

DIMENSIONS (cm) LENGTH X WIDTH X HEIGHT = VOLUME

DECLARED VALUE FOR CUSTOMS

SPECIFY CURRENCY

IMPORT CHARGES

DUTY　OTHER　TOTAL

CHARGE TO □ SHIPPER □ CONSIGNEE

ACCOUNT No.

RECEIVED BY

DATE　TIME　AM PM

LIMITATIONS OF LIABILITY

SHIPPER'S SIGNATURE　DATE

SHIPPERS COPY

7-3 상업송장

1. 상업송장의 의의

상거래상 선화증권과 함께 필수적인 선적서류로 사용되는 송장(invoice)은 불어의 "envoyer"(send)에서 유래된 것으로, 상품의 매매가 원격지간에 행하여지는 경우 매도인이 매수인 앞으로 해당물품의 특성과 내용명세를 상세하고 정확하게 작성하여 송부하는 선적화물의 계산서 및 내용명세서(description of goods)이다.

국내 상거래에 이용되는 송장은 단순히 상품의 적요서나 안내장의 역할을 하지만 국제 무역의 경우에는 적요서나 안내장의 역할뿐만 아니라 매매당사자의 이름과 주소, 발행일자, 주문번호, 계약상품의 규격 및 개수, 포장상태 및 화인 등이 표시된 구체적인 매매계산서인 동시에 대금청구서(debit note)이기도 하다.

따라서 송장은 무역거래상의 필수서류로 모든 신용장에서 요구하고 있으나 유가증권인 선화증권이나 보험증권과 같이 그 자체가 청구권이 있는 서류는 아니다.

송장의 이러한 성격 때문에 어떤 경우에는 그 거래계약의 존재 및 계약이행의 사실을 입증하는 유력한 자료가 되며, 수입물품의 정확성 및 진실성을 입증하기 위한 세관신고의 증명자료가 되기도 한다.

또한, 상업송장은 신용장상에서 별도의 약정이 없는 한 계약물품의 인도를 증빙하는 선화증권의 기재내용과 일치해야 하며, 신용장에 따라 발행되는 환어음의 금액과 일치해야 한다.

❙ 상업송장의 의의 ❙

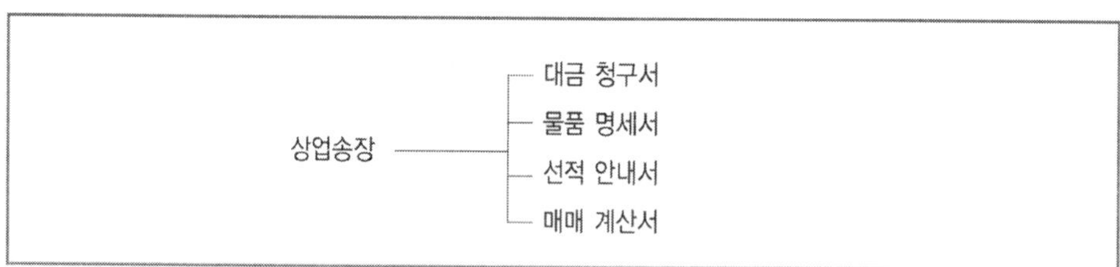

2. 상업송장의 종류

송장은 그 용도에 따라 상거래용으로 작성되는 상업송장(commercial invoice)과 영사관에서 작성되거나 세관용으로 작성되는 공용송장(official invoice)으로 구분할 수 있다.

(1) 상업송장(commercial invoice)

상업송장은 매매계약 성립 후 계약상품을 선적한 후 작성되는 선적송장(shipping invoice), 거래의 유치를 위한 견적용으로 사용되는 견적송장(pro-forma invoice), 위탁판매시에 사용되는 위탁판매송장(consignment invoice), 수탁판매시에 사용되는 수탁판매송장(indent invoice) 및 견본 발송시에 사용되는 견본송장(sample invoice)으로 나눌 수 있다.

우리들이 흔히 쓰는 송장이라는 것은 상업송장 중에서 선적송장을 말한다.

(2) 공용송장(official invoice)

송장은 선박회사나 보험회사가 발행하는 각 증권과는 달라서 사문서이기 때문에 원래 공적 신용도가 낮다. 따라서 수출국에 주재하고 있는 수입국의 영사가 송장내용의 진실성을 증명하거나 수입국 세관당국이 정한 소정양식에 따라 작성하도록 요구되는 경우가 있다. 따라서 공용송장은 일반송장에 공적입증력을 부가시킨 것이다.

❙ 송장의 종류 ❙

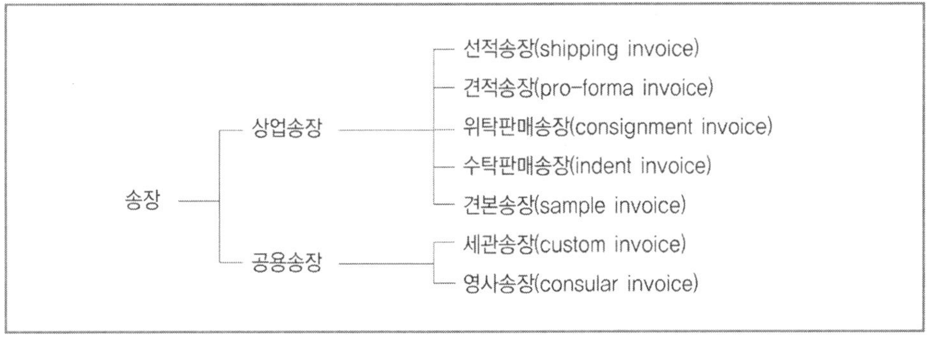

공용송장은 세관송장(customs invoice)과 영사송장(consular invoice)으로 구별되며 제5절 부속서류에서 자세히 설명하기로 한다.

3. 실무상 유의사항

(1) 상업송장의 상품명세

상업송장에서의 상품의 명세는 신용장에서의 명세와 일치하여야 하며 상품명세에 관한 판단은 상업송장의 명세를 기준으로 한다. 그러나 다른 모든 서류에서 상품은 신용장상의 상품명세와 모순되지 않는 일반용어로 기술될 수 있다. 그러나 상업송장상의 상품명세 중 자구 일부가 신용장의 기재와 차이가 있다고 하여도 그것이 착오기재나 오타임이 문면상 명백하여 상당한 주의를 기울이면 쉽게 알아볼 수 있는 경미한 것일 때에는 신용장조건과 일치되는 것으로 보아야 한다.

(2) 신용장금액 초과작성의 금지

신용장에 별도 명시가 없는 한 은행은 신용장에서 허용된 금액을 초과한 금액으로 발행된 상업송장을 거절할 수 있다.

상업송장의 금액은 원칙적으로 신용장 금액의 범위 내에서 작성되어야 한다. 그러나 신용장에서 가격조건은 FOB나 수출상이 수입상을 대신하여 운임을 지급하거나 보험을 부보토록 하고 그 비용을 청구할 수 있도록 수권하는 경우나 매매계약 당시 약정되지는 않았으나 결국 수입상이 부담할 성격의 추가비용 발생시에는 부득이 송장금액이 신용장 금액을 초과하게 된다.

이러한 경우에 지급·인수 또는 매입은행이 비록 상업송장 금액이 신용장 금액을 초과하여 작성되었을지라도 그 이유를 인정하여 신용장 금액을 초과하는 금액에 대하여 지급·인수 또는 매입을 하지 아니하는 조건으로 상업송장을 수리하였을 경우 그러한 수리 결정은 신용장의 모든 당사자를 구속한다.

따라서 매입은행은 신용장에서 허용된 범위 내에 해당하는 금액에 대해서만 매입하고 초과금액은 서류송달장(covering letter)에 그 내용을 명시하여 추심처리한 후 발행은행으로부터 입금이 되면 고객에게 지급한다.

(3) 상업송장의 피발행인

신용장상에 별도의 명시가 없는 한 상업송장은 당해 신용장의 발행의뢰인 앞으로 작성되어야 한다. 상업송장은 당해 상품의 명세서인 동시에 대금청구서의 구실도 겸하기 때문에 대체로 신용장 발행의뢰인 앞으로 작성한다. 그러나 화물이 도착하기 전

에 전매 등으로 인하여 상업송장에 기재되는 당사자가 반드시 실제 그 화물을 인수하는 자가 아닐 경우가 있다. 이러한 경우에는 신용장에 특별히 명기하여 제3자 앞으로도 송장을 발급할 수 있다.

(4) 기타 심사사항

① 국내 상거래에서 사용되는 송장과 달리 국제무역에서는 구매서의 역할을 하므로 거래물품의 주요사항인 계약상품의 정확한 규격(specification of goods) 및 개수, 포장상태 및 화인(marks) 등이 상세하게 표시되어야 한다.

② 송장은 수입지에서 화물수취안내서와 수입물품의 진실성 및 정확성을 입증하기 위한 세관신고의 증명자료가 된다. 따라서 모든 송장은 과세표준액 산정에 가장 중요한 자료가 되므로 수입통관시 수입업자에게 불이익이 초래되지 않도록 정확히 작성되어야 한다.

③ 계약상품의 순단가, 부대비용, 할인료, 지급방식, 지급시기 등을 구체적으로 명기한 매매계산서 및 대금청구서로서 송장상의 발행금액은 환어음(bill of exchange)의 발행금액과 일치하여야 한다.

④ 일반적인 기재사항의 누락은 없으며 운송서류, 보험서류 등 다른 서류의 기재내용과 일치하여야 한다.

⑤ 상업송장은 가격계산서 역할을 하므로 계산내용이 기재된다. 신용장 통일규칙 제34조에 의거 서류의 정확성에 대하여 은행이 면책되므로 계산의 정확성을 검사할 의무가 있다고 보기는 어려우나 명백한 계산착오임에도 주의를 태만히 하면 책임을 부담할 가능성이 크다고 ICC는 해석하고 있으므로 확인하는 것이 좋다.

(5) 상업송장의 기재사항

상업송장은 수출상이 작성하여 외국환은행을 통하여 환어음 및 당해 선적서류와 함께 수입상에게 보내지는데, 우리나라의 경우 상업송장 등 무역관련양식은 1975년 10월에 행정개혁위원회에서 통일된 바 있고 주요 기재사항은 다음과 같다.

① 수출상(Shipper/Exporter)

매수인에게 상품을 판매하는 개인 또는 법인의 이름과 주소를 기재하며, 대미 상업송장에는 우측 상단에 Manufacturer's I.D. Code를 기재하여야 한다.

② 개설의뢰인 또는 수화인(For Account & Risk of Messrs. or Consignee)

상업송장 양식상의 "For Account & Risk of Messrs."로 기재되어 있을 시는 수출물품을 인도받을 신용장상의 개설의뢰인의 이름과 주소를 기재하며, 또는 동 양식상에 "Consignee"라고 기재되어 있는 경우에는 운송서류상에 기재된 수화인과 동일해야 한다.

즉 신용장에 기명식이 아닌 지시식 선화증권을 요구하는 'to order of A", "to the order of A Bank" 등으로 표시된 때에도 선화증권과 동일한 "to order of A", "to the order of A Bank" 등으로 기재하여야 한다.

③ 도착통지처(Notify Party)

④ 선적항(Port of Loading)

⑤ 최종목적지(Final Destination)

B/L의 설명과 같다.

⑥ 선박(또는 비행기)명

⑦ 출항예정일(Sailing on or about)

화물을 적재한 선박이나 비행기가 출발하는 년, 월, 일을 기재하며, 통상 B/L이나 Air waybill상의 선적일자와 일치시켜야 하나, 송장 작성시점에서는 선적일자를 정확히 알 수 없으므로 예상되는 선적일자의 5일 전후로 기재하면 된다.

⑧ 송장번호 및 일자(No. & Date of Invoice)

매도인이 송장에 부여한 참조번호 및 송장발행일을 기재한다.

⑨, ⑩ 신용장 번호, 발행일 및 발행은행(No. & Date of L/C, L/C Issuing Bank)

신용장 발행은행명, 발행일 및 번호를 기재한다.

⑪ 기타 참고사항(Remarks)

거래상대방이 신용장이나 계약서에서 별도로 요구한 사항을 기재하며, 대미 수출시는 Special Customs Invoice 제출 대신 이 난에 원산지를 기재하기도 한다.

⑫ 화인, 포장개수(Marks & No. of Pkgs)

화인은 관련서류와 포장상품의 대조 점검을 용이하게 하고 화물을 도착시까지 신속하고 안전하게 운송할 수 있도록 간단하게 표시하여야 하며, 포장종류당 포장화물의 개수와 각 물품의 포장형태를 drum, bale, box, case, bundle 등으로 기재한다.

⑬ 상품명세(Goods Description)

물품명세란에는 규격, 품질, 등급 등 해당물품에 대한 정확한 명세를 기재하여 다른 어떤 물품과도 명확히 구별할 수 있어야 하며, 동 물품명세는 신용장상의 표현과 완전히 일치하여야 한다(UCP 제18조 C항).

⑭, ⑮, ⑯ 수량, 단가 및 금액(Quantity/Unit, Unit Price and Amount)

송장금액 계산의 기초가 되는 최소단위당 수량, 단위수량당 가격을 기재하며, 단위당 단가에 수량을 곱하여 총금액을 계산한다. 그러나 제반비용을 첨가하여야 하고, 대량구입에 따르는 할인이 있으면 차감하여 송장상의 금액은 수입업자가 꼭 부담하여야 할 실채무액이 표시되어야 한다.

그리고 L/C상의 금액은 상업송장에 기재될 수 있는 최고 금액을 의미하므로 신용장상에 별도의 명시가 없는 한 은행은 신용장이 허용하는 금액을 초과한 금액으로 발행된 상업송장의 수리를 거절할 수 있다.

⑰, ⑱ 송장 작성자의 주소 및 서명

▌예시 2-18▐ 상업송장

COMMERCIAL INVOICE

1. Shipper/Exporter GOLDEN BELL COMPANY LIMITED GPOBOX 7423 SEOUL SKOREA		8. No. & Date of invoice 9309PKHD-333C SEP. 17, 20
		9. No. & Date of L/C 681020/RRK/DA SEP. 09, 20
2. For Account & Risk of Messrs. H A ENTERPRISES 544 ADAMJEE DAWOOD ROAD KARACHI.		10. L/C Issuing Bank HABIB BANK LTD. F.EXCH BR. KARACHI PAKISTAN:
3. Notify Party 1) SAME AS ACCOUNTEE 2) HABIB BANK LTD. F.EXCH BR. KARACHI PAKISTAN:		11. Remarks: * SHIPMENT BY STEAMER * WE HEREBY CERTIFY THAT MERCHANDISE IS OF KOREA ORIGIN (.) * GOODS ARE IMPORTABLE UNDER THE H S CODE NO 3902.2000 AND IMPORT REGISTRATION NO(S) W069482 * LICENCE NO(S)
4. Port of loading BUSAN, KOREA	5. Final destination KARACHI, PAKISTAN	
6. Carrier SOCOL 8 /9353	7. Sailing on or about SEP. 17, 20	

12.Mark & No.of PKGS	13.Description of goods	14.Quantity/unit	15.Unit-price	16.Amount
640BAGS			CANDF KARACHI	
HIGH DENSITY POLYETHYLENE	HIGH DENSITY POLYETHYLENE GRADE NO 3080 PACKED IN 25 KGS ORIGINAL MANUFACTURERS PRINTED BAGS ASPER INDENT HAN/428/H/93 OT 29.7.93 OF M/S VINMAR POLYMERS KARACHI.			
		16 M/TONS	USDL 586/- PER MTON	USDL9,376/-
	TOTAL	16 M/TONS		USDL9,376/-

17.
C.P.O. BOX 7423 SEOUL KOREA
Telex : K27453, 22935 KOMITE
Cable Address : GOLDENTRAMITE SEOUL
Telephone Nos.: (02) 729-3791

18. GOLDEN BELL CO., LTD.
Signed by [signature]
K.W. KIM / GENERAL MANAGER

7-4 보험서류

본 절에서는 운송서류, 상업송장과 함께 선적서류를 구성하는 기본서류 중의 하나인 보험서류의 의의와 종류별 유의사항 등에 대하여 설명하기로 한다. 그리고 육상, 항공, 해상 그리고 복합운송 등의 운송방법 중에서 가장 많이 이용되고 있는 해상운송 과정상 발생되는 해상손해와 그 부보범위 등에 대해서는 '협회적하보험약관'을 참고하기 바란다.

1. 개요

(1) 보험서류의 의의

일반적으로 보험(insurance)이란 어떤 우연한 사고에 의하여 발생하는 손해를 경제적으로 보전해 주기 위하여 동종의 위험을 느끼는 다수의 경제단위가 통계적 기초에 의하여 산출된 보험료를 갹출하여 예기치 못한 사고의 발생에 공동으로 대비하는 제도를 말한다.

국제무역거래는 국내와는 달리 물품의 이동거리가 멀고, 또한 대부분 위험이 큰 해상운송에 의해 운송될 뿐만 아니라 매매당사자간에 언어, 관습, 법률 및 통화제도를 달리하고 있으므로 그 위험도 훨씬 크고 복잡다양하다. 화물운송 중에 발생할 수도 있는 각종 위험으로부터 보전할 필요가 생기는데 보험회사가 이 역할을 수행하는 것이다.

따라서 보험서류는 보험회사인 보험자가 보험기간 중 화물운송 도중에 발생할 수 있는 사고로 인하여 보험목적물에 손해가 발생하였을 경우에 그 손해를 보전할 것을 약속하고 피보험자는 그 대가로 보험료를 지불할 것을 약속하는 증서이다.

이러한 보험서류는 먼저 신용할 수 있는 보험회사를 선정하여 규정된 신청서를 작성하여 제출하면 보험회사에서는 신청서를 검토하여 보험요율을 정하고 보험료를 지급하면 보험증권 등이 발행되며 보험계약이 성립된다.

보험서류는 모든 신용장에 필요한 것이 아니고 매도인에게 부보의무를 부과하는 C.I.F.계약과 C.I.P.계약에서 필요로 하는 서류이다. F.O.B.계약 C.F.R.계약 등에서는 운송 중의 위험을 매수인이 부담하기 때문에 매도인은 부보할 필요가 없다.

(2) 보험의 당사자

보험의 당사자란 보험계약에 직접 관계되는 자를 말하는 것으로 보험자, 보험계약자, 피보험자가 있다. 보험자(insurer, assurer)란 손해의 보전을 약정하고 보험서류를 발행하는 보험회사를 말하며 수리가 가능한 보험서류는 보험회사(insurance companies)나 보험인수업자(underwriters) 또는 그 대리인에 의하여 발행 서명된 보험서류에 한한다.

보험계약자(policy holder)는 보험회사와 계약을 체결하고 보험료를 지불하는 자를 말하며, 피보험자(insured, assured)는 피보험이익(insurable interest)을 갖고 피보험재산에 손해가 발생하면 보험자로부터 보험금을 지급받는 자이다.

보험계약자와 피보험자는 무역거래에 있어 대개 별개이며 CIF계약에서는 수출업자는 보험계약자, 수입업자는 피보험자가 된다. 만일 수출업자가 자신을 피보험자로 하여 보험계약을 하여 보험자로부터 보험증권이 발행되어졌다면 수출업자가 배서(endorsement)하여 수입업자에게 양도하는 형식을 취한다. 한편 FOB나 CFR 계약인 경우에는 처음부터 수입업자가 자기를 피보험자로 하여 보험자와 보험계약을 체결한다. 이 밖에 보험회사의 대리인으로서 보험사고 발생시 보험금을 지급하는 보험결제대리인(claims settling agent)이 있으며, 통상 피보험자의 소재지에 있는 자를 지정한다.

(3) 보험서류의 종류

보험서류에는 보험증권(insurance policy), 보험증명서(certificate of insurance), 부보각서(cover note) 등이 있으며, 보험증권에는 포괄보험계약에 따라 발행되는 예정보험증권(provisional policy, open policy)과 확정보험계약에 따라 발행되는 확정보험증권(definite policy)으로 나뉜다. 이들 제 서류 중 신용장거래에 있어서 제공될 수 있는 것은 신용장에 특별히 구체적으로 명시된 것과 똑같아야 하며, 보험회사나 그 대리인 또는 보험인수업자가 발행 내지는 서명한 보험증권 또는 보험증명서이어야 하며, 부보각서는 신용장 등에서 허용하지 않는 한 수리가 거절된다.

2. 보험증권

(1) 의의

보험계약자의 신청을 보험자가 승낙하면 보험계약은 성립되고, 보험자가 통상 보험증권(insurance policy; I/P)을 발행한다. 보험증권은 보험계약 성립의 증거로서 보험

자가 보험계약자의 청구에 의하여 교부하는 것으로 보험증권은 유가증권은 아니며 다만 증거증권이며 매도인이 부보하여 발급받은 것을 손해발생시 매수인이 보험금을 청구하기 때문에 유통증권(negotiable document)이어야 하며, 통상 배서 내지 인도에 의하여 양도된다.

우리나라에서 사용되고 있는 보험증권은 영문 보험증권으로서 종전까지는 영국의 해상보험단체인 Lloyd's가 제정한 Lloyd's S.G. Form이었으나, 최근에 Lloyd's S.G. Form이 폐기되고 협회화물약관(institute cargo clause; ICC)이 개정되어 새로운 보험증권양식이 국제적으로 사용됨에 따라 우리나라에서 과도기로서 1983년 3월부터 신증권과 종전증권을 병행하여 사용하고 있다. 보험증권은 보험계약을 체결한 증빙서류로서 계약내용과 계약당사자가 증권상에 나타난다. 해상보험을 체결할 때 고지사항 모두가 명확한 경우에는 확정보험증권(definite insurance policy)이 발행되고, 불명확한 사항이 있는 경우에는 예정보험(provisional insurance)계약을 체결하고 예정보험증권(provisional insurance policy) 또는 포괄예정보험증권(open policy)을 발행받는다.

보험증권도 선화증권과 마찬가지로 복본 전통으로 발행되는바 통상 2통으로 발행되며 그 중 어느 1통에 의하여 보험채무가 이행되었을 때 나머지 보험증권은 무효가 되며, 증권에는 상법에 규정된 다음의 법정기재사항을 기재하여야 한다.

① 피보험자의 주소와 성명 또는 상호
② 선적항과 도착항
③ 선박명 및 국적
④ 보험기간을 정하였을 때 그 시기와 종기
⑤ 보험금액과 그 지급시
⑥ 보험료
⑦ 보험의 목적물과 보험약관
⑧ 보험증권의 작성지와 작성 연월일

(2) 보험증권의 해석원칙

가. 수기문언 우선의 원칙

보험증권에 기재된 수기문언은 타자된 문언, 스탬프 문언, 인쇄된 문언에 우선하여 적용된다.

나. 판례 및 당사자 의사의 존중원칙

과거의 판례와 계약 당사자간의 의사에 따라서 해석된다.

다. POP의 원칙

보험증권상의 문언은 학문적, 이론적으로 해석되어서는 안 되고, 평이하면서(Plain), 통상적으로(Ordinary) 그리고 통속적으로(Popular) 해석되어야 한다.

라. 동종제한의 법칙

보험증권에서는 서로 비슷한 뜻을 지닌 단어들이 나열되는 경우가 많은데, 이들 단어들은 다른 뜻을 지니고 있는 것이 아니라 앞의 단어와 유사한 뜻을 지니고 있는 동일한 종류로서 해석하는 것을 동종제한의 원칙이라 한다.

마. 문언작성자 불이익의 원칙

일반상거래에서 문언상의 애매모호한 점으로 인하여 야기되는 문제 문언을 작성한 사람에게 불리한 방향으로 해석하는 것을 말한다.

3. 보험증명서

보험증명서(insurance certificate)는 개개의 보험내용이 미확정된 예정보험계약에 의하여 보험회사가 포괄적인 예정보험증권(open policy)을 교부하고, 동 예정보험증권을 근거로 개개의 보험사실이 확정될 때마다 그 보험의 확정사실을 증명하여 보험계약자에게 발행하는 증명서이다. 즉 플랜트기자재 수출과 같이 일정기간 동안의 대량적이고도 반복적인 수출입거래의 경우에 선적시마다 개별적인 보험에 부보하지 않고 수출입상이 보험회사와 일정조건의 예정보험계약을 체결하여 예정보험증권을 교부받고, 실제 물품이 선적되어 확정보험사실이 발생할 때마다 동 예정보험증권을 근거로 보험회사로부터 발급받는 증명서로서 시간과 비용이 절약되고 수수료가 저렴하기 때문에 근래 점차 일반화되고 있다.

보험서류에 대해서 신용장 통일규칙 제28조에서는 신용장에서 명시된 보험서류이어야 하며 보험회사나 보험인수업자 또는 그 대리인에 의하여 발행 서명되어야 한다고만 규정하고 있다. 따라서 신용장에서 보험증권만을 요구하는 경우에는 보험증명서

는 수리되지 않지만 신용장에서 막연히 insurance document를 요구하거나 명시적으로 보험증명서상에 동 open policy가 선적일자 이전에 발급되고 보험증명서상에 동 open policy의 번호, 일자 등이 기재되어 있으면 그 수리가 인정되는 것이 특징이다.

실무상 대개의 신용장은 수익자가 보험증권이나 보험증명서 중 어느 것이나 택일하여 제시할 수 있도록 명시하고 있다. 보험증명서도 보험증권과 마찬가지로 배서에 의해 양도할 수 있다.

4. 부보각서(附保覺書)

부보각서(cover note)란 보험중개인(insurance broker)이 발행한 것으로 보험료의 영수증을 겸한 보험의 예약각서에 불과하며, 보험의 수혜자와 보험회사간의 법적관계를 분명히 정하고 있지 않을 뿐만 아니라 보험중개인은 보험회사에 비하여 그 자산과 신용이 낮기 때문에 부보각서는 신용장에서 특별히 허용하지 아니하는 한 수리할 수 없다.

또한 보험자가 cover note를 발급할 수도 있는데, 이는 보험료를 납부할 경우 당해 보험을 인수할 것을 승낙한다는 의미에서 보험승인서 또는 보험인수승인장이라고도 한다.

5. 실무상 유의사항

보험서류는 운송서류와 함께 선적서류를 구성하는 중요한 기본서류이므로 은행은 제시되는 보험서류의 형식, 발행인, 부보일자, 부보조건 등 그 내용을 면밀히 검토하여야 한다.

(1) 부보일자

신용장에 별도의 명시가 없거나 보험서류에 부보의 효력이 늦어도 상품의 본선적재, 발송 또는 수탁일로부터 발효된다고 표시되어 있지 않는 한 은행은 운송서류에 표시된 화물의 본선적재, 발송 또는 수탁일 이후의 일자가 표시되어 제시된 보험서류는 수리거절 한다. 즉, 보험서류의 일자는 B/L상의 선적일, 기타 발송서류의 발송일, 복합운송서류의 수탁일과 최소한 같거나 그 이전이어야 한다. 이러한 일자보다 후일자일 경우에는 선적 등의 일자와 부보일자 사이에 사고가 발생하면 그 기간의 보험이 cover되지 않기 때문이다.

(2) 표시통화와 부보금액

신용장에 보험서류가 요구되어 있을 때에는 이에 표시할 통화는 원칙적으로 신용장면에 표시된 통화와 일치하지 않으면 안 된다. 신용장에 표시된 통화 이외의 통화로 부보하려면 신용장에 그 취지가 명시되어 있어야 한다.

한편, 보험서류에는 만일 사고가 발생했을 경우에 그 손해에 대하여 보험자가 부담할 금액의 한도를 표시하는 보험금액(insurance amount)이 표시되어 있지 않으면 안 된다. 따라서 부보를 요하는 최저금액은 당해 상품의 C.I.F. 가격에 희망이익 10%를 가산한 금액이므로 그 금액에 합당한 보험서류이라야 수리될 수 있다. 다만 CIF 또는 CIP 가격을 산출할 수 없을 때에는 송장금액과 어음금액 중 큰 금액에 대하여 부보하여야 한다.

(3) 면책비율(franchise)

면책비율이 적용되지 않는다는 면책비율부적용(irrespective of percentage: IOP) 조항이 신용장에 표시되어 있지 않는 한 면책비율조항이 기재된 보험서류를 정당한 서류로 인정하여 수리한다. 면책비율조항은 화물에 손해가 발생하면 일정비율 미만의 손해에 대하여 보험자가 담보책임을 면하는 소손해 면책비율(franchise)로 손해가 일정금액 한도를 초과하는 경우 일정률을 공제하는 소손해 공제면책비율(deductible franchise)과 공제하지 아니하는 비공제면책비율(non-deductible franchise)로 구분된다.

가. 공제면책비율[deductible franchise, excess(deductible)]

손해가 일정면책비율에 달했을 때 초과하는 부분의 손해액에 대해서만 담보하겠다는 면책비율이다. 예를 들면 3% 품목인 경우 5%의 손해가 났을 때 5%－3% = 2%만 보전하는 면책비율이다. 기재 예를 보면, “To pay the excess of the percentage specified in the policy”, “Average payable in excess of 3%”, “Warranted free of particular average under 5% which is deductible” 등이다.

나. 비공제면책비율(non-deductible franchise)

손해가 일정면책률에 달하지 않을 때에는 담보하지 않으나 그 이상인 경우에 면책률을 금액에서 공제하지 않고 손해의 전부에 대하여 담보한다. 예를 들면, 3% 품목에서 6%의 손해가 난 경우 원칙은 6% － 3% = 3%만 담보하면 되는 것이나, 6% 전부를 담보하는 것이며 2% 손해시에는 담보하지 않는다. 기재 예는 "Subject average (average payable) if amounting to 3%", "To pay average if amounting 5% on each 250 bags" 또는 "Free from particular average unless amounting to 5% each to bales seperately insured" 등이다.

(4) 보험서류의 점검사항

① 보험증권의 법적 기재사항의 누락은 없는가?
② 정당한 발행권자인 보험회사나 보험인수업자 또는 그 대리인에 의해 발행되고 서명된 full set(통상 2통)가 제시되었는가?
③ 신용장에서 별도 명시가 없는 한 부보일자는 운송서류의 선적일, 발송일, 수탁일 이전인가? 다만 보험의 효력이 늦어도 선적일, 발송일 또는 수탁일로부터 유효한다고 입증되는 때에는 수리가능하다(신용장 통일규칙 제28조).
④ 신용장에 별도 명시가 없는 한 부보금액은 CIF 또는 CIP 가격의 110%로 되어 있는가?
⑤ 보험금액의 표시통화 및 부보금액은 신용장 조건과 일치하는가?
⑥ 위험은 신용장에서 요구한 조건대로 부보되어 있는가?
⑦ 배서를 요하는 경우 배서는 누락되지 않았는가?
⑧ 선명, 출항예정일, 선적항, 양륙항, 상품명, 수량 등 기타 제반 기재사항은 신용장 조건과 일치하고 다른 서류와는 상치되지 않는가?

(5) 보험증권의 기재사항

<예시 2-19>의 해상보험증권의 기재내용을 살펴보기로 한다.

① 보험증권번호(Policy No.)

보험자가 피보험자에게 보험증권을 교부할 때 붙이는 일련번호이다.

② 피보험자(Assured etc)

수출입상사명을 기재하는데 CIF계약의 수출인 경우 피보험자에 대하여 별도의 약정이나 지시가 없으며 수출업자 자신을 피보험자로 하여 수출환어음 매입시에 백지배서(blank endorsement)에 의해 양도하면 된다.

③ 참고번호(L/C NO 등)

보험자가 업무상 참조하기 위한 번호로서 통상 수출의 경우에는 신용장 또는 수출신고서의 번호를, 수입의 경우에는 상업송장 또는 수입신고서의 번호를 기재한다.

④ 보험금액(Amount insured hereunder)

보험계약자가 부보한 금액으로서 보험사고가 발생하였을 때 보험자가 손해보전액, 즉 보험금으로서 지불하는 최고한도액이다. 보험금액은 당사자의 합의에 의하여 정해지지만, 보험금액은 보험가액과 동액 또는 그 이하가 되지 않으면 안된다. 보험가액과 보험금액이 동액인 경우를 전부보험, 보험금액이 보험가액의 일부인 경우를 일부보험이라고 하는데, 대부분의 해상보험은 전부보험이다. 보험금액이 보험가액을 상회하면 초과보험이 되는데 초과분은 무효가 된다. 보험금액은 보통 물품의 CIF 가격에 10%를 가산한 금액이 되며, 표시통화는 신용장상에 별다른 명시가 없는 한 신용장과 동일한 통화로 표시하여야 한다.

⑤ 보험조건(Conditions & Warranties)

어떠한 보험조건을 선택하느냐 하는 문제는 보통 수출입계약을 체결할 때에 매매당사자간의 합의에 의해 결정된다. 그리고 그 내용은 신용장이나 매매계약서에 기재된다. 그런데 이 보험조건은 화물의 종류, 포장, 운송방법, 예상항해기간 등을 감안하여 이상적인 조건으로 결정하도록 하여야 한다. 즉 구체적으로 어떠한 기본조건을 선택하고 또 화물과 수송의 특수사항을 고려하여 어떠한 부가위험을 추가할 것이며 전쟁위험과 동맹파업위험 등은 어떻게 할 것인가를 결정하지 않으면 안된다.

⑥ 보험금 지급지(Claims, if any, payable at/in)

일반적으로 수출의 경우에는 화물의 최종목적항이 기재되고 수입의 경우에는 당해 보험자명이 기재된다.

⑦ 손해사고 통지처(Survey should be approved by)

피보험화물에 손해가 발생하였을 때 지체 없이 통지하여야 할 곳인데, 수출의 경우에는 최종목적항에 있는 보험자의 대리점의 상호 및 주소가 명시되고, 수입의 경우에는 보험자명이 기재된다.

⑧, ⑨ 국내 운송수단, 적재지(Local vessel or conveyance, From(interior port or place of loading))

화물의 출하자와 선적지가 다른 경우에 출하지로부터 선적지까지의 운송화물에 대한 부보시 기재하게 되는데, ⑧은 국내운송 용구이며, ⑨는 출하항 또는 출하지이다.

⑩ 선박명(Ship or Vessel called the)

화물을 적재하는 선박명이 기재된다.

⑪ 출항(예정)일(Sailing on or about)

적재선박이 선적항을 출항하는 연월일 또는 예정 연월일을 기재한다. 특히 수출의 경우에는 선화증권상의 내용과 일치하도록 하여야 한다.

⑫, ⑬, ⑭ 선적항, 환적항, 양륙지(at and from, transhipped at, arrived at)

선적항, 환적이 있는 경우 환적항과 양륙항을 기재한다.

⑮ 최종목적지와 운송용구(thence to)

최종목적지가 내륙지방에 있어 양륙항과 목적지가 상이한 경우, 운송약관에 따라 양륙항에서 최종목적지까지의 운송화물에 대하여 부보할 때 최종목적지와 운송용구를 기재한다. 예를 들어 양륙항이 New York이고 최종목적지가 Chicago인데 철도화차를 이용하여 운송한다면 thence to Chicago by rail과 같이 기재하고 운송용구가 불명할 때에는 land conveyance 또는 any conveyance라고 기입한다.

⑯ 부보화물명세(Subject matter insured)

화물의 품명, 수량, 화인 등을 신용장이나 선화증권상의 기재내용대로 기입한다.

⑰ 보험증권 발행지와 발행일(Place and Date signed in)

발행일은 선화증권 발행일보다 이전이 되지 않으면 안된다.

⑱ 보험증권 발행매수(Nos. of Policies issued)

보통 2통이 발행되는데, 보험자가 1통에 대하여 변제하면 나머지 1통은 무효가 된다.

⑲ 보험자의 서명

해상보험증권은 보험자 또는 보험자의 대리인에 의해 서명되지 않으면 안된다. 다만 보험자가 법인인 경우에는 법인의 인장으로 충분하다. 우리나라에서는 보험회사의 해상보험 부문의 책임자가 서명하는 것이 보통이다.

⑳ 본문약관

개정된 보험증권의 신양식의 본문약관은 종전 양식의 본문약관보다 아주 간결하게 되어 있는데, 그 내용은 준거법약관, 타보험약관, 약인약관 및 선서약관으로 되어 있다.

㉑ 난외약관

종전 양식에 있던 이탤릭 서체약관과 대치된 것으로서 Important Clause(중요사항약관)라 하는데 클레임 발생시에 피보험자가 취해야 할 각종 조치 및 절차 등을 일괄 규정하고 있다.

▌예시 2-19▐ 해상보험증권

HYUNDAI MARINE & FIRE INSURANCE CO., LTD.

178, SEJONGRO, CHONGRO-KU, SEOUL, KOREA CABLE: HYUNDAIMFINSURE TELEX: HDMFINS K27270
FAX : 02-735-0239

MARINE CARGO INSURANCE POLICY

Assured(s), etc. ② Kildong Trading Co., Ltd.

Policy No. ① PX 22305	Ref. No. ③ L/C No. HK1120788
Claim, if any, payable at/in ⑥ HONG KONG	Amount insured hereunder ④ US$ 12100 (Say US dollars Twelve Thousand One Hundred)
Claims are payable in	
Survey should be approved by ⑦ ITOMAN CO., LTD 801 Wing On Building 13 Des Voeux Road C HONG KONG	Conditions and Warranties
Local Vessel or Conveyance ⑧ / From (interior port or place of loading) ⑨	⑤ ICC(A)
Ship or Vessel called the ⑩ Phoenix / Sailing on or about ⑪ SEP. 10. 19 .	
at and from ⑫ Busan, Korea. / transshipped at ⑬	
arrived at ⑭ HONG KONG / thence to ⑮	

Subject-matter Insured

⑯

GD

28 Cartons of TRAINING PANTS

S/NO:
Q'TY:
COL:
SIZE:
C/NO:
MADE IN KOREA

ORIGINAL
DUPLICATE UNPAID

Marks and Numbers as per Invoice No. specified above

Place and Date signed in ⑰ Seoul, Korea. SEP. 2, 19

Numbers of Policies issued ⑱ Original 2, Copy 3

㉑ IMPORTANT
PROCEDURE IN THE EVENT OF LOSS OR DAMAGE FOR WHICH UNDERWRITERS MAY BE LIABLE
LIABILITY OF CARRIERS, BAILEES OR OTHER THIRD PARTIES

INSTRUCTIONS FOR SURVEY

DOCUMENTATION OF CLAIMS

CONDITION

⑳ Notwithstanding anything contained herein or attached hereto to the contrary, this insurance is understood and agreed to be subject to English law and practice only as to liability for and settlement of any and all claims.

This insurance does not cover any loss or damage to the property which at the time of the happening of such loss or damage is insured by or would but for the existence of this Policy be insured by any fire or other insurance policy or policies except in respect of any excess beyond the amount which would have been payable under the fire or other insurance policy or policies had this insurance not been effected.

We HYUNDAI MARINE & FIRE INSURANCE CO., LTD. hereby agree, in consideration of the payment to us by or on behalf of the Assured of the premium as arranged, to insure against loss damage liability or expense to the extent and in the manner herein provided.

In witness whereof, I the Undersigned of HYUNDAI MARINE & FIRE INSURANCE CO., LTD. on behalf of the said Company have subscribed My Name in the place specified as above to the policies, the issued numbers thereof being specified as above, of the same tenor and date, one of which being accomplished, the others to be void, as of the date specified as above.

For HYUNDAI MARINE & FIRE INSURANCE CO., LTD.

⑲

By ______________________
AUTHORIZED REPRESENTATIVE

7-5 부속서류

운송서류, 상업송장 및 보험서류와 같은 기본서류 외에 부속서류로서 수입상은 자기 이익의 방어나 법규의 규정에 따라 필요한 서류를 매매계약의 조건으로 요구하는데, 이들 부속서류는 각 거래마다 상이하다.

신용장에서 기본서류 이외의 부속서류를 요구하는 경우에는 당해 서류의 작성자 및 그 내용 등에 대하여 명시를 하여야 하나, 그러한 명시가 없는 경우에는 제시된 서류가 상업 송장과 관련이 있다고 판단되면 은행은 제시된 대로 수리한다. 그러나 서류 상호간의 불일치는 하자로 간주되므로 서류의 제반 기재사항이 문면상 상호 일치하는지 신중히 검토하여야 한다. 통상 요구되는 부속서류의 종류는 다음과 같다.

1. 포장명세서

(1) 의의

포장명세서(packing list)는 수입상이나 세관에서 화물을 확인할 때 상업송장만으로는 포장단위의 내용과 중량을 정확히 알 수 없기 때문에 포장명세서는 상업송장의 보충서류로 관례적으로 선적서류에 포함시키고 있다.

포장명세서에는 선적화물의 포장 및 포장단위별 명세와 단위별 순중량, 총중량, 그리고 화인 및 포장의 일련번호 등을 기재함으로써 포장과 운송, 통관상의 편의를 위하여 수출상(매도인)이 수입상(매수인) 앞으로 작성하는 계약관련 서류 중의 하나이다.

따라서 기재내용은 상업송장에 부수하여 거래계약 성립에 따라 선적화물의 자세한 명세를 표시하여, 선적된 화물을 일목요연하게 알아볼 수 있도록 작성하는 것으로 송장을 보충하는 역할을 행하고 있다.

또한 포장명세서는 대금 관련사항을 명기하지 않고 각 규격별, 단위별로 일목요연하게 기재한다는 점을 제외하고는 송장과 별다른 차이점을 발견할 수 없다.

포장명세서의 실제 기능을 간단히 살펴보면 다음과 같다.

① 수출입통관 절차에서의 심사자료로서 활용되고 양륙지에서 화물의 처리(분류 및 판매) 단계에서 이용된다.

② 검수 또는 검량업자가 실제화물과 대조하는 참조자료로서 이용된다.

③ 개별 화물의 사고발생분에 대한 확인자료로서 사용할 수 있다.

④ 중량 외에 각각의 용량이 표시되어 있으므로 선박회사가 운송계약을 체결할 때 1차적인 기준자료로서 활용할 수 있다.

(2) 기재사항

포장된 물품의 내용을 상세하게 나타내는 포장명세서는 여러 가지 품목을 선적하거나 선적물품 각 단위의 수량, 중량, 내용이 상이할 때 상업송장을 보충하여 사용되므로 대부분의 기재 내용이 상업송장과 일치한다.

① 수출상

② 수화인

③ 통지처(수입상)

④ 적재지

⑤ 최종목적지

⑥ 운송수단인 선박 또는 비행기의 명칭

⑦ 화물을 적재한 선박이나 비행기가 출발하는 일자

⑧ 상업송장 번호 및 일자

⑨ 기타참고(원산지, 계약서 번호 등)

⑩ 화인

⑪ 포장종류당 개수 등 포장형태

⑫ 물품명세(규격, 품질 등)

⑬ 수량 또는 순중량

⑭ 총중량

⑮ 용적

⑯ 작성자 서명

▌예시 2-20▐ 포장명세서

PACKING LIST

1. Shipper/Exporter GOLDEN BELL CO LTD 1 CHANGKYO-DONG, CHOONG-KU SEOUL, KOREA		8. No. & Date of invoice 9309HXPVC-056A SEP. 15, 20xx
2. For Account & Risk of Messrs. JEBSEN AND CO. LTD. CHEMICAL DIVISION, 28/F., CAROLINE CENTRE, 28 YUN PING ROAD, CAUSEWAY BAY, HONG KONG		9. Remarks : * CREDIT NUMBER : LCI-095101
3. Notify Party SAME AS ACCOUNTEE		
4. Port of loading ULSAN SEAPORT, S.KOREA	5. Final destination HONG KONG	
6. Carrier SUNNY LAUREL 319 S	7. Sailing on or about SEP. 15, 20xx	

10.Marks	11.Description	12.No. of PKGS	13.Quantity	14.Gross-weight	15.Measurement
 PVC RESIN	L33/93/137 HANYANG GRADE PVC P-1000 PACKING: 25KGS PER BAG MANUFACTURER: HAN YANG CHEMICAL CORPORATION	1,360BAGS	34.00MT	34,272.00KGS	54.400CBM
	TOTAL	1,360BAGS	34.00MT	34,272.00KGS	54.400CBM

16. GOLDEN BELL CO., LTD.

C.P.O. BOX 7423 SEOUL KOREA
Telex : K27453, 22935 KOMITE
Cable Address : GOLDENTRAMITE SEOUL
Telephone Nos.: (02)729-3791

Signed by
K. W. KIM/General Manager

2. 영사송장(領事送狀)

영사송장(consular invoice)은 상업송장을 수출상이 수입상에게로 발행하는 사문서이기 때문에 공신력이 문제가 되므로 수출국에 주재하고 있는 수입국의 영사가 자국행 상품의 수출상에게 상업송장의 제출을 요구하고 상업송장의 기재내용이 사실과 같음을 선서하도록 한 뒤 발행한 서류이다.

상품의 수입국으로 보아 수입세액 사정의 기초가 되는 것은 상업송장인데 수입세 경감을 위해 고의로 부정한 송장을 작성할 가능성이 있으므로 대개 수출지 주재 영사의 사증을 요구하고 있다. 이 영사송장은 화물의 수입세액사정, 송장의 과다발급(over-invoicing)에 의한 외화도피, 송장의 과소발급(under invoicing)에 의한 관세 포탈 및 덤핑방지와 해당 상품의 원산지, 기타 통계자료로 이용하기 위해 제출하도록 한다. 신용장에서 visaed, legalized 또는 notarized document라는 말은 영사송장과 같은 목적으로 요구되는 것이며, 다음과 같이 해석된다.

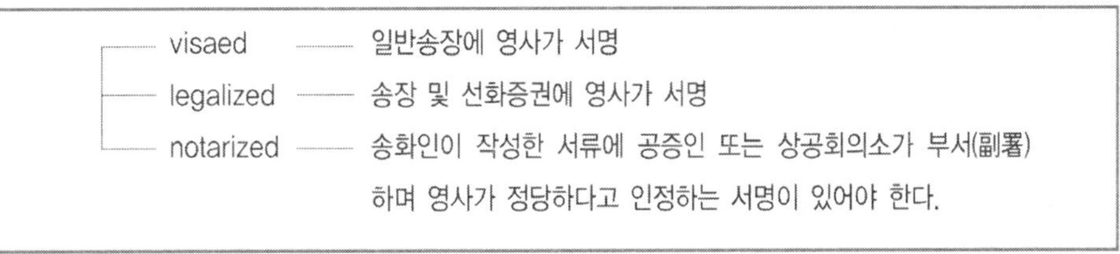

영사송장은 모든 국가에서 요구하고 있는 것이 아니고 현재 동남아 일부와 중남미 등에 수출할 때 주로 필요한데, 그 양식은 각국마다 다르며 점차 폐지되어 가는 추세이다.

3. 세관송장(稅關送狀)

세관송장(customs invoice)은 통관송장 또는 관세송장이라고도 하며, 과세가격의 결정이나 덤핑(dumping)의 방지 등을 목적으로 수출상이 수입지세관에 직접 송장내용의 진실성을 선서하는 공용송장으로서 영사의 사증을 받지 않으며 수출상이 소정양식에 필요사항을 기재하고 서명하면 된다.

세관송장의 양식은 국가에 따라 차이가 있는데, 영국 연방국 세관송장은 conference

invoice form이라고 부르며, 미국은 1955년 10월부터 종래의 영사 송장제도를 폐지하고 대신 특별세관송장(special customs invoice)을 사용하고 있다.

미국으로 수출하는 상품 중 가격에 의하여 세율이 적용되는 종가품의 경우 그 가격이 500달러를 초과할 때는 특별세관송장을 작성해 오다가 1985년 5월부터는 특별세관송장마저 폐지하고 상업송장상에 원산지 기재로 갈음하고 있다. 남아프리카, 오스트레일리아, 뉴질랜드 및 북미에 대한 수출에는 영사송장은 필요 없으나 특별한 양식에 의한 세관송장의 제출을 요구하고 있다.

실무상 주의할 점은 다음과 같다.

① 국가별로 양식을 달리하고 있기 때문에 반드시 수입국이 지정한 소정양식을 사용하여야 하고

② 원산지란에 "Korea" 또는 "Republic of Korea"가 기재되어 있는가 확인하여야 한다.

4. 원산지증명서

(1) 의의

원산지증명서(certificate of origin)는 수출화물이 당해 수출국에서 생산 또는 제조 또는 가공되었다는 것을 증명하는 공문서를 말한다. 현재 국제적으로 통용되고 있는 원산지인정 기준은 다음과 같다.

① 자국의 영토에서 채굴한 광물, 수확된 농・임산물, 사육된 축산물, 수렵물

② 자국의 영해에서 포획 또는 채취한 수산물

③ 자국 영해 밖의 해상이나 지층에서 채취한 광물 및 수산물

④ 공해상에서 자국의 국기를 게양한 선박이 포획한 수산물 또는 그 가공물

⑤ 자국에서 생산된 자재를 사용하여 제조 가공한 물품

⑥ 외국산 원자재를 사용하여 생산된 물품으로서 가공과정에서 새로운 상품적 특성이 발생된 물품, 즉 가공에 의해 새로운 상품적 부가가치가 발생된 물품 이상의 여섯 가지 조건 중 어느 한 조건을 충족할 경우에는 원산지로 인정하는 것이 국제적인 관례이며, 우리나라도 이에 준하고 있다.

▌예시 2-21▌ 영사송장

FORM NO. 48
(REVISED) MAY 1977
(SUBMIT IN TRIPLICATE)

THE FOREIGN SERVICE
OF THE
REPUBLIC OF THE PHILIPPINES

CONSULAR INVOICE

ORIGINAL
No. 015535

(Place)

(Date)

Exporter/Supplier ______________________

Address ______________________

Consignee ______________________

Address ______________________

Place of Exportation ____________ Port of Loading ____________

Country of Origin ______________________

Port of Discharge ____________ Carrier: ____________

Date of Departure ______________________

MARK & NUMBERS	QUANTITY/ TYPE OF PACKAGES	DESCRIPTION/ PARTICULARS	(1) PURCHASE PRICE (If not purchased Current Domestic Value)	(2) HOME CONSUMPTION VALUE(If the same as in Column 1, indicate accordingly)

TOTAL (State whether FOB, FAS, C&F or CIF)

NATURE OF CHARGES	AMOUNT INCLUDED IN OR EXCLUDED FROM COLUMN: ABOVE	
	Included	Excluded
1. Ocean Freight		
2. Marine Insurance Premium		
3. Other Charge		
TOTAL		

Miscellaneous Information:

Exporter/Shipper/Manufacturer/Representative

SUBSCRIBED AND SWORN TO:

(Consular Officer)

(Post)

Consular Seal

Fee:
O.R.No.
Date:

Consular Invoice No

▌예시 2-22▐ 캐나다 세관송장

Revenue Canada Customs and Excise / Revenu Canada Douanes et Accise

CANADA CUSTOMS INVOICE
FACTURE DES DOUANES CANADIENNES

1 Vendor (Name and Address) Hanjoo Corporation, C.P.O. Box 2020, Seoul, Korea.	2 Date of Direct Shipment to Canada 3 Other References (Include Purchaser's Order No.)
4 Consignee (Name and Address) To order of Banque National De Paris (Canada)	5 Purchaser's Name and Address (if other than Consignee) Canadian Children's Wear 5155 Iberville St., Montreal, Canada. 6 Country of Transhipment 7 Country of Origin of Goods Republic of Korea.
8 Transportation: Give Mode and Place of Direct Shipment to Canada From : Busan, Korea. To : Montreal, Canada. Carrier : OOCL EXECUTIVE 26E Sailing on or about: Mar. 29, 19 .	9 Conditions of Sale and Terms of Payment FOB KOREA At Sight 10 Currency of Settlement U.S. Currency

11 No. of Pkgs	12 Specification of Commodities	13 Quantity	14 Unit Price	15 Total
< D.D.I > < > STYLE : 83760 COLOUR: BLACK SIZE : 8-16 Q'TY : 20 PCS. CARTON: 1-160	160 cartons of ADULT GIRL'S 2 PCE SKI SUIT STYLE NO. 83760 Shell : 100% Nylon Taslan tie dyed, W.P. Lining: 100% Nylon 190T. *Total N/Net Weight : 3,313 kgs. *Total Net Weight : 3,530 kgs. *Total Gross Weight : 4,036 kgs. *Total Measurement : 46.810 cbm.	3,200 sets	@$22.00	FOB KOREA/SET US$70,400.00

18 Commercial Invoice No. 2M-012301H	16 Total Weight: Net 3,530 kgs. Gross 4,036 kgs.	17 Invoice Total US$70,400.00

19 Exporter's Name and Address (If other than Vendor)	20 Originator (Name and Address) HANJOO CORPORATION, C.P.O. BOX 2020, SEOUL, KOREA. C. H. PARK / MANAGER
21 Departmental Ruling (If applicable)	22
23 If included in field 17 indicate amount	24 If not included in field 17 indicate amount
25 Check (if applicable)	

▌예시 2-23▐ 원산지증명서

1. Seller

GOLDEN BELL CO LTD
1 CHANGKYO-DONG, CHOONG-KU
SEOUL, KOREA

ORIGINAL

CERTIFICATE OF ORIGIN

issued by

THE KOREA CHAMBER OF COMMERCE & INDUSTRY
Seoul, Republic of Korea

원 산 지 증 명 서
대한상공회의소

2. Consignee

TO ORDER

4. Buyer (if other than consignee)

JEBSEN AND CO. LTD.
CHEMICAL DIVISION, 28/F., CAROLINE
CENTRE, 28 YUN PING ROAD, CAUSEWAY
BAY, HONG KONG

3. Particulars of Transport (where required)

FROM : ULSAN SEAPORT, S.KOREA
TO : HONG KONG
BY : SEA (SEP. 15, 19)
SUNNY LAUREL 319 S

5. Country of Origin

The Republic of Korea

6. Invoice Number and Date

9309HXPVC-056A SEP. 15, 19

7. Shipping Marks	8. Number and Kind of Packages; Description of Goods	9. Quantity Gross Weight or Measurement
PVC RESIN	L33/93/137 34.00MT OF HANYANG GRADE PVC P-1000 PACKING: 25KGS PER BAG MANUFACTURER: HAN YANG CHEMICAL CORPORATION * CREDIT NUMBER : LCI-095101	34,272.00KGS

//

10. Other Information

The Korea Chamber of Commerce & Industry hereby certifies, on the basis of relevant invoice and other documents, that the above mentioned goods originate in the country shown in column 5.

CERTIFIED BY
SEP 17 19 086111
THE KOREA CHAMBER OF COMMERCE & INDUSTRY

THE KOREA CHAMBER OF COMMERCE & INDUSTRY

원산지증명서는 원래 수입상이 수입화물에 대하여 국정세율(national or general tariff)보다 싼 협정세율(conventional tariff)의 적용을 받기 위하여 필요로 하는 것이었지만, 현재에는 그 성질이 변하여 국가간의 호혜협정에 따라 수출국의 상품에 대하여 수입세를 면세 내지 감세하는 경우 및 수입국의 외환관리와 덤핑방지 등을 위하여 작성된다.

원산지증명서는 수출지에 주재하는 수입국의 영사 또는 상공회의소 내지 해당 국가의 정부기관에서 발행하고 있다.

신용장에서 원산지증명서의 작성자를 명시하지 않은 경우 통상 우리나라의 상공회의소가 발행한 원산지증명서가 제시되며 이는 제시된 대로 수리한다. 원산지증명서의 발급은 정당한 발급기관에서 발급되고, 그 내용은 다른 선적서류의 내용과 상치되지 않아야 한다.

(2) 기재사항

<예시 2-23>의 기재내용을 설명하면, ① 수출상(Seller), ② 수화인(Consignee), ⑥ 상업송장 번호 및 일자(Invoice No. & Date), ⑦ 화인(Shipping Marks), ⑧ 포장개수 및 포장종류(No & Kind of Pkgs), ⑨ 총중량 또는 기타 수량(Gross Weight of other Quantity)에 대해서는 앞의 설명과 같다.

③ 운송관련사항(Particulars of transport: where required)

선명(또는 기명), 선적항, 도착항 및 선적일자를 기재한다.

④ 수입상(Buyer(if other than consignee))

매수인과 수화인이 다른 경우에는 매수인을 별도로 기재하며, 같을 경우에는 Same as Consignee로 표기한다.

⑤ 원산지(Country of Origin)

원산지가 한국인 경우 Republic of Korea라고 기재하며, 외국상품에 대한 원산지증명 발급 신청시는 동 란에 실제 원산지 국명을 표기하고 관련 증빙서류를 제출해야 한다.

⑩ 기타 사항(Other Information)

재발급, 소급발급 등 증명 발급기관에서 필요한 경우 사용하는 난이며, 증명발급시 공인날인과 번호를 부여하게 되며 어떠한 사유로도 본란을 사용해서는 안된다.

5. GSP 원산지증명서(Form A)

(1) 의의

일반특혜관세제도(generalized system of preference; GSP)란 개발도상국의 수출 확대 및 공업화촉진을 위하여 선진제국이 개도국으로부터 수입하는 농수산품 및 공산품에 대하여 아무런 조건 없이 무관세 또는 저율의 관세를 부과하는 관세상의 특혜대우를 말하며, 일반적, 무차별적, 비상호주의적인 특혜관세제도를 말한다.

GSP 원산지증명서(GSP certificate of origin; GSP C/O Form A)란 이러한 일반특혜 관세제도하에서 특혜관세 공여국인 선진국이 개발도상국에서 수입하는 특정상품에 대한 특혜관세 적용을 목적으로 당해국에서 생산, 제조, 가공된 상품임을 구분하기 위하여 징구하는 서류로서 마산, 익산 수출자유지역 사무소 및 시·도지사가 발급한다.

특혜관세 적용상품은 매년도 품목별 일정수입한도(ceiling)를 해당국별로 정하여 그 한도까지는 저율의 특혜관세를 적용하고, 초과분에 대하여는 기본관세를 적용하여 수입을 제한하고 있으며, 최근 선진국들의 우리나라에 대한 특혜관세 수입 한도는 점차 철폐 또는 감소되고 있다.

현재 우리나라는 2010년 4월부터 GSP수혜국에서 GSP공여국 전환되어 개발도상국 약 150여개국에 GSP혜택을 부여하고 있다.

한편 특혜관세를 수혜받고자 함에 있어 상품이 GSP수혜국에서 실질적 변경이 이루어졌느냐의 여부를 판단하는 구체적인 원산지 인정기준으로는 가공도 기준과 부가가치 기준의 두 가지가 있으며, GSP수혜국에서 수출된 상품이 제3국 경유 중에 가공과정을 거치는 것을 방지하기 위한 목적으로 직접운송요건을 두고 있다.

가. 가공도 기준(transformation criteria)

2차상품에 있어서 여러 나라의 원료와 노동력을 첨가하여 생산한 경우 통상원료의 상품분류 부호와 최종 완제품의 상품분류 부호가 달라지게 가공을 행한 나라를 원산국으로 인정하는 것으로 EC, 일본, 북유럽구제국, 스위스, 오스트리아 등이 적용하고 있다.

나. 부가가치 기준(value added criteria)

수출상품의 수입원료와 완제품간의 제조과정에서 형성되는 일정률 이상의 부가가치를 부가한 나라를 원산국으로 인정하는 것으로 적용 국가에 따라서 기준율이 다르다. 미국, 캐나다, 뉴질랜드 등이 이 기준을 적용하고 있다.

(2) 실무상 유의사항

개발도상국이 특혜관세의 적용을 받기 위하여는 공여국의 원산지기준, 운송요건 등을 충족하고 있음을 증명하는 서류를 제출하여야 하는바, UNCTAD에서는 일반특혜관세 원산지증명서(GSP C/O Form A)라는 양식을 제정하여 사용토록 하였다.

따라서 수혜국의 수출자는 Form A 양식대로 제반사항을 기재 서명하고 발급기관의 확인을 받아 선적서류와 함께 수입자에게 송부하여야 하는데, 이때 Form A의 세 번째 사본 이면에 인쇄되어 있는 Form B를 작성하여 수입국의 원산지 기준을 충족시키는지를 확인시켜 주여야 하며, Form B의 작성만으로는 정확한 원산지 기준 충족여부를 판단하기 어려워 우리나라에서는 기준별 사실 신고서를 작성 제출하도록 요구하고 있다.

(3) 기재사항

가. GSP 원산지 증명서 (Form A)

〈예시 2-24〉의 기재사항을 설명한다.

① 수출상(Goods consigned from)

수출신고서상의 수출자, 주소 및 국명을 기재한다.

② 수화인(Goods consigned to)

화물수취회사명, 주소 및 국명을 기재한다. L/C거래의 경우 L/C상에 화물인수에 관한 특별한 지시가 없는 경우에는 L/C발행의뢰인을 기재하며 특정인을 지시한 경우에는 동 특정인을 기재한다.

③ 운송방법과 운송경로(Means of Transport and route(as far as known))

화물의 운송방법에 대해서는 출발항이 부산이고 도착항이 런던일 경우는 "From Busan To London"이라고 기재하며, 다른 곳을 경유할 때는 동 경유지를 표기한다.

④ 예외발급시 기재(For Official Use)

Form A의 예외적인 발급지 증명발급기관에서 기재하는 란으로 재발급의 경우는 "Duplicate", 소급발급은"Issued Retrospectively"라고 기재한다.

⑤ 수출상품의 일련번호(Item No.)

수출상품의 종류가 여러 가지일 경우 상품 종류별로 분류하여 그 일련번호를 기재한다. 예를 들면 수출상품이 섬유류, 신발류일 경우, 이들 품목의 관세번호를 기재하는 것이 아니라 상품별 일련번호를 기재한다.

⑥ 화인 및 포장개수(Marks & Nos. of Pkgs)

앞의 설명과 같다.

⑦ 포장상품 내역(No. & Kind of Pkgs)

⑧ 원산지기준 표시(Origin Criterion)

원산지기준을 기재하는 란으로 동 란의 기재가 잘못될 경우 GSP수혜를 받지 못하는 경우도 있으므로 작성시 유의해야 한다. 모든 GSP수혜품목은 당해 수출국의 완전생산품이거나 수입원자재 사용시에는 수출국 내에서 원산지 기준을 충족시켜야 하며, 기재방식은 다음과 같다.

- 완전생산품의 경우
  수출생산품이 수출국의 완전생산품인 경우 호주와 뉴질랜드를 제외한 전 공여국은 "P"라고 기재하며, 호주와 뉴질랜드는 기재할 필요 없이 공란으로 둔다.
- 수입원자재 사용 생산품의 경우
  수출상품이 수입원자재를 사용한 생산품일 때에는 공여국별로 기재방법이 상이하다. 캐나다의 경우에는 "F"라고 기재하고 그 옆에 당해 수출상품의 부가가치율을 표기하며, 호주와 뉴질랜드는 동 란을 기재할 필요가 없다. 한편 가공도기준 국가의 경우에는 "W"라고 기재하고 그 옆에 최종수출품의 HS6단위 번호를 기재한다.(예, "W5802.20")

⑨ 총중량 또는 기타수량(Gross Weight or other quantity)

앞의 설명과 같다.

⑩ 상업송장번호 및 일자(No. & date of Invoice)

⑪ 발급기관 확인인(Certification)

수출업체에서 기재하는 난이 아니며, 당해 수출품이 GSP공여국의 원산지기준을 충족시킨 경우 발급기관에서 이를 확인하고 증명하는 란으로 발급기관의 스탬프 및 발급담당관의 서명, 발급일자 및 발급장소 등이 표기된다.

⑫ **수출업체 서명(Declaration by the exporter)**

수출국과 수입국을 기재하고 수출업체의 책임담당자가 서명, 장소 및 일자를 기재한다.

나. Form B

Form B는 Form A의 세 번째 사본 이면에 인쇄되어 있는데, 이는 수출업체가 작성하여 Form A 발급신청시 발급기관에 제출하여야 한다. GSP원산지증명서 발급시 Form B가 작성되어야 하는 이유는 당해 수출상품이 각 공여국의 원산지기준을 충족시키고 있는지를 알아야 발급기관이 이를 증명하고 Form A를 발급해 줄 수가 있기 때문이다. 즉 수출업체는 당해 수출상품이 수입국의 원산지기준을 충족시키는지를 확인한 다음 그 충족요건을 Form B에 기재하는 것이다.

Form B의 기재항목은 3가지로 구분하여 작성하여야 한다. 즉 <예시 2-25>의 첫 번째 공란에는 해당수출 상품이 수입국의 원산지기준을 충족시키고 있는 요건을 설명해 주고, 두 번째 공란에는 동 충족요건을 증빙할 수 있는 증빙서류명을 기재한다. 또한 세 번째 공란에는 상기 사실들이 정당하게 작성되었다는 것을 입증하는 수출업체 담당책임자의 서명, 일자 및 장소 등이 기재되어야 한다.

㉮ 수입국의 원산지기준 충족요건 기재

㉯ 상기 요건 충족 증빙서류

㉰ 수출업체의 서명 등

▌예시 2-24▐ GSP 원산지증명서(Form A)

1. Goods consigned from (exporter's business name, address, country)

Punghan Textile Co.,Ltd.
C.P.O. Box 8469
Seoul, Korea

Reference No SE-19-2883

GENERALIZED SYSTEM OF PREFERENCES
CERTIFICATE OF ORIGIN
(Combined declaration and certificate)
FORM A

Issued in REPUBLIC OF KOREA (country)

See notes overleaf

2. Goods consigned to (consignee's name, address, country)

Contex Ltd.,
10A Chandos Street,
London W1M 9DE/United Kingdom

3. Means of transport and route (as far as known)

From : Busan, Korea
To : United Kingdom

4. For official use

BLANK

5. Item number	6. Marks and numbers of packages	7. Number and kind of packages; description of goods	8. Origin criterion (see notes overleaf)	9. Gross weight or other quantity	10. Number and date of invoices
	USE NO HOOKS SKPH-131 B/NO.1562-1641	50,000yds (80 Bales) of, 52 pct polyester/48 pct carded cotton grey cloth Ne 20/20 76x56 94" "A" grade quality, good for dyeing. -Type of closed selvedge.-	" W " 5513-11	13,505Kgs	PH-93-149 Sep.21,1993.

MINISTRY OF TRADE, INDUSTRY & ENERGY CERTIFIED REPUBLIC OF KOREA

11. Certification

It is hereby certified, on the basis of control carried out, that the declaration by the exporter is correct.

SEOUL DATE SEP. 27.19
MINISTRY OF TRADE, INDUSTRY AND ENERGY
FOR MINISTER

Place and date, signature and stamp of certifying authority

12. Declaration by the exporter

The undersigned hereby declares that the above details and statements are correct; that all the goods were produced in REPUBLIC OF KOREA (country)

and that they comply with the origin requirements specified for those goods in the generalized system of preferences for goods exported to

United Kingdom (importing country)

Seoul, Korea. Sep.24.19..

Place and date, signature of authorized signatory

▌예시 2-25▐ GSP 원산지증명서(Form B)

APPLICATION FOR CERTIFICATE OF ORIGIN

Form B

The undersigned, being the exporter of the goods described overleaf,
DECLARES That these goods were produced in REPUBLIC OF KOREA (Country)
SPECIFIES as follows the grounds on which the goods are claimed to comply with GSP origin requirements 1/

40.11

㉮ AUTOMOBILE TUBES

....

SUBMITS the following supporting documents 2/

....

㉯ ....

....

UNDERTAKES to submit, at the request of the appropriate authorities of the exporting country, any additional supporting evidence which these authorities may require for the purpose of issuing a certificate of origin, and undertakes, if required, to agree to any inspection of his accounts and any check on the processes of manufacture of the above goods, carried out by the said authorities.
REQUESTS the issue of a certificate of origin for these goods.

㉰ Place and date SEOUL, KOREA FEB. 20, 20××

....(signature of authorized signatory)

1/ To be completed if materials or components originating in another country have been used in the manufacture of the goods in question. Indicate the materials or component used, their Brussels Nomenclature tariff heading, their country of origin and, where appropriate, the manufacturing processes qualifying the goods as originating in the country of manufacture (application of List B or of the special conditions laid down in List A), the goods produced and their Brussels Nomenclature tariff heading.

Where the origin criteria involve a percentage value, give information enabling this percentage to be verified – for example the value of imported materials and components and those of undetermined origin and the ex-factory price of the exported goods, where applicable.

2/ For example, import documents, invoices, etc., relating to the materials, or components used.

| 예시 2-26 | 기준별 사실 신고서

기준별 사실 신고서

1. 수출품의 HS No. 4013. 10 - 2000
2. 수출품의 명칭 AUTOMOBILE TUBES
3. 수출국 YOKOHAMA JAPAN
4. 원산지 기준(해당란에 ○로 표시할것)

F( ) B( ) X( )

Y( ) P( ) W(0)

5. 수출품 HS에 관한 공여국의 특혜 원산지 적용기준 내용

LIST A의 내용 ______

LIST B의 내용 ______

6. 원산지 기준별 사실내용

별첨과 같음.

위에 기술한 내용은 사실과 상위 없습니다.

20 년 2월 20일

신 청 자 ㉿

6. GSTP 원산지증명서

(1) 의의

개도국간 특혜무역제도(global system of trade preferences among developing countries; GSTP)는 제2차 세계대전 이후 국제무역질서를 유지해 온 GATT체제가 선진국 위주로 운영되어와 그동안 추진되어 온 케네디라운드, 도쿄라운드 등 다자간 무역협상이 결과적으로 개도국의 무역증진 효과보다는 선진국간의 국제무역질서 재편에 불과했다는 자각에 따라 개도국간의 실효성 있는 무역체제의 확립을 모색한 최초의 개도국만의 국제무역체계인 것이다. 따라서 GSP 원산지증명서가 개도국이 선진국으로 수출함에 있어 필요한 서류인 데 반해 GSTP 원산지증명서는 동 협정에 서명한 48개국의 개도국간에 1,550개 품목의 수출입 거래시 필요한 서류인 점이 다를 뿐이다.

GSTP협정국으로 수출하는 상품을 관세양허 받기 위해서는 협정가입국의 특혜대상품목이고, 동 협정에서 적용하고 있는 원산지 기준요건을 갖추어야 한다. 이 기준에 의하여 특혜를 받을 수 있는 수출물품은 다음 두가지 중 하나에 해당하여야 한다.

① 완전생산품, 즉 당해수출국 토양으로부터 재배, 추출하였거나 수확된 산품, 또는 이러한 산품으로부터 전적으로 가공 또는 제조된 생산품

② 수출물품이 원료로 투입된 생산품은 다음 부가가치 기준을 충족해야 한다.

㉮ 협정가입국 이외 수입물품이 원료로 사용된 경우 그 비율이 FOB 가격의 50% 이상 초과하지 않아야 한다.

㉯ 협정국의 특혜대우를 받을 수 있는 수입물품이 투입된 수출품인 경우 수출국에서 부가가치를 FOB 가격의 40% 이상 부과하여야 한다(부가가치통산).

(2) 기재사항

기재사항은 8항 원산지기준(완전생산품 : P, 수입원자재 사용 생산품 : 부가가치기준 Y 또는 가공도기준 X)을 제외하고 GSP 원산지증명서와 동일하다.

▌예시 2-27▐ GSTP 원산지증명서

1. Goods consigned from (Exporter's business name, address, country) Gil Dong Trading Co., Ltd 159 Samsung-dong Kang anm-Ku, Seoul, Korea	Reference No. PREFERENTIAL ARRANGEMENTS AMONG DEVELOPING COUNTRIES NEGOTIATED IN GATT CERTIFICATE OF ORIGIN (Combined declaration and certificate)
2. Goods consigned to (Consignee's name, address, country) Thai Trading Co., Ltd. 394-14 Samsen Road, Bangkok, Ki ng of Thailand	Issued in REPUBLIC OF KOREA (country) See Notes overleaf
3. Means of transport and route (as far as known) By Sea From Busan to Bangkok	4. For official use

5. Item No.	6. Marks and numbers of packages	7. No. & kind of packages; description of goods	8. Origin criterion (see instructions overleaf)	9. Gross weight or other quantity	10. Number and date of invoices
5208 11	TE115? (in diamond) 5Packages .21,22, 23,24,25	5 Carton-box Packages ; Woven Fabric of Cotton	P	5,000 pcs	TN- Apr 7 1991

11. Certification	12. Declaration by the exporter
It is hereby certified, on the basis of control carried out, that the declaration by the exporter is correct. .... Place and date, signature and stamp of certifying authority	The undersigned hereby declares that the above details and statements are correct; that all the goods were produced in REPUBLIC OF KOREA (country) and that they comply with the origin requirements specified for those goods in the Preferential Arrangements Among Developing Countries for goods exported to Kingdom of Thailand (importing country) Seoul Apr 7, 19 Place and date, signature of authorized signatory

7. 검사증명서

검사증명서(inspection certificate)란 수출상과 수입상이 체결한 매매계약서상의 수출상품의 품질조건이 완전함을 증명하는 서류로서 수출검사법에 의한 검사합격증과는 다르다. 수입업자가 지정하는 사적 검사인이나 공적 검사기관 또는 국제검정기관의 증명으로 발급되는 경우가 많고 수출자 자신이 작성하는 경우도 있다.

따라서 검사증명서는 신용장에서 요구하는 검사기관에서 발급되어야 하며, 내용은 상업송장의 내용과 일치하여야 한다. 품질증명을 위하여 발행되는 품질증명서나 분석증명서 등도 검사증명서의 일종이다.

8. 품질증명서

품질증명서(quality certificate)는 주로 농수산물과 같은 자연산품인 경우 같은 종류라도 규격이나 무게,즉 그 품질이 각각 다를 수 있으므로 이들의 등급을 매겨 구분하며 그 계통의 공인검사관(official grader)에 의해 판정되고 또한 판정결과에 따라 품질증명서가 발급된다.

9. 분석증명서

광산물 등의 품위와 순도 및 의약품 등의 원료구성을 분석하여 증명하는 서류이다. 예를 들어 알루미늄의 원료인 bauxite는 철광석과 같이 채굴되며 여기에는 소량의 금이 섞여 있다고 하는데 이런 경우 선적된 광석의 품위가 어느 정도 순도인가 하는 분석증명이 필요할 것이며, 의약품일 경우도 어떤 약의 구성원소를 분석한 신빙성 있는 사계의 권위자나 기관이 발급하는 분석증명서(certifcate of analysis) 등이 요구된다.

10. 중량·용적증명서

중량·용적증명서(certificate of weight & measurement)란 상품의 중량, 용적에 관한 증명서로서 상업송장에 총괄적으로 표시한 것을 보충하여 상세히 기재한 서류로서 수익자가 직접 작성하는 경우와 제3자가 작성하는 경우가 있다. 이 서류는 포장명

세서를 요구하지 않고 단순히 중량증명을 요구하는 경우 해상운송을 제외하고는 운송인 또는 그 대리인에 의하여 운송서류상에 부기된 중량스탬프 또는 중량표시를 수리한다. 중량증명서의 중량표시는 상업송장 및 운송서류의 중량표시와 일치하여야 한다.

11. 위생증명서

위생증명서(health certificate)는 식료품, 화장품, 육류 및 의약품 등을 수출하는 경우에 수입국에서 규정한 기준에 합격되며 무균, 무해임을 증명하는 서류이다. 특히 브라질, 미국, 파나마 등으로 살아 있는 동식물을 수출하는 경우에는 위생증명서의 일종인 검역증(certificate of quarantine)을 필요로 한다. 미국에서는 FDA(food and drug administration)에서 정한 기준에 합치된다는 증명을 요구한다.

12. 검역(檢疫)증명서

검역증명서(certificate of quarantine)는 주로 동식물을 수출하는 경우에 전염성균이 묻혀 들어가는 것을 사전에 방지하기 위하여 당해 물품을 고립된 장소에 일정기간 동안 장치하여 검역을 실시한 후 발급해 주는 서류이다.

13. 화물수취증

화물수취증(Forwarder's Cargo Receipt; FCR)은 선사나 선사의 대리점 등이 발행하는 운송서류가 아니고, 운송중개인이 화물을 인수했다는 사실을 확인하는 기타서류로 단순한 화물수취증 또는 화물수령증이라고 하며 신용장에서 특별히 명시되지 않는 한 수리되지 않는다.

따라서 운송서류와 관련된 UCP 19조 내지 25조까지의 조항이 적용되지 않으며, 신용장에서 FCR을 요청하였다면 선적기일 이후에 발행된 FCR도 수리될 수 있다. 다만 FCR에 선적기일을 표시하였다면 신용장상의 선적기일 이내여야 한다.

❙ 예시 2-28 ❙ 검사증명서

YURAH CORPORATION

#5C8 NAM KANG BLDG.
32-2 MUKYODONG, JUNG-GU,
SEOUL, KOREA
MAIL : C.P.O. BOX 7545 SEOUL

TELEX : K32553 YURAHCO
CABLE : "YURAHCORP" SEOUL
TEL : 757-2451/4, 754-1306
TELEFAX : (02)757-2455

OUR REF. YI-930330/A

SEOUL MAR. 30, 20××

TO WHOM IT MAY CONCERN:

INSPECTION CERTIFICATE

1. LETTER OF CREDIT : A89900
2. BUYER : CANADIAN CHILDREN'S WEAR (D.D.I. FASHION DESIGN INC.)
3. SHIPPER : HANJOO CORPORATION

THIS IS TO CERTIFY THAT THE UNDERSIGNED CARRIED OUT FINAL INSPECTION ON THE COMMODITY DESCRIBED BELOW AT THE SHIPPER'S FACTORY.

a) COMMODITY & Q'TY : ADULT GIRL'S 2 PCE. SKI SUIT S/#83760. 3,200 SETS
b) AMOUNT : US$70,400.00
c) CARRIER : OOCL EXECUTIVE 26E
d) DESTINATION : MONTREAL, CANADA
e) INSPECTION : THE ABOVE GOODS HAVE BEEN INSPECTED AT THE SHIPPER'S FACTORY AND FOUND TO BE IN ORDER GENERALLY AS PER BUYER'S INSTRUCTION ALSO QUALITY HAVE BEEN INSPECTED MERCHANDISE.

THIS INSPECTION CERTIFICATE FURTHER CERTIFIES THAT HANJOO CORPORATION SOLELY REMAINS LIABLE FOR ALL AND ANY DEFECTS ON THE ABOVE GOODS FOUND UPON RECEIPT AT DESTINATION.

YURAH CORPORATION

Yurah Corporation

J. Y. Lee
PRESIDENT

| 예시 2-29 | 품질 · 수량증명서

14TH FL. HYONAM BLDG.
1, CHANGKYO-DONG, CHUNG-KU,
SEOUL, KOREA
TEL : 82-02-729-3791
FAX : 82-02-729-3535
TLX : K27453, K22935 KOMITE

QUALITY, QUANTITY CERTIFICATE

* IRREVOCABLE CREDIT NBR : 135E993371LC1948
* ITEM : STRIPPED PE TARPAULIN
* Q'TY : 650ROLLS
* AMOUNT : USD24,375.00
* MANUFACTURER : GOLDEN BELL CO., LTD.

WE, GOLDEN BELL, HEREBY CERTIFY THAT WE CARRIED OUT SHIPMENT UNDER CORRECT QUALITY AND QUANTITY WITH YOUR ORDER SPECIFICATION.

YOURS FAITHFULLY,

GOLDEN BELL CO., LTD.

K. W. KIM/General Manager

| 예시 2-30 | 분석증명서

ANALYSIS CERTIFICATE

(CERTIFICATE OF QUALITY)

DJL-××091108 Issued : 20×× 09. 11.

CUSTOMER : GOLDEN BELL

PRODUCT	UNICELL-D300L
QUANTITY	TOTAL : 31.2M/T, 3 LOTS
FORWARDING	20 . 09. 01.

RESULTS

Appearance	Orange Yellow Fine Power		
Decomposition Temp (℃)	200	200	199
Gas Evolution (㎖/gr)	232	233	229
Average Particle Size(㎛)	2.8	2.6	2.7
Moisture Content(%)	0.18	0.19	0.17
No. of Packing(F/D)	250	250	280
	**************		

We, hereby certify that the above statements are true and correct.

Sincerely yours,

DONGJIN CHEMICAL IND. CO., LTD.

TECHNICAL MANAGER

❚ 예시 2-31 ❚ 중량증명서

WEIGHT LIST

1. Shipper/Exporter GOLDEN BELL CO LTD 1 CHANGKYO-DONG, CHOONG-KU SEOUL, KOREA		8. No. & Date of invoice 9309HXPVC-056A SEP. 15, 20xx
2. For Account & Risk of Messrs. JEBSEN AND CO. LTD. CHEMICAL DIVISION, 28/F., CAROLINE CENTRE, 28 YUN PING ROAD, CAUSEWAY BAY, HONG KONG		9. Remarks : * CREDIT NUMBER : LCI-095101
3. Notify Party SAME AS ACCOUNTEE		
4. Port of loading ULSAN SEAPORT, S.KOREA	5. Final destination HONG KONG	
6. Carrier SUNNY LAUREL 319 S	7. Sailing on or about SEP. 15, 20xx	

10.Marks	11.Description	12.No. of PKGS	13.Quantity	14.Gross-weight	15.Measurement
 PVC RESIN	L33/93/137 HANYANG GRADE PVC P-1000 PACKING: 25KGS PER BAG MANUFACTURER: HAN YANG CHEMICAL CORPORATION				
		1,360BAGS	34.00MT	34,272.00KGS	54.400CBM
	TOTAL	1,360BAGS	34.00MT	34,272.00KGS	54.400CBM

GOLDEN BELL CO., LTD.

C.P.O. BOX 7423 SEOUL KOREA
Telex : K27453, 22935 KOMITE
Cable Address : GOLDENTRAMITE SEOUL
Telephone Nos.: (02)729-3791

Signed by [signature]
K. W. KIM/General Manager

7-6 환어음

1. 환(換)의 원리와 결제방식

환이란 직접 현금을 주고받지 않고 격지자간에 대금을 결제하는 방법을 말한다. 따라서 환은 격지자간의 금전수급에 관한 거래이므로 일반적으로 원격지에 있는 자 사이의 결제 수단이며, 이 결제를 위해서 직접 현금을 수송하지 않고 제3자에 대해서 자기를 대신하여 지급하도록 위탁하든지 또는 자기가 가지고 있는 채권을 일단 제3자에게 양도하여 자기를 대신하여 채권을 징구시키든지 하는 지급위탁 또는 채권양도의 방법에 의한다.

외국환은 외국과의 대차를 결제하는 환거래이다. 따라서 외국환거래는 외국과의 대차결제를 현금을 수송하지 않고 은행의 개입에 의하여 어음이나 수표 등의 신용수단을 이용하여 행해진다.

외환에 의한 결제에는 두 가지 방식이 있다. 그 하나는 결제에 있어서 채무자가 주도권을 쥐고 그 채무를 상환하는 방식이며, 또 다른 하나는 반대로 채권자가 주도권을 쥐고 그 채권을 회수하는 방식이다. 전자는 채무자가 은행을 통하여 채권자에게 대금을 보내는 경우인데 이것을 송금(remittance)에 의한 방식(또는 순환방식)이라고 하며, 후자는 채권자가 은행을 통하여 채무자로부터 채권을 회수하는 경우인데 이것을 추심(collection)에 의한 방식(또는 역환방식)이라 한다. 이들 두 방식이 국가간의 결제에 사용되지만, 이 가운데 송금방식은 무역외거래의 대금결제 또는 이전수지관계의 대금결제에 많이 이용되고 추심방식은 무역거래의 대금결제에 주로 이용된다.

순환의 대표적인 것이 송금환이며 여기에는 우편환・전신환・송금환어음(송금수표 포함)이 사용되며, 역환에는 환어음이 가장 많이 이용되고 있다.

2. 환어음의 의의

어음에는 환어음(bill of exchange)과 약속어음(promissory note)의 두 종류가 있는데 무역거래에 사용되는 것은 환어음이다. 일반적으로 환어음이 국내결제수단으로 사용될 경우에는 내국환이라고 하는데, 본질적으로는 내국환과 외국환 사이에 아무런

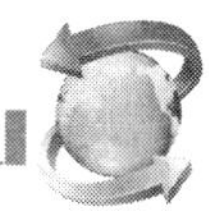

차이도 없다. 그러나 그것이 본질적으로 동일하다 하더라도 채권자와 채무자가 거주하는 국가가 다르거나 환어음의 지급장소와 발행장소가 국제적으로 상이함에 따라, 환어음은 내국환어음(inland bill of exchange)과 외국환어음(foreign bill of exchange)으로 구분된다. 따라서 엄격한 의미에 있어서 무역거래에 사용되는 환어음은 외국환어음이다.

환어음이란 채권자인 어음의 발행인(drawer)이 채무자인 지급인(drawee)에 대하여 일정기일에 일정한 장소에서 그 채권 금액을 지시인 또는 소지인(bearer)에게 무조건 지급할 것을 위탁하는 요식 유가증권이다. 따라서 지급청구서(a demand for payment)의 역할을 한다.

그러므로 환어음은 다음과 같은 성질을 가지고 있다.

첫째, 채권자가 채무자 앞으로 작성하고 서명한다.

둘째, 일람출급 또는 기한부로 작성된다.

셋째, 서면으로 작성하여야 한다.

넷째, 무조건적으로 작성하여야 한다. 즉, 조건을 부기할 수 없다.

국제간의 환어음 거래는 1882년 영국에서 제정된 환어음법(Bill of Exchange Act 1882)과 국제상업회의소(ICC)에 의해 제정된 추심에 관한 통일규칙(Uniform Rules for Collection, 1995)에 의해 처리되고 있다. 이러한 외국환어음에 따르는 어음행위의 효력은 원칙적으로 행위지의 법률에 의해 처리하게 되어 있다. 따라서 우리나라에서 발생한 어음행위는 우리나라 어음법이 적용되며 외국에서 발생한 어음행위는 그 나라의 어음 관계법을 따르게 되는 것이다.

환어음은 대금결제 기간에 따라서 일람출급어음과 발행 후 일정기간이 경과한 후 지급되는 기한부어음 등으로 구분할 수 있다.

또한 환어음이 신용장조건에 의하여 다른 서류와 함께 발행되면 화환어음(documentary bill of exchange)이고, 선적서류가 첨부되지 않은 것은 무화환어음(clean bill of exchange), D/A, D/P 등과 같이 추심할 경우 발행되는 환어음은 추심어음(bill of documentary collection)이라고 한다.

환어음은 은행에 제출시 통상 2통이 제시된다. 이때에 어음은 first bill of exchange와 second bill of exchange가 set로 되어 제시되어야 하며, 그 중 하나가 결제되면 나머지는 자동적으로 효력을 잃게 된다.

3. 환어음의 당사자

환어음의 주요당사자는 다음과 같이 구별할 수 있다.

① 발행인(drawer)

어음을 발행하고 서명하는 자, 즉 채권자인 수출자

② 지급인(drawee)

환어음의 지급을 위탁받은 신용장 발행은행 또는 수입상

③ 수취인(payee)

환어음의 지급을 받을 자로서 발행인이 될 수도 있고 발행인이 지정하는 제3자도 될 수 있으나 통상 신용장에 근거를 두고 발행하여 외국환은행에 매입을 의뢰하는 경우의 수취인은 동 서류를 매입한 외국환은행이 된다.

4. 환어음의 기재사항

환어음은 요식증권이므로 반드시 일정한 형식을 갖추어야 하며, 무인증권으로서 어음상의 권리도 추상적인 것이므로 다른 유가증권에 비하여 엄격한 형식이 요구되고 있다. 어음의 기재사항에는 어음이 성립하는 데 반드시 기재되어야 할 사항, 즉 필수기재사항과 이를 기재하지 않아도 어음의 효력에 영향이 없는 사항, 즉 임의기재사항이 있다.

필수기재사항은 그 중 어느 하나라도 누락이 되면 어음으로서의 법적 효력이나 구속력을 갖지 못하게 된다.

가. 필수기재사항

㉠ 환어음의 표시(견본의 ①)

어음의 문언 중에 그 증권의 작성에 사용되는 "환어음(Bill of Exchange)"이라는 표시가 있어야 한다.

〈견본〉
NO. 1234

BILL OF EXCHANGE①

SEOUL, KOREA⑦ , JULY 30, 2003⑦
(Place) (date)

FOR USD72,000
AT 60 DAYS ④ SIGHT OF THIS FIRST BILL OF EXCHANGE (SECOND UNPAID)
PAY TO ② DAE HAN BANK ⑥ OR ORDER
THE SUM OF US DOLLARS SEVENTY TWO THOUSAND ONLY
VALUE RECEIVED AND CHARGE THE SAME TO ACCOUNT OF XYZ CO.,LTD (개설의뢰인)
DRAWN UNDER CITI BANK,, HONG KONG (개설은행)
LETTER OF CREDIT NO 5918 DATED JULY 30 ,2003(개설일자)
TO: ③CITI BANK, NEW YORK ⑤
(지급인) President A.Y.S ⑧
ABC CO.,LTD

㉡ 무조건 지급위탁문언의 기재(견본의 ②)

일정한 금액을 지급하라는 조건 없는 위탁문언(Unconditional order in writing)이 표시되어야 한다. “Pay to ~ the sum of ~”가 이에 해당한다.

㉢ 지급인(Drawee)의 표시(견본의 ③)

지급인은 지급을 하는 당사자로서 신용장개설은행이나 개설은행으로부터 위탁을 받은 은행이 되며 어음상의 “To” 이하에 기재된다.

㉣ 만기일의 표시(견본의 ④)

어음상에 기재된 어음금액을 지급하여야 할 날로서 “at sight of”의 at 다음 난에 기재 된다. 그러한 어음만기일(Tenor)의 표시방법에는 다음 4가지가 있다.

- 일람출급 : at sight
- 일람 후 정기출급 : at ~ days after sight
- 발행일자 후 정기출급 : at ~ days after B/L date
- 확정일출급 : on fixed date

㉤ 지급지의 표시(견본의 ⑤)

지급지는 실제 존재하는 지역이어야 하며, 지급지의 기재가 없으면 지급인의 명칭에 부기한 지역을 지급지로 한다.

ⓑ 수취인의 표시(견본의 ⑥)

어음금액의 지급을 받은 자 또는 지급을 받을 자를 표시한다.

ⓢ 발행일 및 발행지의 표시(견본의 ⑦)

어음의 발행일은 신용장의 유효기일 이내이어야 하며 발행지의 표시는 어음법 적용의 근거가 된다.

ⓞ 발행인의 기명날인 또는 서명(견본의 ⑧)

어음은 행위지법에 따르도록 되어 있으므로 발행인의 기명과 날인 또는 서명이 있어야 한다.

나. 임의기재사항

임의기재사항은 어음 자체의 효력에는 아무런 영향을 미치지 않으나 어음의 성격과 내용을 명확히 하기 위하여 그 기재를 요하는 것이며, 신용장에서 별도의 기재를 요구하는 경우에는 반드시 기재하여야 한다.

ⓖ D/A, D/P의 표시

계약서방식인 경우 어음에 표시한다.

ⓝ 이자문구 (Interest Clause)

신용장에서 이자문구의 기재를 요구하는 경우 어음의 여백에 표시한다.

ⓓ 거절증서작성 면제문구

ⓡ 무담보 문구(Without recourse to drawer)

신용장에서 무담보문구의 기재를 요구하는 경우에는 어음 여백에 기재한다.

- Without recourse draft(무담보어음) : 소구가 불가능한 어음
- With recourse draft(담보어음) : 소구권이 있는 어음

| 참고 | 소구권이란?

환어음이 어음지급인의 지급거절로 개설은행으로부터 부도반환되었을 때 어음의 선의의 소지자(매입은행)가 어음발행인(수출상)에게 환어음대전을 반환하도록 요구할 수 있는 권리를 소구권이라 한다. 우리나라에서는 어음법에 소구권 행사는 언제든지 가능하도록 규정하고 있고, 섭외사법에서도 어음의 효력은 행위지법에 따른다고 명시하고 있어 환어음이 부도반환된 경우 어음의 소구권 행사는 국내에서 이루어지므로 어음에 "Without recourse"란 기재가 있더라도 소구권을 행사할 수 있다.

㉤ 복본번호

환어음은 동일한 내용의 어음을 2통 발행하는 것이 통례이며, 각 어음에 번호를 붙여야 한다.

㉥ 대가수취문구(Valuation Clause)

"VALUE RECEIVED AND CHARGE THE SAME TO ACCOUNT OF ~ "를 말하며, 이 문언 중 "VALUE RECEIVED"는 어음 발행인이 어음의 대가를 수령했음을 뜻하는 것이며, "CHARGE THE SAME TO ACCOUNT OF ~"는 어음발행인이 지급인에 대하여 ~의 계정으로부터 어음금액을 징구하라는 의미이며, "ACCOUNT OF ~" 다음에는 개설의뢰인을 기재하게 된다.

㉦ 신용장에 관한 문구

신용장에 의해 발행되는 어음에는 "DRAWN UNDER ~" 이하에는 개설은행을 기재하며, "LETTER OF CREDIT NO ~"이하에는 신용장번호를 기재하며, "DATED ~" 이하에는 신용장 개설일자를 기재하게 된다.

㉧ 파훼문구

복수어음은 각 통이 똑같은 법적효력을 가지고 있으나 어느 1통의 지급이 완료되면 다른 것은 자동적으로 무효가 된다.

어음상의 "THIS FIRST BILL OF EXCHANGE(SECOND UNPAID)"의 문언을 말한다.

5. 환어음의 유통

환어음의 유통방식에는 배서(endorsement)에 의한 경우와 교부(delivery)에 의한 경우가 있다. 우리나라의 경우는 선택무기명식이나 소지인식은 인정하지 않으므로 배서에 의한 유통방식만 인정되고 있다.

환어음의 배서방식에는 다음과 같은 경우를 들 수 있다.

① 기명식배서(special endorsement)

다음에 배서할 자를 명시하여 배서하는 방식으로 이러한 배서가 있는 어음을 다시 유통시키기 위해서는 다음 배서인인 피배서인의 배서가 다시 필요하게 된다.

② 백지식배서(blank endorsement)

피배서인을 명시하지 않고 단순히 배서하는 방식으로 'Pay to the order'로 단순하거나 문언의 기재 없이 약식으로 백지배서하는 경우가 있다.

③ 조건부배서(conditional endorsement)

조건이 있는 배서는 조건이 없는 것으로 간주한다.

④ 추심위임배서

환어음을 수입지 추심은행 앞으로 추심의뢰하는 경우이며, 'pay to the order of ~ Bank for collection'으로 기재한 후 배서한다.

6. 실무상 유의사항

신용장에서 규정하고 있는 환어음에 관한 사항은 일반적으로 환어음의 발행인, 지급인, 지급기일 및 어음금액이다. 그러나 환어음에는 어음법상의 필수기재사항이 있으므로 이들 필수기재사항과 당해 신용장에서 특별히 요구한 임의기재사항을 중심으로 다음 사항을 점검한다.

① 어음의 2매 1조(set bill) 발행여부 및 어음발행일 확인

어음의 발행일은 신용장의 유효기일 이내에서 선적일자 이후이며 어음의 발행일을 특정일로 지정한 경우(예 : B/L date)에는 동 지정일이 된다.

② 어음금액은 신용장의 유효금액 범위이내이며 상업송장금액과 일치하는가?

어음금액의 표시는 문자(wording)와 숫자로 병기하되 반드시 일치하여야 하며, 신용장에서 별도 명시가 있는 경우를 제외하고는 환어음의 금액은 상업송장금액과 일치하여야 하는 한편 표기통화명도 신용장의 통화명과 일치하여야 한다.

③ 기한부어음인 경우 기간 또는 기한은 정확히 표시 또는 선정되었는가?

④ 신용장발행은행명, 발행일자와 지급인은 정확히 표시되었는가?

⑤ 어음발행인의 기명날인 또는 서명은 제출된 서명감과 일치하는가?

⑥ 어음은 타신용장과 병행하여 발행된 것은 아닌가?

신용장에서 별도 명시가 없는 한 타신용장과 병행하여 발행한 어음은 수리할 수 없으며, 신용장에서 "combined shipment with other credits acceptable"과 같은 표시가 있으면 하나의 어음을 발행할 수 있으나 실무상 신용장별로 어음을 발행하는 것이 무난하다.

실무사례

지금까지 배운 신용장 및 서류에 대한 기본지식을 바탕으로 서류심사 실습을 해보기로 한다. 이 실습은 제3부(수입결제업무)의 신용장과 무신용장에 의한 서류인도업무와 제4부(수출결제업무)의 선적서류의 매입업무에서 서류심사 능력을 제고시키는데 도움이 되리라 본다.

다음에 제시된 서류는 홍콩에서 파나마로의 수출거래로서 발행은행 Banko Binko의 신용장 번호 1234에 대하여 제시된 서류들이다. 서류에 어떤 하자가 있는지 검토하고 하자의 이유에 대하여 설명해 보기 바란다.

제시 서류의 명세

1. 신용장 No. 1234
2. 환어음
3. 상업송장
4. 원산지증명서
5. 선화증권

하자의 내용

서류명	하자의 내용 및 이유
환어음	
상업송장	
원산지증명서	
선화증권	

예시 2-33 신용장

Name of Issuing Bank:
Banko Binko
Panama, Rep. of Panama

Irrevocable Documentary Credit

Number 1234

Place and Date of Issue: Panama, May 29, 1994

Expiry Date and Place for Presentation of Documents
Expiry Date June 17, 1994
Place for Presentation Hong Kong

Applicant:
Importadores Electronicos S.A.
147 Avenida San Jose
Panama, Rep. of Panama

Beneficiary:
Electronic Distributors Associates
217 Des Voeux Road, Central
Hong Kong

Advising Bank: Reference No
Asian International Bank and Trust Co.
Hong Kong

Amount: Approximately USD110,000.-

Partial shipments [ ] allowed [X] not allowed

Transhipment [ ] allowed [X] not allowed

[X] insurance covered by buyers

Credit available with Nominated Bank: Freely Negotiable
[ ] by payment at sight
[ ] by deferred payment at
[ ] by acceptance of drafts at
[X] by negotiation

Shipment as defined in UCP 500 Article 46
From Port of Hong Kong
For transportation to Puerto Armuelles, Panama
Not later than June 9, 1994

Against the documents detailed herein
[X] and Beneficiary's draft(s) drawn on
Banko Binko
Panama, Rep. of Panama

Signed Commercial Invoice

Certificate of Origin

Full set of clean "on board" ocean bills of lading consigned to Transitarios Panama,

Covering:
Televisions, VCRs, Video Recorders and spare parts of Japanese origin and 10,000 VHS cassettes of Chinese origin as per purchase order 1714-X, CFR Puerto Armuelles, Panama, INCOTERMS 1990

Draft to be marked "Drawn under Banko Binko, Panama Documentary Credit 1234 issued on May 29, 1994"

Documents to be presented within [ ] days after the date of shipment but within the validity of the Credit

We hereby issue the Irrevocable Documentary Credit in your favour. It is subject to the Uniform Customs and Practice for Documentary Credits (1993 Revision, International Chamber of Commerce, Paris, France, Publication No. 500) and engages us in accordance with the terms thereof. The number and the date of the Credit and the name of our bank must be quoted on all drafts required. If the Credit is available by negotiation, each presentation must be noted on the reverse side of this advice by the bank where the Credit is available.

Name and signature of the Issuing Bank
Banko Binko
Panama, Rep. of Panama

This document consists of [1] signed page(s)

Advice for the Beneficiary

▌예시 2-34▐ 환어음

Draft

USD122,500.- Hong Kong, June 18, 1994

At Sight

Pay to the order of: Electronic Distributing Associates

One hundred twenty-two thousand five hundred US Dollars

For Value Received and charge same to account of

To:
Banko Binko
Panama

Electronic Distributing Associates

▌예시 2-35▐ 상업송장

Electronic Distributing Associates

June 17, 1994

Sold to: Importadora Electronica S.A.
Panama, Rep of Panama

Terms: Documentary Credit

Invoice N° 741 **Contract N°** 1714

Packaging	Description	Price
1 Container	Televisions, VCRs, Video Recorders	USD100,000.-
	VHS cassettes	USD 5,500.-
	FOB Factory	USD105,500.-
	Handling	USD 150.-
	Freight	USD 16,850.-
	Total C & F Panama	USD 122,500.-

Electronic Distributing Associates
Hong Kong Consolidators Inc., as agents

▌예시 2-36▐ 원산지증명서

Cosigner Electronic Distributing Associates, Hong Kong Consolidators, Inc., as agents	No. HK 764187 / Original **Certificate of Origin**
Consignee : Banko Binko Panama, Rep. of Panama	Country of Origin : JAPAN
Transport details Ocean MV Altamares	
Item, number, marks, number and type of packages, description of goods: Container Containing Televisions, VCRs, Video Recorders and spare parts and 10,000 VHS cassettes as per purchase order 1714	
The undersigned authority certifies that the goods described above originate in the country shown above. PANAMANIAN - HONG KONG CHAMBER OF COMMERCE Place and date of issue, name and signature of competent authority June 9, 1994, Hong Kong Panamanian - Hong Kong Chamber of Commerce	

▌예시 2-37▌ 선화증권

For multimodal transport or port to port shipment

Shipper :
Electronic Distributing Associates,
Hong Kong Consolidators, Inc., as agents

Voyage N° 59E

??? N° 7

Shipper's reference : EDA-PA 4576

Carrier :
PHK Lines

Consignee :
To order of
Transitarios Panama

Notify address (carrier not responsible for failure to notify):
Importadora Electronica S.A.
147, Avenida San Jose
Panama, Rep. of Panama

Place of receipt (Applicable only when document used for MULTIMODAL transport) :

Place of delivery (Applicable only when document used for MULTIMODAL transport) :

Ocean Vessel : M/V Altamares

Port of loading Hong Kong

Port of discharge Puerto Armuelles Panama

Container Nos. Seal Nos; Marks and Nos.	Number and type of packages; description of goods	Gross weight (kg)	Measurements (cbm)
1 Container	TVs, VCRs, Spare Parts and Cassettes ON BOARD June 9, 1994		

ABOVE PARTICULARS AS DECLARED BY SHIPPERS

Total No. of Containers/Packages received by the Carrier: 1

Shippers declared value USD 122,500

RECEIVED from the Carrier from the Shipper in apparent good order and condition (unless otherwise noted herein) the total number or quantity of Containers or other packages or units indicated in the box opposite entitled "Total No of Containers/Packages received by the Carrier" for carriage subject to all the terms and conditions hereof (INCLUDING THE TERMS AND CONDITIONS ON THE REVERSE AND THE TERMS AND CONDITIONS OF THE CARRIERS APPLICABLE TARRIF) from the Place of Receipt or the Port of Loading, whichever is applicable, to the Port of Discharge or the Place of Delivery, whichever is applicable. In accepting this document the Merchant expressly accepts and agrees to all its terms and conditions whether printed, stamped or written, or otherwise incorporated, notwithstanding the non-signing of this document by the Merchant.

Movement :

Freight and charge		Collect
Freight and charge		
Origin THC /LCL Charge		
Sea Freight		
Sea Freight		
Destination Land Freight / Transp. Add'l		
Collect USD16,800.-		

Appropriate columns to be marked by "X"

Freight payable at :

Place and date of issue : Hong Kong - June 9, 1994

Number of Originals Issued 1

Signature
XYZ Company as agents

제시된 서류를 심사한 결과 모두 24건의 하자를 지적할 수 있음을 알 수 있다.

거래내용	하자의 내용 및 이유
환어음	1. credit expirde : E/D 19 x x. 6월 17일이 지난 6. 18일 제시 2. overdrawing : US$121,000 이내여야 하나 US$1,500 초과 3. payee's name : Electronic Distributors Associates가 정당 4. drawer's name : Electronic Distributors Associates가 정당 5. drafts not claused L/C No., issuing date and bank name
상업송장	1. beneficiary's name : Electronic Distributors Associates가 정당 2. applicant's name : Impotadores Electronicos S.A.가 정당 3. purchase order No. : 1714 . X가 정당 4. not covered shipment of spare parts 5. not mentioned thr origin of thr goods 6. shipping terms : CFR Puerto Armulles, Panama가 정당 7. not signed by the seller, Eldectronic Distributors Associates
원산지증명서	1. consignor's name : Electronic Distributors Associates가 정당 2. consignor's name : Transitarios, Panama 3. country of origin : Japan and China가 정당 4. purchase order No. : 1714 . X가 정당
선화증권	1. shipper's name : Electronic Distributors Associates가 정당 2. consignee's name : Transitarios, Panama가 정당 3. notify party's name : Impotadores Electronicos S.A.가 정당 4. not included the shipment of video recorders 5. overdrawing : US$121,000 이내여야 정당 6. shipping terms : CFR Puerto Armulles, Panama가 정당 7. freight amount : US$16,800로서 상업송장과도 일치시켜야 함. 8. capacity of agent : as agents 다음에 for the carrier 또는 for LHK Lines 가 추가되어야 정당

(1) 신용장 예시 해설

Name of Issuing Bank: ③
Banko Binko
Panama, Rep. of Panama

Irrevocable Documentary Credit ①
Number 1234 ②

Place and Date of Issue: Panama, May 29, 20xx ④

Expiry Date and Place for Presentation of Documents ⑤
Expiry Date June 17, 20xx
Place for Presentation Hong Kong

Applicant:
Importadores Electronicos S.A.
147 Avenida San Jose
Panama, Rep. of Panama

Beneficiary: ⑦
Electronic Distributors Associates
217 Des Voeux Road, Central
Hong Kong

Advising Bank: ⑥ Reference No
Asian International Bank and Trust Co.
Hong Kong

Amount: ⑧ Approximately USD110,000.-

Partial shipments [ ] allowed [X] not allowed ⑨

Transshipment [ ] allowed [X] not allowed ⑩

[X] Insurance covered by buyers ⑬

Credit available with Nominated Bank: Freely Negotiable ⑪
[ ] by payment at sight
[ ] by deferred payment at
[ ] by acceptance of drafts at
[X] by negotiation

Shipment as defined in UCP 500 Article 46 ⑭
From Port of Hong Kong
For transportation to Puerto Armuelles, Panama
Not later than June 9, 20xx

Against the documents detailed herein ⑫
[X] and Beneficiary's draft(s) drawn on
Banko Binko
Panama, Rep. of Panama

Advice for the Beneficiary

⑮

Signed Commercial Invoice

Certificate of Origin

Full set of clean "on board" ocean bills of lading consigned to Transitarios Panama,

⑯

Covering:
Televisions, VCRs, Video Recorders and spare parts of Japanese origin and 10,000 VHS cassettes of Chinese origin as per purchase order 1714-X, CFR Puerto Armuelles, Panama, INCOTERMS 2010

⑰

Draft to be marked "Drawn under Banko Binko, Panama Documentary Credit 1234 issued on May 29, 20xx

Documents to be presented within [ ] days after the date of shipment but within the validity of the Credit ⑱

We hereby issue the Irrevocable Documentary Credit in your favour. It is subject to the Uniform Customs and Practice for Documentary Credits (2007 Revision, International Chamber of Commerce, Paris, France, Publication No. 600) and engages us in accordance with the terms thereof. The number and the date of the Credit and the name of our bank must be quoted on all drafts required. If the Credit is available by negotiation, each presentation must be noted on the reverse side of this advice by the bank where the Credit is available. ⑲

Name and signature of the Issuing Bank ㉑
Banko Binko
Panama, Rep. of Panama

This document consists of [1] signed page(s) ⑳

① 신용장의 종류 : 취소불능(irrevocable) 화환(documentary)신용장
② 신용장 번호 : 1234
③ 신용장 발행은행 : Panama에 소재한 Banko Binko
④ 신용장 발행일자 및 장소 : 20××. 5월 29일 파나마
⑤ 신용장의 유효기일 및 제시장소 : 20××. 6월 17일이며, 서류제시장소는 수출지인 홍콩임.
⑥ 수입상 : Panama의 Impotadores Electronicos S.A.이며 명칭에 유의
⑦ 수익자 : Hong Kong의 Electronic Distributors Associates이며 명칭에 유의
⑧ 신용장 금액 : 'approximately'가 있어 UCP 600 제30조 a항에 따라 상하 10%를 허용하므로 US$99,000 ~ US$121,000 범위 내에서 환어음 발행 가능
⑨ 분할선적 여부 : 금지
⑩ 환적 여부 : 금지
⑪ 신용장의 사용방법 : 일람지급(sight payment), 연지급(deferred payment), 인수(acceptance), 매입(negotiation) 신용장 중 매입신용장이며, 매입은행 지정 여부는 'freely negotiable'이므로 자유매입신용장임.
⑫ 환어음 조건 : 어음기간 표시가 없으므로 Sight조건이며, 발행은행인 Banko Binko, Panama를 지급인으로 하는 환어음을 제시하는 조건
⑬ 보험부보 여부 : 수입상이므로 수출상은 보험서류를 제시할 필요가 없음.
⑭ 선적항, 도착항 및 선적기일 : 홍콩항, 푸에르토 아물레스항, 20××. 6월 9일
⑮ 서류의 명세
- 사인이 된 상업송장 원본 1부
- 원산지증명서 원본 1부
- 무하자 본선적재된 해상선화증권 원본 3통을 제시하고 Consignee란에 'Tansitarios, Panama'로 표기

⑯ 상품 명세 : 원산지가 일본인 TV, VCR, VTR과 동 부품
중국이 원산지인 VHS Cassettes 1만 개, 계약서 번호 1714 - X
가격조건은 Incoterms 2010에 의한 CFR Puerto Armulles 조건
⑰ 환어음상의 부기 : 신용장 발행은행, 발행일자, 번호 기재
⑱ 서류제시기간 : 명시가 없으므로 선적일 이후 21일 이내 제시
⑲ 신용장통일규칙 준수문구 등 : UCP 600 명시, 매입은행은 신용장 매입시 신용장 뒷면에 매입내역을 기재요망
⑳ 신용장 발행매수 : 1매

㉑ 발행은행의 인증 : 신용장 발행 책임자의 서명

(2) 환어음 예시 해설

BILL OF EXCHANGE ①

③ USD122,500.- Hong Kong, June 18, 20xx ②

④ At Sight

Pay to the order of: ⑤ Electronic Distributing Associates

③ One hundred twenty-two thousand five hundred US Dollars

For Value Received and charge same to account of ⑥

⑨

To:
⑦ Banko Binko
Panama

⑧

Electronic Distributing Associates

① 환어음의 표시 : 'Draft' 또는 'Bill of Exchange'이어도 좋음

② 발행지 및 발행일 : 수출지인 홍콩, 발행일이 20××. 6월 18일로 되어 있으나 신용장 유효기일인 6월 17일 이내에 제시되어야 하므로 신용장 유효기일이 경과되어 하자임(credit expired).

③ 금액 : US$122,500이 발행되어 최고 발행한도 US$121,000보다 US$1,500 초과 발행되어 하자임(overdrawing).

④ 어음조건 : Sight조건으로 일치함.

⑤ 수취인(payee) : 국내에서는 통상 매입은행이 기재되나, 은행을 통하지 않고 수출상이 신용장 발행은행 앞 직접 제시하는 경우에는 수출상 본인이 기재되어야 한다. 그러나 명칭이 'Electronic Distributing Associates'로 표기되어 있어 'Distributors'가 불일치하여 하자임(name of payee).

⑥ 수입상의 표시 : 임의 기재사항이므로 하자는 될 수 없으나 통상 "to account of" 이하에 수입상을 표기함.

⑦ 지급인 : 신용장 조건대로 발행은행인 Banko Binko, Panama이므로 일치함.

⑧ 발행인 : 수출상인 'Electronic Distributors Associates'가 발행하여야 하나, 앞의 5항과 마찬가지로 명칭이 불일치하여 하자임(name of drawer).

⑨ 발행근거 표시 : 신용장상에 환어음의 여백에 신용장 발행은행, 발행일자 및 번

호를 명기하도록 하는 조건이 있으나 환어음상에는 누락되어 하자임(drafts not claused "credit number, issuing date and bank name").

따라서 환어음상의 하자는 모두 5건이다.

(3) 상업송장 예시 해설

Electronic Distributing Associates ①

③ June 17, 20xx

②
Sold to: Importadora Electronica S.A.
Panama, Rep of Panama

Terms: Documentary Credit

Invoice N° 741 ④ **Contract N°** 1714 ⑤

Packaging	Description ⑥	Price
1 Container	Televisions, VCRs, Video Recorders	USD100,000.-
	VHS cassettes	USD 5,500.-
	FOB Factory	USD105,500.-
	Handling	USD 150.-
	Freight	USD 16,850.-
	Total C & F Panama ⑦	USD 122,500.-

⑧

Electronic Distributing Associates
Hong Kong Consolidators Inc., as agents

① 수출상의 명칭 : 'Electronic Distrbutors Associates'이나 Distributing이 잘못 표기되어 있어 하자임(beneficiary's name).

② 수입상의 명칭 : "Impotadores Electronicos S.A."이나 "Impotadora Electronica

S.A"로 잘못 표기되어 있어 하자임(applicant's name).

③ 송장 발행일 : 20××. 6월 17일로 신용장 유효기일 이내이므로 하자가 아님.

④ 송장 번호 : 하자와 무관함.

⑤ 계약서번호 : 신용장상에 "1714 – ×"이나 "1714"로 기재되어 있어 하자임(purchase order number).

⑥ 물품의 명세 : 신용장상의 물품명세와 일치하여야 하나, "spare parts"가 누락되어 있어 하자이며(not covered shipment of spare parts), 신용장상에 분할선적도 허용되어 있지 않고 환어음도 전액 발행되었다. 그리고 원산지의 표기도 누락되어 있어 하자임(not mentioned the origin of the goods).

⑦ 가격조건의 표기 : 신용장상에 "CFR Puerto Armulles, Panama"이나 "C&F Panama"로 되어 있다. Incoterms 2010에 따라 CFR 다음에는 국가가 아닌 수입지 항구가 표시되어야 한다. 따라서 선적조건이 상이한 것이 하자임(Shipping terms).

⑧ 송장의 발행인 : 수출상의 명칭이 "Electronic Distributors Associates"가 아니고 "Dustributing"이 앞의 1항과 같이 잘못 기재되어 하자임(not signed by the seller).

따라서 상업송장에서의 하자는 모두 7건이다.

(4) 원산지증명서 예시 해설

Casigner ① Electronic Distributing Associates, Hong Kong Consolidators, Inc., as agents	No. HK 764187	Original
	Certificate of Origin	
Consignee : ② Banko Binko Panama, Rep. of Panama	Country of Origin : ③ JAPAN	
Transport details ④ Ocean MV Altamares		

Item, number, marks, number and type of packages, description of goods: ⑤

Container

Containing Televisions, VCRs, Video Recorders and spare parts and 10,000 VHS cassettes as per purchase order 1714

The undersigned authority certifies that the goods described above originate in the country shown above.

PANAMANIAN - HONG KONG CHAMBER OF COMMERCE ⑥

Place and date of issue, name and signature of competent authority

June 9, 19XX Hong Kong ⑦

Panamanian - Hong Kong Chamber of Commerce

① 선적인(consigner)의 명칭 : “Electronic Distributors Associates”가 정당하나 ‘Distributors’ 대신 ‘Distributing’으로 잘못 표기되어 하자임(name of consigner).

② 수하인(Consignee)의 명칭 : 신용장상의 수하인이 “Transitarios Panama”로 되어 있으나 “Banko Binko, Panama”로 잘못 표기되어 하자임(consignee's name).

③ 원산지 : 신용장상에서는 일본과 중국이 원산지이나 “Japan”만 표시되어 있어 하자임(country of origin).

④ 운송내용 : 해상(ocean)이고 선박명칭은 “MV Altamares”호이나 하자여부와는 무관함.

⑤ 물품의 명세 : 신용장상의 물품명세와 상호 모순되지는 않으나 계약서 번호가 “1714-X”가 아닌 “1714”로 잘못 표기되어 하자임(Purchase Order Number).

⑥ 발행기관 : 신용장상에 발행기관에 대한 명시가 없으므로 서류는 제시된 대로 수리할 수 있으므로 하자와 무관하다. 그러나 실무에서는 통상적으로 수출국의 상공(또는 상업)회의소에서 원산지증명서를 발급받는다.

⑦ 발행일 및 발행지 : 19××. 6월 9일 홍콩에서 발행되어 유효기일 이내이므로 하자와 무관함.

따라서 원산지증명서에서는 모두 4건의 하자가 발견된다.

(5) 선화증권 예시 해설

For multimodal transport or port to port shipment ①

Shipper : ② Electronic Distributing Associates, Hong Kong Consolidators, Inc., as agents	Voyage N° 59E ③ | B/L N° 7 ④
	Shipper's reference : EDA-PA 4576 ⑤
Consignee : ⑥ To order of Transitarios Panama	Carrier : ⑦ PHK Lines
Notify address (carrier not responsible for failure to notify): Importadora Electronica S.A. ⑧ 147, Avenida San Jose Panama, Rep. of Panama	Place of receipt (Applicable only when document used for MULTIMODAL transport) :
	Place of delivery (Applicable only when document used for MULTIMODAL transport) : ⑫
Ocean Vessel : ⑨ M/V Altamares | Port of loading ⑩ Hong Kong	
Port of discharge ⑪ Puerto Armuelles Panama	

Container Nos. Seal Nos; Marks and Nos.	Number and type of packages; description of goods	Gross weight (kg)	Measurements (cbm)
1 Container ⑬	TVs, VCRs, Spare Parts and Cassettes		
	ON BOARD ⑭ June 9, 20xx		

ABOVE PARTICULARS AS DECLARED BY SHIPPERS

Total No. of Containers/Packages received by the Carrier	Shippers declared value
1	⑮ USD 122,500

[illegible] ...DING THE TERMS AND CONDITIONS ON THE REVERSE AND THE TERMS AND CONDITIONS OF THE CARRIER'S APPLICABLE TARIFF) from the Place of Receipt or the Port of Loading, whichever is applicable, to the Port of Discharge or the Place of Delivery, whichever is applicable. In accepting this document the Merchant expressly accepts and agrees to all its terms and conditions whether printed, stamped or written, or otherwise incorporated, notwithstanding the non-signing of this document by the Merchant.

Movement :

	⑯	Collect
Freight and charge		
Freight and charge		
Origin THC /LCL Charge		
See Freight		
See Freight		
Destination Land Freight / Transp. Add'l		
⑰ Collect USD16,800.-		

Applicable columns to be marked by "X"

Freight payable at :	Place and date of issue : ⑱ Hong Kong - June 9, 19XX
Number of Originals issued: 1 ⑲	Signature ⑳ XYZ Company as agents

① 선화증권의 종류 : 선화증권상에 복합운송(for multimodal transport) 또는 항구간 선적(port to port shipment)이라고 표시되어 있어 어느 선화증권인지 구분하는 방법은 B/L의 ⑨ ~ ⑫항을 보면 해상운송이고 환적 사실이 없기 때문에 복합운송이 아닌 항구 간, 즉 홍콩항에서 푸에르토 아물레스항까지의 해상 선화증권인 것을 알 수 있고 하자와는 무관함.

② 선적인 명칭 : 수출상인 선적인은 신용장상 "Electronic Distributors Associates"이나 'Distributing'으로 잘못 표기되어 있어 하자임(shipper's name).

③ 항해번호 : 선박회사의 항해관리번호 "59E"이므로 하자와 무관함.

④ 선화증권 번호 : 선화증권 발급기관의 일련번호이므로 하자와 무관함.

⑤ 선적인 참조번호 : 수출상과 관련된 번호로 하자와 무관함.

⑥ 수하인 : 신용장상 "Transitarios, Panama"로 기명식으로 요구하고 있으나 지시식(to order)으로 발급되어 하자임(consignee's name).

⑦ 운송인 명칭 : 운송회사의 명칭(name)은 "LHK Lines"이며, 자격(capacity)은 운송인(carrier)으로 되어 있음.

⑧ 통지처 : 신용장상의 수입상인 "Impotadores Electronicos S.A."가 아니고 "Impotadora Electronica S.A."로 잘못 표기되어 있어 하자임(notify party's name).

⑨ 선박명 : "M/V Altamares"호로서 원산지증명서상의 표기와도 일치하므로 하자와는 무관함.

⑩ 선적항 : 홍콩으로 신용장조건과 일치함.

⑪ 양륙항 : 파나마의 푸에르토 아물레스항으로 신용장 조건과 일치함.

⑫ 최종목적지 : 환적이 이루어져 복합운송이 될 경우 기재되나 공란임.

⑬ 물품의 명세 : UCP 제18조 c항에 따라 신용장상의 물품명세와 상호 모순되지 않는 일반적인 용어로 표기되어도 좋으나, "video recorders"가 누락되어 있어 하자임(not included the shipment of video recorders).

⑭ 본선적재 부기 : 본선적재(on board)의 뜻과 적재일자가 표시되면 요건에 일치하며, 20 ××. 6월 9일로 신용장상의 선적기일과 일치하므로 하자가 아님.

⑮ 선하증권 금액 : 수출상이 신고한 금액이 US$122,500이나 상기 환어음과 상업송장에서 지적한 바와 같이 신용장 금액초과가 하자임(overdrawing).

⑯ 운임표기 : 신용장상의 가격조건이 'CFR'이므로 운임을 수출상이 수출지에서 선불하는 조건이므로 "Freight Prepaid"로 표기하여야 하나 "Collect"로 잘못 표기되어 있어 하자임(shipping term).

⑰ 운임액 : B/L상 US$16,800이나 상업송장상의 Freight는 US$16,850로서 상호 불일치하여 하자임(freight amount).

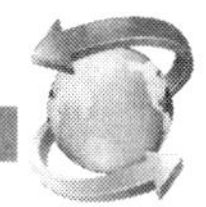

⑱ 증권발행일자 및 장소 : 홍콩에서 20××. 6월 9일로서 하자가 아님.

⑲ 원본 발급통수 : 1부가 발행되었으므로 1부만 제시되면 하자가 아님. 통상 3통이 발급되는 것이 국제 관례임.

⑳ 발급기관의 서명 : UCP 600 제20조 a항 i호에 의하면, 선화증권의 발급자격은 운송인 또는 그 대리인과 선장 또는 그 대리인의 자격이 있는 자가 발급하고 서명하여야 한다고 되어 있다. 여기에서는 자격(capacity)은 대리인(as agents)으로서 대리인의 명칭(name)은"XYZ Company"로 표기되어 있으나, 대리인이 운송인의 대리인인지 선장의 대리인인지를 알 수 없으므로 중대한 하자로 지적되어야 한다. 한편 선화증권의 우측 상단 ⑦항의"Carrier LHK Lines"가 있으므로 운송인의 대리인(as agents for the Carrier)으로 추정할 수 있겠으나, 신용장거래는 어디까지나 서류의 문면상 일치여부를 심사하여야 하므로 중대한 하자임에 유의하여야 한다(capacity of agent).

참고로 올바른 표기방법을 소개하면,

①	(signed) ______________ XYZ Company as agents for Carrier, LHK Lines
②	(signed) ______________ XYZ Company as agents for Carrier
③	(signed) ______________ XYZ Company as agents for LHK Lines

의 3가지 모두 수리할 수 있다. 좀 더 설명을 추가한다면 ②와 ③은 선화증권의 우측 상단에 운송인(carrier)과 운송인의 명칭(LHK Lines)이 표기된 경우에 수리할 수 있다. 즉, carrier와 LHK Lines가 모두 표기가 없거나 LHK Lines만 표기되어 있을 경우에는 상기 ①항의 표기방법만이 수리가능하다.

선화증권의 심사 결과 하자는 모두 8건이다. 하나의 어음을 발행할 수 있으나 실무상 신용장별로

PART 03 수입결제업무

학습목표

제3부에서는 수입대금을 어떻게 결제할 것인가를 배우게 된다. 제2부에서 배운 신용장에 의해 결제하기로 한 경우에는 먼저 신용장을 수출상 앞으로 발행해 주고서 이 신용장에 근거하여 대금을 청구해 올 경우 어떻게 수입대금을 결제하고 관련 서류를 인수하며, 신용장 방식이 아닌 D/P.D/A방식의 경우에는 신용장과 달리 어떻게 수입대금이 결제되는가를 익히게 된다.

첫째, 수입신용장의 발행 및 조건변경을 위한 업무절차를 이해한다.

둘째, 수입선적서류 접수시 인도절차와 검토사항을 이해하며, 수입대금결제방법에 대해 이해한다.

셋째, 기한부 수입환어음의 인수와 결제에 대해 이해하며, 수입화물선취보증서(L/G)에 대해서 이해한다.

넷째, 무신용장거래의 의의 및 그 종류에 대해 이해하며, 지급(인수)을 위한 추심서류의 제시와 추심대금의 결제에 대해 이해한다.

다섯째, 무신용장방식 거래에서의 L/G발행과 거절증서 작성방법에 대해 이해한다.

Chapter

08 수입신용장의 발행

수입결제업무는 앞 제3장에서 설명한 결제방법에 따라 수입상이 서류를 인수하고 수입대금을 지급하는 일련의 업무를 말한다. 신용장방식에 의한 결제 시에는 신용장 발행절차가 선행되어야 하고, 이후 수출상이 매입은행을 통해 신용장발행은행에 도착시킨 서류를 인수하고 수입대금을 결제하는 서류인도와 대금결제과정이 이어진다. 그리고 무(無)신용장 방식, 즉 D/P·D/A 추심방식은 거래은행의 지급확약이 없으므로 신용장 발행과정 없이 서류인도와 대금결제과정이 수행된다. 한편 송금방식에 의한 결제는, 매매계약시에 사전송금조건일 경우에는 수출상이 선적하기 전에 은행을 통한 송금이므로 서류 인수절차 없이 전신송금 등의 방법으로 송금이 이루어지면 되고, 사후송금방식일 경우에는 수출상이 직접 보내온 서류 수령후에 송금하면 된다. 신용장방식은 제8~9장에서, 추심 및 송금방식 등에 대해서는 제10장에서 설명한다.

8-1 신용장발행의 개요

매매계약 체결시 수입대금 결제방법을 신용장에 의하도록 약정한 경우 수입자는 매매계약에서 정한 기간 이내에 수입신용장을 개설하여야 한다. 다만, 대외무역법에 의한 수입승인 물품에 대하여는 수입승인(인정)을 얻은 후 그 유효기간 이내에 자기의 거래은행에 신용장개설을 신청하게 된다.

▌신용장에 의한 대금결제 절차▐

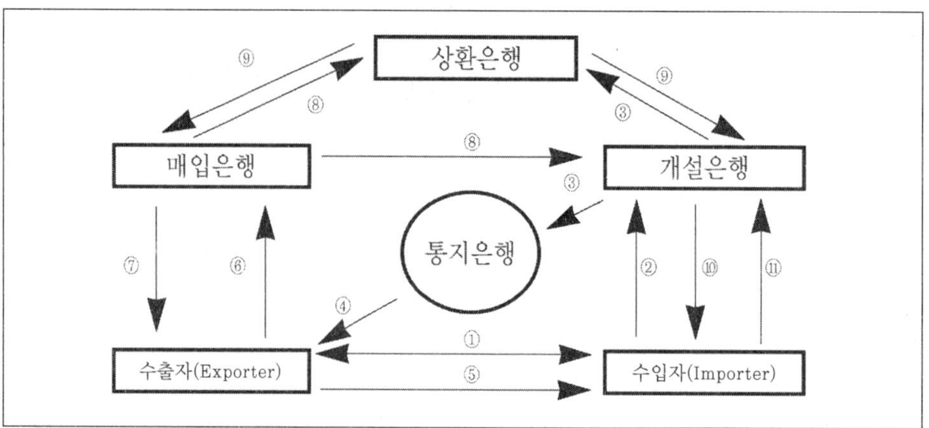

개설은행에서는 수입계약서 및 발행신청서 기재사항의 검토, 개설방법의 검토, 개설의뢰인의 신용상태 점검 및 기타 채권보전서류의 징구 상태를 점검한다. 이러한 서류의 검토와 수입신용장 번호부여, 통지은행의 선정, 결제은행의 선정 등의 절차를 거쳐 각종 수수료를 징수한 후에 신용장을 개설한다. 거래조건의 변경 또는 기타의 사유로 신용장 조건이 변경되는 경우에는 필요에 따라 수입승인서의 변경승인을 득한 후 신용장 조건변경 절차를 거쳐야 하며, 조건변경 절차는 당초 신용장 개설시와 크게 다를 바 없다. 신용장에 의한 거래가 이루어지는 과정을 보면 다음과 같다.

① 수출입자 간에 매매계약을 체결한다.
② 수입자는 거래은행에 신용장개설을 의뢰한다.
③ 개설은행은 수출지의 은행을 통하여 신용장통지를 의뢰하고 상환은행 앞으로 상환수권서를 송부한다.
④ 통지은행은 신용장을 수출자에게 통지한다.
⑤ 수출자는 신용장조건에 따라 수입자 앞 물품을 선적한다.
⑥ 수출자는 서류를 갖추어 거래은행에 매입을 의뢰한다(통지은행이 매입은행이 될 수도 있다).
⑦ 매입은행은 신용장조건과 일치하는 서류를 매입하고 수출자에게 대금을 지급한다.
⑧ 매입은행은 신용장에서 지정한 상환은행 앞으로 대금지급을 요청함과 동시에 서류는 개설은행 앞으로 송부한다(개설은행과 매입은행간 예치한 거래은행 관계일 경우에는 상환은행을 경유하지 않는다).

⑨ 결제은행은 자행이 보유하고 있는 개설은행 계좌를 차기하여 대금을 매입은행 앞 지급하고 지급사실을 개설은행 앞으로 통지한다.

⑩ 개설은행은 송부되어 온 서류를 수입자에게 제시한다.

⑪ 수입자는 수입대금을 지급하고 서류를 인도받은 후 수입화물을 통관함으로써 수입절차는 종료하게 된다.

8-2 신용장발행시 제출서류

수입자는 신용장의 개설을 의뢰할 때에 개설은행에 지급보증에 관한 서류와 신용장의 조건을 확정하기 위한 제출서류를 제출하여야 하며, 그 종류는 다음과 같다.

1. 신용장조건 확정을 위한 서류

(1) 수입신용장 발행신청서

수입신용장 발행신청서(Application for irrevocable documentary credit)는 수입자가 수출자와 매매계약에서 정한 사항을 기초로 하여 작성되는 서류로서 신용장의 조건이 기재되는 중요한 서류이다. 따라서 수입계약서의 취지를 벗어나지 않아야 하며, 후일 당사자간에 분쟁이 발생되지 않도록 명확하게 작성되어야 한다.

ICC(국제상업회의소)에서는 1986년에 표준화환신용장 발행신청 양식을 제정하였다. 현재 국내 외국환은행에서 사용되고 있는 수입신용장 발행신청서는 신용장금액·어음종류·상품명세·유효기일·기타 특수조건 등을 기재토록 하고 있다.

(2) 수입승인서

대외무역법에 의한 수입승인 대상물품, 수입제한승인품목에 대하여는 수입승인을 득하였는지의 여부와 신용장 발행신청서와의 연관성을 확인하기 위해 수입승인서를 받는다.

(3) 계약서 또는 물품매도 확약서(offer sheet)

수입신용장 발행신청서의 기재내용이 수출자와의 계약내용과 일치하는지의 여부를 확인하기 위해 계약서 또는 물품매도확약서를 받는다.

특히 신용장의 내용을 간단히 표시하기 위하여 수입신용장발행신청서상의 상품명세가 「Details as per offer No. ~ 」 등으로 명시된 경우는 후일의 분쟁을 방지하기 위해 반드시 징구하여야 한다.

2. 지급보증을 위한 채권보전서류

외국환은행이 대외지급보증을 위해 수입신용장을 개설할 경우는 일반 여신 실행에 따른 서류를 징구함과 동시에 다음의 서류를 추가로 받는다.

(1) 외국환거래약정서

수입신용장개설은행과 개설의뢰인간 수입거래에 관한 책임관계를 명시한 「외국환거래약정서」를 받는다. 은행 공동양식의 「외국환거래약정서」가 제정되기 전에는 수출, 수입, 내국신용장발행 등 외국환거래의 종류별로 개별약정서를 징구하였으나 현재는 수출입거래 등에 공통으로 적용되는 「외국환거래약정서」가 이용되고 있다.

수입거래와 관련하여 「외국환거래약정서」는 신용장거래, 무신용장거래 및 보증신용장거래 등 모든 수입거래에 적용된다. 본 약정서에는 신용장의 발행(취소・조건변경 포함) 및 통지, 수입어음의 결제, 대도물품의 처분, 수입물품선취보증서에 의한 수입물품인도, 수입거래에 따른 담보, 비용부담 등 개설은행과 개설의뢰인간 상호 의무관계를 약정하고 있으며, 제3자 명의의 신용장발행을 신청한 경우에도 외국환거래약정서가 적용된다.

(2) 보험서류

수입거래는 주로 해상 또는 항공편으로 외국물품이 국내로 반입되므로 개설은행은 담보보전을 위해 수입물품의 운송 중에 발생할 수 있는 물품의 멸실・손상 등의 손해를 방지하기 위한 조치를 강구한다.

따라서 수입물품에 대하여는 화물운송 중에 발생할 수 있는 손해를 보상받기 위하여

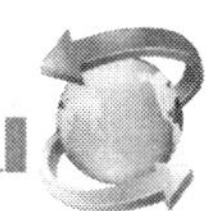

적하보험에 가입하여야 한다. 무역거래에 있어서는 가격조건에 따라 보험계약의 주체가 달라지는데, 가격조건이 FOB, FAS, CFR, FCA, CPT 등인 경우에는 수입자가 보험계약을 체결하여야 한다. 이와 같이 수입자가 보험계약을 체결하는 가격조건으로 신용장을 개설하는 경우에는 수입자가 계약한 보험서류에 질권설정을 받아 보험서류를 제출하여 신용장개설은행은 수입물품의 담보권을 확보하게 된다.

이때 보험조건은 수입물품의 특성을 고려하여 개설은행의 채권보전에 지장이 없는 조건으로 부보되어야 하며, 보험금액의 표시통화는 매매계약서 및 신용장의 결제통화와 동일한 통화로 한다.

▌예시 3-1▐ 외국환거래 약정서

> 은행은 본인에게 이 약정서상 중요한 내용을 설명하여야 하며, 은행여신거래기본약관과 이 약정서의 사본을 교부하여야합니다.

외국환거래 약정서

년 월 일

주식회사 ○○은행 앞

본인 (인)

주소

계	대리	과장	차장	부점장

본인은 ○○은행(이하 "은행"이라 한다.)과 수출 · 수입 · 내국신용장발행 · 내국신용장환어음매입(추심)거래 · 선적통지부 사후송금방식 수출거래에 의한 수출대그채권 매입거래를 함에 있어 "은행여신거래기본약관"이 적용됨을 승인하고 다음 각 조항을 확약합니다.

제1장 공통사항

제1조(적용범위)

이 약정은 다음 각 항의 현재 및 장래의 모든 거래(전자문서교환방식에 의한 거래를 포함합니다)에 적용하기로 합니다.

① 수출거래

1. 화환어음(환어음이 첨부되지 않은 선적서류를 포함합니다. 이하 이 약정에서 같습니다.)의 매입 및 추심
2. 보증신용장 등에 의한 무화환어음(Clean Bill)의 매입
3. 기타 전 각호에 준하는 거래

② 수입거래

1. 신용장 발행
2. 화환어음의 인도 및 결제

3. 보증신용장에 의한 무화한어음의 인도 및 결제
4. 기타 전 각호의 준하는 거래

③ 내국신용장발행거래
④ 내국신용장환어음매입(추심)거래
⑤ 선적통지부 사후송금방식 수출거래(Open Account Transaction)에 의한 수출대금채권 매입거래(이하 '수출대금채권 매입거래'라 합니다)

제2조(권리의 행사)

① 수출화환어음, 내국신용장환어음 매입대금(은행의 매입대금을 말합니다. 이하 이 약정에서 같습니다) 및 수출대금채권 매입대금에 관하여 은행은 아래 제10조, 제11조, 제23조, 제24조 및 제28조에 의하여 이를 청구하거나 금전소비대차에 의한 대출금으로 보아 어음채권(어음이 발행된 경우에 한함) 또는 여신채권 중 어느 것에 의하여도 청구할 수 있습니다.
② 수입화환어음 및 내국신용장환어음 결제를 위한 대지급금의 경우에는 은행은 어음채권(어음이 발행된 경우에 한함) 또는 여신채권 중 어느 것에 의하여도 청구할 수 있습니다.

제3조(담 보)

본인은 제1조의 거래에 수반하는 물품 및 관련서류를 당해 거래와 관련하여 은행에 부담하는 채무와 이에 부수하는 이자, 할인료, 수수료, 지연배상금, 기타 부대비용 등의 지급을 위한 담보로서 은행에 양도하기로 합니다.

제4조(적용환율)

적용환율은 신청서 등을 접수한 날과 관계없이 실제로 지급받거나 지급하는 날의 은행이 정한 해당환율로 합니다. 다만, 제10조 제1항 제6호 및 제15조 단서의 경우 은행의 미수금계정의 처리일 또는 외화 지급보증 대지급금계정 처리일의 은행이 정한 해당환율로 할 수 있습니다.

제5조(수수료, 비용 및 손해의 부담)

① 본인은 은행의 책임 있는 사유로 인하여 추가로 발생한 것이 아닌 한 제1조의 거래에 따른 이자, 할인료, 수수료, 지연배상금, 손해배상금, 기타 부대비용 및 은행의 권리행사, 권리보전, 담보의 취득 및 처분에 따른 비용, 운임, 보험료, 기타 모든 비용 및 손해를 부담하며, 은행이 계산근거를 명시하여 청구하는 바에 따라 곧 지급하기로 합니다. 다만, 본인이 계산 방법 등에 관하여 이의를 제기하는 경우에는 은행은 이를 심사하여 그 결과를 통보합니다.
② 은행은 제1항의 이자, 할인료, 수수료 등 제반 비용의 요율 및 계산방법을 성질상 고시하기 어려운 것을 제외하고는 고시토록 합니다.
③ 제1항의 수수료 등을 본인 이외의 자가 부담하기로 되어 있는 경우에 본인의 비용으로 은행이 본인 이외의 부담자에게 청구하였으나 입금되지 아니하여 본인에게 청구한 때는 본인이 이를 곧 지급합니다.
다만, 은행이 본인이외의 부담자로부터 이를 지급받는 경우에는 반환합니다.

제6조(적용기간)

이 약정의 적용기간은 정하지 않기로 합니다. 다만, 부득이한 사유가 있는 경우 은행이나 본인은 이 약정을 해지할 수 있으며 이 경우 해지 전에 이루어진 거래에 대하여는 이 약정을 계속 적용합니다.

제7조(준용규정)

본인과 은행은 약정되지 아니한 사항에 대하여 따로 정함이 없는 한 「신용장 통일규칙」, 「추심에 관한 통일규칙」, 「은행간 신용장대금 상환에 관한 통일규칙」, 기타 국제 규약, 「무역업무 자동화 처리 약관」 및 은행의 관련 규정에 따르기로 합니다.

제2장 수출거래에 대한 특약

제8조(환거래은행 및 송달방법의 선정)

신용장 또는 계약서, 매입신청서 등에 명시되어 있지 않은 경우 환거래은행 및 화환어음의 송달 방법은 은행이 선정하기로 합니다.

제9조(결제기간의 연장)

지급의무자가 결제기간의 연장을 요청한 경우 은행은 본인의 동의를 얻어 승낙할 수 있습니다. 다만, 은행이 부득이 하다고 인정하는 때는 본인의 동의 없이 승낙할 수 있습니다. 이 경우 은행은 승낙한 사실을 곧 본인에게 통지합니다.

제10조(매입대금상환)

① 다음 각호에서 정한 사유 중 하나라도 발생한 경우 본인은 은행으로부터의 독촉, 통지 등이 없어도 당연히 다음 각호에서 정한 화환어음 매입대금 또는 미수금의 상환의무를 지고 곧 갚기로 합니다.
   1. 본인에 대하여 은행여신거래기본약관 제7조 제1항(당연 기한 전 채무변제의무) 각호에서 정한 사유 중 하나라도 발생한 경우에는 모든 화환어음
   2. 화환어음의 지급의무자에 대하여 은행여신거래기본약관 제7조 제1항(당연 기한 전 채무 변제의무) 각 호에서 정한 사유 중 하나라도 발생한 경우에는 그 자가 지급의무자로 되어 있는 모든 화환어음
   3. 은행의 관련규정이 정하는 기간까지 은행의 매입대금이 입금되지 아니하거나 화환어음의 인수가 이루어지지 아니하는 경우의 그 화환어음
   4. 환거래은행 등으로부터 지급 또는 인수거절된 경우의 그 화환어음
   5. 본인이 화환어음 만기일 이전에 매입대금을 상환하고자 하는 경우의 그 화환어음
   6. 제3호 및 제4호에 해당하는 화환어음이 은행의 관련규정이 정하는 기간까지 상환되지 아니하여 미수금계정으로 대체처리된 경우 및 은행의 관련규정에 따른 자산건전성 분류기준에 의거 회수가 불확실하거나 회수불능이 확실하여 "회수의문" 또는 추정손실로 분류되어 미수금계정으로 대체 처리된 경우의 그 원화금액

② 본인에 대하여 은행여신거래기본약관 제7조 제3항 및 제4항(은행의 서면독촉에 의한 기한 전 채무변제의무) 각호에서 정한 사유 중 하나라도 발생한 경우 본인은 은행의 서면독촉 통지 도달일로부터 10일 이상으로 은행이 정한 기간이 경과하면 모든 화환어음 매입대금의 상환의무를 지고 곧 갚기로 합니다.

③ 제1항 및 제2항과 관련하여 본인은 환가료 징수기간 만료일 익일부터 상환일 전일까지 여신연체이율로 계산한 손해배상금을 지급하기로 합니다. 다만, 부도처리가 환가료 징수기간 내에 이루어진 경우에는 부도처리일로부터 손해배상금을 가산합니다.

④ 제1항 및 제2항과 관련하여 본인은 매입신청시 제출한 화환어음 또는 매입신청서에 근거하여 매입 대금을 상환하며, 은행은 본인이 매입대금과 이에 부수하는 손해배상금, 수수료, 비용 등을 변제할 때까지 화환어음 및 수출물품에 대하여 모든 권리를 행사합니다.

제11조(화환어음 등의 반환)

① 이 약정에 의하여 은행에 대한 채무의 변제 또는 은행여신거래기본약관 제10조(은행으로부터의 상계 등)에 의한 상계 등의 경우 은행은 본인에게 화환어음 및 수출물품을 채무변제 등의 시점에 반환하지 않아도 됩니다.

② 본인은 은행이 반환하는 화환어음을 은행에서 수령하기로 합니다. 다만, 수출물품은 화환어음을 수령함으로써 되돌려받은 것으로 합니다.

③ 은행의 책임없는 사유로 인하여 화환어음 및 수출물품의 반환이 불가능한 경우 은행의 반환의무는 없는 것으로 합니다.

제3장 수입거래에 대한 특약

제12조(신용장의 발행, 통지 및 환거래은행 등의 선정)

① 은행은 본인이 제출하는 신용장발행신청서(조건변경신청서 포함) 등의 기재사항에 따라 신용장을 발행, 통지합니다.

② 신용장발생신청서에 명시되어 있지 않은 경우 환거래은행(통지은행, 매입은행, 지급은행, 인수은행, 확인은행, 기타 관련은행을 말합니다. 이하 같습니다.) 및 통지방법은 은행이 선정하기로 합니다.

제13조(대도물품의 처분)

① 본인은 대도물품을 입고, 운반, 출고, 가공, 매도 이외의 목적으로 사용하거나 제3자에게 담보로 제공할 수 없으며, 또한 기타 은행의 권리를 해하는 행위도 할 수 없습니다.

② 본인은 대도물품을 매도할 경우 금액, 물품의 인도, 대금의 영수방법 등에 관하여 미리 은행의 동의를 받기로 합니다.

③ 본인은 대도물품의 매도대금 영수 후 곧 은행에 지급하며 매도대금을 어음, 기타 유가증권 등으로 받는 경우에는 이를 곧 은행에 양도하기로 합니다.

제14조(신용장 조건과 불일치하는 화환어음)

① 은행이 채권보전을 위하여 필요하다고 인정하는 경우 은행은 신용장조건과 불일치하는 화환어음에 대하여 본인의 동의없이 지급 또는 인수를 거절할 수 있습니다. 이 경우 은행은 본인에게 사후통지하기로 합니다.

② 화환어음이 은행에 도착하기 전 신용장조건과의 불일치를 사유로 환거래은행 등으로부터 지급 또는 인수 등의 동의여부에 대한 조회를 받은 경우에도 제1항과 같습니다.

③ 은행이 본인에게 신용장조건 불일치에 대한 조회를 하였으나 본인의 회보가 은행의 관련 규정이 정한 기간 내에 도착하지 않은 경우 은행은 화환어음의 지급 또는 인수에 대한 동의 또는 거절 여부를 결정할 수 있습니다.

제15조(결제일)

본인은 대금의 결제조건이 일람출급인 경우에는 화환어음(차기통지서가 먼저 도착하는 경우에는 그 차기통지서) 도착 후 은행의 관련규정이 정한 기일 이내에 결제하고, 기한부 출급인 경우에는 만기일에 결제하기로 합니다. 다만, 기일 이내에 결제하지 못한 경우에는 은행의 관련 규정에 따라 외화지급보증대지급금계정으로 처리하여 결제하며 본인은 그 원화금액을 상환하기로 합니다.

제16조(수입물품선취보증서에 의한 수입물품 인도)

① 본인은 화환어음 도착 전에 운송회사로부터 수입물품을 인도받고자 하는 경우 은행에 수입물품선취보증서(항공화물운송장에 의한 수입물품인도승낙서를 포함합니다. 이하 같습니다) 발급을 신청하여 은행의 사전승낙을 받아야 합니다.

② 본인은 수입물품선취보증서의 발급을 신청하는 경우 은행의 관련 규정이 정하는 바에 따라 수입결제대금을 적립하기로 합니다.

제17조(신용장의 취소 및 조건변경)

① 은행은 본인이 신청한 경우에 한하여 신용장을 취소 또는 조건변경할 수 있습니다. 다만, 그 효력은 신용장의 취소 또는 조건변경의 당사자(발행은행, 수익자, 확인신용장의 경우는 확인은행) 전원의 동의가 있어야 비로소 발생합니다.

② 제1항 본문에 불구하고 유효기일 경과 등 상당한 사유가 있는 경우 은행은 신용장을 취소할 수 있습니다. 이때 은행은 본인에게 사후 통지합니다.

제18조(제3자 명의의 신용장 발행)

본인이 제3자 명의의 신용장발행을 은행에 본인명의로 신청한 경우에는 모든 부분에 있어서 이 약정이 적용됩니다.

제4장 내국신용장발행에 대한 특약

제19조(지급금액)

본인은 은행의 내국신용장 발행에 따라 은행에 지급할 해당금액은 다음 각 항에서 정하는 바에 따르기로 합니다.

① 원화표시 외화부기 내국신용장발행의 경우에는 발행당시의 내국신용장 원화금액에 불구하고 내국신용장 부기외화금액에 매입(추심)은행이 내국신용장환어음매입(추심)하는 날의 매매기준율을 곱하여 청구한 금액

② 순수외화표시 내국신용장발행의 경우에는 해당 외화금액

③ 순수원화표시 내국신용장발행의 경우에는 해당 원화금액

제20조(구매물품의 처분)

구매물품 처분에 관하여는 제13조를 준용합니다.

제21조(신용장의 취소 및 조건변경)

은행은 본인이 관계당사자(발행은행, 수익자)의 동의를 얻어 신청한 경우에 한하여 내국신용장을 취소 또는 조건변경할 수 있습니다. 다만 유효기일 경과 등 상당한 사유가 있는 경우에는 은행이 신용장을 취소할 수 있습니다. 이때 은행은 본인에게 사후 통지합니다.

제22조(결제일)

내국신용장의 결제일에 관하여는 제15조를 준용합니다.

제5장 내국신용장환어음 매입(추심)에 대한 특약

제23조(매입대금의 상환)

① 다음 각호에서 정한 사유 중 하나라도 발생한 경우 본인은 은행으로부터 독촉, 통지 등이 없어도 당연히 다음 각호에서 정하는 내국신용장환어음 매입대금의 상환의무를 지고 곧 갚기로 합니다.

1. 본인에 대하여 은행여신거래기본약관 제7조 제1항(당연 기한 전 채무변제의무) 각호에서 정한 사유 중 하나라도 발생한 경우의 모든 내국신용장환어음
2. 내국신용장 발행은행에 의하여 지급거절되는 경우의 그 내국신용장환어음

② 본인에 대하여 은행여신거래기본약관 제7조 제3항 및 제4항(은행의 서면독촉에 의한 기한 전 채무변제의무) 각호에서 정한 사유중 하나라도 발생한 경우 본인은 은행의 서면독촉 통지 도달일로부터 10일 이상으로 은행이 정한 기간이 경과하면 모든 내국신용장환어음 매입대금의 상환의무를 지고 곧 갚기로 합니다.

③ 제1항 및 제2항과 관련하여 본인은 매입이자 징수기간 만료일 익일부터 상환일 전일까지 여신연체 이율로 계산한 손해배상금을 지급하기로 합니다.

④ 제1항 및 제2항과 관련하여 본인이 매입대금과 이에 부수하는 손해배상금, 수수료, 비용 등을 변제할 때까지 은행은 매도물품에 대하여 모든 권리를 행사합니다.

제24조(내국신용장어음 등의 반환)

① 이 약정에 의하여 은행에 대한 채무의 변제 또는 은행여신거래기본약관 제10조(은행으로부터의 상계 등)에 의한 상계 등의 경우 은행은 내국신용장어음등 및 이에 첨부된 서류를 채무변제 등의 시점에 반환하지 않아도 됩니다.

② 본인은 은행이 반환하는 내국신용장환어음 및 이에 첨부된 서류를 은행에서 수령하기로 합니다.
③ 은행의 책임 없는 사유로 인하여 내국신용장환어음 및 이에 첨부된 서류의 반환이 불가능한 경우 은행의 반환의무는 없는 것으로 합니다.

제6장 수출대금채권 매입거래에 대한 특약

제25조(선적서류의 발송)

수출대금채권 매입거래와 관련한 "선적서류(운송서류, 보험서류, 상업송장 및 수출계약서에 의해 요구되는 서류를 포함합니다. 이하 같습니다.)"는 본인의 책임 하에 발송하고 그 증빙서류를 매입신청시 은행에 선적서류 사본과 함께 제출합니다.

제26조(수출대금채권의 양도)

본인은 수출대금채권 매입의뢰시 은행 소정양식의 "수출대금채권 양도에 따른 대금지급지시서(STANDING PAYMENT INSTRUCTION)"를 수출대금채권의 지급의무자(이하 '지급의무자'라 합니다.)에게 송부한 후 지급의무자로부터 이에 대한 동의서를 받아 은행에 제출합니다.

제27조(수출대금의 회수 등)

① 본인은 지급의무자에게 수출대금을 은행에 직접 또는 은행이 지정한 계좌에 입금하도록 지시합니다.
② 다음 각호에서 정한 사유 중 하나라도 발생한 경우 본인은 은행으로부터의 독촉, 통지 등이 없어도 당연히 다음 각호에서 정한 수출대금채권 매입대금의 상환의무를 지고 곧 갚기로 합니다.
  1. 수출대금채권 만기일로부터 은행이 정한 기일까지 수출대금이 입금되지 아니하는 경우의 당해 수출 대금채권
  2. 지급의무자가 만기일 이전이라도 수출대금을 지급할 의사가 없음을 명백히 한 경우의 당해 수출대금채권

제28조(이자 등)

수출대금이 수출대금채권 만기일에 회수되지 아니하는 경우 본인은 은행이 정한 계산방법, 지급시기 및 방법에 따라 입금지연이자 또는 부도이자를 지급합니다.

제29조(준용규정)

본 장에서 따로 정하지 않은 사항은 "제2장 수출거래에 대한 특약"에 따릅니다.

<table>
<tr><td colspan="2">본인은 은행여신거래기본약관 및 이 약정서 사본을 확실히 수령하고, 주요내용에 대하여 충분한 설명을 듣고 이해하였습니다.</td></tr>
<tr><td>본 인</td><td>(인)</td></tr>
</table>

8-3 신용장발행신청서 검토

신용장개설은 신용장의 독립추상성(신용장통일규칙 제4, 5조, 이하 「통일규칙」이라 한다)에 따라 매매계약과는 독립된 계약이며, 서류에 의한 거래이므로 각종 징구서류의 기재내용을 면밀히 검토하여 취급하여야 한다.

1. 발행신청서의 일반적 검토사항

(1) 지시의 완전정확성

신용장은 매매계약과는 독립된 거래이므로 신용장 그 자체는 완전하여야 함은 물론 신용장의 지시 또한 완전하고 정확하여야 한다. 신용장은 그 자체가 조건부 지급확약서이므로 지급확약서로서의 형식, 즉 대금지급의 보증문언·서류명세·유효기일 등이 완전하게 갖추어져야 하므로 신용장의 지시는 수출자가 신용장의 제조건을 잘 이행할 수 있도록 매매계약서에 기초해서 정확하게 지시되어야 한다. 그러므로 제출된 개설신청서에 불완전하거나 불명확한 부문이 있으면 개설의뢰인에게 연락하여 수정토록 함으로써 수출입자간의 분쟁이 발생하지 않도록 주의하여야 한다.

(2) 과도한 명세의 삽입방지

신용장거래는 서류상의 거래이므로 계약과 다른 물품이 선적되었다 하더라도 제시된 서류가 신용장조건과 일치하면 수입자는 수입대금을 지급하여야 한다. 이와 같은 불리한 입장에 있는 수입자는 수입물품의 안전한 확보를 위해 때로는 지나칠 정도로 복잡한 명세를 신용장조건으로 제시하는 경우가 있다. 이러한 과도한 명세는 수익자, 통지은행, 매입은행 등 신용장거래 관계인에게 불필요한 오해와 혼란을 야기할 수도 있으므로 개설은행은 개설의뢰인의 이러한 과도한 명세를 삽입하기 위한 시도를 억제하고 있다.

(3) 필요서류의 명확한 기재

신용장거래는 물품, 용역 또는 기타 의무이행과 별개의 서류를 취급하는 서류상의 거래(신용장의 추상성)이므로 신용장개설시에는 매입을 위해 필요한 서류를 명확히 기재하여야 한다.

통일규칙 제14조에서는 신용장이 제시되어야 할 서류를 표시하지 않고 서류의 조건만을 명시한 경우 이러한 조건은 언급되지 아니한 것으로 간주하며, 은행은 이를 무시하도록 규정하고 있다(If a credit contains a condition without stipulating ~, banks will deem such condition as not stated and will disregard it). 본 규정은 신용장이 조건만을 명시한 경우 서류를 심사하는 은행의 입장에서는 이러한 조건이 이행되었는지의 여부를 실제로 확인할 수 없기 때문에 이를 무시하도록 하는 것이다. 예를 들면 "물품의 포장은 비닐백포장을 하여야 한다"와 같이 서류를 요구하지 않는 조건만을 명시된 경우로서 이러한 포장상태의 이행여부를 은행은 확인할 수 없다. 따라서 신용장개설시는 조건에 대한 확인의 방법으로 제출서류를 명확히 지시하여야 한다.

(4) 제한 또는 금지사항의 준수

① 개설의뢰인 앞 환어음 발행 금지

통일규칙 제6조에서는 신용장개설시 환어음은 개설의뢰인 앞으로 발행할 수 없도록 규정하고 있다(A credit must not be issued available by a draft drawn on the applicant). 따라서 신용장의 수익자는 개설은행이나 확인은행 또는 제3의 지정은행으로만 환어음을 발행할 수 있으며, 제3의 지정은행이란 신용장상에 지급・인수・매입을 하도록 수권된 특정 은행을 말한다. 신용장에서 개설의뢰인 앞으로 환어음을 발행하도록 규정한 경우에도 은행은 그러한 환어음을 추가서류로만 간주하도록 하여 개설의뢰인 앞 환어음발행을 엄격히 금지하고 있다.

② 일치증명의 요구금지

통일규칙 제13조에서는 개설은행은 상환을 청구하는 은행이 서류가 신용장조건과 일치한다는 증명을 상환은행에 제시하도록 요구할 수 없다고 규정하고 있다(A claiming bank shall not be required to supply a reimbursing bank with a certificate of compliance with the terms and conditions of the credit). 이는 제3의 은행을 상환은행으로 지정한 경우 매입은행이 적기에 대금결제를 받을 수 있도록 신용장 거래를 원활하게 하기위한 규정이다. 따라서 개설은행이 상환신용장을 발행하여 상환지시를 하는 경우 매입은행의 일치증명을 요구하여서는 안 된다.

(5) 용어사용의 제한 및 금지

① 서류발행인

서류의 발행인과 관련하여 그 자격과 관련해서는 모호한 표현을 사용해서는 아니되고 그 서류의 발행자를 구체적으로 명시하여야 한다. 다만, 서류발행인을 나타내는 의미로서 "first class(일류의), well known(저명한), qualified(자격 있는), independent(독립적인), offical(공적인), competent(능력 있는), local(현지의)"이라는 용어를 사용했다면 이는 수익자를 제외한 해당서류를 발행하는 모든 당사자가 서류발행인이 될 수 있다.

② 보험조건

보험조건을 나타내는 용어로 "usual risks, customary risks"와 같은 불명료한 용어는 사용할 수 없다. 신용장에서 보험서류를 요구하는 경우에는 물품에 대한 장래의 위험을 보상받기 위하여 정확한 보험조건을 제시하여야 한다. 이와 같은 불명료한 용어는 위험의 실체파악 범위를 정하기가 어려워 보험사고시 보상한계가 막연하게 된다. 따라서 개설은행은 이러한 불명확한 보험조건을 요구하지 않도록 주의하여야 한다.

③ 운임지급

운송서류상에 "freight prepayable, freight to be prepaid 또는 이와 유사한 용어"가 사용된 경우 이는 운임이 지급되었음을 증명하는 것으로 인정되지 않는다. freight prepayable(사전지급될 운임)이나 freight to be prepaid(지급되어야 할 운임)는 운임이 지급되었음을 나타내는 용어로는 불명확하여 운임이 지급되었다는 것으로 인정되지 않으며, 운임지급필을 나타내는 용어로는 "freight prepaid 또는 freight paid"가 사용되고 있다.

④ 유효기일

신용장의 유효기일을 표시할 때 "for one month, for six months"와 같은 표현은 사용치 말도록 억제하여야 한다. 이러한 방법으로 유효기일이 표시된 경우 그 기산일은 신용장 개설일자로 한다. 그러나 이러한 표시방법은 복잡하고 부정확하므로 사용을 억제하고 정확한 유효기일을 표시하여야 한다.

⑤ 선적기일

선적기일을 나타내는 표현으로 "prompt, immediately, as soon as possible" 등

은 사용할 수 없다(통일규칙 제3조). 선적기일은 상품의 시장성을 유지하는 등 매매계약 이행에 있어 중요한 기일이 된다. 그러나 이러한 불명확한 용어가 사용된 경우 은행이 이를 무시하도록 규정하고 있으므로 선적기일은 명확한 날짜로 표시하여야 한다.

(6) 비용부담 및 외국법률의 준수

통일규칙 제37조에서는 은행이 다른 은행의 서비스를 이용할 경우에는 개설의뢰인의 위험과 비용부담으로 하며, 또한 신용장에 관한 서비스를 지시한 당사자는 지시받은 당사자의 모든 경비를 궁극적으로 부담하도록 규정하고 있다(The instructing party remains ultimately liable for the payment thereof). 따라서 제비용 중의 일부라도 결제되지 않은 경우에는 개설은행이 비용을 부담하도록 개설은행의 책임을 강조하고 있다.

신용장 개설의뢰인은 또한 외국의 법률과 관습에 따른 의무와 책임을 부담하여야 한다.

외국의 은행들은 종종 그들의 금융관습에 따라 신용장 관련 비용을 개설은행 앞으로 청구하는 경우가 있는데 개설의뢰인이 이 비용을 지급하여야 하며, 개설은행은 이러한 관습적인 비용의 청구에 관한 사실을 신용장 개설시 개설의뢰인에게 주지시킬 필요가 있다.

2. 발행신청서의 항목별 검토사항

수입신용장 발행신청서에 기재된 내용은 신용장의 조건이 되므로 간단하고 정확하게 기재하여야 한다. 발행신청서의 내용은 계약서 또는 수입승인서의 내용과 일치하여야 하며 수입승인의 취지에 위배되어서는 안된다. 주요검토 내용을 보면 다음과 같다.

(1) 신용장의 종류

신용장은 그 명칭과 상관없이 발행은행이 일치하는 제시에 대하여 결제(honour)하겠다는 확약으로서 취소가 불가능한 모든 약정을 의미하므로 기본적으로 모든 신용장은 취소불능신용장으로 간주한다(통일규칙 제2조).

취소불능화환신용장 발행 신청서(APPLICATION FOR IRREVOCABLE DOCUMENTARY CREDIT)

To : KOREA ××× BANK, SEOUL DATE : . . .

※표시는 은행에서만 기입합니다

※Destination LT(Advising bank) (Bank code :)

※M : 40 : Form of documentary credit : irrevocable

※M : 20 : Documentary credit number □Airmail(우편통지 필요시 표시함)

M : 31 : Date and place of expiry :

M : 50 : Application :

M : 59 : Beneficiary(Write Full address & Tel):

M : 32 : Issuing Amount

O : 39 : Pct credit amount tolerance(more or less) :

O : 42C : (Draft tenor) Drafts at : (□Banker's □Shipper's □Domestic)

※O : 42 : Drawee(Bank) (□Remittance 의 경우 표시할 것)
※O : 42M : Mixed payment details :

O : 43P : Partial shipments : □Allowed □Not allowed

O : 43T : Transshipment : □Allowed □Not allowed

O : 44A : On board/disp/taking charge(Loading port) :

O : 44B : For transportation to(Unloading port)

O : 44C : Latest date of shipment

Commodity descriptions	Origin	Price Terms	Quantity	Unite Price	Total Amount

O : 46 : Documents required : □Signed commercial invoice in quintuplicate □Packing list in triplicate
□ Full set of clean on board ocean bills of lading made out to the order of KOREA INSTITUTE BANK marked "Freight " and "Notify accountee"
□ Air Way Bills "Freight " □Certificate of Origin
□ Full set of marine insurance Policy or Certificate or declaration : 110% invoice value(institute cargo clause
□ Inspection certificate issued by
Additional Documents(if any)……

O : 47 : Additional(Special) conditions : □Emblem_must be marked on the surface of each package and beneficiary must certify to this effect on commercial invoice. ☒ All-documents must bear our credit number.

O : 71 : Charge : All banking commissions and charges including reimburesment charges outside korea are for account of beneficiary.(or □applicant)

O : 48 : Period for presentation : Documents must be presented within( )days after the date shipment, but within the validity of this credit.

M : 49 : Confirmation instruction : (Confirm L/C 개설시 표시할 것)

※O : 53 : Reimbursement bank :
※O : 57 : Advise thru bank :

위와 같이 신용장발행을 신청함에 있어서 위 기재사항이 수입허가(승인)사항과 틀림없음을 확인하고 따로 제출한 외국환거래약정서의 각 조항에 따를 것을 확인하며 아울러 위 수입화물에 관한 모든 권리를 귀행에 양도하겠습니다.

주 소 : (전화번호 :)
신청인 : ㉞

인감대조	금융담당 책 임 자 지급보증 확 인	

(2) 통지은행의 선정

개설의뢰인이 특별히 지정하여 오는 경우 이를 원칙으로 한다. 이 경우 지정된 은행이 환거래은행이 아닌 경우에는 통지은행은 신용장의 진위성 검사 없이 단순통지하게 되므로 통지과정에서 여러 가지 위험이 발생될 수 있으며, 이로 인한 위험은 개설의뢰인이 부담하게 되므로 환거래은행으로 유도하는 것이 바람직하다.

(3) 개설방법의 확인

전신 또는 우편으로의 개설 여부를 확인한다.

(4) 수익자의 성명 및 주소

신용장의 정확한 통지를 위하여 수익자의 전화번호 또는 팩스번호 등을 함께 기재하는 것이 좋다.

(5) 신용장금액

계약서 또는 수입승인서의 금액을 초과할 수 없으며, 숫자와 문자로 명기되어 있는 경우는 상호모순이 없는지 검토한다. 원화신용장 개설시 원화의 대미 달러 환산율은 신용장 개설시의 매매기준율이다.

(6) 유효기일

유효기일이라 함은 수익자가 선적기일 내에 선적을 완료한 화물의 대가를 회수하기 위하여 신용장의 조건대로 화환어음을 작성하고 매입은행 또는 지급은행에 어음의 지급, 매입 또는 인수를 요구하기 위한 어음제시를 할 수 있는 최종일자로서 반드시 표시되어야 한다.

신용장의 유효기일은 반드시 수입승인서의 유효기일 이내이어야 한다. 따라서 신용장의 유효기일이 수입승인서의 유효기일을 초과하는 경우에는 사전에 수입승인서의 유효기일 연장승인을 받아야 한다.

그리고 모든 신용장은 유효기일뿐만 아니라 원칙적으로 유효기일이 종료되는 서류제시 장소를 명시하여야 한다.

유효기일이란 신용장 조건대로 서류를 제시(신용장을 사용)할 최종기일을 의미하므

로, 유효기일의 종료장소는 신용장의 사용장소와 일치하여야 한다. 즉 SWIFT 신용장에서 "31D: Date and Place of Expiry(유효기일 및 종료장소)"에서 명시된 장소는 "41A: Available With… By…(신용장 사용방법 및 사용은행)"에서 명시된 은행의 소재지와 일치하여야 한다. 유효기일의 종료장소는 원칙적으로 지급신용장이면 지급은행, 매입신용장이면 매입은행, 인수신용장이면 인수은행의 소재지와 일치하여야 한다.

(7) 어음의 종류 및 지급기일

환어음의 지급기일은 일람출급(At sight), 일람후 정기출급(At 60 days after sight) 등이 있으며, 계약서 또는 수입승인서의 지급기일과 일치하여야 한다. 연지급수입인 경우에는 그 조건(Banker's Usance, Shipper's Usance, Domestic Usance)을 명확히 표시하여야 한다. 환어음 금액은 보통 상업송장금액의 100%로 표시하나 광석・곡물 등 특수한 물품의 경우에는 일정률에 대해서만 환어음 발행을 허용하고 잔액은 사후정산하는 경우도 있다.

(8) 서류에 관한 사항

가. 운송서류

운송방법에 따라 선하증권(선화증권) 또는 항공운송서류 등이 요구되며 대개의 경우 개설은행의 지급보증으로 신용장이 개설되므로 운송서류의 수하인(Consignee)을 개설은행으로 기재(To the order of Issuing Bank)토록 하여 채권보전을 강화한다.

선하증권은 한 SET로 발행되며 발행통수는 선하증권 끝에 표시되는데, 운송 도중 분실이나 멸실 등 사고에 대비하여 일반적으로 3통을 1조로 하여 발행된다. 이 3통(Original, Duplicate, Triplicate)은 전부 정식의 선하증권으로서 독립적인 효력을 가지므로 그 중 한통이 사용되면 나머지 2통은 무효가 된다.

따라서 신용장 개설은행은 선박회사가 발행한 3통의 선하증권을 모두 제시 받지 않으면 담보권을 확보할 수 없으므로 전통(Full Set)을 요구한다.

운송서류상의 운임지급 표시방법은 가격조건에 따라 다르게 표시되는데, FOB 등 발송지 기준 가격조건의 경우에는 운임이 수입자 부담이므로 "Freight collect"로 표시하고, CIF, CFR 등 도착지기준 가격조건인 경우에는 운임이 수출자 부담이므로 "Freight Prepaid"로 표시한다.

나. 보험서류

신용장의 가격조건이 FOB 계통인 경우는 부보의 책임이 수입상에게 있으므로 신용장상의 필요서류로 보험서류의 제시를 요구할 필요가 없으나, CIF, CIP 조건 등으로서 부보의 책임이 수출상에게 있는 경우에는 보험서류를 요구하여야 하며 부보금액과 부보조건을 신용장에 분명히 지시하여야 한다. 신용장에 별도의 지시가 없다면 부보하여야 할 최소금액은 CIF 또는 CIP 금액에 희망이익 10%를 가산한 110%이며, CIF 또는 CIP 금액을 알 수 없을 경우에는 매입(인수 또는 지급)금액이나 송장금액 중 큰 금액의 110%이다.

희망이익(希望利益)이란 수입상이 물품을 수입하여 전매하거나 제조, 가공하여 판매함으로서 얻을 수 있을 것으로 기대되는 이익을 말하며, 일반적으로 상업송장가액 또는 보험가액의 10%를 희망이익으로 하고 있다.

▎가격조건별 보험계약자와 피보험자▎

가격조건	보험계약자	피보험자
CIF, CIP	수 출 자	수 입 자
FOB, CFR, FAS	수 입 자	수 입 자

① 보험자(Insurer) : 해상운송 도중에 발생하는 사고에 대하여 손해의 보상을 약속한 자로서, 보험회사(보험인수업자)를 말한다.

② 보험계약자(Policy Holder) : 보험자에게 일정한 보험료(Insurance Premium)를 지불할 것을 약정한 자

③ 피보험자(Insured) : 피보험이익(Insurable Interest)을 갖고 보험자로부터 손해의 보상을 받는 자

해상보험은 해상운송과정에서 발생한 해상손해로 인하여 수입자가 입게 되는 손해를 보상하는 것이므로 부보대상 위험과 손해의 종류 및 범위를 명확히 하여야 한다.

다. 상업송장 및 기타서류

상업송장은 대금청구서의 역할을 하는 기본서류로서 반드시 제시되어야 하며, 포장명세서, 원산지증명서, 검사증명서 등은 개설의뢰인의 필요와 수입통관을 위해 필요

한 경우에 요구되는 서류이다. 어느 경우든 서류의 발행요건은 명확하게 지시하여야 한다.

(9) 상품의 명세

상품명세는 계약서 또는 수입승인서의 상품명세와 일치하여야 한다. 즉, 수량・단가・금액은 물론 가격조건 및 원산지의 정확 여부를 검토하여야 하며, 상품명세가 복잡하여 offer sheet를 이용할 경우에는 “Details are as per offer sheet No. 1240 issued by ABC, dated Nov. 18, 20××”로 표시한다. 이때 offer sheet와 수입승인서의 물품명세는 당연히 일치하여야 한다. 금액, 수량 또는 단가와 관련하여 “about, approximately” 등의 표현이 사용된 경우 해당 금액, 수량 또는 단가에 대해서 각각 10%의 과부족이 허용된다. 실무적으로 유의할 점은 이러한 표현은 사용된 부분에 대해서만 과부족을 허용하므로 금액과 수량 또는 금액과 단가 등에 함께 사용해야만 과부족 허용목적을 이룰 수 있는 것이다.

(10) 선적에 관한 사항

가. 선적항과 도착항

계약서 또는 수입승인서의 선적항과 도착항을 기재하며 수입승인서상에 광범위한 지역을 명시한 경우라 하더라도 신용장에서는 이를 구체적으로 지시할 수 있다. 즉 수입승인서상의 Chinese port를 신용장에서는 Shanghai로 표시할 수 있다.

그러나 수입승인서상에 Shanghai인 것을 개설신청서에 Chinese Port로 되어 있으면 수입승인서와 일치시켜야 한다.

나. 분할선적과 환적

분할선적과 환적은 개설의뢰인의 자유의사에 따른다. 분할선적에 대한 언급이 없으면 분할선적이 허용되고, 환적이 금지되지 않은 경우에는 운송방법별로 일정한 조건에 따라 환적이 허용된다.

다. 선적기일

선적기일은 물품의 선적이 허용되는 최종일로서 유효기일과 최소한 같거나 그 이전이어야 하며 수입승인서의 유효기간 이내이어야 한다. 별도의 명시가 없는 경우는 유효기일 자체가 최종선적가능일자로 간주된다.

(11) 서류제시기간

신용장은 유효기일 외에도 서류제시기간을 명시하여야 하며, 이러한 서류제시기간의 기산점은 선적일이 기준이 된다. 명기가 없으면 운송서류의 선적일 후 21일 이내에 제시하여야 하는 것으로 해석된다.

(12) 특수조건에 관한 사항

특수조건은 위에서 본 일반조건과는 달리 수입자가 특별히 요구하는 사항을 기재하는 것으로 일반조건과 상호 모순되지 않아야 하며, 특히 개설은행의 채권보전을 저해할 조항이 있어서는 안된다. 일반거래에서 자주 사용되는 특수조건으로는 다음과 같은 것들이 있다.

① 신용장번호 표시요청

"All documents must bear our credit number"

② 은행비용부담 주체에 관한 사항

"All banking charge including reimbursement charges outside Korea are for account of beneficiary"

③ 확인신용장의 통지 및 수수료 부담의 표시

"Please advise this credit to the beneficiary adding your confirmation"
"Confirmation charges are for account of beneficiary"

④ 회전신용장의 표시

"This credit is cumulative revolving"

⑤ 전신상환을 허용하는 경우

"T/T reimbursement allowed"

⑥ **신용장 양도의 표시**

"This credit is transferable in United Kingdom"

8-4 신용장의 발행

1. 통지 · 상환 · 인수 은행의 선정

(1) 통지은행의 선정

신용장의 통지는 신용장거래의 시발점이 되는 중요한 행위이며, 통지은행과 개설은행은 대리와 위임의 관계가 성립된다. 따라서 개설은행은 주로 해외의 환거래은행을 통지은행으로 선정한다. 통지수수료는 수익자 부담이며 개설의뢰인이 통지은행을 선정한 경우에는 매매계약 당사자 간의 거래관계를 고려하여 이에 따르도록 한다. 그러나 개설의뢰인이 선정한 은행이 개설은행의 환거래은행이 아닌 경우에는 개설의뢰인 앞 이를 설명하여 환거래은행을 통지은행으로 선정하여야 한다.

(2) 상환은행의 선정

가. 선정방법 및 상환비용

상환은행(Reimbursing Bank)이란 상환신용장 발행시 개설은행의 지시에 따라 신용장의 수익자가 발행한 환어음 대금을 지급하는 은행으로서 개설은행의 예치환거래은행(Depositary Correspondent Bank)이 된다. 국내 외국환은행은 자행의 해외 본 · 지점을 주로 결제은행으로 선정한다.

대금 지급시 상환은행은 상환수수료(Reimbursement Commission)조로 일정액을 신용장 조건에 따라 개설은행 또는 매입은행으로부터 징수하므로 상환수수료가 저렴한 은행을 선정토록 한다. 상환수수료는 국가별 · 은행별로 큰 차이를 보이는 경우가 있으므로 은행간 거래관계를 고려하여야 한다.

상환은행의 제 비용은 원칙적으로 개설은행의 부담이며(통일규칙 제13조), 제3자가 부담하는 조건이라 하더라도 신용장이 사용되지 않는 경우에는 개설은행이 부담하며, 이는 최종적으로 개설의뢰인의 부담이 된다.

나. 상환수권서

개설은행은 신용장 개설 후 상환은행 앞으로 상환수권서(R/A: Reimbursement Authorization)를 전신 또는 우편으로 발송한다. 상환수권서는 매입은행의 신용장 대금 상환청구에 대해 상환은행에게 대금지급 권한을 부여하는 중요한 서류이다.

이러한 상환수권은 신용장 개설 이후 빠른 시일 내에 이루어져야 하는데, 그 이유는 상환수권이 없어 대금지급을 하지 못한 경우 매입은행이 입은 이자손실(Loss of interest)을 개설은행이 보상하여야 하기 때문이다. 따라서 개설은행은 신용장의 발행 및 증액시는 물론 감액시에도 정확한 상환수권 지시(증감변동)를 함으로써 지연이자(Delay interest) 부담을 방지함은 물론 신용장 잔액이 정확히 유지・관리되도록 하여야 한다.

상환수권서 발행에 대하여는 앞의 제6장에서 설명한 2008년 10월부터 시행된 "화환신용장에 따른 은행간 대금상환에 관한 통일규칙(ICC Uniform Rules for Bank-to-Bank Reimbursements under Documentary Credit, Publication No. 725)"이 있다.

상환은행의 비용은 개설은행이 부담하여야 한다.

(3) 인수은행의 선정

가. 선정방법 및 인수수수료

해외의 은행이 수입환어음을 인수하여 수익자(수출자)에게는 일람불로 대금을 지급하고 신용장 개설의뢰인은 수입대금의 지급을 일정기간 유예받는 해외은행인수(Overseas Banker's Usance) 신용장에서는 개설은행이 보통 해외의 환거래은행이나 자행의 해외 본・지점을 인수은행으로 선정한다.

인수은행은 수입환어음을 인수함으로써 인수수수료(Acceptance commission)를 개설은행 앞 청구하는데, 이 수수료는 은행마다 적용금리의 기준이 달라 약간씩의 차이를 보이고 있으므로 인수은행 선정시는 이율이 낮은 은행을 선정하여야 한다.

나. 인수금융요청

인수은행 앞으로는 신용장개설의 사실과 함께 인수금융(Acceptance Financing)을 요청하여야 하며 인수은행과 사전합의로 적용이자율이 결정된다. 이때에 이자율은 개설은행의 해외신인도(信認度) 등에 의해 크게 좌우되므로 우리나라의 은행은 국제적으로 요구되는 신용기준의 충족을 위해 노력해야 할 것이다.

인수은행은 결제은행을 겸하고 있는 경우가 많으나 인수은행이 무예치 환거래은행(Nondepositary Correspondent Bank)인 경우에는 별도의 상환은행을 지정하여야 하며, 원화 수입신용장의 경우에는 인수은행은 개설은행이 된다.

2. 신용장의 개설방법

신용장을 개설하는 방법에는 우편에 의한 개설과 전신에 의한 개설이 있다. 통신수단의 발달로 오늘날 대부분의 신용장은 전신으로 개설하며, 우편에 의한 방법은 특별한 경우 외에는 거의 이용되지 않고 있다. 전신에 의한 개설은 우리나라의 SWIFT 가입에 따라 종전의 텔렉스에 의한 방법은 거의 사용되지 않으며, SWIFT에 의한 개설방법이 주로 이용되고 있다.

(1) 우편에 의한 신용장의 개설

가. 신용장의 진위확인

우편신용장은 전신신용장에 비해 통지에 많은 시간이 소요되고 우송기간 중 분실의 우려도 있어 크게 사용되고 있지는 않지만 주로 복잡한 상품명세를 첨부하여야 하는 신용장을 개설하는 경우에 이용되고 있다.

우편신용장은 개설은행의 신용장 양식에 필요사항을 기재 후 수익자 소재지 은행을 이용하여 통지하는 신용장으로, 환거래은행간 교환된 서명감(List of Signature)에 의해 신용장상의 서명을 확인하여 신용장의 진위 여부를 판단한다. 따라서 환거래은행을 통지은행으로 선정하여 신용장 통지에 정확을 기하는 것이 좋다.

나. 신용장 개설의 통보(사전통지 신용장)

신용장은 우편으로 개설하되 수익자에게 미리 개설사실을 알리기 위하여 신용장번호・금액・선적기일・유효기일 등 신용장의 주요내용을 먼저 약식전보(Short Cable)로 알리는 경우도 있다.

즉 상세한 명세(우편신용장)를 보낸다는 사실(Details to follow)을 언급한 후 원본 우편신용장에는 다음과 같은 문구를 기재하여 상호 확인이 되도록 하여야 하나 우편 신용장 자체가 거의 이용되지 않고 있다.

"This is an operative credit instrument confirming our preadvice by cable of today"

SWIFT에 의하여 통지하고자 하는 경우에는 MT 705「Pre-Advice of a Documentary Credit」을 사용하며, 이러한 사전통지를 한 개설은행은 지체 없이 사전통지와 모순되지 않는 조건으로 신용장을 개설하여야 한다(통일규칙 제11조 참조).

(2) 전신에 의한 신용장의 개설

대부분의 신용장 개설은 전신에 의해 개설된다. 통일규칙 제11조에서는 인증된 전신(Authenticated teletransmission)에 의하여 신용장을 통지할 때에는 그 신용장이 유효한 신용장이 되므로 별도의 우편확인(Mail Confirmation)이 송부되어서는 안 되며, 우편확인이 송부되더라도 이는 효력이 없는 것으로 규정하였다. 여기서 '인증된(authenticated)'의 의미는 환거래은행간에 교환된 암호(test Key)가 부여되어 전신문의 진위여부가 확인되어야 한다는 뜻이다. 이는 전신신용장의 활용을 촉진시켜 신용장 거래의 신속성과 효율성을 도모하기 위함이다. 전신에 의한 개설방법에는 전통적인 정식전보(full cable)에 의한 방법과 SWIFT에 의한 방법이 있다.

가. 정식전보(full cable)에 의한 방법

이 방법은 신용장의 내용을 모두 텔렉스로 발신하는 방법으로 SWIFT방식이 나오기 전까지 주로 이용된 방법이다. 즉 신용장번호・금액・수익자・선적(유효)기일 등 신용장의 주요사항은 물론 신용장 통일규칙 준수문언 등 우편 신용장에서와 같은 모든 내용을 텔렉스로 발신함으로써 전신료 부담이 큰 방법이다. 신용장의 진위확인을 위해서는 환거래은행 상호간 교환된 전신암호(Test Key)에 의해 산출된 비밀번호(Test number)를 확인함으로써 진정성 여부를 판단한다.

Full cable에 의한 개설방법은 국가별 통신장애로 인하여 전문발신이 어려운 경우

도 있고 때로는 통신상의 오류로 전문내용의 일부가 착오되거나 삭제되는 경우도 있어 오늘날 거의 사용되지 않고 있다. 비밀번호가 확인된 Full cable 신용장은 신용장통일규칙 제11조 a항에 따라 우편확인을 보낼 필요가 없다. 다만 전신에 "Full details to follow 또는 이와 유사한 용어"를 표시한 경우에는 우편확인서가 유효한 신용장이 된다.

나. SWIFT에 의한 방법

(가) 전문의 확인

SWIFT에서는 전문의 진위확인을 위해서 과거 텔렉스에 의한 전신암호 대신에 인증키(Authentication Key)를 이용하며 인증키에 의한 16자리의 암호로 구성된 비밀번호를 사용한다. SWIFT의 장점으로는 전문(電文)이 신속·정확하며 표준화된 양식을 사용함으로써 일반 텔렉스보다 통신비를 절약할 수 있고 전송메시지 자체를 암호화하여 고도의 보안성을 유지할 수 있다는 점을 들 수 있다.

(나) 신용장의 개설

SWIFT에서의 신용장개설은 MT(Message type) 700과 MT 701(Issue of a Documentary Credit)을 사용한다. MT 700은 신용장개설 양식이며, 서류명세·물품명세 등이 많아 MT 700으로 부족한 경우에는 MT 701을 추가로 사용한다. SWIFT에 의한 신용장개설 양식은 다음의 <그림 3-1>과 같으며, 실제 개설된 수입신용장은 <그림 3-2>와 같다.

MT 700의 신용장개설방법은 종전 정식전보에 의한 신용장 전체를 각 주요 항목별로 코드화한 것이며 각각의 Tag에 들어갈 내용들을 명확히 규정하여 전문 송·수신자간의 신용장 조건해석에 따른 오해를 방지토록 하고 있다.

M/O	Tag	Field Name	Content/Option
M	27	Sequence of Total	1n/1n
M	40A	Form of Documentary Credit	24×
M	20	Documentary Credit Number	16×
O	23	Reference to Pre-Advice	16×
O	31C	Date of Issue	6n
M	31D	Date and Place of Expiry	6n29×
O	51a	Applicant Bank	A or D
M	50	Applicant	4*35×
M	59	Beneficiary	[134×]4*35×
M	32B	Currency Code, Amount	3a15number
O	39A	Percentage Credit Amount Tolerance	2n/2n
O	39B	Maximum Credit Amount	13×
O	39C	Additional Amounts Covered	4*35×
M	41D	Available With… By…	A or D
O	42C	Drafts at…	3*35×
O	42a	Drawee	A or D
O	42M	Mixed Payment Detalls	4*35×
O	42P	Deferred Payment Details	4*35×
O	43P	Partial Shipments	1*35×
O	43T	Transshipment	1*35×
O	44A	Place of Taking in Charge/Dispatch from…/Place of Receipt	1*65×
O	44B	Place of Final Destination/For Transportation to/Place of Delivery	1*65×
O	44C	Latest Date of Shipment	6n
O	44D	Shipment Period	6*65×
O	44E	Port of Loading/Airport of Departure	1*65×
O	44F	Port of Discharge/Airport of Destination	1*65×
O	45A	Description of Goods and/or Services	50*65×
O	46A	Document Required	50*65×
O	47A	Additional Conditions	50*65×
O	71B	Charges	6*35×
O	48	Period for Presentation	4*35×
M	49	Confirmation Instructions	7×
O	53a	Reimbursement Bank	A or D
O	78	Instructions to the Paying/Accepting/Negotiation Bank	12*65×
O	57a	"Advise Through"Bank	A, B or D
O	72	Sender to Receiver Information	6*65×

주) M은 Mandatory(필수), O는 Optional(선택)의 약어임.

| 그림 3-1 | MT 700 Issue of Documentary Credit

Application header block	
: Input / Output Identify	: I Outing Message
: Transaction Type	: 700 issue of a documentary credit
: Transaction Priority	: n Normal
: To	: HANKOOK BANK HONG KONG BRANCH, HONG KONG
Text Block :	
: 27 / sequence of total	: 1 / 1
: 40A / form of documentary credit	: IRREVOCABLE
: 20 / documentary credit number	: M1234 803NS00018
: 31C / date of issue	: XX/03/24
: 31D / date and place of expiry	: XX/05/20 AT NEGOTIATION BANK'S COUNTER
: 50 / applicant	: KOREA TOYS CO.,LTD 250SAMSEONGDONG KANGNAM-GU,SEOUL,KOREA
: 59 / beneficiary	: CHINA PLAZA CO.,LTD. RM 1204 AND 1205 CHAI WAN IND.CITY PHASE 1, 60 WING TAI RD, CHAIWAN H. K.
: 32B / currency code amount	: USD 119,000.00
: 39A / pct credit amount tolerance	: 5PCT
: 41D / available with … by	: ANY BANK BY NEGOTIATION
: 42C / drafts at	: AT SIGHT
: 42A / drawee	: HONG KONG FIRST BANK LTD., HONG KONG (ADDR:2007 JARDINE HOUSE 1 CONNAUGHT PLACE, CENTRAL, HONG KONG)
: 43P / partial shipments	: ALLOWED
: 43T / transshipment	: NOT ALLOWED
: 44A(E) / place of taking in charge (part of loading)	: SHIDAO, CHINA : CHEJUDO, KOREA
: 44C / latest date of shipment	: XX/05/10
: 45A / descr goods and / or services CHINESE GIANT BEAR TOY SIZE : MIN 1.5 METERS AT USD170.00 F.O.B.SHIDAO, CHINA	: 700AIRS OF
: 46A / documents required + SIGNED COMMERCIAL INVOICE IN QUINTUPLICATE + PACKING LIST IN TRIPLICATE + FULL SET OF CLEAN ON BOARD OCEAN BILL OF LADING MADE OUT TO THE ORDER OF HANKOOK BANK MARKED FREIGHT COLLECT AND NOTIFY ACCOUNTEE + CERTIFICATE OF ORIGIN	
: 47A / additional conditions ALL DOCUMENTS MUST BEAR OUR CREDIT NUMBER M1234 606NS00018 T/T REIMBURSEMENT NOT ALLOEWED QUANTITY 10 PCT MORE OR LESS ALLOWED + THIRD PARTY DOCUMENTS ACCEPTABLE	
: 71B / charges	: ALL BANKING COMMISSIONS AND CHARGES INCLUDING REIMBURSEMENT CHARGES OUTSIDE KOREA ARE FOR ACCOUNT OF BENEFICIARY
: 49 / confirmation instructions	: WITHOUT
: 53A / reimbursement bank	: HONG KONG FIRST BANK LTDL., HONG KONG (ADDR : 2007, JARDINE HOUSE 1 CONNAUGHT PLACE, CENTRAL, HONG KONG)
: 78 / instruction to pay / acc/ neg bk : DRAFT MUST BE SENT TO DRAWEE BANK FOR YOUR REIMBURSEMENT AND ALL DOCUMENRS TO US BY COURIER SERVICE IN ONE NOT	
: 72 / sender to receiver information	: THIS CREDIT IS SUBJECT TO U.C.P.(2007 REVISION)I.C.C. PUBLICATION NO. 600.

❙ 그림 3-2 ❙ 수입신용장(SWIFT MT 700)

8-5 결제방법에 따른 신용장의 개설

신용장 거래에 있어 일반적인 지급방법은 외국환거래규정에서 정한 일람출급 · 연지급 · 분할지급수입이 있다. 일람출급수입이란 선적서류의 인수와 동시에 수입대금을 지급하는 방법이며, 연지급수입은 선적서류나 물품의 영수일로부터 일정기간이 경과한 후에 수입대금을 지급하는 것을 말한다. 분할지급수입은 물품 수입대금의 일부를 선적서류나 물품을 영수하기 전에 미리 지급하고 그 잔액을 당해 선적서류나 물품을 영수한 후에 분할하여 지급하는 방법을 말한다. 결제방법에 따른 신용장개설을 SWIFT를 중심으로 살펴보면 다음과 같다.

1. 일람출급신용장의 개설

일람출급 신용장은 수입신용장의 대부분을 차지하고 있다. SWIFT의 MT 700 (Issue of a Documentany Credit)에서 일람출급 신용장 개설에 대한 주요 항목별 검토사항을 보면 다음과 같다.

(1) Sequence of Total(27)

신용장 전문의 필수항목으로 신용장을 구성하고 있는 전문의 수를 의미하며, "1/1"로 표시된 경우 하나의 전문이 완전한 신용장임을 의미한다. 만일 "1/2"라고 표시되었다면 뒤에 "2/2"로 표시된 전문이 있어야지만 완전한 신용장이 되는 것이다.

(2) Form of Documentary Credit(40A)

신용장의 종류를 나타내며 IRREVOCABLE(취소불능) 또는 REVOCABLE(취소가능)로 표시한다. 그러나 현실적으로 모두 취소불능으로 간주한다. 양도가능 신용장의 경우에는 TRANSFERABLE(양도가능)로 표시한다.

(3) Reference to Pre-advice(23)

MT 705로 사전통지한 경우 이용하며, "PREADV / 사전통지번호 및 일자"의 형태로 표시하여야 한다.

(4) Date of Issue(31C)

신용장의 개설일자를 나타내며 본란이 빈칸일 경우에는 전문 발신일자를 개설일자로 간주한다. 개설일자가 전문 발신일자와 다른 경우에는 개설일자를 분명히 표시하여야 한다.

(5) Date and Place of Expiry(31D)

서류가 제시되어야 하는 최종일인 유효기일과 그 유효기일 내에 서류가 제시되어야 하는 장소를 표시한다.

여기에 표시된 장소는 신용장의 사용방법 및 사용은행을 나타내는 "Available With… By…"(41a)에 표시된 사용은행의 소재지와 일치하여야 한다.

SWIFT에서의 일자표시는 "031226"과 같이 6자리로 연월일을 표시한다.

(6) Currency Code, Amount(32B)

신용장의 통화종류와 금액을 표시하며 통화코드는 별도로 지정되어 있다. "about, approximately" 등을 표시하여 금액의 상하한을 나타내는 경우에는 TAG 39A를 사용해야 한다.

(7) Percentage Credit Amount Tolerance(39A)

신용장금액의 상·하한 허용비율을 표시하는 것으로 선적수량의 과부족이 허용되는 경우, 신용장 금액도 달라지게 되므로 그 허용비율을 표시하기 위한 것이다.

(8) Available with …… By …… (41a)

본 항에서는 신용장의 형식을 표시하고 있다. 즉 지급, 인수, 매입을 담당할 은행과 그 형식을 구분 표시한다. 따라서 "By payment, By Acceptance, By Negotiation,

By Deferred Payment, By Mixed Payment” 중의 하나와 은행코드 또는 은행명을 표시하여야 한다.

예를 들면 지급신용장의 경우 “Available with ○○○bank by payment”로 표시한다.

자유매입 신용장인 경우에는 “Available with any bank in New York(도시명 또는 국명) by negotiation”으로 표시한다.

통지은행으로 매입이 제한되는 경우는 “Available with advising bank by negotiation”으로 표시한다.

일람출급신용장에서는 “By payment 또는 By negotiation”만을 사용하여야 한다.

(9) Drafts at … (42C)

본 항에서는 환어음의 결제조건을 표시하는 것으로 일람출급신용장은 “sight”로 기한부 신용장은 결제기간에 따라 “90 days after sight” 등으로 표시한다.

(10) Drawee(=Drawn On : 42a)

본 신용장의 조건에 따라 발행된 환어음의 지급을 담당할 은행을 표시한다. 환어음의 지급인은 개설은행이 되거나 제3의 은행이 된다.

신용장에서 환어음이 사용되는 이유는 먼저 수익자는 개설은행이 발행한 신용장이라는 담보 외에도 환어음이라는 법률상의 채권서류를 확보하게 되어 이중담보를 확보할 수 있게 되고, 환어음을 매입하여 보유하고 있는 매입은행 등 선의의 제3자(bona fide holder)는 환어음이 지급되지 않는 경우 그 환어음의 발행인, 배서인에게 소구권을 행사할 수 있기 때문이다.

그러나 일부 유럽 및 남미국가의 경우에는 신용장에 의해 발행되는 환어음을 상업거래에 수반되는 유가증권으로 취급하여 과중한 인지세를 부과하고 있어 유럽 및 남미국 소재 수익자는 인지비용을 절감하기 위해 환어음이 없는 지급신용장(Payment Credit)을 요구하기도 한다.

(11) Mixed Payment Details(42M)

혼합지급의 대금지급 방법(지급일자, 금액, 지급방법 등)을 표시한다.

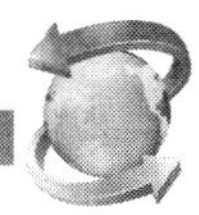

(12) Deferred Payment Details(42P)

후지급의 대금지급 방법(지급일자, 결정방법 등)을 표시한다.

(13) Loading on Board(44E : 선적항), For Transportation to (44F : 양륙항)

복합운송서류가 아닌 일반적인 선하증권을 요구할 경우 선하증권상의 Port of Loading(선적항) 및 Port of Discharge(양륙항)은 반드시 신용장상의 44E 및 44F와 일치시키도록 발행하여야 한다.

(14) Partial shipment(43P : 분할선적), Transhipment (43T : 환적), Latest Date of Shipment(44C : 선적기일)

개설신청서의 기재내용과 동일하게 표시한다.

(15) Description of Goods(45a)

상품명세는 상업송장 작성의 기초가 되는 것으로 상품명, 수량, 단가, 가격조건, 원산지 등을 다음 예와 같이 표시한다.

"200,000yds of polyester woven fabric at USDLS 10/yd FOB Hong Kong, China origin"

(16) Documents Required(46a)

개설신청서에서 요구한 서류명세를 표시한다. 무역거래에서 요구되는 서류는 상업송장, 포장명세서, 운송서류, 보험서류를 비롯하여 원산지증명서, 검사증명서 등이며, 이러한 서류의 발행부수를 표시할 때 신용장에서는 copy나 fold 외에도 1~8부를 각각 original, duplicate, triplicate, quadruplicate, quintuplicate, sextuplicate, septuplicate, octuplicate로 표시하고 있다.

"Invoice 3 copies" 등의 표현에서 사용되는 copy의 의미는 사본이 아니고 서류의 부수를 의미한다. 한편 신용장에서 이와 같이 복본의 서류를 요구하는 경우에는 반드시 1부 이상의 원본이 제시되어야 하며, 나머지는 사본으로 제시되어도 가능하다(통일규칙 제20조 참조).

일반적인 요구서류 명세를 보면 다음과 같다.

① Signed Commercial Invoice in quadruplicate(상업송장)

② Packing List in triplicate(포장명세서)

③ Full set of clean on board ocean Bill of Lading made out to the order of Korea Institute Bank maked freight collect(prepaid) and notify accountee (선하증권)

④ Air waybill consigned to Korea Institute Bank maked freight collect(prepaid) and notify accountee(항공화물운송장)
Air waybill은 수입자가 대금결제 없이는 직접 물품을 인도받지 못하도록 반드시 개설은행을 수하인으로 지정한다.

⑤ Full set of clean combined transport documents made out to the order of Korea Institute Bank marked freight collect(prepaid) and notify accountee(복합운송서류)
운임지급방법은 수출지 인도가격(FOB, 복합운송은 FCA)인 경우에는 수입자가 운임을 부담하므로 Freight collect로, 특수비용 포함가격(CFR · CIF, 복합운송은 CPT · CIP)은 수출자가 운임을 부담하므로 Freight prepaid로 표시한다.

⑥ Marine Insurance Policy or certificate in duplicate, endorsed in blank for 110% of invoice value. Insurance policy or certificate must stipulate that claims are payable in the currency of the draft and must also indicate a claims settling agent in Korea. Insurance must include·· Institute Cargo Clause(A)(보험증권)

해상보험조건에 관하여는 1981년 7월 런던합동적하위원회(Joint Cargo Committee)에서 새로운 해상적하보험증권의 양식과 협회적하보험약관 A, B, C를 발표하였고, 우리나라에서는 1983년 4월 1일부터 이를 채택하여 신 · 구 약관을 병행 사용하고 있다.

신약관의 ICC(A)는 구약관의 A/R, (B)는 W · A, (C)는 FPA와 비슷하다. 항공화물을 부보할 경우에는 Air Insurance Policy가 발행되고 보험조건은 협회항공화물약관 Institute Cargo Clause (Air)를 부보한다. 보험조건을 정할 때는 물품의 종류와 선적지를 감안하여 적절한 보험조건을 결정하여야 하며, 전쟁 등 특별약관의 부보 여부도 함께 검토하여야 한다.

(17) Additional Conditions(47a)

상품명세나 서류명세를 추가로 표시하거나 신용장의 특별조건을 표시한다. 특별조건은 개설의뢰인 또는 개설은행의 요구사항을 기재하는 것으로, 그 내용들은 매우 다양하나 대개 수입신용장 개설신청서 검토시의 특수조건에 관한 사항에서 살펴본 바와 같다.

"Documents Required(46a)" 필드가 부족하거나 다른 사정으로 인하여 이 필드에서 제시할 서류를 요구하는 경우도 있으므로, 이 필드에 표시되어 있더라도 서류제출을 요구하는 내용이라면 제시서류의 하나로 인정하여 서류를 제시하여야 한다.

(18) Charges(71B)

본 항은 수익자가 비용을 부담할 경우에만 사용되며 아무런 표시가 없는 경우 매입 및 양도비용을 제외한 모든 비용은 개설의뢰인이 부담하게 된다. 비용부담을 표시할 때는 "All banking charges outside Korea are for account of beneficiary" 등과 같이 표시한다.

이와 같이 수익자가 비용을 부담한다 하더라도 신용장에 관한 서비스를 지시한 당사자는 지시받은 자의 모든 비용을 궁극적으로 부담하여야 하므로 수익자가 지급하지 않는 경우에는 개설의뢰인이 부담하여야 한다.

(19) Period for Presentation(48)

서류가 지급·인수·매입을 위하여 제시되어야 하는 기간을 표시한다. 모든 신용장은 선적일 이후부터 서류가 최종적으로 제시되어야 하는 기간을 명시하여야 한다. 아무런 표시가 없는 경우에는 서류제시기간을 21일로 본다.

(20) Confirmation Instructions(49)

통지은행의 신용장 확인에 관한 사항을 지시하는 것으로 확인을 요청할 경우 "CONFIRM"으로 표시한다. 확인을 요청할 경우에는 신용장 확인에 따른 제 비용의 부담자를 Additional Conditions란에 표시하는 것이 좋다. 이 밖에도 "MAY ADD(확인가능), WITHOUT(확인불요)"로 표시하기도 한다. 이때에는 통지은행에 확인을 요청하는 것으로 볼 수 없다.

(21) Reimbursement Bank(53a)

신용장에 의해 발행된 환어음 대금을 지급할 권한을 부여받은 은행의 명칭을 기재하며, 이를 상환은행이라고 한다. 상환은행은 개설은행의 지점이 되거나 통지은행 또는 제3의 은행이 될 수 있으며 개설은행의 지점이 다른 나라에 있을 때에는 이를 독립된 은행으로 간주한다. 상환은행에는 반드시 개설은행의 계좌가 있어야 하며 신용장 발행 후 적절한 기간 내에 상환수권전문(MT740 Authorization to Reimburse)을 발신하여야 한다. 상환수권전문은 상환은행으로 하여금 개설은행의 계좌를 차감하여 상환청구 금액을 지급할 권한을 부여하는 것으로 이 전문에는 청구금액 지급을 위하여 필요한 사항인 신용장번호・금액・환어음기간・개설은행 계좌번호・상환수수료에 관한 사항을 표시하고 있다.

(22) Instructions to the Paying/Accepting/Negotiating Bank(78)

지급・인수・매입은행에 대한 지시사항을 표시하는 것으로 일람출급신용장에서는 지급, 매입 은행에 대한 지시를 나타낸다. 개설은행이 매입은행 앞으로 지시하는 내용을 보면 다음과 같다.

① 수익자가 발행한 환어음을 환어음지급은행으로 송부토록 하여 대금을 지급하는 경우

- Instructions to the Negotiating Bank

  "Please present beneficiary's drafts to the drawee bank for payment"로 표시하며 이 때 환어음의 지급은행(Drawee bank)은 「42a : Drawee」에 표시된다.

② 수익자의 환어음은 개설은행 앞으로 발행하고, 별도로 매입은행이 자신의 상환용어음을 작성하고 이를 결제은행으로 송부케 하여 대금을 지급하는 경우.

- Instructions to the Negotiating Bank

  "In reimbursement, please draw your own drafts at sight on ○○○ Bank(결제은행)"로 표시하며, 이 때 결제은행(Reimbursement Bank)은 「53a」에 표시된다.

③ 수익자의 환어음을 개설은행 앞으로 발행토록 하고 별도의 결제은행을 지정하지 않고 개설은행이 서류 수취 후 대금을 지급하는 송금신용장(Remittance L/C)의 경우(원화수입 신용장도 이와 같은 방법으로 대금을 지급한다)

- Instructions to the Negotiating Bank

"Upon receipt of documents in compliance with the terms of the credit, We will remit the proceeds as per your instruction"으로 표시하며, 「42a」에는 개설은행명을 기재한다.

④ 이상과 같은 대금결제와 관련한 지시사항 이 외에도 거래의 형태에 따라 다양한 지시사항이 있을 수 있으며, 서류송부에 관하여는 다음과 같이 표시한다.

"All documents must be forwarded to issuing bank in one lot"

(23) "Advise Through" Bank(57a)

전문을 수신한 은행이 아닌 다른 은행을 통하여 신용장이 통지되거나 확인될 경우 최종통지 또는 확인할 은행의 명칭을 기재한다.

2. 기한부신용장의 개설

기한부신용장(Usance Credit)이란 수입자가 대금을 결제하기 전에 먼저 서류를 인도받은 후 신용장 조건에 따라 일정기간 후에 수입어음대금을 결제하는 신용장을 말한다. 따라서 수입자는 어음지급기간 내에 수입화물을 처분하여 그 대금으로 만기일에 수입대금을 결제할 수 있으므로 금융의 혜택을 보는 것과 같은 효과가 있다.

기한부신용장은 만기일까지의 이자를 누가 부담하느냐에 따라 Shipper's usance credit (무역인수신용장)와 Banker's usance credit(은행인수신용장)로 구분한다. Banker's usance credit는 환어음인수지역에 따라 Overseas Banker's usance credit(해외은행인수)와 Domestic Banker's usance credit(내국 수입유산스)로 구분한다.

(1) 무역인수신용장의 개설

무역인수란 수출자가 직접 수입자에게 단기금융을 제공하여 일정기간 동안 대금지급을 유예하는 것으로 '선적인 유산스'(Shipper's Usance)라고도 한다.

신용장에서는 수출자가 물품선적후 신용장에서 정한 일정기간 후에 수출대금을 회수함으로써 수입자에게 신용을 공여하는 것이다. MT 700을 이용한 무역인수신용장의 개설은 다음과 같은 사항들을 제외하고는 일람출급신용장과 같다.

가. Drafts at(42c)

환어음의 결제조건으로서 유산스 기간을 기입한다. 예를 들면 “90 days after sight” 또는 “60 days from B/L date” 등으로 표시한다.

나. Drawee(42a)

무역인수신용장에서는 수출자가 발행한 환어음을 개설은행이 인수를 함으로써 수입자에게 신용공여가 이루어진다. 신용장통일규칙에서는 개설의뢰인 앞 환어음발행을 금지하고 있어 환어음의 지급인은 개설은행이 된다. 따라서 개설은행명을 본란에 표시한다. 운송서류와 함께 환어음이 송부되어 오면 개설은행은 수입자에게 서류의 수리 여부를 확인하게 된다.

다. Charges(71B)

유산스기간의 이자는 수출자가 부담하므로 별도로 표시하지 않거나 “Interests are for seller's(or beneficiary's) account”로 표시한다.

라. Instructions to the Paying/Accepting/Negotiating Bank(78)

무역인수신용장에서 환어음의 만기일에 대금을 지급하는 방법은 아래와 같이 송금방식 또는 제3은행을 통한 결제방식에 의한다.

(가) 송금방식으로 지급하는 경우

“Interest are for seller's account. In reimbursement, We will remit the proceeds as per negotiating bank instruction at maturity”

(나) 제3의 결제은행을 통하여 지급하는 경우

“Interest are for seller's account. In reimbursement, please draw your own drafts at sight on ○○○Bank(결제은행) at maturity”로 표시하고 「53a… Reimbursement Bank」에 결제은행을 나타낸다.

(2) 해외은행인수 신용장의 개설

해외은행인수란 해외은행의 인수금융(Acceptance financing)에 의거 수출자에게

는 일람출급조건과 같이 수출대금을 지급하고, 수입자에게는 일정기간 대금결제를 유예해 주는 것을 말한다. 무역인수가 수출자의 금융임에 비해 해외은행인수는 해외은행이 신용의 공여자가 되며 이자는 수입자가 부담한다.

MT 700을 이용한 해외은행 인수신용장의 주요검토사항은 다음과 같다.

가. Available with…… By……(41a)

해외은행인수 신용장은 무역인수 신용장과 마찬가지로 매입신용장의 형식으로 발행한다. 따라서 자유매입 신용장인지 또는 매입제한 신용장인지에 따라 "Available with any bank (또는 XXX bank) by negotiation"으로 표시한다.

나. Drafts at(42c)

유전스 기간을 "90days after sight" 등과 같이 표시한다.

다. Drawee(42a)

수익자 발행의 환어음을 인수하여 일람출급조건으로 대금을 지급할 은행명을 기재한다. 일반적으로 해외 예치환거래 은행이 지급은행이 된다.

인수은행은 환어음을 인수할 때의 인수수수료(Acceptance Commission)와 이 어음을 타인에게 매각할 경우에 발생하는 할인료(Discount charge)를 개설은행으로 청구하며, 이는 수입자가 최종적으로 부담한다.

라. Instructions to the Paying/Accepting/Negotiating Bank(78)

해외은행인수 신용장은 일람출급조건으로 대금을 지급하므로 매입은행에게 환어음의 기간에도 불구하고 일람불 매입토록 지시하여야 하며, 상환청구서에 상품명세, 원산지, 도착지, 선적일 및 선적지를 표시토록 지시하여야 한다(신용장 대금상환에 관한 통일규칙, URR 525 제19조 참조).

"Usance drafts shall be negotiated at sight basis regardless of the tenor of draft.

Acceptance commissions and discount charges are for buyer's account."

"At the time of reimbursement claim, the negotiating bank must advise the drawee bank of the L/C number, draft amount, commodity names, loading and unloading port, B/L date, country of origin."

(3) 국내은행인수(내국수입유산스) 신용장의 개설

내국수입유산스란 수출자가 발행한 환어음의 인수를 국내은행, 즉 신용장개설은행이 담당하여 수입자에게 금융을 제공하는 것이다. 이는 인수금융이 국내에서 발생하므로 인수수수료와 할인료가 해외로 유출되지 않는다는 점을 제외하고는 해외은행인수와 동일하다.

MT700을 이용한 내국수입유산스 신용장 개설시 주요검토사항은 아래와 같다.

가. Available with…… By……(41a)

해외은행인수 신용장과 마찬가지로 매입신용장의 형식으로 발행한다. 따라서 자유매입신용장인지 또는 매입제한 신용장인지에 따라 "Available with any bank(또는 XXX bank) by negotiation"으로 표시한다.

나. Drafts at(42c)

유산스기간을 표시한다.

다. Drawee(42a)

환어음의 지급인을 표시하는 것으로 개설은행명을 기재한다. 즉 개설은행이 환어음을 인수하고 수입대금을 매입은행 앞으로 일람출급으로 지급한다. 수입자에게는 유산스 기간 동안 신용을 공여하며 만기일에 수입대금을 영수한다.

라. Instructions to the Paying/Accepting/Negotiating Bank(78)

해외은행인수 신용장과 같이 매입은행 앞으로는 일람출급조건으로 대금을 지급하며 개설은행이 송금방식으로 지급하거나 제3의 결제은행을 통하여 지급한다.

- Instructions to the Negotiating Bank(송금방식으로 지급하는 경우)
  "Acceptance Commission and Discount Charges are for buyer's a/c. Payment under this L/C to be made on at sight basis regardless of drafts tenor.

Upon receipt of documents, we will remit the proceeds as per your instruction"

3. 분할지급신용장의 개설

분할지급신용장이란 대금결제를 일람불과 연지급 또는 기간별 연지급 등과 같이 신용장 대금을 2회 이상 분할하여 지급하는 신용장을 말한다.

MT 700을 이용한 분할지급신용장의 주요검토사항은 다음과 같다.

(1) Available with…… By……(41a)

분할지급을 담당할 은행명과 신용장의 형식은 혼합지급임을 표시한다. 즉 "Available with ○○○Bank(지정은행) by Mixed Payment"로 표시한다.

(2) Mixed Payment Details

지급일자, 지급금액, 지급방법 등의 분할지급조건을 기재하며, "5 pct at sight, 95 pct 180 days after B/L date" 등으로 표시한다.

(3) Drawee(42a)

일정액을 일람출급으로 지급하고 나머지 금액은 연지급으로 대금을 지급할 은행명을 기재한다.

(4) Instructions to the Paying/Accepting/Negotiating Bank(78)

분할지급대금을 수출자에게 일람불로 지급하기 위하여 해외은행인수 매입신용장 또는 인수신용장으로 개설하고자 하는 경우에는 다음과 같은 지시사항을 표시한다.

- Instructions to the Negotiating Bank
  "Acceptance commission and Discount charges are for buyer's account. The amount USD 50,000(5 pct of L/C amount) is to be paid at sight, and the remaining for USD 950,000(95pct of L/C amount) is to be paid

at sight basis regardless of draft's tenor.

In reimbursement, please present beneficiary's drafts to the drawee bank"

- Instructions to the Accepting Bank

  "Please accept and discount beneficiary's drafts drawn under and in compliance with the terms of this credit"

  The accepting bank must inform the principal and acceptance commission, discount charges and maturity to opening bank at the time of bills discounted"

8-6 특수신용장의 발행

1. 보증신용장 및 보증서의 발행

보증신용장(Standby Letter of Credit)은 금융의 담보 또는 채무보증의 목적으로 발행되는 무화환신용장(Clean Credit)으로서 보통 국내기업의 해외지사나 현지법인이 신용장의 개설・현지금융의 수혜시에 담보용으로 이용되고 있다. 보증신용장도 화환신용장과 마찬가지로 신용장통일규칙을 적용한다(통일규칙 제1조).

보증서(Letter of Guarantee)는 건설・용역 사업과 수출입에 관련하여 발생하는 계약보증에 주로 이용되고 있다. 계약보증에는 입찰보증(Tender guarantee), 이행보증(Performance guarantee), 환급보증(Advance payment guarantee) 등이 있으며, 보증서는 SWIFT MT 760 Guarantee에 의해 발행되며, ICC가 정한 계약보증에 관한 통일규칙(Uniform Rules for Contract Guarantee)에 따라 발행되는 경우에는 동 규칙이 적용됨을 명시하여야 한다.

▌보증신용장▐

Korea ××× Bank
Seoul, Korea

Seattle-First National Bank
Seattle, Wa.
U.S.A.

Date··May 20, 20××

Dear Sirs,

We hereby issue our irrevocable stand-by letter of credit 68988 up to an aggregate amount of US $1,000,000(Say U.S. Dollars One Million Only) in your favor for account of Daejoon Moolsan Co., Ltd., 32-2 Mukyo-dong, Choong-Ku, Seoul, Korea as security for your loan plus its interest extended to Daejoon Moolsan Co., Ltd., Seattle Branch P.P. Box 89088 Seattle, Wa. U.S.A.("the Borrower") for purchasing of materials for execution of plant construction contract No. 298.

The interest rate of the loan extended under this credit shall not exceed the rate of zero point nine five percent per annum over six month LIBO Rate.

The credit is available against your sight draft drawn on us accompanied by your signed statement certifying that the Borrower have defaulted in the repayment of your loan plus its interest and that in consequence the amount drawn hereunder represents their unpaid indebtedness due to you.

Your loan statement as of end of every month should be presented to us. We hereby agree with you that drafts drawn by virtue of this credit and in accordance with is stipulated terms will be duly honored provided that they are presented to us on or before October 20, 20××.

This credit shall expire October 20, 20×× after which date it shall become null and void.

Very truly Yours,

Authorized Signature

▌MT 760 Guarantee▐

*	Format
1	NWBKGB2L
2	760
3	SBCOUS66
4	: 27 : 1/2
5	: 20 : PG8761234
6	: 23 : ISSUE
7	: 30 : XX0501
8	: 77C : WE, NATIONAL WESTMINSTER BANK LONDON, HEREBY UNDER TAKE TO PAY TO YOU ANY SUM OR SUMS NOT EXCEEDING AN AGGREGATE OF USD 27,240,UNITED STATES DOLLARS TWENTY SEVEN THOUSAND TWO HUNDRED AND FORTY, REPRESENTING 5 PCT OF THE TOTAL ORDER/CONTRACT PRICE ON RECEIPT BY US AT THIS OFFICE OF YOUR FIRST DEMAND ON US IN WRITING, COMPLYING WITH ALL THE REQUIREMENTS HEREOF, QUOTING OUR REFERENCE OVERSEAS DIVISION GUARANTEE NO. PG8761234. THE SIGNATURES APPEARING THEREON TO BE DULY CONFIRMED BY YOUR BANKERS, STATING THE AMOUNT PAYABLE AND THAT SOUND AND IMAGE HAVE FAILED TO PERFORM THE TERMS OF THE ORDER/CONTRACT NO. S556VSF FOR THE SUPPLY OF A FILM “THE VIDEO STORY” 1. THIS UNDERTAKING IS PERSONAL TO YOU AND IS NOT ASSIGNABLE. 2. OUR LIABILITY HEREUNDER SHALL BE LIMITED TO A SUM OR SUMS TWENTY SEVEN THOUSAND TWO HUNDRED AND FORTY. 3. OUR LIABILITY IS VALID AS AT 1 JUNE 20XX AND SHALL EXPIRE ON 31 MAY 20XX EXCEPT IN RESPECT OF ANY WRITTEN DEMANDS FOR PAYMENT COMPLYING WITH ALL THE REQUIREMENTS HEREOF RECEIVED BY US AT THIS UNDERTAKING SHALL BECOME NULL AND VOID WHETHER RETURNED TO US OR NOT. 4. OUR LIABILITY UNDER THIS UNDERTAKING SHALL BE REDUCED BY ANY AMOUNT DEMANDED IN ACCORDANCE WITH THE TERMS HEREOF. 5. THIS UNDERTAKING SHALL BE GOVERNED BY AND CONSTRUED ACCORDING TO THE LAWS OF ENGLAND. THE COURTS OF WHICH COUNTRY SHALL HAVE SOLE JURISDICTION TO ADJUDICATE ON ANY AND ALL CLAIMS DIRECTLY OR INDIRECTLY RELATING HERETO AND YOUR ACCEPTANCE OF OUR UNDERTAKING SHALL BE YOUR CONFIRMATION THAT YOU SUBMIT TO THE JURISDICTION OF THE COURTS OF ENGLAND IN THIS REGARD.

1. Sender of the message
2. Message type
3. Receiver of the message
4. Sequence of Total(1 of 2 pages)
5. Transaction Reference Number
6. Further Identification("ISSUE" of a Guarantee)
7. Date of Issue
8. Details of the Guarantee

2. 자금선대(資金先貸) 신용장의 개설

수출상이 물품의 선적 전에 신용장금액의 전부 또는 일부를 일정한 조건하에서 선지급 받을 수 있도록 수권하고 있는 신용장을 선대신용장이라 한다. 이와 같은 신용장은 선대 허용문언이 붉은색으로 표시되었던 관례가 있어 Red Clause Credit라고 하였다. 그러나 현재는 수출상에게 수출물품의 생산이나 집하에 필요한 자금을 제공한다는 의미에서 Packing Credit라는 용어가 일반화되어 있다.

이러한 선대신용장은 물품이 선적되지 않으면 선대금(Advance Payment)의 회수가 어렵게 되므로 수입상의 구매대리인이나 믿을 수 있는 거래선이 아니면 개설에 신중을 기하여야 한다.

우리나라의 경우는 1960년대 생사(生絲)가 국제시장에서 인기가 높았을 때 수출신용장으로 활용되었다. 자금선대 문구의 예를 보면 다음과 같다.

- Additional Conditions(MT700의 47a)
  "We authorize the negotiating bank to pay the proceeds not exceeding 50 pct of the above mentioned amount to the beneficiary against presentation of the following documents:

3. 회전신용장의 개설

회전신용장(Revolving credit)이란 수출입자간에 동일 종류의 물품거래가 상당기간 지속될 경우, 신용장 개설에 따른 수수료 부담과 절차상의 번거로움을 피하기 위하여 일정기간에 신용장금액이 자동적으로 되살아나 다시 사용할 수 있는 신용장을 말한다.

회전신용장은 일정기간 내에 미선적된 금액을 추가로 사용할 수 있느냐의 여부에 따라 누적적(累積的, Cumulative)인 방법과 비누적적(非累積的, Non Cumulative)인 방법이 있다. 회전신용장의 사용 문구를 보면 다음과 같다.

- Additonal conditions(MT 700의 47a)
  ① 회전문구
  "The amount of drawing made under this L/C become automatically reinstated on payment by us"
  ② 누적회전 문구
  "This L/C is cumulative revolving. Shipment must not exceed invoice value for USD 30,000 per vessel-load. After a draft has been paid under this credit, the credit covers to its orginal amount of USD 300,000"
  ③ 비누적회전 문구
  "This L/C is non-cumulative revolving. Upon receipt of notice from Korea Institute Bank that a draft has been paid under this credit. A sum equal to the amount of such draft again becomes available under this credit.
  Notwithstanding anything contained in the foregoing clause, drawing under this credit are limited to USD 20,000 in any calendar month"

4. 동시개설신용장의 개설

동시개설신용장(Back to Back Credit)이란 국가간 수출입의 균형을 유지하기 위한 구상무역에 주로 이용되는 신용장으로 수출입자 상호간에 동액의 신용장이 개설되어야만 유효한 신용장을 말한다. 동시개설신용장에서 사용되는 문구는 다음과 같다.

- Additional Conditions(MT 700의 47a)
  "This Letter of Credit shall not be available unless and until prime banker's irrevocable Letter of credit in US dollers in favor of ABC Co., for account of KIB Co has been established pursuant to contracts for

export of 10,000yds of polyester woven fabric from Pusan to Chinese port”

8-7 신용장의 조건변경 및 취소

1. 신용장 조건변경의 개요

신용장 조건변경이란 신용장 관계당사자들의 합의에 따라 이미 개설된 신용장의 내용들을 수정하거나 추가 또는 삭제하는 것을 말한다. 신용장 조건변경은 수출입자간의 사정에 의해 거래조건이 변경됨에 따라 발생하게 되며, 수입승인서의 변경, 개설은행의 추가지급보증·보험의 가입 등이 필요한 경우도 있다.

신용장통일규칙(제10조 a항)에서 취소불능신용장은 취소·변경의 당사자인 개설은행, 확인은행(확인신용장의 경우) 및 수익자의 동의 없이는 취소되거나 변경될 수 없다고 규정하고 있어 조건변경시에는 관계 당사자 전원의 합의가 있어야 한다.

개설은행은 조건변경서의 발급시점부터 자기가 발행한 조건변경서를 임의로 취소하지 못하며, 확인은행은 조건변경서의 확인통지시점부터 임의로 취소하지 못한다. 그러나 확인은행은 조건변경서를 확인하지 않고 통지할 수 있으며, 그러한 경우 개설은행 및 수익자에게 지체없이 그 사실을 통보하여야 한다.

수익자에 대한 조건변경의 효력은 수익자가 조건변경의 동의를 통보한 경우에만 유효하다. 그러므로 조건변경서에 일정기한 내에 조건변경을 거절하지 않는다면 자동적으로 조건변경이 성립된다는 내용이 명시되어 있더라도 이는 무시된다.

조건변경은 전체적으로 동의 또는 거절되어야 하므로 부분적인 동의는 허용되지 않으며, 이 경우 조건변경은 거절된 것으로 보아야 한다. 한편 다수에게 분할 양도된 신용장의 조건변경은 각각의 제2수익자별로 조건변경을 동의 또는 거절할 수 있으므로 동의한 제2수익자는 변경된 조건대로 서류를 제시하면 되며, 동의하지 않은 제2수익자는 원신용장의 조건대로 서류를 제시하면 된다.

2. 조건변경시 제출서류

신용장 개설의뢰인이 신용장 조건변경을 위해 개설은행에 제출해야 하는 서류는 다음과 같다. 이들 서류 중 신용장 조건변경 신청서는 반드시 제출하여야 하며 다른 서류들은 변경내용에 따라 필요한 경우 제출한다.

(1) 신용장 조건변경신청서

신용장 조건변경신청서(Application for amendment of terms of documentary credit)는 당초 신용장의 조건 중에서 변경할 내용을 구체적으로 명시한 서류로서 신용장의 조건변경을 확정하기 위한 서류이다. 따라서 수입승인서의 기본취지에 어긋나지 않아야 하며 관계당사자 간에 분쟁이 발생되지 않도록 간단명료하게 작성하여야 한다. 특히 신용장의 증액시에는 당초 개설시와 마찬가지로 채권보전에 관한 서류들을 제출하여야 한다.

(2) 수입승인사항 변경승인서

수입승인사항 변경승인서는 신용장 조건변경 사항이 대외무역관련법령 및 외국환관리 법령에 의한 규제대상이 되는 경우에 제출하는 서류이다. 따라서 분할선적・환적의 조건변경, 수입승인서의 유효기간 내에서 선적기일・유효기일의 변경, 동일국 내에서 선적항・도착항의 변경 등 관계법령의 규제대상이 되지 않는 조건변경의 경우에는 제출할 필요가 없다.

(3) 계약서 또는 물품매도확약서

계약서 또는 물품매도확약서(offer sheet)는 물품명세의 변경사항을 확인하기 위하여 제출하는 서류이다.

(4) 보험서류

수입가격조건의 변경으로 수입자가 보험에 가입하여야 하는 경우, 즉 CIF에서 FOB 또는 CFR 등으로 가격조건이 변동되는 경우에는 조건변경을 실행하기 전에 수입자가 수입 물품을 보험에 가입하고 보험서류를 개설은행에 제출하여야 한다. 이때

의 보험서류는 수입물품의 운송 중 사고에 대비하는 개설은행의 채권보전 서류이다.

3. 조건변경시 유의사항

(1) 동일은행을 통한 조건변경

신용장개설은행은 조건변경시 당초 신용장을 통지한 은행을 통하여 조건변경을 통지하여야 한다. 개설은행은 신용장 조건변경시부터 변경 내용에 따른 의무를 부담하며 비밀번호가 확인된 전신으로 조건변경을 통지할 경우에는 우편확인서를 보낼 필요가 없다.

다만 전문에 "Full details to follow 또는 이와 유사한 용어"를 사용하는 경우에는 우편확인서가 유효한 신용장이 되므로 지체 없이 우편확인서를 통지은행으로 발송하여야 한다.

(2) 원신용장과 관련 및 모순여부 검토

조건변경시에는 신용장번호 · 금액 · 개설일자 · 수익자 등 원신용장과의 관련사항을 자세히 검토하여 착오가 발생치 않도록 하여야 하며, 조건변경 사항들은 신속을 요하는 경우가 많으므로, 특히 통지은행을 정확히 표시하여 전문의 오송을 방지하여야 한다. 조건변경 내용은 원신용장과 상호 모순되지 않도록 다음과 같은 사항들을 자세히 검토하여야 한다.

① 운송방법이 해상운송에서 항공운송으로 변경되는 경우 선적지 및 양륙지 변경은 물론 해상선하증권도 항공화물 운송서류로 변경하여야 한다.

② 신용장 금액을 변경하는 경우에는 증액 또는 감액사유가 단가변경인지 수입물품 수량의 증가 또는 감소에 기인하는지를 확인하여 금액변경에 따른 상호관계를 명확히 한다.

③ 가격조건이 FOB계통에서 CIF조건으로 변경되는 경우에는 수출자가 부보하므로 보험서류의 명세와 보험조건을 제시하여야 한다.

④ 선적기일을 연장하는 경우 유효기일의 연장도 필요하지 않는지 여부를 검토한다.

⑤ 신용장의 일부양도를 허용하는 경우에는 분할선적을 허용하여야 한다.

▌신용장조건변경 신청서▐

APPLICATION FOR AMENDMENT OF TERMS OF
DOCUMENTARY LETTER OF CREDIT

DATE :

TO : Korea × × × Bank

CABLE / MAIL ADDRESS

CABLE-SECTION 사용란 TEST AMOUNT

YOUR REF(NUMBER)

OUR L / C(NUMBER)

DATED (OPENING DATE)

FAVORING(BENEFICARY)

AMENDED AS FOLLOWS

□ Shipping ans Expiry Date Extended To.
Respectively / Alike.

□

All other terms and conditions remain unchanged.
This amendment is to constitute an integral part of the above credit and must be attached thereto.

C.C.

In consideration if your having to the aforesaid alteration(s), the applicant unconditionally promised and agree to accept upon presentation all drafts drawn under the terms of credit as amended, to pay drafts on maturity fail and to assume all the responsibilities as pledged in the original application.

The allpicant hereby undertakes the payment with the amount of the letter of credit inclusive of all expensive incrurred in this connection subject to the "Uniform customs and Practice for Documentary Credits" (2007 revision) International Chamber of Commerce(Publication No.600)

수입허가번호		금융책임자
지 급 보 증		

주 소
신청인 인

인감대조

(3) 수익자 준수사항

신용장통일규칙에서는 신용장 조건변경서를 수취한 수익자가 조건변경사항의 수락 또는 거절 사실을 통지은행에 통보하도록 의무화하고 있다. 따라서 개설은행은 수익자의 조건변경 수락 여부를 통지은행을 통하여 확인하여야 한다.

다만, 수익자가 조건변경서의 수락통보 없이 조건변경에 일치하는 서류를 지정은행 또는 개설은행에 제시하는 경우에는 조건변경을 수락한 것으로 간주하고 있다. 조건변경서를 수락할 때에 일부수락은 인정될 수 없으므로 조건변경 사항 전부를 수락하여야 한다.

4. 조건변경서의 검토

신용장조건 변경 전문인 MT 707(Amendment to a Documentany Credit)에서는 조건변경시 자주 발생되는 선적기일 · 유효기일 · 선적항 · 양륙항 · 신용장의 증액 또는 감액 등의 변경은 별도의 란을 두고 있으며 기타변경사항은 일괄처리토록 하고 있다. MT 707 신용장 조건변경의 주요 검토항목을 보면 다음과 같다.

(1) Date of Amendment(30)

신용장 조건변경 일자를 나타내며 아무런 표시가 없는 경우에는 전문발신일자가 조건변경일자가 된다.

(2) Number of Amendment(26E)

조건변경 횟수를 기입하며, 표시되는 숫자는 최종 조건변경 횟수를 나타낸다.

(3) Beneficiary(before this amendment)(59)

신용장의 개설 · 양도 또는 직전 조건변경에 따른 수익자의 명칭으로서 신용장의 동일성을 확인하기 위해 표시되며 수익자의 변경을 뜻하는 것이 아니다. 본 메시지를 통한 수익자의 변경은 「79··Narrative」에 나타낸다.

(4) New Date of Expiry(31E)

서류제시를 위한 변경된 유효기일을 표시한다. 유효기일은 연장되거나 단축될 수 있다.

(5) Increase of Documentary Credit Amount(32B)

Decrease of Documentary Credit Amount(33B)

증액 또는 감액되는 금액을 통화종류와 함께 표시하며, 원신용장의 통화와 일치하여야 한다.

▌MT 707 Amendment to a Documentary Credit ▌

M/O	Tag	Field Name	Content/Options
M	20	Sender's Reference	16×
M	21	Receiver's Reference	16×
O	23	Issuting Bank's Reference	16×
O	52a	Issuing Bank	A or D
O	31c	Date of Issue	6n
O	30	Date of Amendent	6n
O	26E	Number of Amendent	2n
M	59	Beneficiary(before this amendment)	[/34×] 4..35×
O	31E	New Date of Expiry	6n
O	32B	Increase of Documentary Credit Amount	3a 15number
O	33B	Decrease of Documentary Credit Amount	3a 15number
O	34B	New Documentary Credit Amount After Amendment	3a 15number
O	39A	Percentage Credit Amount Tolerance	2n/2n
O	39B	Maximum Credit Amount	13×
O	44A	Loading on Board/Dispatch/Taking in Charge at/from...	1*65×
O	44B	For Transportation to ···	1*65×
O	44C	Lastest Date of Shipment	6n
O	44D	Shipment Period	6*65×
O	79	Narrative	35*50×
O	72	Sender to Receiver Information	6*35×

M=Mandatory, O=Optional

(6) New Documentary Credit Amount after Amendment(34B)

신용장 대금의 사용여부와 관계없이 증(감)액 후의 신용장 총액을 표시한다. 예를 들어 USD 1,000,000의 최초신용장에서 USD 400,000이 사용되고 USD 600,000이 미사용된 상태에서 USD 500,000이 증액되는 경우 본란은 USD 1,500,000로 표시된다.

(7) Loading on Board/Dispatch/Taking in Charge at/from …(44E)

선적항(수취장소)의 변경을 표시한다.

(8) Port of Discharge …(44F)

양륙항(인도장소)의 변경을 표시한다.

(9) Latest Date of Shipment(44C)

최종 선적일(수취일)의 변경을 나타내며 최종선적일은 연장되거나 단축될 수 있다.

(10) Narrative(79)

기타 변경사항이 기록된다. 즉, 물품명세의 변경, 품목의 추가 또는 삭제, 가격조건의 변경, 확인의 요청, 결제조건 변경 등 위에서 변경되지 않은 사항이나 보충해야 될 사항들을 표시한나.

5. 신용장의 취소

신용장은 거래조건의 변경에 따라 관계당사자간의 합의로써 취소될 수 있으며 신용장의 취소에는 신용장 전액을 취소하는 전부취소와 신용장의 일부를 사용하고 나머지 부분을 취소하는 일부취소가 있다. 신용장의 취소도 조건변경의 일종이므로 통지은행을 통하여 수익자의 동의를 얻어야 한다.

통지은행으로부터 수익자가 동의한 신용장 취소전문을 접수하거나 신용장 원본을 받은 경우에는 관련 상환수권서를 취소하여야 한다. 수입승인서는 수입자의 요청에 따라 승인 내용을 변경하여 취소의 절차를 밟는다. SWIFT에서 신용장의 취소는 MT 707(Amendment to a documentary credit)을 사용하고 상환수권서의 취소는 MT 747(Amendment to an Authorization to reimburse) 전문을 사용한다.

8-8 신용장 관련 비용

수입신용장과 관련된 비용에는 다음과 같은 것이 있으며, 국내 각 외국환은행이 자율적으로 결정하고 있다.

1. 개설 · 증액 · 기한연장 · 조건변경수수료

(1) 개설수수료

신용장 개설시 개설은행의 지급보증에 대한 보증료조로 받는 수수료로 보증기간에 따라 받으므로 Term Charge(기간수수료)라고도 한다. 징수기간은 일람불신용장의 경우 유효기일까지 받으며, 기한부신용장의 경우 대금을 지급하는 만기일까지 지급보증 의무가 존재하므로 만기일(유효기일에 연지급기간을 더한 날)까지 받는다. 징수요율은 수입물품의 용도별 · 업체별 신용도에 따라 다르며, 수수료는 신용장금액 × 징수요율 × 적용환율로 계산하여 징수한다. 수수료 징수시 적용되는 환율은 각 은행 내규에 따라 장부가격이나 매매기준율이 이용되고 있다.

(2) 증액수수료

신용장 증액시 개설은행의 지급보증 증가분에 대한 수수료조로 징수하며, 개설수수료와 같은 방법으로 징수한다.

(3) 기한연장 수수료

신용장 유효기일의 연장으로 인하여 개설은행의 지급보증 기한이 연장됨에 따라 징

수하는 수수료이다. 징수금액은 신용장금액 × 징수요율 × 연장기간 × 적용환율로 계산한다.

(4) 조건변경 수수료

증액 · 기한연장 이외의 신용장 조건변경시 징수하는 수수료이다.

(5) 우편료 · 전신료

발행한 신용장을 통지은행에 전달하는 방법에 따라 우편신용장의 경우 우편료, 전신신용장의 경우 전신료를 받는다.

2. 인수수수료

기한부신용장의 환어음이 인수되는 경우에는 신용장 개설에 대한 우발채무가 인수에 따라 만기일에 대금을 지급하여야 하는 확정채무로 변경되므로 개설은행의 리스크가 높아지므로 인수일로부터 만기일까지 인수수수료를 받는다. 인수수수료 징수기간에 해당되는 개설수수료를 이미 받은 경우에는 수수료가 중복되므로 해당기간의 개설수수료는 환급한다.

3. 코레스 비용(Correspondent Charge)

코레스 비용은 신용장개설 · 조건변경 및 환어음매입 등과 관련하여 해외은행에서 발생되는 각종 비용을 말하며 다음과 같은 것들이 있다. 이러한 비용들은 신용장조건에 따라 개설의뢰인 또는 수익자가 부담하게 되는데, 개설의뢰인이 이를 지정하여 오지 않는 경우는 이를 확인하여 명확히 함으로써 비용부담에 따른 마찰을 방지하여야 한다.

(1) Advising Commission

신용장 통지수수료로서 해외의 수익자가 부담하는 것이 보통이다.

(2) Payment(Negotiation) Commission

지급신용장에서 수출지의 은행이 수출대금을 지급하는 경우에 발생하는 수수료이다. 매입신용장에서는 매입수수료가 발생한다. 이들 비용은 수익자가 부담하는 것이 보통이다.

(3) Reimbursement Commission

결제은행이 신용장대금을 지급할 때 징수하는 수수료로서 대개의 경우 금액에 관계없이 어음 건별로 징수한다. 상환수수료는 국가별·은행별로 차이가 나는 경우가 많으며, 수입자가 부담하는 것이 보통이다.

(4) Confirmation Charge

신용장 확인시 확인은행이 징수하는 비용이다. 확인료는 신용장조건에 따라 부담자가 달라진다.

(5) Acceptance Commission, Discount Charge

해외은행이 연지급 환어음을 인수하고 할인할 때에 발생하는 수수료이다. 인수수수료와 할인료는 은행인수 신용장에서 최종적으로 수입자가 부담한다.

Chapter 09

신용장에 의한 서류인도 및 대금결제

9-1 서류인도의 개요

수출물품의 선적이 완료된 후 수익자는 신용장이 요구하는 서류를 갖추어 거래은행에 서류 매입을 의뢰하고, 매입은행은 신용장 대금을 영수하기 위하여 서류를 개설은행 앞으로 송부한다. 신용장 개설은행은 매입은행으로부터 도착된 서류가 신용장 조건과 일치하는지의 여부를 검토하여 개설의뢰인의 수입대금결제 또는 수입환어음의 인수로써 운송서류를 수입자에게 인도하는 행위를 서류의 인도(Delivery of shipping documents)라 한다.

서류 인도의 일반적인 절차는 다음과 같다.

① 선적서류의 접수 및 도착 사실을 개설의뢰인 앞 통보
② Covering Letter의 검토
③ 선적서류의 신용장조건과의 일치여부 검토
④ 개설의뢰인의 수입대금 결제
⑤ 선적서류의 개설의뢰인 앞 인도

만약 서류에 하자가 있는 경우 개설은행은 대금지급을 거절할 수 있으며, 이 경우에는 지급거절의 사실을 일정기간 내에 매입은행 앞으로 통지하여야 한다. 기한부신용장의 경우에는 수입자의 서류인수 여부를 확인한 후 개설은행의 수입환어음 인수로서 서류를 인도하며 해당 만기일에 수입대금을 지급하여야 한다.

9-2 서류의 접수 및 심사

1. Covering Letter의 검토 및 서류도착 통보

매입은행으로부터 서류를 접수한 개설은행은 먼저 매입은행의 Covering letter를 검토하여야 한다. Covering letter란 서류의 앞면에 첨부되어 있는 표지로서 신용장 번호·금액·대금결제 방법·첨부된 서류의 종류 및 부수 등을 기재한 매입은행의 서류 매입에 대한 명세서이다. 이는 개설은행의 당해 서류 처리에 대한 안내서 역할을 하는 것으로 수입대금 지급에 있어 매우 중요한 역할을 한다.

2. 서류의 심사

(1) 서류심사의 의의

Covering letter의 검토 후에는 환어음과 운송서류를 점검하게 되는데, 이는 개설은행이 발행한 신용장의 지시사항이 완전하게 이행되었는지를 확인하는 행위이다. 서류를 점검하는 이유는 신용장 개설은행이 제시된 서류가 신용장조건과 일치하는 경우에만 대금을 지급하겠다고 하는 조건부 지급을 확약하고 있기 때문이다. 따라서 개설은행은 매매계약에 기인한 물품인수 거절사유가 있더라도 이를 이용하여 대금지급을 거절할 수 없다.

(2) 서류의 주요 점검사항

개설은행이 서류를 심사함에 있어서는 첫째, 매입은행이 작성한 Covering letter와 첨부된 서류들의 내용이 서로 일치하는지의 여부와 서류들이 명시된 부수대로 제출되었는지를 검토한다.

COVERING LETTER

The Sanwa Bank Limited
CENTRAL P. O. BOX 105. TOKYO

IN ALL COMMUNICATIONS, PLEASE
QUOTE OUR REF.NO.
22-8060786-623

DATE : XX / 03 / 19

REIM BANK
FIRST CHICAGO INTERNATIONAL
NEW YORK
153 WEST STREET NEW YORK. N.Y. 10019 U. S. A

1. PARTICULARS

REIMBURSEMENT AMOUNT DUE TO US US$3,015.00 REIMBURSEMENT DRAFT TENOR AT SIGHT
L/C NO. M1234606NS00025 L/C DATE 96/06/24 MATURITY
ISSUING BANK KOREA INTITUTE BANK SEOUL

DRAFT AMOUNT US$3.015.00
TENOR AT SIGHT
NO. 727798

COMMIS-SION PAYMENT ACCEPTANCE ADVISING CONFIRMING

INTEREST (%P.A FOR DAYS) FOR ACCOUNT

DRAWER MOLEX JAPAN CO., LTD.

2. DOCUMENTS ENCLOSED

DRAFT	INV.	CON CUS INV	B/L	A.W.B	INS.	PKG.L.	W/ML.	CERT./ ORIGIN	INSP. CERT.	BENE. CERT.		REIMBURSEMENT CLAIM
2												

ACCORDING TO THE INSTRUCTIONS OF THE ABOVE LETTER OF CREDIT. WE HEREBY SEND YOU THE SHIPPING DOCUMENTS LISTED BELOW AND HAVE REIMBURSED OURSELVES THROUGH THE ABOVE REIMBURSING BANK.

KOREA INSTITUTE BANK
SEOUL
28-1 SAMCHUN-DONG CHONG-GU, SEOUL KOREA

MAIL	DRAFT	INV.	CON CUS INV	B/L	A.W.B	INS.	PKG.L	W/ML.	CERT. ORIGIN	INSP CERT.	BENE. CERT.			
1ST		5			3	1	5		1					
2ND														

3. GENERAL INSTRUCTIONS

1. PRESENT FOR ACCEPTANCE AND ADVICE ITS MATURITY BY AIRMAIL IN CASE OF USANCE DRAFT FOR ACCEPTANCE.
2. PLEASE NOTIFY US TELEGRAPHICALLY IN CASE OF DISHONOR GIVING REASON AND HOLD DRAFT(S) AND DOCUMENTS PENDING FUR.

4. SPECIAL INSTRUCTIONS

ALTHOUGH OUR AUTHORIZED SIGNATURE HAS NOT BEEN AFFIXED TO THIS COVERING SCHEDULE. WE ASSUME FULL RESPONSIBILITY TO THE SAME EXTENT AS IF HAD BEEN AFFIXED THERE TO.

STANDING INSTRUCTIONS
(1) IF NECESSARY, YOU MAY GUARANTEE FOR THE ABSENCE OF DUPLICATE SET OF DOCUMENT SUBJECT TO RELEASE UPON ITS ARRIVAL.
(2) IN CASE OF DISHONOR HAVE THE GOODS STORED IN BOND AND INSURED AGAINST USUAL RISKS WHEN DEEMED NECESSARY, AND ADVISE US IMMEDIATELY BY AIRMAIL TO THAT EFFECT.
(3) HOLD DRAFT(S) AND DOCUMENTS PENDING FURTHER INSTRUCTIONS FROM US IN CASE OF NON-PAYMENT

▌서류도착통지서 및 수취증▐

ADVICE AND RECEIPT

KOREA EXCHANG BANK

INTERNATIONAL BUSINESS DEPARTMENT
SEOUL, KOREA

Ref NO.

To :

Date :

We have received the following documents negotiated under our ________

opend on ________ 20 . . .

____

Advising Bank :							Their No.			
Beneficiary :										
Commodity :							Amount			
Steamer							$			
	Invoice	Pack,List	Consular Invoice	Origin Cert.	Weight List.	Insp. Cert.	Insur. Cert	B/L		
Original										
Duplicate										

Acknowledging receipt of this advice by signing property hereunder, kindly make your earlier apperance to Delivery Unit, Import Credit Section.

Authorized Signature

We have duly received the relative shipping documents in connection with the above describeditem.

You are authorized to debit our account with you proceeds, commission, cable charge, postage, and other expense accured pertaining to the item above-mentioned.

Further, We agree that you assume no responsibility for the correctness, genuines or validity of the documents received, nor for the description, quantity, condition or delivery of the documents.

Date ________

인감대조	

Margine(Trade Loan Sec)	
	Amount
	Remarks

Authorized Signature
(Accountee)

둘째, 제시된 각 서류의 내용은 신용장의 지시내용과 일치하는지를 점검한다. 때로는 Covering letter에 명시되지 않은 하자사항들이 발견되는 경우도 있으므로 서류의 내용점검은 매우 중요하다. 특히 신용장의 조건이 변경되었는지의 여부와 조건변경에 대한 수익자의 수락 여부도 확인하여 서류를 점검하여야 한다. 다만 개설은행의 서류심사 기준은 국제표준은행관행(International Standard Banking Practice)에 따라 상당한 주의를 다하여 신용장에 지정된 서류만을 문면상 신용장조건과 일치 여부를 심사하여야 한다.

국제표준은행관행이란 신용장통일규칙 5차 개정시 도입된 것으로 그 취지는 은행이 서류를 검토할 때 「엄격한 일치」가 아닌 「본질적인 일치」를 기준으로 서류를 검토할 것을 뜻한다.

셋째, 신용장에 명시되지 않은 일반조건은 신용장통일규칙에 따라 심사하여야 한다.

예를 들면 서류의 작성방법, 각종 운송서류 및 보험서류에 관한 사항, 상업송장에 관한 사항, 일자의 해석 등 일일이 당해 신용장에서 명시하지 않은 사항들은 신용장통일규칙에 따라 점검하여야 한다. 한편 서류상호간의 불일치는 하자사항으로 간주되므로 서류상호간의 내용일치 여부도 최종적으로 점검하여야 한다.

넷째, 개설은행의 서류 심사기간을 준수하여야 한다. 종전에는 신용장통일규칙에서 합리적인 기간(Reasonable time)이라는 모호한 표현으로 인하여 국가별 금융관행에 따라 그 기간이 3일에서 길게는 10일까지 다양하였다. 따라서 신용장 대금결제에 있어 각국 은행별로 의견이 대립되는 등 충돌을 야기하여 왔다. 신용장통일규칙 5차 개정에서 개설은행의 서류심사 기간을 서류접수 다음날부터 제7은행영업일 이내로 통일하게 되었으며, 6차 개정에서 제5은행영업일(Seven banking days) 이내로 단축됨으로써 각국의 대금결제 기간이 동일하게 되었다. 이에 따라 신용장 거래에 의한 서류는 지정된 기간 내에 인수 또는 지급이 이루어져야 한다. 개설은행은 서류의 검토결과 지급 또는 인수를 하거나 서류에 하자가 있는 경우에는 서류접수 다음날부터 5영업일 이내에 부도통보를 하여야 한다.

주요 선적서류별 점검사항은 다음과 같다.

① 환어음의 점검사항

- 신용장의 수익자가 발행하였으며 해당 신용장에 의거하여 발행된 것인지 여부
- 신용장상에 기재된 지급조건과 일치 여부
- 어음금액이 상업송장의 금액과 일치 여부
- 숫자로 표시된 부분이 문자로 표기된 금액과 부합하는지 여부

• 어음상의 지시인은 정당하며 배서의 유효성 여부

② 상업송장의 점검사항

• 수익자가 작성한 것이며 수입상 앞으로 작성되었는지 여부
• 상품명세가 신용장상에 표시된 것과의 일치 여부
• 송장금액이 신용장에서 허용하는 금액을 초과하지 않았는지 여부

③ 선화증권의 점검사항

• 상품명세가 Shipping Mark나 일반적인 조건으로 보아 상업송장과의 일치여부
• 선적일자, 수하인, 선적항, 양륙항, 통지처 등이 신용장조건과 일치여부
• 신용장에 별도의 명시가 없는 한 화물이 본선에 적재되었음을 표시하는지 여부
• 정당한 운송인이 발행한 것인지 여부
• 운임지급 여부가 신용장의 가격조건과 일치 여부
• 상품이나 포장의 파손, 결손 등이 표시되었는지 여부

④ 보험서류의 점검사항

• 보험회사 또는 그 대리인에 의해 정당하게 발행된 것인지 여부
• 보험금액이 신용장에 별도의 명시가 없는 한 CIF 또는 CIP 가격의 110%인지 여부
• 신용장에서 요구하고 있는 보험서류인지 여부
• 신용장에서 요구되는 위험부담이 적절히 부보되어 있는지 여부
• 부보일자가 운송서류일자보다 늦지 않은지 여부

❙ 보험서류의 대체수리성 ❙

신용장요구서류 / 제시서류	보험증권	보험증권 또는 보험증명서 · 보험확인서
보험증권	수리가능	수리가능
보험증명서 · 보험확인서	수리불가	수리가능

• 통화가 신용장상의 통화와 일치하는지 여부
• 부보된 상품이 상업송장과 일반적으로 일치하는지 여부
• 배서는 피보험자가 정당하게 배서하였는지 여부

9-3 수입환어음의 결제

1. 수입대금 결제의 개요

(1) 수입대금 결제기간

신용장 개설은행은 개설의뢰인과 대리·위임의 관계에 있으므로 선량한 관리자의 의무를 다하여 서류를 점검하여야 한다. 앞에서 본 바와 같이 개설의뢰인은 서류 접수 다음날부터 제5은행영업일 이내에 수입대금을 결제하여야 한다.

(2) 수입대금 결제방법

수입대금 결제방법은 자기자금, 무역금융에 의한 결제, 외화대출 또는 차관자금에 의한 결제 등이 있으며, 결제대금은 원화 또는 외화로 대체결제할 수 있다. 원화결제시 환율은 수입어음 결제율을 적용한다. 기일에 결제되지 아니한 수입환어음은 그 익영업일에 대고객 전신환매도율에 의하여 환산한 원화로 "외화지급보증 대지급금"으로 처리하며, 결제시까지 연체이율을 적용한다. 수입자가 수입대금을 결제한 경우에는 운송서류 인수증을 징수한 후 운송서류를 교부한다.

2. 하자 없는 서류의 결제

신용장통일규칙 제16조에 의하면 신용장 개설은행은 신용장조건과 불일치한 서류에 대하여 개설의뢰인과 서류 수리 여부를 교섭할 수 있으며 그 기간은 서류접수 다음날부터 제5은행영업일로 제한하고 있다. 따라서 개설은행의 서류검토 결과 하자 없는 서류와 하자가 있더라도 개설의뢰인이 서류인수에 동의한 경우에는 서류접수 다음날부터 제5은행영업일 이내에 수입대금을 결제하여야 한다.

3. 송금방식신용장에 의한 서류의 결제

(1) 송금방식의 결제방법

신용장 개설시 대금상환방법을 개설은행이 서류접수 후 매입은행이 지정한 방법으로 송금하고자 하는 송금방식(Remittance basis) 신용장의 경우에는 개설은행이 결제은행이 되므로 상환지시(Authorization to reimburse)는 불필요하다.

도착된 서류에는 개설은행 앞으로 발행된 수입환어음이 첨부되어 있으며, Covering letter에는 대금지급에 대하여 다음과 같이 표시된다. 이때에도 서류접수 다음날부터 5은행영업일 이내에 결제하여야 한다.

"Please remit the proceeds by telex to our a/c No. 1234 with ABC bank under advice to us quoting our ref."

(2) 적용환율 및 대금의 지급

송금방식신용장에서 수입대금의 결제시 적용환율은 전신환 매도율(T/T Selling rate)이며, 이는 수입대금이 개설은행의 계좌에서 먼저 지급되지 않고 수입자로부터 대금지급을 받은 후 매입은행에 지급하는 것이므로 이자부담의 문제가 발생하지 않기 때문이다.

수입자가 대금을 결제한 경우 개설은행은 지체 없이 수입대금을 Covering letter 지시대로 송금하여야 한다. 대금결제가 이루어지고 난 후 개설은행이 수입대금의 송금을 지연한 경우에는 대금지급 지연에 따른 이자(delay interest)를 부담하여야 하므로 주의하여야 한다.

수입신용장 조건 불일치에 관한 조회

귀하

신용장번호	
금　　액	

귀하의 신청에 의하여 발행된 위 수입신용장에 따라 수입환어음 또는 선적서류의 매입, 지급, 인수와 관련하여 아래와 같이 신용장조건과 불일치하므로 이에 대한 귀하의 동의여부를 조회하니 조속히 회보하여 주시기 바라며 이 조회장의 발송일자로부터 5일 이내에 회보가 저희은행에 도착하지 않을 경우에는 저희은행이 매입, 지급, 인수 여부를 결정하겠습니다.

* 불일치내용

년　　월　　일

지점

절　　취　　선

한국협회은행앞

신용장번호	
금　　액	

년 월 일자 귀하의 조회에 관하여 위 수입신용장에 따른 수입환어음 또는 선적서류의 매입, 지급, 인수에 { }하니 필요한 동의/거절 를 취하여 주시기 바라며, 이로 말미암아 생기는 비용과 손해가 은행의 고의 또는 중대한 과실로 인한 것이 아닌 한 본인이 부담하겠습니다.

년　　월　　일

본인

주소　　　　　　　　　　　　　　　　　　인

인감	

9-4 수입환어음의 인수

1. 수입환어음 인수의 개요

(1) 인수의 의의

인수(引受, Acceptance)란 기한부 환어음의 지급인 또는 제3자가 만기일에 그 대금의 지급을 약속하는 행위로서 서류가 신용장조건과 일치하는 경우, 인수은행은 그 환어음을 인수하고 만기일에 대금을 지급하여야 한다. 개설은행의 약정은 인수에 대한 책임과 환어음의 만기지급에 대한 책임을 지는 것이다. 신용장 방식에 의한 수입환어음의 인수에는 신용장 통일규칙과 어음법이 적용되며, 신용장거래에서 어음의 지급인이 되는 자는 개설은행 또는 제3은행이 된다.

(2) 인수의 주체

무역인수신용장(Shipper's usance credit)에서는 개설은행이 인수를 담당하며 은행인수신용장(Banker's Usance Credit)에서는 개설은행 또는 해외의 지정된 은행이 인수를 담당한다. 어느 경우에나 실질적인 최종인수 및 지급은 개설의뢰인이 담당하게 된다. 인수는 무조건적이어야 하며 사항을 변경하여 인수하는 조건부인수는 인수를 거절한 것으로 간주한다(어음법).

(3) 기한부 어음의 종류

기한부어음(Usance bill)의 종류에는 일람후 정기출급, 발행일자후 정기출급, 확정일출급의 3가지가 있다.

가. 일람후 정기출급

일람후(一覽後 after sight)란 서류를 한번(一) 본(볼 覽)후라는 의미이다. 즉 일람후 정기출급(Payable at a fixed period after sight)이란 어음지급인이 어음을 인수한 후 일정한 기간이 경과된 날을 만기일로 정하는 방법을 말한다. 예컨대 "at 90 days after sight"와 같은 조건을 일람후 정기출급이라 한다. 이때에는 어음 인수일로부터

90일 후에 만기일이 도래하는 어음을 말한다. 우리나라 어음법에서는 일수로 만기일을 정하는 경우에는 초일은 산입하지 않도록 하고 있어 어음인수일자가 4월 5일이라면 어음의 만기일은 4월 6일부터 기산하여 90일이 경과한 날이 된다.

나. 일자후 정기출급

일자후(日字後)란 수출지에서의 선적일 등 어떤 특정한 일자이후부터란 의미이다. 즉 일자후 정기출급(Payable at a fixed period after date)이란 어음상의 일정한 일자를 기준으로 만기일을 정하는 방법이다. 이 경우에는 어음 인수일과는 관계없이 만기가 정해지는데, 무역거래에서는 주로 “at 90 days from B/L date” 등으로 사용된다.

한편 국제금융관행에 따라 환어음의 만기일을 표시할 때 사용하는 “from”은 “after”와 마찬가지로 해당일을 포함하지 않는다. 그러므로 만기일이 “90 days from B/L date”인 환어음은 “90 days after B/L date”인 환어음과 동일하게 선하증권 발행일 다음날로부터 90일이 경과한 날이 어음의 만기일인 것이다.

또한 “B/L date”란 신용장에서 요구하는 선적일을 의미하므로 선적선하증권(Shipped B/L)인 경우에는 선하증권 발행일을 의미하며, 수취선하증권(Received B/L)인 경우에는 본선적재 부기일자(on board date)를 의미한다.

다. 확정일 출급

확정일 출급(on a fixed date)이란 어음만기일의 표시방법이 확정일자 출급으로 발행된 어음, 즉 특정한 날을 만기일로 한 어음을 말한다. 무역거래에서 어음발행인이 거래조건에 따라 만기일을 알 수 있는 경우에는 확정일 출급으로 발행하기도 한다. 다만 만기일의 표시가 없는 경우에는 일람출급으로 간주한다.

라. 어음의 인수

어음의 인수(引受, acceptance)는 어음상의 조건, 즉 얼마를 언제까지 지급하겠다는 약속이나 동의의 의사표시를 당해어음에 인수의 뜻을 기재하고 지급인이 기명날인하여야 하며, 지급인이 어음 앞면에 표시한 단순한 기명날인도 인수로 본다. 인수는 어음의 앞면에 표시하는 것을 관습으로 하고 있으며 다음과 같이 표시한다.

Accepted on Sept. 02, 20XX(인수일자)
by ABC Co., Ltd. Seoul Korea(인 수 인)
Payable at K. I. Bank. Seoul, Korea(지급은행)

그러나 신용장통일규칙에서 개설의뢰인 앞 환어음 발행을 금지하고 있어 환어음 지급인은 개설은행이나 별도의 인수은행이 되므로 신용장거래에서는 이러한 인수의 표시가 실제로 발생하지는 않는다.

기한부신용장에 의한 서류 도착시에도 서류접수 다음날부터 제5은행영업일 이내에 인수를 하여야 함은 일람출급조건의 경우와 같다. 인수 후 만기일에 결제되지 아니한 기한부어음은 익영업일에 대지급처리하여야 한다.

2. 무역인수신용장의 인수

(1) 만기일의 확정

무역인수신용장(Shipper's Usance Credit)은 수출자가 유전스 기간 동안 수입자에게 신용을 공여하는 신용장이다. 신용장통일규칙에서는 환어음을 개설의뢰인 앞으로 발행하지 못하도록 규정하고 있어 무역인수신용장에서는 개설은행 앞으로 환어음이 발행된다. 따라서 어음의 만기일은 개설은행이 당해어음을 인수한 익일부터 기산하여 정해진다. 어음의 인수로서 개설은행은 매입은행에 대해 어음만기일에 대금을 지급할 의무를 부담하게 되나 실제로는 개설은행이 서류를 개설의뢰인에게 제시하여 개설의뢰인이 이를 인수하는 익일부터 일정기간이 경과한 날을 만기일로 정하고 있다.

(2) 인수의 통보

만기일이 확정되면 개설은행은 인수통지서를 매입은행 앞으로 발송하며 인수통지서에는 인수일자·금액·만기일 및 대금지급에 관한 사항이 포함된다.

신용장에서 제3의 은행을 결제은행으로 정한 경우에는 확정된 만기일을 결제은행에도 통보하여 대금지급이 만기일에 이루어지도록 조치한다.

SWIFT에서는 매입은행 앞으로 MT 754(Advice of Acceptance) 전문을 발신함

으로써 인수사실 및 만기일 등을 통보한다.

3. 은행인수신용장의 인수

(1) 국내은행인수

국내은행인수(내국수입 유전스)는 수입환어음의 인수가 개설은행에 의해 이루어지므로 무역인수와 같은 방법으로 어음의 인수 및 만기일이 정해진다. 그러나 수출자는 어음의 만기일과 관계없이 수출대금을 일람출급신용장과 같은 방법으로 즉시 수령할 수 있으므로 매입은행 앞으로의 인수통지는 불필요하다.

(2) 해외은행인수

해외은행인수신용장(Overseas Banker's Usance Credit)에서는 환어음이 해외인수은행 앞으로 발행됨에 따라 인수은행이 어음상의 인수행위를 한 때부터 일정기간후에 만기일이 정해진다. 수입어음인수에 관한 인수통지를 받은 개설은행은 인수내용이 신용장조건과 일치하는지를 검토하고 신용장 개설의뢰인에게 만기일 등 인수내용을 통보하여야 한다. 인수은행이 보내오는 인수통보서에는 인수일자, 만기일, 인수수수료 및 할인료 등이 표시되나 인수수수료(Acceptance Commission) 및 할인료(Discount Charge)는 국가별・은행별로 적용금리 기준이 달라 약간씩의 차이를 보이고 있다.

(3) 인수금융의 제공

해외인수은행은 수입어음의 인수시 수입금액에 대하여 개설은행 앞으로 만기일까지 인수금융을 제공하고 매입은행에는 일람출급으로 수입대금을 지급한다. 이 때 해외인수은행은 인수어음을 자산으로 보유하거나 제3의 은행에 할인하기도 한다(할인료는 이와 같이 할인시에 발생된다). 개설의뢰인은 인수수수료와 할인료를 먼저 지급하고 수입대금을 만기일에 지급한다.

4. 기한부신용장의 결제

(1) 수입대금의 지급

기한부신용장도 일람출급조건의 신용장과 마찬가지로 서류접수 다음날부터 제5은행영업일 이내에 수입어음을 인수하고 만기일에 대금을 결제하여야 한다. 무역인수신용장은 개설은행이 정한 만기일에 매입은행 앞으로 수입대금을 지급한다. 해외은행인수 신용장은 해외인수은행이 통보해 온 만기일에 인수은행 앞으로 대금을 지급한다. 국내은행인수 신용장은 만기일에 개설의뢰인으로부터 국내에서 수입대금을 징수한다.

(2) 수입대금의 지급방법

매입은행이나 해외인수은행에 수입대금을 지급하는 방법은 신용장조건에 따라 해외인수은행 또는 매입은행이 보유하고 있는 개설은행의 계좌를 직접 차기하거나, 제3은행을 통한 결제 또는 개설은행이 직접 송금하는 방법이 있다. 기한부어음 결제시 적용환율은 전신환매도율(T/T Selling rate)을 적용한다.

9-5 서류의 인도

1. 개설의뢰인 앞 인도

개설은행은 개설의뢰인이 일람출급조건의 수입대금을 지급하거나 기한부어음에 대한 인수절차가 완료된 후에 당해 서류를 개설의뢰인에게 인도하여야 한다. 서류는 보통 원본(Original)과 부본(Duplicate)으로 나누어 2번에 걸쳐 송부되는데, 이는 서류우송 중의 분실에 대비하기 위함이나 오늘날에는 우편수단의 발달로 한 번에 송부되는 경우가 많다.

2. 선하증권의 배서

선적서류는 원본이든 부본이든 그 효력은 동일함으로 개설은행은 먼저 도착된 서류로써 서류인도 업무를 수행하고 두번째로 도착되는 서류는 개설은행에 보관한다. 운송서류 중 선하증권이 개설은행의 지시식으로 작성된 경우(To the order of ○○○ Bank-개설은행)에는 선하증권 뒷면에 개설은행의 권한 있는 책임자가 배서(Endorsement)한 후 인도하여야 하며 수입자로부터는 서류 수취증을 징구한다.

일반적으로 "개설은행은 채권보전을 위하여 자신을 수하인으로 하여(made out to order of issuing bank)"신용장을 개설하며, 선하증권의 배서는 선하증권의 권리자인 수하인(consignee)이 한다. 그러므로 선하증권의 배서는 선하증권 좌측 상단의 "consignee(수하인)"란에 표시된 자가 배서를 하여야 하는 것이다.

9-6 서류의 수리거절

1. 서류수리거절의 개요

(1) 제(諸)조건 일치여부 확인

개설은행으로 송부된 운송서류는 Covering letter상에 하자가 있음을 표시하고 있는 경우가 있다.

그러나 매입은행이 서류를 개설은행으로 송부할 때 모든 종류의 하자를 언급해야 할 의무가 있는 것은 아니므로 하자의 표시가 없는 경우도 있다. 그러나 하자의 표시가 없더라도 서류의 심사결과 하자사항이 발견될 경우에는 해당 서류가 신용장조건과 일치하지 않음을 의미하므로 개설은행은 임의로 그 서류를 개설의뢰인에게 인도할 수 없게 된다.

(2) 서류거절 통보

한편 개설은행은 통일규칙에 따라 서류 접수 다음날부터 제5은행영업일 이내에 수입대금을 결제하거나 수입환어음을 인수하여야 하고, 서류상에 하자가 있는 경우에는 그 기간 내에 개설의뢰인에게 서류의 수리 여부를 교섭할 수 있도록 규정하고 있다. 따라서 개설은행은 정해진 기간 내에 서류를 수리하거나 하자로 수리가 불가능한 경우에는 지급 또는 인수거절의 사실을 서류 송부은행으로 통보하여야 한다.

2. 경미한 하자서류의 수리거절

(1) 서류 심사기준

개설은행이 서류를 심사할 때에는 국제표준은행관행에 따라 상당한 주의를 다하여 신용장에서 요구하는 서류만을 심사하여야 하며, 서류심사시에는 제시된 개개의 서류는 물론 서류상호간의 일치 여부도 확인하여야 한다.

(2) 경미한 하자서류의 판단

서류의 중대한 하자들, 즉 "L/C expired, Late shipment, Transhipment, Different Shipping Line" 등은 수리거절의 사유로서 명백하지만, 다음과 같은 경미한 하자에 대하여 운송서류를 거절할 것인지의 여부는 신중한 판단을 필요로 한다. 왜냐하면 경미한 하자에 대한 지금까지 각국 법원의 판례는 구체적인 사안에 따라 약간의 차이는 있으나 판례가 서로 대립되어 있고, 어떤 종류의 하자가 지급거절의 사유가 될 만큼 중요한 것인가 또는 무시해도 좋은가에 대한 객관적인 기준도 없는 상태여서 최종적인 판단은 법원의 판결에 따를 수밖에 없기 때문이다.

따라서 개설은행은 경미한 하자에 대한 지급거절시는 장래에 부담할지도 모를 손실과 위험을 방지하기 위하여 신중한 판단이 요구된다.

(3) 경미한 하자 예시

경미한 하자의 유형들을 보면 다음과 같다.

① L/C에서는 "Corn"을 요구하였으나 서류에는 "corn"으로 표시된 경우(대문자를 소문자로 표시)
② L/C에서는 "Number"를 요구하였으나 서류에는 "No."으로 표시된 경우(약자로 표시)

③ 개설의뢰인의 주소가 “Kwang”이나 서류에는 “Kwng”으로 표시된 경우(a자 누락)
④ 선화증권상 화물통지처의 명칭이 “A · Marshall”이나 서류상에는 “A · Marshell”로 표시된 경우(a를 e로 표시)

3. 지급(인수) 거절의 통보

(1) 지급거절의 결정

개설은행은 개설의뢰인에게 하자 서류의 수리여부를 교섭할 수 있으나 이는 개설은행의 서류 접수 다음날부터 5은행영업일 이내에 이루어져야 하며, 하자서류의 최종적인 인수 여부는 대금지급 의무가 있는 개설은행의 독자적인 판단에 의하여야 한다. 개설은행이 서류의 하자로 인하여 수리를 거절하기로 한 경우에는 서류송부은행 또는 수익자(수익자로부터 서류가 직송된 경우)에게 신용장통일규칙 제16조에 따라 개설은행에 부과된 의무를 이행하여야 한다.

(2) 지급거절시 통보내용

① 개설은행은 서류의 지급 또는 인수거절의 사실을 개설은행의 서류접수 다음날부터 5은행영업일 이내에 전신(Telecommunication) 또는 기타 신속한 방법으로 서류송부은행 또는 수익자에게 통지하여야 하며 현실적으로는 전신수단을 이용해야 한다.
② 지급거절 통지에는 개설은행이 서류를 수리거절하는 하자사항들을 모두(All discrepancies) 명시하여야 한다. 따라서 처음에 발견하지 못했던 하자를 나중에 발견하고 다시 별도의 전신으로 하자내용을 추가하는 것은 허용되지 않는다.
이는 부도통보는 1회만 유효하다는 것을 의미한다. 따라서 실무적으로 부도통보를 할 때는 반드시 모든 하자사항을 열거하여야 하며, 부득이 모든 하자사항을 열거할 수 없는 경우에는 “유효기일 경과(L/C expired)”, “제시기일 경과(Late presentation)” 등과 같이 수익자의 서류 보안이 불가능한 부도사유를 명시하여야 한다.
③ 지급거절 통지에는 운송서류의 행방에 대한 지시를 기다리며 개설은행이 보관하고 있다든지 또는 반송중이라는 것을 명시하여야 한다.
특히 부도통보서에는 서류상의 모든 하자를 한 번에 통보하여야 하므로 신용장 조건과의 일치 여부를 면밀히 검토하여야 한다.

(3) 부도통보 전신문의 발송

부도통보 전신문은 서류송부은행은 물론 대금결제은행으로도 통보하여 수입대금이 지급되지 않도록 조치하여야 한다. SWIFT에서는 서류 수리거절시 MT 734 (Advice of Refusal)을 이용하며, 서류의 하자에도 불구하고 수입대금이 결제은행에서 이미 지급된 경우에는 통일규칙 제16조에 따라 개설은행은 서류송부은행에 원금은 물론 적절한 이자(Compensation interest)를 청구할 권리를 갖게 된다.

(4) SWIFT 부도통보 예시

MT 734(Advice of Refusal)의 주요내용을 보면 다음과 같다.

Ⅰ MT 734 Advice of Refusal Ⅰ

Explanation	Format
Sender	NMBANL2A
Message	Type 734
Receiver	RBOSGB2L
Message Text	
Sender's TRN	: 20 : DAE74568
Presenting Bank's Reference	: 21 : IMP124678
Date/Amt of Utilization(1)	: 32A : 930921GBP123675
Charge Claimed	: 73 : YOUR CHARGES GBP 95, CABLE GBP 10, INTEREST GBP 18
Total Amount Claimed	: 33A : 930927GBP123798
Discrepancies	: 77A : PARTSHIPMENT EFFECTED DECLARATION THAT VESSEL IS RUNNING IN REGULAR LINE SERVICE NOT PRESENTED
Disposal of Documents	: 77B : HOLDING DOCUMENTS AT YOUR DISPOSAL PENDING INSTRUCTIONS
End of Message Text/Trailer	

Note : (1) The date of the covering letter of the received documents and the amount of the drawing, excluding charges of deductions.

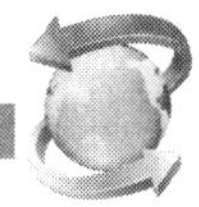

① Sender's TRN(20) : 개설은행의 신용장번호를 기재한다.

② Presenting Bank's Reference(21) : 서류송부은행의 참조번호를 기재한다.

③ Date and Amount of Utilization(32A) : Covering letter의 일자와 어음금액을 표시한다.

④ Charges Claimed(73) : 이자를 포함하여 개설은행이 청구하는 부도통보에 따른 각종 비용을 나타낸다.

⑤ Total Amount Claimed(33a) : 비용을 포함하여 개설은행이 청구하는 금액을 표시하며 원금이 이미 차기된 경우에는 차기일자(Value date of debit)를 표시해야 한다.

⑥ Account with Bank(57a) : 개설은행이 청구하는 금액이 입금되어야 할 은행명을 기재한다.

⑦ Discrepancies(77A) : 서류를 수리거절하는 하자내용들을 나타낸다.

⑧ Disposal of Documents(77B) : 서류의 처리에 관한 내용을 표시한다. 즉 서류를 보관하고 있다든지 또는 반송중임을 표시하여야 한다.

5. 지급거절서류의 처리

(1) 서류의 처분권

개설은행이 선적서류에 대해 매입은행 또는 서류송부은행으로 지급거절의 통보를 한 경우 개설은행이 보유하고 있는 서류에 대한 소유권 및 처분권은 전적으로 서류송부은행 또는 매입은행에 귀속된다. 따라서 서류에 대한 처분은 반드시 매입은행 또는 서류송부은행의 지시에 따라야 한다. 개설의뢰인이 부도서류를 다시 수락하겠다는 의사표시를 하는 경우에도 개설은행은 이러한 사실을 서류송부은행에 알려주고, 서류의 인도 여부에 대한 지시를 받은 후 개설의뢰인에게 선적서류를 인도함이 원칙이다.

(2) 서류의 재작성 송부

개설은행의 지급거절 통보에 대해 서류송부은행이 하자 없는 서류를 재작성 송부하여 오거나 하자 없는 서류와 교체를 요청하면 개설은행은 이에 따라야 하며, 정정이 가능한 하자사항은 정정되어 다시 제시될 수 있다. 그러나 이 경우에도 서류는 반드시 신용장의 유효기일 및 서류 제시기간 내에 서류제시 장소에 다시 제시되어야만 수리가 가능하며, 이때 개설은행은 추가적인 하자를 들어 다시 부도처리할 수는 없다. 왜냐하면 최초로 지급거절을 통보할 때에 모든 하자사항들을 통보하여야 하기 때문이다.

(3) 제3자 앞 서류인도

서류송부은행이 하자사항의 보완을 위해 제3자에게 관계서류 인도를 요청하는 경우 개설은행은 이를 허용하여야 한다. 운송서류의 반환을 요구하는 경우에는 그 지시대로 서류를 반환하되 우편료 등 기타비용은 서류송부은행 앞으로 청구한다.

9-7 수입화물 선취보증

1. 수입화물 선취보증의 개요

(1) 수입화물 선취보증의 필요성

수입자가 수입화물을 인도받기 위해서는 선박회사에 선하증권 원본을 제시하여야 한다. 그러나 수입화물은 이미 도착하였으나 우편의 지연, 수출자의 운송서류 매입지연 등의 사유로 서류 원본이 도착하지 않은 경우가 발생할 수 있다. 특히 수출입지역간에 항해일수가 짧거나 항공운송인 경우에는 이러한 서류송달의 지연이 빈번하게 발생하기도 한다. 무역거래에서 수출자는 대부분의 경우 수출이행을 완료하고 서류사본을 수입자에게 보내게 되므로 수입자는 원본 도착 전이라도 사본은 입수할 수 있다. 이와 같이 수입자가 선하증권 원본 없이 사본만으로 수입화물을 조속히 인도받기 위해 생긴 제도가 수입화물선취보증제도이다.

(2) 수입화물 선취보증의 의의

수입화물선취보증(L/G: Letter of Guarantee, Shipping guarantee)이란 운송서류 도착 전에 수입자가 수입화물을 인도받음에 따라 발생하는 모든 문제를 개설은행

이 책임을 지고, 차후 운송서류가 도착하면 이를 운송회사에 제출할 것을 보증하는 개설은행의 보증행위 자체 또는 보증서를 의미한다.

(3) 수입화물선취보증서의 특징 및 유용성

수입화물 선취보증서의 특징은 형식적으로는 수입상이 선박회사 앞으로 발행하는 서류로서 화물의 명세를 기재하고 화물선취에 관한 약정을 하며, 은행은 보증인으로 서명하는 데 불과하나 실질적으로는 보증인의 존재가 보증서의 효력발생 요건이 되기 때문에 이는 은행이 발행하는 증서로 간주된다.

수입자는 이 제도를 이용함으로써 통관지연에 따른 창고료와 화재보험료 부담을 줄일 수 있고 더욱이 수입물품을 적기에 판매함으로써 물품수입의 목적을 달성할 수 있다.

수입화물선취보증서는 은행이 수입상을 위하여 선박회사에 보증하는 것이기 때문에 동 신청에 의무적으로 응해야 하는 것은 아니므로 수입화물선취보증서 발급에 따른 채권보전 상황, 신청인의 신용도, 해당거래의 특수성 등을 충분히 검토한 다음에 발급하여야 한다. 그러나 신용장 거래에서는 수입화물선취보증서 발행에 따라 추가적인 위험이 발생하지는 않으므로 개설신청인의 요청이 있으면 발행하는 것이 일반적이다.

이는 신용장 발행에 따른 위험과 수입화물선취보증서 발행에 따른 위험이 동시에 발생하지는 않기 때문이다. 예를 들면 서류가 제시되어 신용장 발행에 따른 대금지급 의무가 발생하였다면 선하증권을 회수하였으므로 수입화물 선취보증에 따른 위험은 소멸되며, 반대로 수입화물선취보증서 발행에 따른 위험(선하증권의 미회수로 인하여 선박회사에 대한 손해배상 위험)이 발생하였다면 이는 서류가 제시되지 않았다는 것을 의미하므로 개설은행의 대금지급의무가 발생하지는 않는 것이다.

2. 수입화물선취보증서 발급시 제출서류

신용장 개설의뢰인은 수입화물선취보증서 발급을 위하여 다음의 서류를 개설은행에 제출하여야 한다.

① 수입화물선취보증신청서(항공화물운송장의 경우에는 수입화물인도승낙(신청)서

② 선하증권 사본(항공운송의 경우에는 항공운송장 사본)

③ 상업송장

④ 기타 필요한 서류

3. 수입화물선취보증서의 발급

수입화물선취보증서는 원칙적으로 선하증권을 단위로 발급하여야 하나 부득이한 경우에는 분할발급도 할 수 있다.

L/G제도는 수입자에게 매우 유리한 제도이나 1987년 국내에서 L/G 위조사건이 발생하여 운송회사들이 큰 피해를 입게 되었다. 이에 따라 L/G 발급내용을 은행에서 팩시밀리로 해당 선박회사에 확인하여 주는 L/G 확인업무가 1990년 7월부터 전국 외국환은행에서 시행되게 되었다.

수입화물선취보증서는 수입대금결제자금(수입보증금)이 적립되어 있거나 수입화물대도(T/R) 승인을 받은 경우에 발급함을 원칙으로 한다. 그러나 신용도가 양호한 거래업체는 수입보증금의 적립을 면제할 수 있으며, 수입보증금을 면제하는 경우에는 수입대금결제일 또는 수입보증금 적립일에 해당기간 동안의 보증료를 징수하여야 한다.

항공화물운송장에 의한 특례인도

항공편으로 화물이 도착하는 경우 은행은 수입상의 신청에 의해 「항공화물운송장에 의한 수입화물인도승낙(신청)서」를 발급함으로서 운송회사(항공회사)에게 수입화물을 수입상에게 인도할 것을 승낙하여 해상화물에 대한 L/G제도와 같은 효과를 거둘 수 있다.

항공화물운송장은 통상적으로 3통(Shipper용, Consignee용, 운송회사용)이 발급되며, Consignee용은 화물과 함께 수출지로부터 수입지로 발송된다. 따라서 일반적으로 매입은행으로부터 선적서류원본이 도착하기 전에 화물이 도착하게 되므로 수입지에서 수입상이 운송회사로부터 화물을 인도받기 위해서는 Consignee로 지정된 개설은행으로부터 수입화물에 대한 인도승낙을 받아 화물을 찾게 된다.

항공화물에 대한 인도승낙행위는 L/G와 마찬가지로 수입업자의 수입대금 결제 또는 선적서류인수에 앞서 화물이 미리 인도되는 것이므로 L/G 발급에 준하여 채권보전조치를 취하여야 한다.

4. 수입화물인도승낙서의 발급 특례

항공운송의 경우에도 서류가 도착하기 전에 물품을 수령하고자 하는 경우에는 해상운송의 수입화물선취보증서와 마찬가지로 "항공화물운송장에 의한 수입화물인도승낙(신청)서"를 발행한다.

한편 선하증권은 증권의 배서에 의해 권리의 양도가 가능한 유가증권이나, 항공운송장은 단순히 화물의 운송을 증명하는 표시증권이므로 배서에 의한 권리의 양도가 불가능하다.

따라서 항공운송물품을 개설의뢰인이 수령하기 위해서는 항공운송장상에 수하인(consignee)이 개설은행으로 되어 있다면 서류가 도착하지 않은 경우는 물론이고 도착되었다 하더라도 반드시 개설은행에서 "항공화물 운송장에 의한 수입화물 인도승낙(신청)서"를 발행하여야 한다.

▌수입화물선취보증신청서(APPLICATION FOR LETTER OF GUARANTEE)▐

<table>
<tr><td colspan="2" rowspan="2">선박회사명(Shipping Co.)</td><td>신용장(계약서)번호
(Number of Credit)</td><td>L/G번호
(L/G Number)</td></tr>
<tr><td colspan="2">선박증권번호(Number of B/L)</td></tr>
<tr><td colspan="2" rowspan="3">송하인(Shipper)</td><td colspan="2">선박명(Vessel Name)</td></tr>
<tr><td colspan="2">도착(예정)일(Arrival Date)</td></tr>
<tr><td colspan="2">항해번호(Voyage No.)</td></tr>
<tr><td colspan="2" rowspan="2">상업송장금액(Invoice Value)</td><td colspan="2">선적항(Port of Loading)</td></tr>
<tr><td colspan="2">도착항 (Port of Discharge)</td></tr>
<tr><td>화물표시 및 번호(Nos & Marks)</td><td>포장수(Packages)</td><td colspan="2">상품명세(Description of Goods)</td></tr>
</table>

본인은 위 신용장 등에 의한 관계 선적서류가 도착하기 전에 수입화물을 인도받기 위해 수입화물 선취보증을 신청하며 본인이 따로 제출한 수입화물선취보증서(Letter of Guarantee)에 귀행이 서명함에 있어 다음 사항에 따를 것을 확약합니다.

1. 귀행이 수입화물선취보증서에 서명함으로써 발생하는 위험과 책임 및 비용은 모두 본인이 부담하겠습니다.
2. 본인은 위 수입화물에 대하여는 귀행에 소유권이 있음을 확인하며, 은행이 수입화물선취보증서에 따른 보증채무를 이행하여야 할 것이 예상될 경우 또는 본인에 대하여 은행여신거래기본약관 제7조 제1항, 제2항 각호의 사유가 발생한 경우에는 귀행의 청구를 받는 즉시 위 수입화물을 귀행에 인도하겠으며, 수입화물의 인도가 불가능한 경우에는 위 수입화물에 상당하는 대금으로 상환하겠습니다.
3. 본인은 위 수입화물에 대한 관계 선적서류를 제3자에게 담보로 제공하지 않았음을 확인하며, 또한 귀행의 서면동의 없이 이를 담보로 제공하지 않겠습니다.
4. 본인은 위 수입화물에 관한 관계 선적서류가 도착할 때에는 신용장 조건과의 불일치 등 어떠한 흠에도 불구하고 이들 서류를 반드시 인수하겠습니다.

년 월 일

신청인 ㊞

주 소 | 인감대조 | |

은행앞

▌수입화물선취보증서(영문)▐

LETTER OF GUARANTEE

Shipping Co.		Number of Credit	L/G NO.
		Number of B/L	
Shipper		Vessel Name	
		Arrival Date	
		Voyage No.	
Invoice Value		Port of Loading	
		Port of Discharge	
Nos. & Marks	Packages	Description of Goods	

In consideration of your granting us delivery of the above-mentioned cargo which we declare have shipped to our consignment, but Bills of Lading of which have not been received, we hereby engage to deliver to you the said Bills of Lading immediately upon our receipt thereof and we further guarantee to indemnity yourselves and/or the owners of the said vessel against any claims that may be made by other parties on account of the aforesaid cargo, and to pay to you on remained unpaid at the port of shipment in respect to the abovementioned goods.

In the event of the Bills of Landing for the cargo herein mentioned being hyporthecated to any other bank, company, firm or person we further guarabtee to hold you harmless from all consequences whatsoever arising there from and furthermore undertake to inform you immediately in the event of the Bills of Lading being so hypothecated.

____

Party claiming right of delivery

We hereby guarantee to surrender to you the corresponding Bills of Lading. Kindly be advised that this guarantee shall be automatically null and void, upon your acknowledging receipt of the corresponding Bills of Lading which are to be endorsed and presented to you by bank only for the purpose of the redemption of this letter of guarantee.

____

Korea × × × Bank

▎수입화물선취보증서(번역)▕

<table>
<tr><td colspan="2" rowspan="2">선박회사</td><td>신용장번호</td><td>L/G번호</td></tr>
<tr><td colspan="2">B/L번호</td></tr>
<tr><td colspan="2" rowspan="3">송하인</td><td colspan="2">선박명</td></tr>
<tr><td colspan="2">도착일</td></tr>
<tr><td colspan="2">항해번호</td></tr>
<tr><td colspan="2">송장가격</td><td colspan="2">선적항</td></tr>
<tr><td>번호 및 하물표시</td><td>포장수</td><td colspan="2">도착항
상품의 명세</td></tr>
<tr><td></td><td></td><td colspan="2"></td></tr>
</table>

당사가 알리건대 당사 앞으로 선적된 상기 화물을 귀사가 당사에 인도함을 고려하는 당사는 상기 건의 선하증권을 접수하는 즉시 귀사에 송부할 것을 자에 약정하며, 또한 상기 화물로 인하여 기타 당사자에 의하여 이루어질지도 모르는 귀사 및/또는 상기 선박의 소유주에 대한 djEJ한 청구에 대하여 보상하고 상기 화물에 관련하여 여기에서 발생하거나 선적항에서 미지급될지도 모르는 운임 또는 기타 비용을 요구 즉시 귀사에 지급할 것을 보증합니다.

여기에 언급된 선화증권이 기타 은행, 회사 또는 개인에 저당으로 제공되는 경우, 당사는 또한 어떠한 사유로부터 발생하든 모든 결과에 대하여 귀사가 손실을 입지 않도록 보증하며 또한 선화증권이 담보로 제공되는 경우 즉시 귀사에 통지할 것을 약정합니다.

인도권을 청구하는 당사자

당행은 관계선화증권을 귀사에 제출할 것을 보증합니다. 본 수입(담보) 화물 선취보증서의 회수를 위해서 은행에 의하여 배서되고 귀사에 제출되는 관계선화증권을 받았음을 귀사가 통지하는 즉시 본 보증서는 자동적으로 무효가 됨을 양지하시길 바랍니다.

서 명

한국 ××× 은행

▌항공화물 운송장에 의한 수입화물 인도승낙(신청)서▐

<table>
<tr><td rowspan="3">운 송 회 사 명</td><td colspan="2">신 용 장 등 번 호</td><td></td></tr>
<tr><td colspan="2">항 공 화 물 운 송 장 내 용</td><td></td></tr>
<tr><td colspan="2">운 송 장 번 호</td><td></td></tr>
<tr><td rowspan="3">송 하 인</td><td colspan="2">발 행 일</td><td></td></tr>
<tr><td colspan="2">비 행 편 번 호</td><td></td></tr>
<tr><td colspan="2">도 착 일</td><td></td></tr>
<tr><td rowspan="2">송 장 금 액</td><td colspan="2">출 발 항</td><td></td></tr>
<tr><td colspan="2">도 착 항</td><td></td></tr>
<tr><td rowspan="4">물 품 명 세</td><td colspan="2">물 품 명</td><td rowspan="4">화 물 표 시 및 번 호</td></tr>
<tr><td colspan="2">수 량</td></tr>
<tr><td colspan="2">단 가</td></tr>
<tr><td colspan="2">금 액</td></tr>
</table>

본인은 위 신용장 등에 의하여 이미 도착한 수입화물을 관계선적서류가 귀행에 도착하기 전 항공화물 운송장의 배서인도에 의하여 선취하고자 신청하며 다음 사항에 따를 것이 확약합니다.

1. 귀행이 수입화물 인도승낙서에 서명함으로써 발생하는 위험과 책임 및 비용은 모두 본인이 부담하겠습니다.
2. 본인이 위 수입화물에 대하여 귀행에 소유권이 있는 것으로 하고, 본인이 수입 화물을 인도 받은 즉시 귀행의 청구에 따라 귀행에게 이를 양도담보로 제공하겠으며, 본인에 대하여 은행여신거래기본약관 제7조 제1항, 제2항 각호의 사유로 인하여 수입화물의 인도가 불가능할 경우에는 위 수입화물에 상당하는 대금으로 상환하겠습니다.
3. 본인은 위 수입화물에 대한 관계 선적서류를 제 3자에게 담보로 제공하지 않았음을 확인하며, 또한 귀행의 서면동의 없이 이를 담보로 제공하지 않겠습니다.
4. 본인은 위 수입화물에 관한 관계선적서류가 도착할 때는 신용장조건과의 불일치 등 어떠한 흠에도 불구하고 이들 서류를 반드시 인수하겠습니다.

년 월 일

신청인

주 소 ㊞

앞 | 인감대조 | |

상기 신청내용과 같이 수입화물을 인도할 것을 승낙합니다.

년 월 일

승낙권자 은행장 ㊞

9-8 수입화물 대도

1. 수입화물 대도의 개요

(1) 수입화물 대도의 의의

수입화물 대도(貸渡 Trust Receipt; T/R)란 수입상이 수입대금을 결제하지 못할 경우 담보권자인 개설은행이 수입상에게 수입화물을 대여(貸與)하여 인도(引渡)한다는 뜻이다. 다시말하면 개설은행이 수입화물에 대한 소유권을 유지하면서 수입자가 수입대금을 결제하기 전에 수입화물을 처분할 수 있도록 하는 제도이다. 즉 T/R이란 수입자가 수입대금 결제를 하지 않은 상태에서 개설은행이 수입화물을 인도해 줌으로써 수입자로 하여금 적기에 화물을 처분하여 약정기일에 수입대금을 결제할 수 있도록 편의를 제공하는 것이다.

이 제도는 개설은행측의 입장에서도 수입대금결제가 지연될 경우 화물 자체를 소유하고 있다 하더라도 큰 실익이 없기 때문에 수입자가 화물을 적기에 인도 받을수 있도록 편의를 제공함이 유리하기 때문이다.

(2) 제3자와의 관계

수입화물대도는 수입자와 개설은행간의 계약이므로 이것을 알지 못하는 선의의 제3자에게는 대항할 수 없게 된다. 즉 수입자가 대도화물을 매각한 다음 수입대금 결제를 하지 않는다고 해서 그 화물을 매입한 제3자에게 수입자와의 대도계약을 근거로 개설은행이 화물의 소유권을 주장할 수는 없는 것이다. 따라서 개설은행은 T/R을 취급함에 있어 신중을 기해야 하며, 이러한 대도행위가 이루어지려면 개설은행이 수입자에 대하여 충분한 신용상태 파악 및 채권보전상황 등을 면밀히 검토하여야 할 것이다.

(3) T/R의 법적 성질

T/R은 개설은행을 신탁공여자(Entrustor)로 하고 수입자를 신탁수혜자(Trustee)로 하는 신탁계약(Trust Contract)으로 본다. 우리나라에서는 T/R에 대한 법률관계가 상법이나 기타 법률에 별도로 규정되어 있지 않다. 다만 수입자가 은행에 제출하는

수입화물대도신청서에서 은행여신거래 기본약관, 외국환거래약정서 및 양도담보계약서의 모든 조항에 따를 것을 확약하고 있다.

2. 수입화물 대도시 제출서류

수입자는 T/R 신청시 개설은행에 다음의 서류를 제출하여야 한다.

① 수입화물대도신청서
② 선하증권사본
③ 상업송장 및 포장명세서 사본
④ 양도담보계약서

▌수입화물대도(T/R) 신청서▐

은행앞

본인은 아래 신용장 등에 의하여 도착된 수입화물을 대도신청함에 있어 은행 여신거래 기본약관, 따로 제출한 외국한거래약정서 및 양도담보계약서의 모든 조항에 따를 것을 확약합니다.

<table>
<tr><td>선하증권
기 타
대 도
(T/R)금액</td><td colspan="8">번호 : 　　　　　　　　발행일 :
발행인 :

금액 : 　　　　　　　　원화 :</td></tr>
<tr><td>신용장등</td><td colspan="8">번호 : 　　　　　　　　발행인 :
금액 :
물품명 : 　　　　　　　화물표시
수량 : 　　　　　　　　및 번호</td></tr>
<tr><td rowspan="2">물품명세</td><td colspan="8">단가 :
금액 :</td></tr>
<tr><td colspan="8">선적항 : 　　　　　　　선명 :
도착항 :
도착(예정)일 :</td></tr>
<tr><td>전적서류</td><td>선하증권</td><td>항공화물운송장등</td><td>상업송장</td><td>보험서류</td><td>포장명세서</td><td>원산지증명서</td><td>검사증명서</td><td>비고</td></tr>
<tr><td>통 수</td><td></td><td></td><td></td><td></td><td></td><td></td><td></td><td></td></tr>
</table>

년 월 일

신 청 인 ㊞

주 소 | 인감대조 | |

Chapter 10

무신용장에 의한 서류인도

10-1 무신용장 거래의 의의

1. 신용장 거래와의 차이점

국제 무역거래는 결제방법에 따라 신용장에 의한 거래방식과 신용장이 수반되지 않는 무신용장거래 방식으로 크게 나뉘어진다.

신용장거래는 앞서 본 바와 같이 개설은행의 조건부 지급확약에 따라 서류가 신용장 조건과 일치하는 경우 대금지급이 보장되는 거래이다. 이에 비하여 무신용장 거래는 은행의 지급확약이 없는 거래 당사자간의 신용을 근거로 대금결제가 이루어지는 거래방식이다.

결국 무신용장거래라 함은 수출입 당사자의 매매계약에 근거하여 작성된 서류를 추심하여 수출입대금의 결제가 이루어지는 거래방법으로서 이러한 거래에 관여하는 은행은 다만 중개인 또는 보조자의 역할을 담당할 뿐이다.

2. 계약서의 작성

무신용장 거래는 수출자와 수입자 상호간의 전적인 신뢰를 바탕으로 이루어지며 수출자가 물품 선적 후 대금은 거래은행을 통하여 청구하게 된다. 서류는 매매계약에 근거하여 작성되므로 서류의 명세, 결제기간 등 중요사항을 각별히 주의하여 계약을 체결하여야 하며, 거래의 편의상 수입자의 거래은행으로 서류를 송부하도록 이를 계약서상에 명시함이 좋다.

3. 무신용장 거래의 추이

무신용장 거래방식에는 D/A · D/P와 COD · CAD 및 송금방식에 의한 거래가 있으며, D/A · D/P 거래가 가장 보편적으로 이용되고 있다. 이러한 D/A · D/P 거래는 남미나 유럽지역에서는 상당히 많이 이용되고 있으나 우리나라에서는 기업의 대외 신용도가 낮아 D/A · D/P 거래는 주로 해외지사와의 거래 등에 제한적으로 이루어져왔다.

그러나 수년 전부터는 교역량의 증가와 함께 대외신용도가 향상되고 외국인투자기업이 증가하게 됨에 따라 이들 방식에 의한 대금 결제가 점차 증가하고 있다. 이에 따라, 대외무역법에서도 신용장에 의한 방식과 동일한 결제방식으로 인정하고 있으며 무역금융의 지원에도 차별을 두지 않고 있다.

4. 대금회수의 위험 및 이용 사유

무신용장 방식은 수출대금의 결제를 전적으로 수입자의 신용에 의존하기 때문에 수입자가 계약체결 후 도산하거나 시장조건의 악화로 손해가 예상되는 경우에는 수입대금 결제를 기피하게 되어 수출자는 대금회수가 어렵게 되는 위험이 있다.

그러나 이러한 대금회수의 위험에도 불구하고 무신용장 거래가 이용되고 있는 것은 대개 다음과 같은 이유 때문이다.

① 수입자의 입장에서는 신용장 개설에 따른 각종 수수료가 절감됨은 물론 신용장 개설은행의 채권보전 조치에 따른 담보제공 부담에서 벗어날 수 있고, 서류 도착시 결제기간의 제한이 거의 없어 결제자금 준비에도 여유를 가질 수 있기 때문이다.

② 수출자는 수출 상품이 Buyer's market인 경우 수입자에게 유리한 조건을 제시함으로써 거래선을 확보하는 등 수출경쟁 전략으로 이용할 수 있기 때문이다. 즉, 수입자에게 유리한 D/A · D/P 거래조건을 제시한다.

③ 오늘날에는 기업의 국제화로 기업이 세계 각처에 지사를 설치하여 본지사간 거래가 크게 증가됨에 따라 비용절감과 신속한 업무처리를 위해 무신용장 거래의 이용이 더욱 증가되게 되었다.

10-2 무신용장 거래의 종류 및 거래절차

1. 무신용장 거래의 종류

무신용장 거래에는 다음과 같은 종류가 있다.

가. D/P와 D/A

① D/P(Documents against Payment)

D/P란 앞 제3장에서 설명하였지만 서류 지급인도조건을 말한다. 이는 수입자가 수입대금을 지급하는 경우에만 서류를 인도하는 거래로서 일람출급조건을 뜻한다.

수출자의 입장에서는 수입자가 대금을 결제할 때까지 모든 위험을 부담하지만 대금지급을 받지 않고는 서류를 인도하지 않는다는 점에서 이점이 있으며, 수입자의 입장에서는 물품을 인수할 때까지 자금부담이 없다는 장점이 있다.

② D/A(Documents against Acceptance)

D/A란 서류인수인도조건이며, 이는 수입자가 화환어음에 인수의 뜻을 표시하면 서류를 인도하고 어음의 만기일에 수입대금을 결제하는 기한부거래를 말한다.

이 거래방식은 수입자의 어음 인수만으로 서류가 인도되므로 오직 당사자간의 신용을 기초로 거래가 이루어진다. 수출자로서는 대금 회수일까지 금리 부담은 물론 수출대금회수 위험이 따르기 때문에, 수입자가 대금결제시 수출자의 금리 부담분을 별도의 이자 형태로 지급하는 경우도 있다.

나. CAD와 COD

① CAD(Cash against Documents)

CAD란 서류교환도 조건으로서 수입자가 수입대금을 지급하는 경우 서류를 인도하는 거래로서 D/P거래와 유사하다. 이는 주로 유럽에서 발달된 제도로서 수출자가 수입자에게 서류를 직접 제시하는 거래만을 지칭하였으나 최근에는 은행을 통한 추심거래에도 사용되고 있다. CAD거래에서 서류가 수입자에게 직송되는 때에는 수입자가 대금 지급 없이 물품을 통관하는 경우도 발생할 수 있다.

▌D/P 계약서▌

AMERICA INTERNATIONAL
P.O.Box 5533
Seattle wa. U.S.A.

To : Seok Ha Traning Co., Ltd.
P.O.Box 6181
Soul, Korea

Date L May 20, 20××

SALES NOTE NO. AI8653

Sample No.86513
Commodity : Bicycle bag
Packing : Each piece in printed box
Quantity : 6,000pcs
Unit Price : US$5.00
Amount : US$25,000 CFR Pusan
Shipment : Not later than August 20,20×× from Seattle
Destination : Pusan
Payment : Document against Payment
Remarks :

We take pleasure in confirming the above order with your goodseleves for the merchandise on the terms and conditions as stated herein ans on the back hereof.
Kindly sign the original and return it in condifirmation of the above. If you find herein any thing not in order, please let us know immediately, if necessary, by cable.

confirmed by
Seok Ha Tranding Co.,Ltd.

America International

② COD(Cash on Delivery)

COD란 물품교환도 조건으로서 물품을 수입자에게 인도하면서 대금을 수취하는 결제방법이다. 이는 항공기를 이용하여 물품을 운송하는 경우에 항공 운송인들이 물품의 운송은 물론 판매인을 위하여 대금회수업무까지 대행함으로써 발달한 제도이다. COD 방식에서는 수입자가 직접 물품의 품질들을 검사한 후 대금을 지급한다.

다. 송금방법

송금방법은 수출입 당사자간의 매매계약에 기초하여 수입대금을 물품의 영수 전 또는 영수 후 일정기간 내에 송금하는 방법이다. 이 방법은 우편송금(M/T)이나 전신송금(T/T) 등과 같이 은행을 경유하여 수입대금 지급이 이루어지나 관련 운송서류는 수출자로부터 수입자에게 직송되어지며 상품의 견본과 같은 소액 수입에 주로 이용되고 있다.

라. 국제팩터링 방식

국제팩터링(Factoring)이란 국제팩터링기구에 가입한 회원(팩터)의 신용을 바탕으로 이루어지는 무신용장 방식의 무역거래로 수출자가 수입자에게 상품이나 용역을 제공함에 따라 발생하는 매출채권을 팩터링회사가 인수하여 금융을 제공하는 거래방식이다. 국제 팩터링거래의 당사자는 수출자, 수출팩터, 수입자, 수입팩터로 구성되며, 수출팩터는 수출자와 수출채권 매입한도를 약정한다. 수입팩터는 수출팩터의 의뢰에 따라 수입자의 신용상태를 조사하고 이를 근거로 수출팩터에게 신용승낙을 통보하게 되는데, 이 신용승낙이 있을 때 수출자는 수입자와의 계약에 따른 물품을 안심하고 선적하게 된다.

국제팩터링 방식에 의한 수입거래시는 신용장거래와는 달리 물품의 하자를 이유로 지급거절이 가능하므로 양질의 물품구매가 보장되며 수입팩터링수수료를 수출자가 부담하므로 수입부대비용이 절감된다.

2. 무신용장에 의한 거래의 절차

무신용장에 의한 수출입자간의 거래절차를 살펴보면 다음과 같다.

① 수출입자간에 매매계약을 체결하고 대금결제방법은 D/A 또는 D/P로 할 것을 합의한다.

② 수입자는 수입물품에 대한 관계당국의 수입승인을 득한 후 수출자에게 선적지시를 한다.

③ 수출자는 수출국의 법규에 따라 수출에 관한 각종 조치들을 이행한 후 계약물품을 선적하고 필요한 경우 보험계약을 체결한다.

④ 수출자는 운송기관으로부터 운송서류를 발급 받은 후 기타 필요한 서류를 준비하여 자신의 거래은행인 추심의뢰은행 앞으로 수출대금을 추심하여 줄 것을 요청한다.

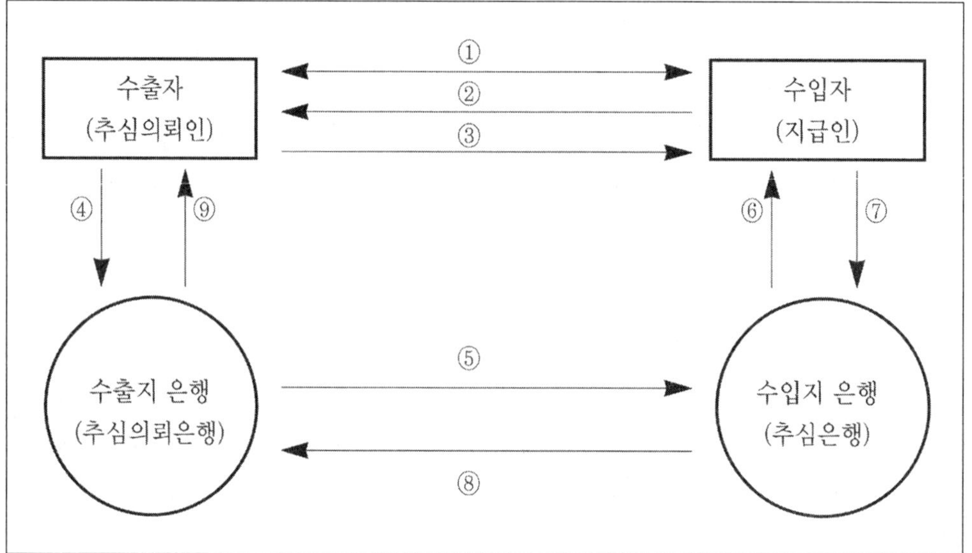

⑤ 추심의뢰를 받은 수출지의 은행은 추심의뢰서에 서류를 첨부하여 수입자에게 추심하여 줄 것을 수입지의 은행(추심은행)에 요청한다.

⑥ 수입지의 추심은행은 서류도착 사실을 수입자에게 통지한다.

⑦ 수입자는 추심은행의 서류도착 통지에 따라 D/P의 경우에는 대금을 지급하고 D/A의 경우에는 관계어음을 인수하고 서류를 인도받은 후 수입화물을 통관한다.

⑧ 수입지의 추심은행은 D/P의 경우 대금을 송금하고 D/A의 경우에는 어음인수사실과 만기일을 통보한다.

⑨ 수출지의 은행은 D/P인 경우 수출자에게 대금을 지급하고, D/A인 경우에는 인수사실을 통보한 후 만기일에 수입지 은행으로부터 송금되어 온 수출대금을 수출자에게 지급한다.

이상과 같은 절차를 거쳐 추심거래는 종료된다.

10-3 추심의 정의 및 추심서류

1. 추심의 정의

추심에 관한 통일규칙 제2조 추심의 정의(Definition of Collection)에 의하면 "추심(推尋)(Collection)이란 은행이 접수된 지시에 따라 금융서류 및 상업서류를 다음과 같은 목적으로 취급하는 것을 말한다"고 규정하고 있다.

즉, ① 지급 또는 인수를 받거나, ② 서류를 지급인도 또는 인수인도 하거나, ③ 기타의 조건으로 서류를 인도하는 목적

따라서 추심이란 D/A · D/P 방식 등에 의한 서류인도와 무상거래(Free of payment)와 같은 기타조건의 서류를 수입자에게 인도하여 지급 또는 인수를 받는 것을 말한다.

2. 추심서류

추심서류에는 금융서류와 상업서류가 있으며 추심의뢰은행(대금을 지급받기 위해 서류를 보내는 은행)은 이러한 서류를 추심의뢰서에 첨부하여 추심은행(서류를 수입자에게 인도할 은행)에 송부한다.

(1) 금융서류

금융서류(Financial documents)란 환어음 · 약속어음 · 수표 또는 기타 금전의 지급을 받기 위해 사용되는 증서를 말한다. 금융서류로는 주로 환어음(Bill of Exchange)이 사용되나 일부 유럽 및 남미 국가에서는 환어음에 첨부되는 과중한 인지대금의 부담을 피하기 위하여 영수증(Receipt)을 사용하기도 한다. 상업서류가 첨부되지 아니하고 금융서류만으로 이루어진 추심을 무화환추심(Clean Collection)이라고 하며, 주로 용역거래의 추심에 이용된다.

(2) 상업서류

상업서류(Commercial documents)란 송장 · 운송서류 · 권리증서(documents of

title) 등으로 금융서류가 아닌 서류를 의미한다. 즉 상업서류란 신용장방식 거래에서의 서류와 같이 상업송장 · 운송서류 · 보험서류 · 포장명세서 · 원산지증명서 등 수입화물의 통관에 필요한 제(諸)서류를 말한다.

상업서류가 금융서류에 첨부되어 있거나, 상업서류만의 추심을 화환추심(documentary collection)이라 하는데, 대부분의 무역거래는 화환추심거래에 속한다.

(3) 추심지시서

가. 추심지시서의 제정

추심지시서(Collection Instruction)란 추심의뢰인(수출자)의 지시에 따라 추심의 조건을 나열한 서류로서 신용장 거래의 Covering Letter에 해당하는 서류이다. 이는 추심에 관한 통일규칙 3차 개정시 규정한 서류로서 추심거래에 관여하는 당사자들의 서류처리에 관한 기준을 제시하는 중요서류이다. 추심지시서는 추심의뢰서란 이름으로 각국의 상관습에 따라 매우 다양한 형태로 사용되어 왔으나 1982년 12월 ICC가 국제표준화기구(International Standardization Organization)와의 협조하에 표준추심의뢰서(Standard Collection Order)를 제정하여 세계의 각 은행들이 이를 사용하도록 권고하였으며, 고객용(양식 A-D), 은행용(양식 E-G) 및 서류명세(양식 H)의 3개 부분으로 구성되어 있다.

통일규칙 3차 개정으로 추심지시서를 정식서류로 채택함에 따라 추심지시서 양식의 통일이 기대된다. 한편 모든 추심에는 별도의 추심지시서가 있어야 하며, 추심은행은 추심지시서 자체의 지시에 따라서만 행동한다.

더욱이 추심은행은 지시사항을 찾기 위하여 추심지시서 이외의 서류를 검토할 필요가 없으며, 만약 어떤 지시사항이 다른 서류에 표시되어 있다 할지라도 추심은행은 이를 무시한다.

나. 추심지시서 기재사항

추심지시서에는 다음과 같은 정보가 적절하게 포함되어야 한다.

(가) 추심의뢰은행

은행의 정식명칭, 우편 및 SWIFT 주소, 전화, 팩스번호 및 참조사항을 표시하여야 한다.

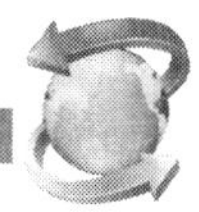

(나) 추심의뢰인

의뢰인의 정식명칭, 우편주소, 텔렉스, 전화, 팩스번호를 표시하여야 한다.

(다) 환어음 지급인

지급인의 정식명칭, 우편주소, 텔렉스, 전화, 팩스번호와 제시가 행하여질 환어음의 지급장소를 표시하여야 한다.

(라) 제시은행

은행의 정식명칭, 우편주소, 텔렉스, 전화, 팩스번호를 표시하여야 한다.

(마) 추심금액 및 통화

(바) 서류목록 및 통 수

(사) 지급 또는 인수를 받는 조건

(아) 서류의 인도조건(지급 또는 인수, 기타조건)

추심지시서에 서류의 인도조건이 분명하지 않는 경우 은행은 이로 인해 발생하는 결과에 대해 책임을 지지 않는다.

(자) 추심수수료

수수료의 징수를 포기할 수 있는지의 여부를 표시하여야 한다.

(차) 추심이자

이자의 징수를 포기할 수 있는지의 여부를 표시하여야 하며, 이자징수를 위한 이자율, 이자지급기간, 계산근거(예 : 1년을 365일 또는 360일로 계산)를 명시하여야 한다.

(카) 지급방법 및 지급통지의 형식

(타) 지급거절, 인수거절 또는 다른 지시 불이행에 대한 지시

▌추심지시서▌

ORIGINAL

DUPLICATE DOCUMENTS WILL FOLLOW BY NEXT MAIL

"VIA AIR MAIL"

THE TOKAI BANK, LTD.

TOKYO INTERNATIONAL OPERATIONS CENTER, TOKYO, JAPAN
POSTAL ADDRESS:CENTRAL,P.O.BOX 5143,TOKYO
CABLE ADDRESS : TOKAIBANK
TELEX:TOKAIBK J22277
SWIFT ADDRESS:TKAIJPJT

IN COMMUNICATIONS ALWAYS QUOTE
OUR NO. BB620-65980

MONTH DAY YEAR
12/01/XX

WHEN REMITTING PROCEEDS, PLEASE QUOTE OUR NO. ONLY AND DO NOT MENTION DRAWER'S/BENEFICIARY'S NAME IN YOUR RELEVANT ADVICE TO US AND/OR CORRESPONDENTS.

WE ENCLOSE HEREWITH THE FOLLOWING DRAFT(S) & DOCUMENTS FOR YOUR COLLECTION

MAIL TO ➡ KOREA INSTITUTE BANK
HEAD OFFICE SEOUL
C.P.O.BOX 1000 SEOUL
KOREA

PLEASE CREDIT OR REMIT THE PROCEEDS TO OUR TOKYO ACCOUNT WITH

PARTICULARS OF DRAFT

DRAWER OR LAST ENDORSER	MITSUBISHI CORPORATION
DRAWEE	HYUNDAI PRECISION AND INDUSTRY CO., LTD.
TENOR	D/P AT SIGHT
DRAFT DATE	DEC.1, 1996

DRAFT NO	DRAFT AMOUNT	LESS COMMISSION
MJG3457-0	YEN7,264,560.00	

AMOUNT TO BE CREDITED
YEN7,264,560.00

PLEASE FOLLOW THOSE INSTRUCTIONS MARKED "X"

X	DELIVER DOCUMENTS AGAINST (PAYMENT).
	( ) MAY BE DEFERRED UNTIL ARRIVAL OF GOODS AT DESTINATION.
	ADVISE ACCEPTANCE BY ( ). X ADVISE PAYMENT BY (CABLE).
X	ADVISE NON PAYMENT/NON ACCEPTANCE BY CABLE GIVING REASONS.
X	ALL THE BANKING CHARGES OUTSIDE JAPAN TO BE BORNE BY (DRAWEE).
X	(DO NOT PROTEST) FOR NON PAYMENT/NON ACCEPTANCE.
X	REMIT THE PROCEEDS BY (CABLE).

GENERAL INSTRUCTIONS
IN CASE OF DISHONOR OR IN THE EVENT OF THE GOODS ARRIVING BEFORE PAYMENT OF THE RELATIVE BILL, PLEASE ATTEND TO THE WAREHOUSING AND FIRE INSURANCE UNDER ADVICE TO THE DRAWEE(S) AND TO US

DOCUMENTS ATTACHED	MAIL	DRAFT	INV.	B/L	AIR WAYBILL	INS. POL./CERT.	PKG.L	W.&M. CERT.	CERT. ORIGIN	CERT	INV.&P/L	
	1ST	1	2X2	2/3X2			2X2					
	2ND	1	1X2	1/3X2			1X2					

SPECIAL INSTRUCTIONS:

* PLEASE ACKNOWLEDGE RECEIPT BY AIRMAIL.

"THE PRESENT COLLECTION IS SUBJECT TO THE UNIFORM RULES FOR COLLECTIONS (1978 REVISION), INTERNATIONAL CHAMBER OF COMMERCE PUBLICATION NO.322"

PLEASE COLLECT THIS ITEM THROUGH YOUR SAM CHUNG DONG BR.
PLEASE AUTHORIZE US BY CABLE TO DEBIT YOUR ACCOUNT WITH OUR TOKYO QUOTING OUR REFERENCE NUMBER.

Authorized Signature

10-4 추심거래의 당사자 및 당사자의 권리와 의무

1. 추심거래의 당사자

추심거래에 관여하는 자를 추심거래의 관계당사자라고 하며, 추심의뢰인, 추심의뢰은행, 추심은행 및 제시은행을 말한다(통일규칙 제3조 a항).

(1) 추심의뢰인(Principal)

은행에 추심의 취급을 의뢰하는 수출자를 말한다. 수출자는 선적을 이행한 후에 추심을 위하여 화환어음을 발행하기 때문에 발행자(Drawer)라고도 하며, 수출대금을 청구하는 채권자(Creditor) 겸 추심의뢰은행의 고객(Customer)이다.

(2) 추심의뢰은행(Remitting Bank)

추심의뢰인의 요청에 따라서 금융서류와 상업서류를 수입지의 은행으로 송부토록 의뢰받은 수출지의 은행을 말한다.

추심의뢰은행은 수출자의 금융상의 편의를 고려하여 우편기간과 유전스기간에 상당하는 추심이자를 공제하고, 추심 전 매입을 하는 경우도 있다.

(3) 추심은행(Collecting Bank)

추심의뢰은행 이외에 추심과정에 참여하는 모든 은행으로서 보통 수입자의 거래은행이 된다. 추심은행은 추심의뢰은행으로부터 온 서류를 수입자에게 제시하여 수입대금을 징수한다.

(4) 제시은행(Presenting Bank)

수입자에게 직접 추심서류를 제시하는 은행으로서 넓은 의미에서 추심은행에 포함된다.

즉 추심은행이 수입자의 거래은행이 아닌 경우에는 제시은행이 존재하게 된다. 수출지의 추심의뢰은행이 수입국 소재 자행의 해외지점을 추심은행으로 선정한 경우 그 해외지점과 수입자가 거래가 없는 때에는 수입자 거래은행으로 서류를 재송부하여 제시하게 되는데, 이 경우에 수입자의 거래은행이 제시은행이 된다.

위와 같은 추심거래의 당사자 이외에도 추심거래에서 중요한 위치를 차지하고 있는 지급인(Drawee)이 있다. 지급인은 관계당사자는 아니지만 수출지 추심의뢰은행의 추심의뢰에 대하여 최종지급을 하거나 인수를 담당하는 수입자(Importer)를 말한다.

2. 추심당사자의 의무와 책임

(1) 추심의뢰인의 의무

가. 추심의뢰 비용·위험부담

추심의뢰인은 추심의뢰은행이 자신의 지시를 이행할 목적으로 다른 은행의 서비스를 이용함에 따라 발생되는 비용이나 위험에 대한 책임을 부담하여야 하며, 또한 추심과 관련하여 추심의뢰은행이 외국의 법률, 관습으로 인해 손실을 입었을 경우에도 이를 보상하여야 한다.

나. 추심관련 비용 및 위험

추심에 관련된 비용으로는 추심료, 전신료, 기타비용 등을 들 수 있으며, 추심의뢰인이 부담하는 위험으로는 서류분실이나 추심지시서의 각종 지시사항이 제대로 이행되지 않았을 때에 발생할 수 있는 위험 등이 있다.

(2) 추심관계은행의 의무

가. 신의성실 의무

추심에 관계하는 은행은 추심의 목적을 충분히 달성할 수 있도록 성실히(good faith) 행동하고 상당한 주의(reasonable care)를 다하여야 한다. 특히 추심의뢰은행은 추심거래가 관습이 서로 다른 국가간 상거래임에 따라 추심의뢰서 작성시 완전하고 정확하게 추심에 관한 지시를 하여야 한다.

나. 추심지시의 정확성

추심지시에는 서류, 인수, 지급, 송금, 수수료 등에 대한 지시를 들 수 있으며, 특히 추심은행이 추심의뢰은행의 지시에 따를 수 없는 경우에 대비하여 서류처리에 대한

정확한 지시를 하여야 한다.

다. 추심은행의 책임

추심은행은 당해 추심에 대하여 추심의뢰 당사자에게만 책임이 있으나, 예비지급인(case-of-need; c/n)과 같이 추심지시서에 그 권한을 명확하고 완전하게 지시를 한 경우에는 예외로 한다.

(3) 추심관계은행의 면책

가. 면책사항

추심관계은행은 다음 사항에 대하여는 추심업무와 관련하여 면책된다.

① 서류의 형식, 진정성, 법적효력 및 서류에 표시된 물품의 명세, 중량, 품질 등에 대한 책임
② 통신, 서신 또는 서류송달지연 및 분실로 일어나는 결과
③ 전신, 텔렉스 또는 전자장치에 의한 통신의 송신 중 일어나는 지연, 훼손 등
④ 전문용어의 번역 또는 해석상 오류
⑤ 천재, 폭동, 전쟁 등 불가항력적인 사유와 파업, 직장폐쇄 등으로 인하여 발생하는 결과 등
⑥ 접수된 지시의 명확성을 기하기 위하여 소요된 지연행위

나. 수하인의 지정

특히 추심은행은 물품의 탁송(Consignment)과 관련하여 자행의 사전동의 없이 자행 또는 자행의 지시인을 수하인으로 정하여 탁송된 화물을 인수할 책임을 부담하지 않는다.

다만, 지급인이 추심을 인수하고 추심은행이 물품인도를 주선한 경우에는 추심의뢰은행이 추심은행에게 수권(authorised)한 것으로 간주하여 관련 비용과 손해발생분을 추심의뢰은행이 부담하여야 한다. 따라서 추심방식에 의한 거래에서는 계약서에 정한 바에 따라 물품은 수입자 앞으로 발송되어야 하며 서류만이 은행을 통해서 추심처리되어야 한다.

10-5 추심서류의 접수 및 검토

1. 추심서류의 접수

(1) 거래여부 확인

해외로부터 추심서류가 도착하면 먼저 수입자가 자행의 거래처인가를 확인하여야 하며, 자행의 거래처라 할지라도 수개의 은행을 거래하고 있는 수입자인 경우에는 취급은행이 다를 수도 있으므로 주의하여야 한다.

수입자가 자행의 거래처가 아닌 경우로서 추심의뢰은행이 특정은행을 지정하지 아니한 때에는 수입자거래은행으로 인도하고, 수입자거래은행을 알 수 없어 이를 취급치 않기로 결정한 경우에는 추심의뢰은행으로 전신 또는 다른 신속한 수단으로 지체없이 그 사실을 통지하여야 한다(통일규칙 제1조). 만약 이 의무를 위반하면 추심은행이 서류송부자에게 어떤 책임을 져야 하는 경우도 있으므로 특히 주의하여야 한다.

(2) 추가 검토사항

추심서류가 D/A 혹은 D/P 조건인지의 구분이 명확하게 되면 각 조건에 따른 추심서류인도 절차를 진행한다. 서류도착시 추가 검토사항을 보면 다음과 같다.

① 추심서류가 수출자로부터 직송된 것은 아닌가?

② 서류는 원본(Original)인가 혹은 부본(Duplicate)인가?

③ 수입화물선취 보증(L/G)을 받은 것은 아닌가 등을 점검하여야 한다.

2. 추심지시서의 검토

추심에 관여하는 은행은 추심지시서(Collection Instruction)에 지시된 대로 업무를 수행하여야 하므로 추심서류에는 완전하고 명확한 지시가 기재된 추심지시서가 첨부되어야 한다. 은행이 이러한 지시에 따라 행동할 수 없는 경우에는 서류송부은행(추심의뢰은행)에 신속히 통지를 하여야 한다.

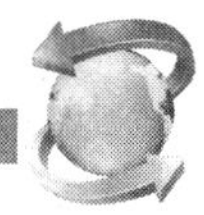

추심지시서는 다음과 같은 점을 유의하여 검토하여야 한다.

(1) 추심에 관한 통일규칙 적용여부

추심에 관한 통일규칙을 적용하는 추심거래에 대하여는 분쟁이 발생한 경우 동 규칙에 따른 해결이 가능하나, 이러한 규칙을 적용하지 않는 추심거래는 분쟁해결에 어려움이 많다. 따라서 추심지시서에 통일규칙의 적용을 받는지의 여부를 확인하여야 한다.

(2) 지급조건의 확인

D / P	• Deliver documents against payment • D / P at sight • at sight on arrival of vessel • at sight on arrival of cargo • sight
D / A	• Deliver documents against acceptance • 60 days after arrival of cargo • at 90 days after arrival of steamer(vessel) • at 30 days after sight • at 30 days's sight • 60 days after B/L date • D/A, 90D/S, B/L

도착된 서류의 지급조건이 D/A 또는 D/P인지를 확인하여야 한다. 추심에 관한 통일규칙에서는 장래의 확정일 출급조건의 환어음을 포함하고 있는 서류가 D/A 또는 D/P 조건의 표시가 없거나 명확치 않은 경우에는 D/P로 간주하도록 규정하고 있다. 추심의뢰서의 표현 중 D/A 또는 D/P로 간주되는 표현은 표와 같다.

(3) 인수의 통지방법

D/A조건의 경우 수입자가 서류를 인수한 경우, 인수사실을 추심의뢰은행에 어떠한 방법으로 통지할 것인가를 확인한다. 대개 전신으로 통지하도록 요구하고 있으나 우편

으로 통지하도록 지시하는 경우도 있으며, 보통 다음과 같이 기재하고 있다.

- Advise us by cable(mail) the date of acceptance and maturity.
- Please forward us the date of acceptance and due date by cable (airmail).

(4) 인수(지급)거절의 통지방법

수입자가 서류의 지급이나 인수를 거절하는 경우에는 수입화물의 처리에 신속을 요하기 때문에 추심의뢰은행은 신속한 방법으로 통지를 요청하게 된다.

따라서 보통은 전신에 의한 방법을 요구하게 되며 다음과 같이 기재하고 있다.

- In case of non-acceptance or non-payment, notify us by cable with reasons and present status of goods.
- In case of dishonor, advise us by cable giving reasons.
- Cable in case of non-payment/non-acceptance giving reasons

(5) 지급인의 행위기한

추심서류의 제시, 인수, 지급 등과 관련하여 지급인이 취해야 할 행위기한을 확인하여야 한다. 추심은행으로서는 각각의 기한을 잘 관리하여야 한다.

(6) 추심대금의 송금방법

추심대금의 송금방법은 송금수표(D/D: Demand Draft), 우편송금(M/T: Mail Transfer) 및 전신송금(T/T: Telegraphic Transfer)이 있으나 추심의뢰인은 수출대금을 즉시 회수하고자 할 것이므로 추심대금의 송금방법은 전신송금을 주로 이용하게 된다.

추심지시서에는 다음과 같이 표시한다.

- Please credit(remit) the proceeds by cable to us quoting our ref.
- Please remit the proceeds by cable for the credit of our account No. 1234 with ABC bank.

(7) 거절증서 작성여부

거절증서(protest)란 어음이 어음지급인에 의해 지급 또는 인수 거절된 경우, 어음법

상의 권리행사 또는 권리보전을 위하여 공증인 등에 의하여 작성된 공정증서를 말한다. 거절증서 작성에 대한 명시가 없으면 작성이 면제되는 것으로 보며 (추심에 관한 통일규칙 제24조), 거절증서 작성이나 면제에 대한 지시사항은 다음과 같이 표시된다.

- Protest for non-payment or non-acceptance.
- Do not protest for non-payment or non-acceptance.

(8) 예비지급인의 지정여부

예비지급인(case-of-need)이란 추심서류의 지급인이 인수 또는 지급을 거절할 경우에 대비하여 추심의뢰인이 지정한 대리인을 말한다. 추심은행은 추심지시서에 명시된 예비지급인의 지시에 따라 행동한다. 추심의뢰인이 예비지급인을 정할 경우에는 그 권한에 대하여 명확하고 완전한 지시를 하여야 한다. 이러한 지시가 없는 경우 추심은행은 예비지급인으로부터 어떠한 지시도 응하지 아니한다. 그 권한의 범위는 다음과 같다.

① "In case of need, refer to drawer's representative, ABC Co." : 추심은행이 필요하다면 송하인의 대리인과 상의하여 보라는 뜻으로서 이 문구가 있다고 하여 반드시 추심은행이 송하인의 대리인과 상의한다든가 어떠한 조치를 취할 의무를 지는 것은 아니다.

② "In case of need refer to drawer's representative, ABC Co. who should be kept informed of all particulars and of effected payment" 또는 "In case of difficulties apply to Messrs ABC Co. who may only intervene but are not entitled to alter our instruction." : 추심은행은 추심의뢰 받은 어음의 모든 진척상황에 관하여 지명된 대리점에 긴밀한 연락을 취할 의무가 있으나 그 대리점은 추심은행에 추심어음에 관하여 하등의 지시를 할 권리는 없으며, 은행도 지시에 따를 의무는 없다.

③ "In case of need refer to ABC Co. Whose instruction you are authorized to follow without reserve." : 여기에 지명된 대리점은 관련어음 추심에 관하여 어음발행인과 동등한 자격으로 모든 지시를 할 수 있으며, 또 추심은행은 그 지시에 따라야 할 의무가 있다. 따라서 선적서류 내용에 상위점 내지 미비점이 있다고 하더라도 대리점의 정정지시나 보완조치가 있으면 완전히 유효한 것으로 보아 선적서류의 인도에 응하여야 한다.

(9) 이자징수여부 확인

D/A거래에서는 인수일 이후 만기일까지의 외상거래에 따른 이자문제가 발생하게 된다.

이러한 이자의 부담은 계약조건에 따라 부담주체가 달라지게 되며 수입자가 부담하는 경우에는 다음과 같이 이자징수를 요청하게 된다.

- Please collect interest at 6% p.a. from the date of acceptance to maturity.

(10) 수수료 또는 비용의 처리

추심과 관련하여 발생하는 각종 수수료와 비용에 대하여는 당사자간의 매매계약으로 정하며 수수료 및 비용에 대한 기재 예는 다음과 같다.

- Charges to be collected from drawee.
- All charges are for account of drawee.

수수료 및 비용은 다음과 같이 처리한다.

① 지급인이 부담하는 경우

추심지시서에 수수료 및 비용은 지급인이 부담하도록(for account of the drawee) 명시하고 있으나 지급인이 이를 거절하는 경우, 수수료 등의 추심 없이 서류를 인도할 수 있다. 추심수수료 및 비용이 지급되지 않는 경우, 이는 추심서류 송부당사자의 부담으로 추심대금에서 공제할 수 있다.

② 포기될 수 없는 경우

추심지시서에 수수료 및 비용이 포기될 수 없음을(may not be waived) 명확하게 기재하고 지급인이 이를 거절하는 경우, 제시은행은 서류를 인도하지 않으며 책임도 지지 않는다. 지급이 거절된 때에는 전신 또는 신속한 수단으로 추심지시서 송부은행으로 통지하여야 한다.

③ 추심의뢰인이 부담하는 경우

추심에 관련된 지출금, 비용, 수수료를 추심의뢰인이 부담하는 경우 추심은행은 추심지시서 송부은행으로부터, 추심의뢰은행은 추심의뢰인으로부터 각각 징수한다.

④ 비용의 선지급

은행은 지시사항을 이행하기 위해 필요한 수수료 및 비용을 추심지시서를 송부한 당사자에게 선지급하도록 요구할 수 있다.

(11) 분할결제의 가능여부

화환추심서류는 추심지시서에 특별히 수권된 경우 이외에는 분할결제가 허용되지 않는다(추심에 관한 통일규칙 제19조). 따라서 추심지시서상에 명시적으로 수입대금의 분할결제를 허용하는지의 여부를 확인하여 추심업무를 취급하여야 한다. 분할결제를 허용하는 기재 예는 다음과 같다.

- divisible
- partial payment is acceptable.

(12) 기타 지시사항

위에서 살펴본 여러 가지 사항 이외에는 물품대금 조기지급에 따른 할인(discount), 물품검사에 관한 사항, 인수어음반환에 관한 사항, 무환인도조건 등의 추가지시사항들을 확인한다.

3. 추심서류의 검토

추심지시서의 검토가 끝나면 금융서류와 상업서류를 확인하여야 한다. 추심에 관한 통일규칙 제12조에 의하면 은행은 접수된 서류가 외관상 추심지시서에 표시된 대로 제시되었는가를 확인한 후 누락된 서류는 추심의뢰를 한 당사자에게 지체없이 전신 등으로 통지하여야 한다. 추심은행은 이와 관련하여 더 이상의 의무를 지지 아니하며 신용장 거래와는 달리 서류를 심사할 의무는 없다. 따라서 추심은행은 제시된 서류의 종류와 부수가 추심의뢰서와 일치하는지의 여부를 점검함으로써 그 책임을 다한 것으로 본다. 추심거래에서 사용되는 금융서류로는 환어음이 가장 널리 이용되고 있으며, 상업서류로는 상업송장, 포장명세서, 운송서류, 보험서류 등이 있다. 각각의 주요검토사항을 보면 다음과 같다.

(1) 환어음(Bill of Exchange)

환어음에 관한 준거법은 행위지법을 따르게 되어 있어 어음의 인수 및 지급에 대하여는 국내법인 어음법이 우선 적용되고, 추심에 관한 통일규칙과 국제관례의 순으로 적용된다. 따라서 국내 어음법에서 정한 기재사항 등을 검토하여야 하며, 특히 결제조건이 D/A인지 D/P인지를 확인하여야 한다.

(2) 상업송장(Commercial Invoice)

상업송장은 수입물품의 대금청구서 역할을 함과 동시에 수입되는 물품의 내역을 표시하고 있는 서류이다. 따라서 상업송장의 명세와 수입승인서의 내용을 대조 검토하여야 하며, 특히 상품의 명세가 일치하는지를 확인하여야 한다.

(3) 운송서류(Transport Documents)

운송서류에는 선하증권, 복합운송서류, 항공운송장, 우편수취증 등이 있다. 운송서류는 선적항 · 송하인 · 수하인이 일치하고 물품의 명세도 동일한 물품으로 간주될 수 있는지를 확인한다. 특히 선하증권이 제시되는 경우에는 발급통수와 수하인(Consignee)이 수입자로 되어 있는지를 점검한다.

(4) 보험증권(Insurance Policy)

보험증권은 가격조건이 CIF 또는 CIP 등 양륙지 인도조건인 경우에 제시되는 서류이다.

보험금액은 상업송장 금액의 110%를 부보 최저금액으로 한다.

(5) 포장명세서, 원산지증명서 등 기타서류

포장명세서, 수입물품의 원산지증명서 등 기타서류는 상업송장 명세와의 일치여부를 확인하여야 한다.

10-6 추심서류의 제시 및 인수

1. 서류도착 통지

추심서류의 검토가 끝나면 수입자에게 서류의 도착 사실을 통보하여야 한다. 서류도착 통지는 보통 전화 등 신속한 수단을 이용하여 통보하고, 서면으로 추심서류도착통지서(arrival notice)를 발송한다. 이 통지서에는 추심에 관한 일반사항과 추심서류의 명세를 표시하고 있다.

2. 서류의 제시

제시(Presentation)란 추심은행이 추심의뢰은행으로부터 지시받은 대로 서류를 지급인이 취득할 수 있도록 하는 절차이다. 추심은행(수입지 은행)은 서류 도착 즉시 수입자에게 추심서류의 종류에 따라 지급 또는 인수를 위한 제시를 하여야 한다.

추심은행이 수입자에게 추심서류를 제시할 때에는 추심에 관한 통일규칙에 따라 다음 사항에 유의하여야 한다.

(1) 지급인의 행위기한 확인

추심지시서에는 제시, 인수, 지급과 관련하여 지급인이 행위를 취해야 하는 정확한 기한을 기재하여야 한다.

이러한 기한과 관련하여 “first, prompt, immediate” 또는 이와 유사한 용어는 사용할 수 없으며, 만약 사용되었다 하더라도 은행은 이를 무시한다.

즉 지급인이 어떤 조치(예를 들면 지급거절)를 취해야 하는 정확한 제한시간을 명시하여야 한다는 것이다.

만약 지급인이 제한시간 내에 어떤 조치를 취하지 않는다면 그 서류는 추심의뢰은행의 처분에 놓이게 되고, 추심은행은 추심의뢰은행의 새로운 지시를 받은 때에 그 지시에 따라 행동하여야 한다. 따라서 서류제시시에는 명시된 행위기한을 확인하여야 한다.

(2) 서류의 원형변경 금지

추심서류는 별도의 지시가 없는 한 추심의뢰인으로부터 접수한 원형 그대로 지급인에게 제시하여야 한다(통일규칙 제5조). 다만 추심의뢰인의 비용부담으로 관계법에 따라 인지를 첨부하거나 어음의 배서, 추심의뢰인의 위임에 따른 고무인이나 기타 식별부호를 표시하는 것은 무방하다.

(3) 지급인의 완전한 주소기재여부 확인

추심서류는 추심의뢰서에 표시된 주소지의 지급인에게 제시되어야 한다. 따라서 추심지시서에는 제시를 하여야 할 지급인 및 지급장소의 완전한 주소가 기재되어야 한다(통일규칙 제4조).

주소가 불명확한 경우에는 추심은행이 지급인의 정확한 주소를 확인하기 위하여 조치를 취할 수 있으나 이에 대한 의무나 책임을 부담하는 것은 아니다.

(4) 지급 또는 인수를 위한 제시절차 이행

지급의 제시란 어음의 지급인 또는 인수인에게 해당 어음을 제시하여 지급을 청구하는 행위를 말하며, 일람출급서류(D/P)는 지급을 위한 제시가 있던 날을 만기일로 한다(어음법 제33조). 기한부 어음은 인수를 위한 제시를 하고, 그 이후 적절한 만기일 내에 지급을 위한 제시를 한다. 어음의 제시는 어음소지인 또는 그 대리인이 하여야 한다.

(5) 지급조건에 따른 서류인도 여부 확인

지급인도조건의 추심에는 장래 확정일 출급조건의 환어음이 포함되어서는 안된다.

장래 확정일 출급조건의 환어음이 포함된 추심의 경우에는 지급조건(D/P 또는 D/A)을 분명히 하여야 한다. 이러한 명시가 없는 경우에는 지급인도조건(D/P)으로 서류가 인도되며, 이때 추심은행은 서류인도지연에 따른 책임을 지지 않는다.

3. 어음의 인수

(1) D/A어음의 종류

D/A서류는 먼저 인수를 위한 제시를 하고, 수입자는 D/A서류에 대해 인수의 의사

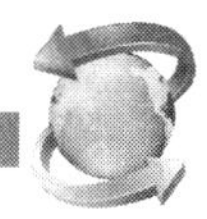

표시를 함으로써 추심서류를 수취할 수 있다.

D/A어음의 만기의 종류에는 일람 후 정기출급, 일자 후 정기출급, 확정일 출급이 있다.

일람 후 정기 출급은 인수 의사표시일로부터 일정한 기일이 경과한 후의 일자를 만기일로 정한다.

일자 후 정기출급은 선하증권 또는 환어음 등의 일자로부터 일정기간이 경과한 날을 만기일로 정하며, 확정일 출급은 확정된 날을 만기일로 정하는 것이다. 만기의 종류를 정하는 방법에 대하여 자세한 내용은 신용장 방식에 의한 수입 환어음의 인수편에서 설명한 바와 같다.

(2) 인수의 책임 및 형식

D/A어음을 인수를 위해 제시하는 경우에 추심은행은 수입자의 환어음 인수의 형식이 외견상 완전하고 정확한가를 조사할 책임은 있으나 서명의 진실성이나 서명자의 권한에 대하여는 조사할 책임을 지지 아니한다(통일규칙 제22조).

인수의 형식에 있어 정식인수란 환어음에 인수를 한다는 뜻과 지급인이 기명날인하는 것을 말한다. 인수는 어음의 전면에 하는 것을 관습으로 하며, 정식인수의 표시는 다음에서 보는 바와 같다.

지급인이 어음에 단순히 기명날인하는 것을 약식인수라 하는데, 이는 반드시 어음의 표면에 하여야 한다.

(3) 인수의 방법

인수는 무조건적이어야 하며 지급인이 어음금액의 일부에 제한을 가하여 인수하는 일부 인수는 인수거절은 아니므로 인수한 금액에 대해서만 지급청구를 할 수 있다.

❙ 정식인수 ❙

Accepted on June 10, 20XX Payable at ○○○ Bank, Seoul Korea ____________________________ Authorized signature

4. 인수의 통지

추심은행(수입지 은행)은 D/A조건 환어음의 인수결과를 다음과 같이 추심의뢰은행(수출지 은행)에 통지하여야 한다.

(1) 통지형식

추심의뢰은행에 추심 결과를 통보할 때에는 추심지시서상의 참조번호와 기타 관련 사항을 표시하여 추심의뢰은행이 정확한 관리를 할 수 있도록 협력하여야 한다.

(2) 통지방법

추심결과의 통지는 추심지시서에 표시된 대로 통지하여야 한다. 통지방법에 대한 지시가 없는 경우에는 추심은행이 선택한 방법으로 통지하며, 보통 추심의뢰인의 비용부담으로 전신으로 통지한다.

(3) 인수통지서

어음지급인이 환어음을 인수한 경우에는 인수일자, 인수금액, 만기일 등을 인수통지서에 표시한다.

추심의뢰은행 앞 인수통지를 전신으로 하는 경우에는 SWIFT MT 412(ADVICE OF ACCEPTANCE) 전문을 발신한다.

(4) 인수거절 통지

추심지시서에 표시된 인수기한까지 어음 지급인이 환어음을 인수하지 않는 경우에는 추심의뢰은행으로 인수거절 사실을 통지하여야 한다. 이때 추심은행은 수입자의 인수거절 사유를 확인하기 위해 노력하고 그 결과를 통보하여야 한다.

한편 인수거절 통지를 받은 추심의뢰은행은 합당한 기간(reasonable time) 내에 추심은행의 서류처리 방법(서류반송, 서류보관, 예비지급인에게 송부 등)에 대하여 지시하여야 하며, 추심은행은 인수거절 통지일로부터 60일 이내에 서류처리에 대한 지시가 없으면 서류를 추심의뢰은행에 반송할 수 있다.

10-7 추심대금의 결제

1. D/P대금의 결제

(1) 서류의 인도

D/P의 경우 추심은행은 대금의 결제와 함께 서류를 수입자에게 인도하며, 이때에는 서류 수취증을 징구하고 서명인감의 일치 여부를 확인하여야 한다.

지급통화는 추심에 관한 통일규칙 제17조 및 제18조의 규정에 따라 지급국의 현지 통화 또는 외국통화로 지급할 수 있다.

내국통화로 지급시에는 당해 통화가 추심지시서에 명시된 방법으로 즉시 처분할 수 있어야 하며, 외국통화의 경우에는 지정된 외국통화가 추심지시서의 지시에 따라 즉시 송금될 수 있어야 한다.

(2) 추심대금의 원화지급

우리나라에서도 외국환관리규정의 개정에 따라 1993년 10월부터 자유원계정(Free Won account)제도를 도입함으로써 추심대금의 지급시에는 원화 또는 외화로 지급이 가능하게 되었다.

2. D/A대금의 결제

(1) 지급을 위한 제시

D/A어음의 경우에는 적어도 만기일 1주일 전에 어음지급인(수입자)에게 만기일을 사전 통지하고 만기일에 지급을 위한 제시를 하여야 한다.

대금결제방법은 D/P대금의 결제와 같이 추심대금을 원화 또는 외화로 지급할 수 있으나 D/A의 경우는 수입자가 추심대금의 결제 없이 서류를 수취하여 수입화물을 인수하였으므로 인수일자로부터 만기일까지의 대금지급 유예기간에 대한 이자 부담의 문제가 발생할 수 있다.

(2) 이자의 추심

추심에 관한 통일규칙 제20조에 의하면 이자를 받기 위해서는 추심지시서에 이자율, 이자지급기간 및 계산근거를 명시하여야 한다.

① 이자가 추심되어야 하는 경우

추심지시서에 이자가 추심되어야(to be collected)함을 명시하고 있으나 지급인이 이자지급을 거절할 경우, 제시은행은 이자를 추심하지 않고 서류를 지시조건에 따라 인도할 수 있다.

② 이자가 포기될 수 없는 경우

추심지시서에 이자가 포기될 수 없음(may not be waived)을 명확하게 기재하고 있으나 지급인이 이자의 지급을 거절할 경우, 추심은행은 서류를 인도하지 않으며 그 결과에 대해서도 책임을 지지 않는다.

위의 어느 경우이건 이자의 지급이 거절된 때에는 추심은행은 전신 또는 신속한 수단으로 지체 없이 서류송부은행에 통지하여야 한다.

3. 대금 미결제시 유의사항

추심은행은 어음지급인의 대금 미결제시 지급거절을 지체 없이 추심의뢰은행에 통지하여야 하며, 지급거절의 사유를 확인할 수 있는 경우에는 그 사실을 추심의뢰은행이 지시한 방법으로 통지하여야 한다. 지급 거절사실을 통지한 후에는 선량한 관리자의 주의의무를 다하여 서류를 보관하고 합당한 기간 내에 추심의뢰은행의 지시에 따라 추심서류를 처리하여야 한다. 그러나 추심은행이 지급거절을 통지한 이후 추심의뢰은행으로부터 60일 이내에 서류의 처리에 관한 지시를 받지 못한 경우에는 해당서류를 추심의뢰은행에 반송할 수 있다.

대금지급 거절시 지급거절증서를 요구한 경우에는 지급거절증서를 작성하여 추심의뢰은행 앞 송부하고 관련 제 비용을 청구하여야 한다.

| 지급거절통지서 |

KOREA ××× BANK
SEOUL. KOREA

TO : Date ____________

Your collection No.
Our ref No.
Amount
Drawn by
Drawn on
The due date

Gentleman :
The Present status of your collection mentioned above is as stated belos.
(　　) Our first presentation failes to have drawee pay / accept the draft.
(　　) The draft was accepted on ____, but it remains unpaid up to this date.

Very truly yours,

____
Authorized Signature

10-9 수입화물 선취보증

1. 수입화물 선취보증의 의의

신용장거래방식에서는 수입화물선취보증서를 발행하는 은행이 앞에서 살펴본 바와 같이 새로운 보증서를 발급함에도 불구하고 추가적인 위험이 발생하지 않는다. 그러나 추심거래방식에서는 수입화물선취보증서를 발행하는 은행은 선박회사에 대한 새로운 손실보상위험이 발생하는 것이므로 일반적인 보증서의 발행과 같이 채권보전 조치 및 여신전결권자의 승인을 받은 후에 발행하여야 한다.

(1) D/P조건의 보증서 발급

D/P조건의 수입화물선취보증서 발급요령은 신용장방식의 경우에 크게 다를 바가 없이 제시된 서류로 계약서와의 일치 여부를 검토한 후 발급한다. 다만, 보증이라는 새로운 여신이 발생하므로 여신전결권자의 사전승인을 받은 후에 발급하여야 한다.

보증서 발행에 따른 채권보전조치와 관련하여서는 일람불 신용장방식의 경우와 마찬가지로 결제금액을 예치한 후 발급하는 것이 일반적이나, 전결권자의 적립면제 승인을 받은 경우에는 결제금액 예치를 생략할 수 있다.

(2) D/A조건의 보증서 발급

D/A조건의 수입화물선취보증서 발급의 경우에는 신용이 확실한 거래처로서 추후 선적서류 도착시 동 수입어음을 무조건 인수하겠다는 확약서를 징구하는 등 수입화물선취보증서 발급 은행으로서 채권보전을 확실히 해 두어야 한다. 추심거래 방식에 따른 수입화물선취보증서 발급의 일반적인 사항을 살펴보면 다음과 같다.

2. 수입화물선취보증서 발급시 제출서류

수입자가 수입화물선취보증서 발급을 위해 제출하여야 하는 서류는 다음과 같다.

① 수입화물선취보증신청서(항공운송의 경우에는 수입화물 인도승낙(신청)서)
② 선하증권 사본(항공운송의 경우에는 항공화물운송장 사본)
③ 상업송장 사본
④ 기타 필요한 서류

수입화물 선취보증서 발급은행은 제출서류가 계약서 등과 일치하는지 여부를 검토하고 보증서를 발급한다.

3. 수입화물선취보증서의 발행

(1) D/P거래 방식의 수입화물 선취보증

D/P거래에서 수입화물 선취보증서가 발행되는 경우는 화물은 도착하였으나 추심서류가 도착하지 않은 일반적인 경우와 서류 원본은 도착되었으나 분할결제가 허용되는 특수한 경우로 나눌 수 있다.

(2) D/A거래방식의 수입화물 선취보증

D/A거래는 D/P거래와는 달리 운송서류만 은행에 접수되면(접수된 서류를 운송회사에 제시하면) 만기에 수입자의 결제여부와는 무관하게 은행의 보증의무가 소멸되므로 결제대금의 예치 없이 수입화물선취보증서를 발급할 수 있다.

그러나 보증서 발행 후 운송서류가 은행에 접수되지 않으면 보증서 발행에 따른 손해배상의무가 발생할 수도 있으므로 수입자의 신용상태 등을 감안하여 신중하게 발급여부를 결정하여야 하거나 결제금액을 예치토록 하여야 한다.

한편 보증서를 발급한 경우에는 수입자로 하여금 수출자가 운송서류를 조속히 송부토록 요청하여 보증서 발행에 따른 위험을 조기에 소멸토록 노력하여야 한다.

(3) 추심대금의 송금

① D/P대금의 송금

L/G를 발급한 D/P서류에 대하여 서류원본이 도착하면 주심은행은 추심지시서에 명시된 방법으로 지체 없이 송금함으로써 추후 송금지연에 따른 문제가 발생치 않도록 조치하여야 한다.

② D/A대금의 송금

D/A서류의 경우 만기일이 사전에 확정되는 어음조건(예 : 일자 후 정기출급어음– at 90 days after B/L date)인 경우에는 만기일에 송금한다. 일람 후 정기출급어음과 같이 수입자의 어음인수에 의하여 만기일이 확정되는 어음조건인 경우에는 L/G발급일자를 어음인수일자로 기산(起算)토록 하는 각서를 수입자로부터 징구한다. 후일 서류 도착시에는 L/G 발급일로부터 기산하여 만기일을 확정한 후 해당 만기일에 추심대금을 송금한다.

▌각서▌

각 서

한국×××은행 귀하

당사자 앞으로 입하된 화물의 전적서류 도착 전 인도를 위한 수입화물선취보증서를 발급받음에 있어 아래 사항을 틀림없이 이행할 것을 서약합니다.

1. 아래 화물의 관계서류 원본이 최단시일 이내 귀행에 필착하도록 필요한 모든 조취를 취할 것이며, 귀행으로부터 법적서류도착통지서를 받는 즉시 관계 어음을 인수하겠습니다. 만약 인수를 태만히 했을 시에는 귀행의 여하한 제재도 감수하겠습니다.
2. 일람후정기출금방식(after sight or after acceptance)에 의하는 경우에 위 보증서 발급일자를 어음인수일로 기산하는 데 이의가 없습니다.

아 래

가. 송 하 인
나. 상 품 명
다. 금 액
라. B/L No.
마. I/L No.

년 월 일

인감대조
수 하 인 ㉿

③ 서류의 미도착

L/G 발급 후 상당기간이 경과하였음에도 추심서류가 도착하지 않는 경우에는 추심의뢰은행의 송달지연 또는 송달착오, 우송 중의 분실 등 여러 가지 사유가 있다. 따라서 추심은행은 수입자에게 연락하여 원본의 조속한 도착을 촉구하는 등 적절한 조치를 취하여야 한다.

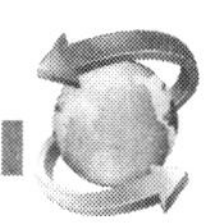

10-9 거절증서

1. 거절증서의 개요

(1) 거절증서의 의의

거절증서(Protest)란 어음의 형식적인 소구요건인 어음상의 권리보전 절차를 밟았다는 사실(실질상 소구요건)을 증명하는 요식적 공정증서를 말한다. 어음·수표법상의 거절증서에는 여러 종류가 있으나 그 가운데서 가장 중요한 거절증서는 지급거절증서와 인수거절증서(환어음의 경우)이다.

(2) 어음의 소구

어음의 소구란 어음 소지인이 그 지급인(약속어음의 발행인, 환어음의 인수인이나 지급인)에게서 지급을 거절당했을 때 자기앞 사람들(배서인, 발행인 및 이들의 보증인)에게 그 어음 대금을 상환청구할 수 있는 제도를 말한다. 이러한 소구권을 행사하기 위해서 필요한 서류가 거절증서이다. D/A거래에서 수입자가 인수를 거절하는 경우에는 인수거절증서가 작성된다. D/A어음의 만기일이나 D/P어음의 제시시에 수입자가 지급을 거절하는 경우에는 지급거절증서가 작성된다.

(3) 거절증서의 작성이유

D/A·D/P거래에서 거절증서가 작성되는 이유는 신용장 거래에서는 개설은행이 지급(인수)거절의 사실을 입증해 줄 수 있으나, 무신용장 거래에서는 이러한 사실의 입증자가 존재하지 않기 때문이다. 따라서 어음이 지급거절되는 경우 어음 발행인은 장래에 수입자에게 물품대금 청구를 위한 증거서류로서 소송에 대비하여 거절증서를 확보해 두어야 할 필요성이 있다.

(4) 거절증서의 작성근거

추심지시서에 지급(인수)거절증서를 작성하도록 명시한 경우(Protest for nonpayment/non-acceptance) 추심은행은 거절증서를 작성하고 이와 관련한 수수료 및 비용은 추심지시서를 송부한 당사자의 부담으로 한다. 추심은행은 법에서 정한 기간 내에 거절증서를 작성함으로써 수출자의 정당한 권리행사에 지장을 초래하지 않도록 신의성실의 의무를 다하여야 한다.

아울러 거절증서를 작성한 후에는 추심지시서의 지시에 따라 거절증서 작성 사실을 추심의뢰은행에 통지하여야 한다.

2. 거절증서의 작성

(1) 작성자와 작성위탁자

거절증서를 작성할 수 있는 자는 공증인과 집행관이다(거절증서령 제2조).

작성위탁자는 소지인 또는 그 대리인으로 추심거래에 있어서는 추심은행이 된다.

(2) 작성장소

거절증서를 작성하는 장소는 원칙적으로 그 어음의 제시 장소이다(거절증서령 제8조).

다만 지급인이나 그 지급 담당자가 승낙했을 때는 다른 장소에서도 작성할 수 있다.

(3) 작성기간

① 인수를 위한 제시

D/A어음은 먼저 인수를 위한 제시를 하여야 한다. 인수제시는 원칙적으로 어음소지인이 하여야 하나, 추심은행은 단순한 어음의 점유자로서 인수를 위한 제시를 할 수 있다.

인수제시 기간은 어음 발행일로부터 만기에 이르기까지이다(어음법 제21조).

그러나 지급일을 확정할 수 없는 일람 후 정기출급어음의 인수제시 기간은 어음 발행일로부터 1년 이내이며(어음법 제23조), 이 어음을 인수할 때는 반드시 인수일을 적어야 한다.

② 인수거절증서의 작성

인수거절증서는 인수제시기간 내에 작성하여야 한다(어음법 제44조).

▌거절증서▌

거절자의 성명 또는 명칭	○○○ 주식회사
피거절자의 성명 또는 명칭	한국협회은행
거절자에 대하여 청구를 한 뜻 및 거절자가 그 청구에 응하지 아니하였거나 거절자와 면회할 수 없었던 것 또는 청구를 할 장소를 알 수 없었던 뜻	거절자가 그 청구에 응하지 아니함.
청구를 하였거나 이를 할 수 없었던 장소 및 연월일	서울특별시 종로구 삼청동 28-1 한국협회은행 본점 서기 20○○년 9월 12일
거절증서 작성의 장소 및 연월일	서울특별시 중구 을지로 1가 41 공증인합동사무소 서기 20○○년 9월 12일
법정장소 이외의 지역에서 거절증서를 작성하는 때에는 거절자가 이를 승낙한 것	승낙하였음.
지급인이 어음법 제24조 1항 전단의 규정에 의하여 제2의 제시를 할 것을 청구한 때에는 그 뜻	서기 20○○년 10월 20일 내로 지급하겠음.
서기 20○○년 9월 22일 서울특별시 중구 을지로 2가 41 서울지방검찰청 소속 공증인 성명 ㊞	

▌거절증서(영문)▐

PROTEST

Name of the drawee who dishonored the instrument	ABC Trading Co., Ltd., Seoul, Korea Representative Director, ○ ○ ○
Name of the holder	Korea Institute Bank (Sam Chung Branch)
Contents of, the demand against the drawee; Matters regarding the drawee's refusal to comply with the demand; Matters regarding failure to meet the drawee; and Matters regarding failure to find out the place where the demand is to be made	We, the undersigned attorney at law, presented for payment the bill at the address where the payment is to be made. The Drawee, however, refused to pay.
Place and Date of demand made or to be made	28-1 Sam chung dong, chongro-Ku, Seoul. Korea Institute Bank(sam chung branch) December 15, 20XX
In case of the protest Completed at Places other than provided by Law, Matters regarding the consent of the drawee thereto	Consented
Matters regarding the fact that demand under Art. 24, para. I of the Bills Act was made	

December 17, 20XX
Samchung Notary Office
30, Sam chung dong. Chongro-Ku, Seoul, Korea
Attorney at Law ○ ○ ○ (Seal)
Attorney at Law ○ ○ ○ (Seal)
Attorney at Law ○ ○ ○ (Seal)

따라서 추심은행은 법에서 정한 기간 내에 인수를 위한 제시는 물론 추심서류가 도착 즉시 법정기간 내에서 어음의 인수를 위한 제시를 조속히 실행하여야 한다.

D/P어음과 만기일이 확정된 D/A어음은 만기일에 지급을 위한 제시를 하여야 한다. 다만 (주로 유럽에서 거래하는 경우처럼) 어음이 없는 경우에는 상업서류 제시일을 지급을 위한 제시일로 간주한다.

지급제시기간은 일람출급어음인 D/P거래는 발행일로부터 1년 이내이며 D/A거래는 지급을 할 날(만기일) 또는 이에 이은 2거래일 이내이다(어음법 제38조).

지급거절증서는 D/P어음의 경우에는 지급거절 즉시 작성하여야 하고, D/A어음의 경우에는 만기일에 이은 2영업일 이내에 작성하여야 한다(어음법 제44조).

(4) 작성방법

거절증서는 원칙적으로 어음이나 그 보충지에 작성해야 한다.

어음 자체에 작성할 때에는 뒤쪽 배서에 이어 작성해야 하며, 보충지에 작성할 때는 그 붙인 데에 작성자가 날인해야 한다(거절증서령 제4조). 어음을 여러 명에게 제시하거나 한 사람에게 여러 번 제시한 경우에도 거절증서는 한 장으로 작성할 수 있으나 각기 다른 어음에는 한 장으로 작성할 수 없다(거절증서령 제7조).

거절증서를 작성하기 위해서는 공증인에게 다음의 서류를 제출하여야 한다.

① 지급거절 또는 인수거절된 어음

② 추심은행의 등기부등본

③ 은행장의 위임장

(5) 기재사항

거절증서에는 다음 사항을 기재하고 작성자가 기명 날인하여야 한다(거절증서령 제3조).

① 거절자(지급인)와 거절받은 자의 이름

② 지급인에게 제시했는데도 지급을 거절했다거나 지급인을 만날 수 없었던 사실이나, 지급장소를 알 수 없었던 사실

③ 제시했거나 제시할 수 없었던 장소와 그 날짜

④ 거절증서 작성장소와 그 날짜

⑤ 법정장소 밖에서 작성했을 때는 지급인이 그것을 승낙한 사실

위의 기재사항 이외에도 환어음 인수거절증서에는 지급인이 어음법 제24조의 규정에 의하여 제2제시를 요청했을 때는 그 사실도 적어야 한다.

(6) 작성비용

거절증서 작성비용은 원칙적으로 작성 위탁자가 진다(공증인법 제7조).

그러나 소지인은 이 비용을 소구액의 일부로써 모든 어음 채무자에게 상환 청구할 수 있다(어음법 제48조).

따라서 추심은행은 거절증서 작성위탁자로서 작성비용을 먼저 지급하고 난 후 추심의뢰은행에는 나중에 그 비용을 청구하게 된다.

PART 04

수출결제업무

학습목표

제4부에서는 수입결제와 반대로, 수출시 대금 회수를 어떻게 할 것인가를 배운다. 즉 신용장, 추심, 송금에 의한 결제방법을 통해 수출대금 회수하는 업무를 익히는데 목표로 한다.

첫째, 신용장 방식의 경우, 먼저 수출상이 신용장 수령, 즉 통지방법에 대하여 이해하며, 그와 관련된 신용장 확인과 양도업무에 대하여 이해한다.

둘째, 신용장방식의 서류매입의 의미와 신용장 및 서류 심사사항, 서류의 매입 절차 및 신용장방식으로 하자의 종류 및 하자 서류의 처리방법을 숙지한다.

넷째, D/A, D/P방식 서류의 매입에 대하여 이해한다.

다섯째, 사후송금방식의 하나인 선적통지 결제방식 수출채권 매입의 내용에 대하여 이해한다.

Chapter

11 신용장의 통지 · 확인 · 양도

수출결제업무는 앞 제3장에서 설명한 결제방법에 따라 수출상이 선적 완료 후 서류를 인도하고 수출대금을 회수하는 일련의 업무를 말한다. 신용장방식에 의한 결제 시에는 신용장 수령, 즉 통지업무가 선행되어야 하고, 이후 수출상이 서류를 매입은행에 제시하여 수출대금을 회수하는 매입과정이 이어진다. 그리고 무(無)신용장 방식, 즉 D/P·D/A 추심방식은 거래은행의 지급확약이 없으므로 신용장 통지과정 없이 서류매입(또는 추심)과정이 수행된다. 한편 송금방식에 의한 결제는, 매매계약시에 사전송금조건일 경우에는 수입상이 보내온 송금을 미리 수령하게되며, 사후송금방식일 경우에는 서류는 수출상이 직접 수입상 앞으로 보내고 수입상이 보낸 송금을 수령하면 된다. 신용장방식은 제11~12장에서, 추심 및 송금방식 등에 대해서는 제13장에서 설명한다.

11-1 신용장의 통지

1. 의의

신용장의 통지란 수입상의 요청으로 개설은행이 신용장을 개설해서 송부해 온 신용장에 대하여 수출지의 은행(통지은행)이 수익자(Beneficiary; 수출상)에게 그 사실을 알리고 교부하는 일련의 행위를 말한다.

신용장의 통지는 일반적으로 수익자가 소재하는 지역의 환거래은행을 이용하며, 통지방법에는 우편으로 접수된 신용장(Mailed Letter of Credit)의 통지와 Cable Telegram 또는 Telex에 의해 개설된 전신신용장(Teletransmission Credit)의 통지 및 SWIFT System을 이용한 신용장의 통지가 있다.

여기서 환거래은행이란 외국환업무를 취급하는 은행이 수출입업무 및 외국환업무에 따른 대금추심이나 송금, 기타 국제금융업무의 원활한 수행을 위해 타 외국환은행과 서명부, 전신암호장(Test Key), 수수료율표, SWIFT Authenticator Key 등을 교환하는데, 이러한 상대은행을 환거래은행(Correspondent Bank)이라 한다.

2. 통지은행의 의무

신용장은 수익자에게 다른 은행(통지은행)을 통하여 그 통지은행의 어떠한 책임없이 수익자에게 통지될 수 있다. 그러나 그 통지은행은 통지하는 신용장의 명백한 진정성을 확인하기 위하여 상당한 주의를 기울여야 한다(신용장 통일규칙 제9조 참조).

따라서 신용장에 대한 진정성을 확인하기 위해서 은행은 관례적으로 행하는 방식에 따라 주의를 기울여 점검한다. 관례적인 방식에 의한 진정성의 확인이란 통지은행이 환거래계약 체결시 개설은행으로부터 제시받은 서명부(List of Authorized Signature), Microfiche(서명이 수록된 Microfilm)와 전신암호문(Test Key, Swift Authenticated key)에 의하여 신용장의 진정성을 확인함을 의미한다.

(1) 개설은행과의 관계

통지은행은 개설은행의 선택에 의하여 결정되며, 개설은행과 통지은행간에는 대리위탁 관계에 있다고 볼 수 있다. 그러므로 통지은행은 확인은행으로서의 역할을 하지 아니하는 한 개설은행의 지시내용을 정확하고 신속하게 수익자에게 전달만 하면 된다. 그러나 개설은행의 지시에 따라 신용장을 반드시 통지해야 할 의무가 있는 것은 아니다. 통지여부의 결정은 통지은행이 한다. 통지은행이 신용장을 통지하기로 정한 때에는 신용장의 외견상 진정성을 확인하기 위하여 상당한 주의를 기울여야 하며, 반대로 신용장을 통지하지 않기로 결정한 때에는 지체 없이 개설은행에 이를 통보하여야 한다. 또한 신용장의 외견상 진정성을 확인할 수 없는 경우에는 지체 없이 개설은행에 그 사실을 통보하여야 한다.

(2) 수익자와의 관계

신용장의 진정성 확인에 대한 통지은행의 의무는 수익자와의 관계에서도 책임문제가 따른다. 통지은행이 신용장의 진정성을 확인할 수 없음에도 불구하고 신용장을 통지하기로 한 경우에는 수익자에게 신용장의 진정성을 확인할 수 없었다는 사실을 통보하여야 한다. 따라서, 통지은행이 통지의무를 태만히 하여 수익자에게 손실을 입히게 되면 그로 인한 분쟁이 발생될 소지가 있으므로 신용장의 통지업무 취급시에는 항상 세심한 주의를 기울여야 한다. 그러나, 통지은행은 신용장의 송달 중 지연이나 분실로 인하여 발생되는 결과에 대하여, 또는 신용장이 전신으로 개설된 경우 송신의 지연, 훼손, 기타 오류에 대하여 아무런 의무나 책임을 지지 아니하고 또한 신용장에 명시된 전문용어에 대한 번역이나 해석상의 오류에 대하여도 의무나 책임을 지지 아니하며 신용장 조건을 번역하지 않고 전달할 권리가 있다.

3. 신용장의 통지방법

신용장의 통지방법은 신용장 개설방법에 따라 다르다.

다시 말하면 신용장의 통지방법은 신용장 개설방법의 구분에 의하여 우편신용장의 통지와 전신신용장의 통지로 구분되고, 전신신용장의 통지는 다시 전신약호(Code)의 통지, Similar Form의 통지, Full Cable의 통지, SWIFT System의 통지 등으로 구분된다.

(1) 우편신용장의 통지

신용장이 우편으로 통지되어 온 경우에는 보통 원본과 부본 1통이 발송되어 오며, 이를 접수한 통지은행은 서명부(List of Authorized Signature), Microfiche(서명이 수록된 Microfilm)를 이용하여 서명을 확인한다.

만일 신용장의 진위를 확인하기 곤란한 경우나 환거래은행이 아닌 은행에서 개설한 신용장일 경우에는 그 내용을 수익자에게 알려 준다.

(2) 전신신용장(Teletransmission Credit)의 통지

개설은행이 인증된 전신으로 통지은행에 신용장 개설이나 신용장 조건변경을 통지할 때에는 그 전신문은 유효한 신용장 또는 조건변경서로 간주되며 별도의 우편확인서를 발송해서는 안된다. 그럼에도 불구하고 우편확인서를 발송한 경우 그것은 효력이 없다. 통지은행은 전신으로 접수한 유효한 신용장 또는 조건변경서를 그러한 우편확인서와 대조할 의무는 없다(신용장 통일규칙 제11조 참조).

전신에 의하여 개설된 신용장을 접수하게 되면 통지은행은 미리 교환하여 둔 전신약호(Cypher, Code) 또는 Test Key에 의하여 신용장의 진위 여부를 확인한 후 통지하게 된다.

가. 전신약호(Cypher, Code)의 통지

신용장의 내용 전부를 전신으로 송신함에 따른 비용의 절약과 내용의 착오를 줄이기 위하여 환거래은행간에 약정을 체결하여 신용장의 통지에 사용할 신용장 종류별 양식을 인쇄하여 교환해 두고 사용하는바, 이를 Private Code라고 하며 거의 이용되지 않고 있다.

Code는 Private Code와 Public Code 2가지가 있는데, Private Code는 은행 상호간의 교신을 위하여 일정한 형식을 만든 것이며, Public Code는 전세계적으로 공용되고 있는 Code이다.

Code의 사용방법은 Code상에 "Refer our model no. ××"라고 타전되어 오면 해당 Model Form에 따라 내용을 해독(Decoding)하여 신용장을 작성한다.

전신약호(Cypher, Code)에 의한 신용장 통지방법은 해독(Decoding)에 따른 비용부담과 해독과정의 번거러움이 있으며, 최근 SWIFT 업무의 개시로 전신약호에 의한 통지방법은 거의 사용되지 않고 있다.

나. Similar Form의 통지

유사신용장(類似信用狀, Similar Credit)에 의한 신용장의 통지방법은 보통 Private Code 교환을 해 놓고 있지 않은 개설은행과 통지은행 사이에 Private Code와 동일한 효과를 얻기 위하여 기 통지된 신용장을 이용, 그 신용장의 내용과 다른 부분만 타전하여 신용장을 통지하는 방법이다.

이렇게 통지된 신용장을 "Similar Credit", "Refer to Previous Credit"이라고 한다. 예를 들면 "Similar to Our Credit No.123 dated April 15, 20×× except Shipping date Sept 20, 20××, expiry date Sept 30, 20××"라는 전문이 접수된 경우 이는 선적기일 및 유효기일을 제외한 모든 조건이 신용장 번호 123과 같다는

뜻이며, 이미 통지한 신용장 번호 123에서 2가지 사항만 변경하여 신용장을 작성 통지하면 된다. 그러나 유사 신용장에 의한 신용장의 통지방법은 혼란과 오해의 소지가 있으므로 거의 사용되지 않고 있으며 신용장통일규칙에서도 그의 사용을 억제하도록 하고 있다.

다. Full Cable의 통지

Full Cable에 의하여 신용장이 개설된 경우에는 그 Full Cable을 그대로 은행 소정의 신용장 통지서식에 부착하여 우편신용장 통지방법과 같은 방법으로 통지한다.

이에 반해 Short Cable 통지는 실무적으로 수입상이 수출상에게 단순 정보사항으로 신용장 개설 사실을 알리는 사전 통지에 불과하므로 Short Cable하의 선적서류 매입은 금지되어 있다. 일반적으로 선적서류의 명세와 지급보증 등 신용장의 필요 기재사항에 관한 문언이 있으면 Full Cable이고 그렇지 않은 경우는 Short Cable로 간주한다.

그리고 신용장개설 예정사실을 알리는 Short Cable 내도 후 이에 대한 정식신용장이 우편으로 내도된 경우가 있는데, 이를 MAIL CONFIRMATION이라 한다.

(3) SWIFT System의 통지

스위프트(SWIFT)를 이용한 신용장 통지방법은 현재 가장 많이 이용되고 있는 일종의 전신신용장 통지방법으로서 국제적 데이터 통신조직인 Swift System을 이용하며, 화환신용장 개설 Format(MT 700)을 사용하여 개설된 신용장의 경우 해당 Message를 은행 소정의 신용장 통지서식에 전재하여 통지한다.

SWIFT(Society For Worldwide Interbank Financial Telecommunication)는 국제은행간 금융통신망(협회)이라는 의미이며, 이는 국제은행간 무역관련업무와 자금결제업무 등을 원활하게 처리하기 위하여 1973년 5월 유럽계 은행들을 중심으로 설립된 비영리 법인체로서 본부는 벨기에 수도 브뤼셀에 두고 있다.

SWIFT System은 기존의 Telex 대체기능을 수행하며, Telex에 비하여 다음과 같은 여러 가지 장점이 있다.

① 안전성(Security)

모든 Message가 여러 가지의 확인 및 검증과정을 거쳐 송수신되므로 정확할 뿐만 아니라 전문의 진위 여부를 쉽게 판별할 수가 있어 안전하다.

② **신속성(Timeliness)**

저장 및 전신전달 정보전달 방식을 취하고 있어 2중 3중으로 송신을 시도할 필요가 없어 신속한 업무처리가 가능하다.

③ **저렴한 비용(Low Cost)**

국제 은행간의 전용통신망이므로 통신비용이 매우 저렴하다.

④ **업무의 표준화(Standardized formats)**

Message 양식이 표준화되어 있고 컴퓨터가 Message를 스스로 읽고 업무처리를 하는 업무처리 자동화가 가능하다.

SWIFT를 이용하여 개설되는 신용장에는 신용장통일규칙 적용문언의 명시가 없다. 이는 SWIFT를 통한 신용장이 신용장통일규칙을 적용하지 않는다는 뜻이 아니라, SWIFT를 통한 신용장은 총체적으로 신용장통일규칙을 반영하고 있기 때문이며, 따라서 그러한 신용장은 자동적으로 신용장통일규칙을 적용받는다. 그러므로 통지은행의 신용장 통지서식에는 신용장통일규칙의 반영에 관한 명확한 언급이 있어야 한다. SWIFT를 이용한 신용장에 대하여 신용장통일규칙에 적용받는 것을 원하지 않을 때에는 신용장 개설은행은 신용장 통일규칙의 자동적인 반영을 거절하고 신용장에 통일규칙 적용배제의 내용을 명확히 표시하여야 한다.

SWIFT의 통지 등 전신신용장의 통지는 통지은행이 보유하고 있는 신용장 통지서식에 개설은행으로부터 내도된 전신문의 내용을 이기하거나 전문 자체를 복사 또는 첨부해서 통지가 이루어지며, 우편신용장의 통지는 개설은행이 신용장을 작성하여 통지가 이루어진다.

(4) 매입지정 또는 제한신용장의 통지

신용장은 그 사용방법에 따라 일람지급, 연지급, 인수 및 매입신용장으로 구분되며, 모든 신용장은 그것이 일람지급, 연지급, 인수 또는 매입 중 어느 것으로 사용가능한지의 여부를 명시함과 동시에 개설은행에서 사용되도록 지정된 경우와 자유매입신용장의 경우를 제외하고는 사용방법에 따라 지급, 연지급, 인수 또는 매입이 수권된 은행을 지정하여야 한다.

이와 같이 지급, 연지급, 인수 또는 매입이 특정은행으로 지정된 신용장을 지정신용장(nominated L/C)이라 하며, 어느 은행에서나 자유로이 매입이 가능한 신용장을 자

유매입신용장(freely negotiable L/C)이라고 한다.

지정신용장의 지정은행은 통지은행이 되며, 신용장상의 지정문언은 통상 다음과 같다.

- Expiry date March 20, 20×× at the counter of the Advising Bank.
- ~ available with the advising Bank.
- Negotiations under this credit are restricted to ABC Bank.
- This credit is available only through ABC Bank.
- Drafts drawn under this credit are payable by ABC Bank.
- Draft drawn under this credit must be presented for negotiation on or before May 20, 20×× at the counter of the Advising Bank.
- Reimbursement for all drafts negotiated under this credit shall be obtained by the Advising Bank from ABC Bank.
- Reimbursement will be effected to you upon receiving your advice of negotiation.

일반적으로 실무상으로는 위에서 설명한 지정신용장을 매입지정신용장과 제한신용장으로 구분하기도 하며 이 경우 지급, 인수신용장을 매입지정신용장(straight L/C), 매입신용장을 제한신용장(restricted L/C)으로 분류한다.

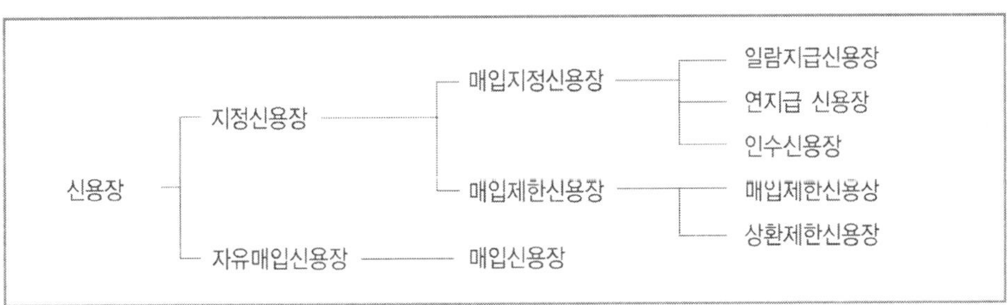

이상에서 살펴본 바와 같이 매입의 지정이나 제한은 개설은행의 의사에 의하여 이루어진 것이다. 따라서 수출지의 통지은행이 개설은행과 이와 같은 지정이나 제한을 명시적으로 합의하고 이를 수익자에게 통지하였을 경우에는 통지은행으로 지급, 인수 또는 매입이 지정 또는 제한되나, 그렇지 아니한 경우에는 지정 또는 제한되는 것이 아니다. 그러나 확인신용장의 경우에는 확인은행에 지급, 인수 또는 매입이 제한된다.

통지은행이 지급, 인수 또는 매입을 지정 또는 제한할 의사가 없음을 표시하는 것을 통상 제한해제(restriction release)라고 한다. 통지은행이 신용장을 접수하자마자

지정 또는 제한의 뜻이 없으면 “freely negotiable by any bank”라고 신용장 표면에 표시하고 통지 후 수익자 또는 다른 은행으로부터 제한해제 신청이 있는 경우에는 별도 서식을 사용, 제한 해제의 뜻을 표시할 수도 있다.

(5) 불완전 · 불명료한 지시가 있는 신용장의 통지

신용장의 통지, 확인 또는 조건변경을 위한 지시가 불완전하거나 불명료하게 접수되었을 경우 통지은행은 아무런 책임 없이 단순히 정보사항으로 사전통지(Preliminary Notification)할 수 있다.

통지은행은 이러한 사전통지서에 그 통지가 단순히 정보로만 제공되며 통지은행은 책임을 지지 않는다는 것을 분명히 표시하여야 한다.

또한, 통지은행은 개설은행에 대하여 자행이 취한 조치를 통보하고 필요한 정보를 제공해 줄 것을 요청하여야 한다. 이때 개설은행은 필요한 정보를 지체 없이 제공하여야 한다(신용장 통일 규칙 제9조 참조). 그리고 개설은행으로부터 완전하고 명확한 지시가 접수되고 그 지시에 따라 행동할 준비가 되면 비로소 통지, 확인 또는 조건변경을 하게 된다.

(6) 환거래가 없는 은행이 개설한 신용장 통지

환거래계약(Correspondent Arrangement)이 없는 은행(Non-Correspondent Bank)으로부터 신용장이 내도하여 그 신용장의 진정성을 확인할 수 없는 경우에는 반드시 면책문언을 통지하는 신용장의 여백에 명시하여 신용장의 진정성 확인에 대한 오해의 소지를 방지하여야 한다.

면책문언의 예로는 “We assume no responsibility regarding advising this credit, since we have no-correspondent relationship with the issuing Bank and therefore cannot check the apparent authenticity of this credit.”, “Please note that the signature on the credit is not verified and that we assume no liability or responsibility for the consequences arising from advising this credit.” 또는 “Non-Corres로 인하여 Signature 확인불능” 등의 문언이 있다.

(7) 조건변경 및 취소통지

신용장개설은행이 수익자에게 신용장을 통지하기 위하여 어느 은행(통지은행)의 서비스를 이용하였다면, 추후에 이미 개설된 신용장에 대한 조건변경이 있는 경우에는 반드시 동일 은행을 이용하여야 하고, 따라서 이 절차를 따르지 않음으로써 야기되는 일체의 결과에 대하여 책임을 져야 한다.

기 통지된 신용장에 대하여 조건변경통보가 있을 때에는 이를 즉시 수익자에게 통지하고 수익자가 동의하지 아니할 때에는 반드시 서면으로 회신을 받고 조건변경서를 회수하고 수익자가 조건변경에 동의하지 않는다는 뜻을 개설은행으로 통보하여야 한다(신용장 통일규칙 제10조 참조).

신용장조건변경에 대한 완전한 효력은 수익자가 조건변경을 통지한 은행에 대하여 조건변경에 대한 수락의사를 통보한 시점부터 유효하다.

수익자는 신용장을 통지한 은행으로부터 동 신용장에 대한 조건변경서를 받는 경우 이를 수락할 것인지 또는 거절할 것인지를 결정하고 통지은행에 통보하여야 한다. 따라서 만약에 수익자가 조건변경을 수락하지 아니하고 유보하는 경우 그 신용장은 조건변경되지 않은 것으로 간주된다.

그러나 수익자가 수락의사 통보 없이 아직 수락의사를 표시하지 아니한 조건사항을 포함하고 있는 신용장에 의하여 그 신용장과 변경된 조건에 일치하는 서류를 제시하면, 이는 조건변경의 수락통보로 간주되며, 그 시점부터 신용장조건이 변경된다. 하나의 동일한 조건변경서에 대한 부분적인 수락은 허용되지 않으며, 따라서 이는 여하한 효력도 갖지 못한다.

한편 개설은행으로부터 신용장의 취소요청이 있어 수익자가 신용장의 취소에 동의할 때에는 신용장 원본을 회수하고 수익자의 서면동의를 받아 개설은행에 통보하고, 동의하지 않을 때에는 수익자가 동의하지 않는다는 뜻을 개설은행에 통보하여야 한다.

┃예시 4-1┃ 전신신용장

KOREA EXCHANG BANK

ORIGINAL 7

Date July 1, 20XX

IRREVOCABLE DOCUMENTARY CREDIT	Credit number of issuing bank of advising bank
Opening bank Seattle-First National Bank Seattle. Wa. U. S. A	Accountee XYZ Co., Ltd.
Beneficiary ABC Trading Co., Ltd. Seoul, Korea	Amount US $ 400,000 Expiry date May 30, 20XX

Dear Sir(s)
We are pleased to advise you without responsibility on our parts that we have received an authenticated telegraphic message from our correspondent bank reading as follows :

OPENED OUR IRREVOCABLE CREDIT NO. 12345 IN FAVOR OF ABC TRADING CO., LTD. FOR ACCOUNT OF XYZ CO., LTD. FOR AMOUNT OF US DOLLARS FOUR HUNDRED THOUSAND AVAILABLE BY BENEFICIARY'S DRAFTS DRAWN AT SIGHT ON OURSELVES FOR FULL INVOICE VALUE ACCOMPANIED BY FOLLOWING DOCUMENTS :
- SIGNED COMMERCIAL INVOICE IN QUINTUPLICATE
- FULL SET OF CLEAN ON BOARD OCEAN BILLS OF LADING MADE OUT TO OUR ORDER MARKED FREIGHT COLLECT AND NOTIFY ACCOUNTEE
- PACKING LIST IN DUPLICATE
- INSURANCE COVERED BY BUYER

COVRING :
100M/T OF STEEL COIL FOB PUSAN
PARTIAL SHIPMENT ALLOWED TRANSHIPMENT PROHIBITED
SHIPMENT FROM PUSAN TO SEATTLE LATEST SHIPMENT MAY 20, 20XX EXPIRY MAY 30, 20XX DOCUMENTS MUST BE PRESENTED WITHIN 10DAYS AFTER THE DATE OF SHIPMENT
THIS CREDIT IS AVAILABLE WITH ANY BANK. UPON RECEIP OF DOCUMENTS FROM NEGOTIATING BANK WE SHALL REMIT THE PROCEEDS ACCORDING TO THEIR INSTRUCTIONS. ALL DOCUMENTS MUST BE CONSIDERED TO US BY THE EXPRESS COURIER. THIS CABLE TO BE CONSIDERED AS OPERATIVE CREDIT INSTRUMENT AND SUBJECT TO UNIFORM CUSTOMS AND PRACTICE FOR DOCUMENTARY CREDITS ICC PUBLICATION NO. 600.

This letter os solely an advice of credit opened by the above mentioned correspondent and conveys no engagement by us. We reserve the right to make such amendments to this advice as may be necessary upon receipt of cable confirmation and assume no responsibility for any errors and/or omissions in the transmission and/or translation of the cable.

The amount of each draft must be endorsed on the reverse of this credit by the negotiating bank.

Yours faithfully.
Authorized Signature

N.B., In case of difficulties, Please consult us before communicating with your customers.

▌예시 4-2▐ SWIFT System의 통지 신용장

ORIGINAL

______________ BANK

Issue of a Documentary Credit

```
Our Advice Number : A163000113453                    Advised on :  20XX/01/11

Credit Number     : 149/24619R                       Issued  on :  20XX/01/10

Message From      : HYPODEMM790
                    BAYERISCHE HYPOTHEKEN-UND WECHSEL-BANK AG WURZBURG

MOR :               XXX3798504221
MIR :               7901294820459


DEAR SIR(S),
 WE ARE REQUESTED BY THE ISSUING BANK TO ADVICE YOU THAT
THEY HAVE ISSUED THEIR DOCUMENTARY CREDIT IN YOUR FAVOR

Transaction Type : 700   Issue of a Documentary Credit

:27:  Sequence of Total               : 1/1
:40A: Form of Documentary Credit      : IRREVOCABLE
:20:  Documentary Credit Number       : 149/24619R
:31C: Date of Issue                   : 20XX/01/10
:31D: Date and Place of Expiry        : 20XX/03/10 SEOUL
:50:  Applicant                       : ABC CO., LTD


:59:  Beneficiary                     : XYZ CO., LTD


                                           SEOUL/KOREA
:32B: Currency Code, Amount           : DEM 626,637.82
:41A: Available With ... By ...       : CHOHKRSE
                    (Name & Address)    CHO HUNG BANK SEOUL
                                        BY PAYMENT
:43P: Partial Shipment                : ALLOWED
:43T: Transhipment                    : NOT ALLOWED
:44A: Loading on Board/Dispatch/Taking in Charge at/from ... :
        KOREAN SEAPORT
:44B: For Transportation to           :
        GERMAN SEAPORT
:44C: Latest Date of Shipment         : 20XX/03/01
:45A: Description of Goods and/or Services :
        BEARINGS AS PER P.O. NO. Z22/32141753 DD. 99/12/20 AMOUNTING
        TO DEM 639.426,35 LESS 2 PERCENT CASH DISCOUNT
        FOB KOREAN SEAPORT (INCOTERMS 1990)
:46A: Documents Required              :
        1. SIGNED COMMERCIAL INVOICE, 5-FOLD
```

- Continued on Next Page -

❙ 예시 4-2 ❙ 계속

ORIGINAL

_______________ BANK

Issue of a Documentary Credit

Our Advice Number : A163000113453 Advised on : 20XX/01/11

Credit Number : 149/24619R Issued on : 20XX/01/10

Message From : HYPODEMM790
BAYERISCHE HYPOTHEKEN-UND WECHSEL-BANK AG WURZBURG

2. PACKING LIST, 3-FOLD
3. CERTIFICATE OF ORIGIN, ISSUED BY THE CHAMBER OF COMMERCE OR ANY EQUAL PUBLIC AUTHORITY IN YOUR COUNTRY, SHOWING GOODS OF SOUTH KOREAN ORIGIN, ISSUED TO APPLICANT, PRESENTED IN ORIGINAL AND ORIGINALLY SIGNED BY ONE OF THE A.M. INSTITUTIONS, 2-FOLD
4. FULL SET OF CLEAN ON BOARD MARINE BILLS OF LADING, ISSUED TO FAG OEM UND HANDEL AG, GEORG-SCHAEFER-STR. 30, 97421 SCHWEIN-FURT, NOTIFY: FAG OEM UND HANDEL AG, GEORG-SCHAEFER-STR. 30. 97421 SCHWEINFURT, MARKED: FREIGHT COLLECT.

:71B: Charges : ALL COMMISSIONS AND CHARGES IN YOUR COUNTRY ARE FOR THE ACCOUNT OF BENEFICIARY

:48: Period for Presentation : DOCUMENTS TO BE PRESENTED WITHIN 15 DAYS AFTER DATE OF ISSUANCE OF B/L, BUT WITHIN THE VALIDITY OF CREDIT

:49: Confirmation Instructions : WITHOUT

:78: Instructions to the Paying/Accepting/Negotiating Bank :
REIMBURSEMENT TO BE MADE 2 WORKING DAYS AFTER YOUR TESTED SWIFT/ TELEX ADVICE TO US ON NEGOTIATION DATE. A DISCREPANCY FEE OF DEM 100,00 WILL BE DEDUCTED FROM THE PROCEEDS IF DOCUMENTS ARE PRESENTED WITH DISCREPANCY (IES) AND ACCEPTANCE OF SUCH DOCUMENTS DOES NOT IN ANY WAY ALTER THE TERMS AND CONDITIONS OF THIS CREDIT DOCUMENTS TO BE ISSUED IN ENGLISH OR GERMAN LANGUAGE AND TO BE WRITTEN IN ROMAN LETTERS. PLEASE SEND DOCUMENTS BY COURIER IN ONE LOT TO THE FOLLOWING ADDRESS. HYPO-BANK AG, HOFSTR. 7, 97070 WUERZBURG/GERMANY.

Trailer :
MAC:2B7B2951
CHK:C6D09313A9EE
SAC: SWIFT key is correct

YOURS FAITHFULLY

AUTHORIRIZED SIGNATURE

▌예시 4-3▌ 우편신용장

Phone : (03)3242-0082
Fax : (03)3277-0146
Telex : J23763
Swift Address : HABK JP JT

THE HACHIJUNI BANK,LTD.
INETERNATIONAL DEPARTMENT
1-22, Nihonbashi Muromachi 4-chome Chuo-ku, Tokyo, Japan

ORIGINAL

THIS CREDIT WAS PRE-ADVISED BY CABLE TODAY.

Place and date of issue
Tokyo Japan , 20XX.12.11

Irrevocable Documentary Credit

Credit number
751-LC-041306

Date and place of expiry
20XX.01.25 IN KOREA

Applicant
SUMIKIN BUSSAN KAISHA, LTD.
6-2, 3-CHOME, HOMMACHI, CHUO-KU,
OSAKA, JAPAN.
(9053 SEC., FAX NO.:6-244-8366)

Beneficiary

Advising bank
CHO HUNG BANK, SEOUL HEAD OFFICE
14, 1-KA, NAMDAEMUN-RO
CHUNG-KU, SEOUL, REP. OF KOREA

Amount
USD**********19,710.00 (SAY U.S.DOLLARS NINETEEN THOUSAND SEVEN HUNDRED TEN ONLY)

Partial shipments
ALLOWED

Transhipments
PROHIBITED

Loading on board/dispatch/taking in charge at/from
KOREAN PORT
not later than 20XX.01.15
for transportation to
SHANGHAI, CHINA

Credit available with
ANY BANK BY NEGOTIATION AGAINST THE DOCUMENTS DETAILED HEREIN AND BENEFICIARY'S DRAFTS AT SIGHT FOR FULL INVOICE COST DRAWN ON THE BANK OF CALIFORNIA, N.A. SAN FRANCISCO
20XX.12.16

A-1630 512-06494

BANK

REQUIRED DOCUMENTS:
SIGNED COMMERCIAL INVOICE IN 3 COPIES INDICATING APPLICANT'S REFERENCE NO. KFF492B/9053-52
MARINE INSURANCE POLICY OR CERTIFICATE ENDORSED IN BLANK FOR 110 PERCENT OF THE INVOICE COST INCLUDING: THE INSTITUTE CARGO CLAUSES (ALL RISKS), THE INSTITUTE WAR CLAUSES AND THE INSTITUTE STRIKES RIOTS AND CIVIL COMMOTIONS CLAUSES, WITH CLAIMS PAYABLE IN JAPAN IN THE CURRENCY OF THE DRAFTS.
2/3 SET OF ORIGINAL CLEAN ON BOARD MARINE BILLS OF LADING MADE OUT TO SHIPPER'S ORDER, ENDORSED IN BLANK, MARKED FREIGHT PREPAID AND NOTIFY SHANGHAI FUKURYO FASHION GARMENT CO., LTD.XING HUA QIAO TOWN QINGPU COUNTY SHANGHAI P.R. OF CHINA.
BENEFICIARY'S CERTIFICATE STATING THAT 1/3 SET OF ORIGINAL BILL OF LADING HAVE BEEN SENT TO ''SHANGHAI FUKURYO FASHION GARMENT CO., LTD. XING HUA QIAO TOWN QINGPU COUNTY SHANGHAI P.R. OF CHINA. (ATT: NISHIBU SOUKEIRI)BY EMS OR COURIER SERVICE WITHIN 2 DAYS AFTER SHIPMENT AND ALSO ITS RECEIPT.

THIS LETTER IS SOLELY AN ADVISE OF CREDIT OPENED BY THE ABOVE MENTIONED CORRESPONDENT AND CONVEYS NO ENGAGEMENT BY US.

Documents to be presented within 10days after the date of shipment but within the validity of the credit.

We hereby issue the Documentary Credit in your favour. It is subject to the Uniform Customs and Practice for Documentary Credits(1993 Revision, International Chamber of Commerce, Paris, France, Publication No.500)and engages us in accordance with the terms thereof. The number and the date of the credit and the name of our bank must be quoted on all drafts required. If the credit is available by negotiation, each presentation must be noted on the reverse of this advice by the bank where the credit is available.

To Advising Bank :
We request you to advise the credit to the beneficiary.
WITHOUT ADDING YOUR CONFIRMATION

Reimbursement
NEGOTIATING BANK MUST FORWARD THE DRAFTS TO THE DRAWEE BANK AND ALL DOCUMENTS TO US IN ONE LOT BY REGISTERED AIRMAIL.

Yours very truly,
THE HACHIJUNI BANK,LTD.

Authorized Signature
H. NINOMIYA

11-2 신용장의 확인

1. 확인의 의의

신용장의 확인(Confirmation)이란 개설은행이 1차로 지급 또는 인수를 확약하고 있는 취소불능신용장에 대하여 제3의 은행이 개설은행의 요청에 의하여 제2차로 지급이나 인수를 확약하거나 신용장조건과 일치하는 환어음에 대하여 발행인 또는 선의의 소지인에 대하여 상환청구권을 행사하지 않는 조건으로 매입을 확약하는 것을 말한다(신용장 통일규칙 제2조 참조).

무역거래의 규모가 커지고 국가간 통상의 확대가 이루어짐에 따라 세계 각국의 대부분의 은행들이 신용장을 발행하고 있다. 따라서 자산과 신용이 충실하지 못한 은행이 신용장을 개설하고 있는 경우 또한 허다하다.

신용장은 개설은행의 신용에 의하여 그 기능을 발휘하는 것이므로 개설은행의 자산과 신용이 충실하지 못하면 신용장의 존재가치는 그리 크다고 볼 수 없다. 이와 같이 개설은행의 신용^자산이 충실하지 못한 경우에 해결방법으로 탄생한 것이 신용장의 확인제도이다.

즉, 신용장의 확인제도가 도입됨으로써 수출자는 수입자 또는 신용장개설은행의 신용과는 관계없이 신용과 자산이 충실한 은행이 지급, 인수 또는 매입의 확약에 의하여 안심하고 수출행위를 할 수 있게 된다.

신용장의 확인은 다음과 같은 특징을 갖고 있다.

첫째, 확인은 취소불능신용장(Irrevocable credit)에 대한 제3은행의 확약이다. 확인은 취소불능신용장에 대해서만 성립되며, 취소가능신용장에 대한 확인은 생각할 수 없다. 확인은 개설은행 이외의 제3은행이 지급(인수 또는 매입)을 확약하는 것이지 개설은행이 확약하는 것을 확인이라고 하지는 않는다.

둘째, 확인은 개설은행의 요청에 의하여 추가된다. 수출자와 수입자가 매매계약을 체결하면서 대금의 결제방식을 신용장방식으로 결정하였으나 수출자가 수입자의 거래은행 또는 수입자의 소재지역 등에 불안을 느낄 때 수출자는 수입자에게 확인신용장을 개설하도록 요구하게 되고, 수입자는 거래성립을 위하여 거래은행으로 하여금 확인신용장을 개설해 줄 것을 요청하게 된다. 이 경우 개설은행은 통지은행으로 하여금 확인을 추가하여 통지하도록 요청하는 것이 일반적이다.

셋째, 확인은 지급(일람지급 및 연지급) 또는 인수를 확약하거나 수익자가 발행한 환어음 또는 신용장에 의하여 제시된 서류를 어음발행인(또는 선의의 제3자)에게 상환청구 없이 매입할 것을 확약하는 것을 말한다.

개설된 신용장이 지급이나 인수를 약정하고 있는 경우에는 지급 또는 인수를 확인하는 것이 되며, 신용장이 매입을 약정하고 있으면 어음발행인 또는 선의의 소지자에게 상환청구함이 없이(without recourse to drawer) 매입을 확인하게 된다.

지급 또는 인수의 확인은 "without recourse to drawer"라는 문언의 명시가 없더라도 지급이나 인수의 행위가 확인은행에 의한 대리행위이므로 확인은행의 어음발행인에 대한 상환청구권의 행사는 성립되지 아니한다. 그러나 매입신용장의 경우에는 어음발행인에 대한 상환청구권을 행사하지 않는 은행은 최종 지급의 의무자인 개설은행이며, 매입은행은 매입한 어음이 부도 반환되는 경우 매입신청인, 어음발행인 등에 대하여 상환청구권을 행사할 수 있다.

따라서 개설은행의 요청에 의하여 매입신용장에 대하여 확인을 하는 확인은행이 상환청구권을 보유하는 경우 그 신용장은 확인신용장으로서의 기능을 상실하고 만다. 그러므로 매입신용장에 대하여 특정은행의 확인을 추가하는 경우 상환청구권 행사가 전제되지 않는다. 다시 말해서 어음발행인 또는 선의의 제3자에 대하여 상환청구하지 않는 조건(without recourse to drawer)의 신용장이어야 한다.

2. 확인의 실행

(1) 확인의 종류

확인의 종류에는 신용장에 명시된 약정의 종류에 따라 일람지급, 연지급, 인수 및 매입의 확인으로 구분할 수 있다.

가. 지급 · 인수의 확인

개설된 신용장이 일람지급을 약정하였으면 일람지급을, 연지급을 약정하였으면 신용장 조건에 따라 결정되는 만기일에 지급을, 인수를 약정하였으면 수익자가 발행한 어음을 인수하고 이를 만기에 지급할 것에 대한 확약의 성립으로 확인문언은 다음과 같다.

① At the request of our correspondent bank, we confirm their credit and also engage with you that drafts drawn in conformity with the conditions of this credit will be duly honored.

② We confirm the credit and hereby undertake that drafts drawn and presented as above stipulated shall be duly honored by us.

③ We confirm the credit and hereby undertake to honor each draft and presented as above specified.

④ This credit bears our confirmation and we engage that drafts drawn in conformity with the terms of this credit will be duly accepted on presentation and duly honored at maturity.

⑤ This credit bears our confirmation and we engage that drafts drawn in conformity with the terms of this credit will be duly paid on presentation.

나. 매입의 확인

개설된 신용장이 매입신용장일 경우에는 매입의 확인을 하게 되는데, 지급이나 인수의 확인과 별다른 차이가 없으나, 확인된 신용장조건에 의하여 발행된 환어음을 매입하는 경우 어음발행인에 대한 상환청구권이 없다. 매입의 확인문언은 다음과 같다.

① At the request of our correspondent bank we confirm their credit and engage with you, that drafts drawn under and in compliance with its terms will be negotiated by us without recourse to drawer and/or bonafide holders.

② We have been requested to add our confirmation to this credit and we, therefore, undertake that any draft drawn by you in conformity with the terms of the credit will be duly negotiated by us without recourse.

③ This credit bears our confirmation and we hereby engage to negotiate without recourse on presentation to us draft drawn and presented in conformity with the terms of this credit.

다. 조건부 확인

확인은 다름 아닌 일종의 보증행위이므로 무조건적인 지급이나 인수 또는 매입에 대한 확인이라 하겠으나 경우에 따라서는 확인은행이 조건부로 확인을 추가하는 수도 있는데, 이를 조건부 확인이라 한다.

연불조건거래이거나 회전신용장(Revolving L/C)과 같이 유효기간이 장기이거나

거래 금액이 거액인 경우에는 당사자의 동의하에 조건부로 확인을 하는 경우가 있는바, 예를 들면 일정기간 또는 일정금액에 대해서만 확인하고 나머지 기간 또는 금액에 대하여는 기확인 기간의 경과 후 또는 확인금액의 결제이행 후에 추가로 확인하는 방법으로서 채무부담행위를 최소화하기 위해서 조건부로 확인하는 것이다.

이를테면 유효기간이 1년 이상인 신용장의 경우 전기간에 대하여 확인을 부치면 위험부담이 크므로 먼저 6개월 기간에 대하여 확인하고, 잔여기간에 대하여는 최초의 확인기간이 만료한 후에 고려하겠다는 조건을 표시하는 경우가 그것이다. 또 신용장 금액이 거액인 경우 가령 미화 5백만 달러의 신용장에 대하여 먼저 2백만달러에 대하여 확인을 부치고 나머지 3백만 달러는 기확인한 2백만 달러가 이행된 후에 고려하겠다는 조건을 부치는 경우가 그것이다.

라. 확인의 거절

개설은행으로부터 신용장에 확인하도록 수권 또는 요청을 받은 은행이 이를 이행할 준비가 되어 있지 않은 경우 지체 없이 이러한 사실을 개설은행에 통지하여야 한다.

개설은행이 확인의 요청 등에서 별도의 표시를 하지 않는 한 통지은행은 확인을 가함이 없이 수익자에게 신용장을 통지한다(신용장통일규칙 제8조 d항 참조).

(2) 확인의 실행

확인은행은 신용장을 확인함으로써 마치 자행이 개설은행인 것처럼 확인의 한도까지 신용장에 대하여 직접 책임을 부담한다.

신용장에 확인을 추가한 은행은 확인의 내용에 따라 수익자가 발행한 어음은 지급, 인수 또는 매입을 할 권리가 있는 반면에 반드시 그렇게 해야 할 의무도 있다.

따라서 확인은행은 신용장에 확인을 추가한 후 다음과 같이 매입제한의 문언을 표시할 수 있다.

"Negotiation under this credit is restricted to ×××× Bank."

(3) 일반적인 확인업무

개설은행이 확인요청시 표시하는 요구 문언은 일반신용장인 경우에는 "Please add your confirmation"로 SWIFT 신용장인 경우에는 Field 49 Confirmation Instruction 란에 "CONFIRMATION"(확인요구를 안 할 경우 : WITHOUT)으로 표

기하여 확인을 요청하게 된다. 통상적으로 확인은 통지은행에게 요구하게 되며, 통지은행과 확인은행은 일치되는 것이 일반적이다. 확인의 수락 표시는 수익자에게 신용장 통지시 이루어지며 확인할 의사가 없을 시에는 지체 없이 개설은행에게 통지하여야 한다.

11-3 신용장의 양도

1. 의의

신용장의 양도란 신용장의 수익자가 향유하는 권리의 전부 또는 일부를 수익자의 요청에 의하여 수익자가 지정하는 제3자에게 양도하는 것을 말한다. 원칙적으로 신용장은 그 이용이 원수익자로 한정되어 있어 제3자가 자유로이 이용할 수 없는데도 불구하고 신용장을 양도하는 것은 다음과 같은 사유에 의한 것으로 볼 수 있다.

① 수출자격이 없는 자가 신용장을 수취하여 자격이 있는 수출입업자에게 양도하는 경우

② 수익자가 계약상품을 보유하고 있지 아니한 경우, 즉 계약상품을 생산자로부터 구입하여 선적하는 대신 신용장을 양도하여 주고 상품생산업자 등으로 하여금 직접 선적케 하기 위하여 양도하는 경우

③ 소규모 다종의 상품을 수입하는 수입자가 수출지에 있는 수입자의 대리점 또는 지사에게 일괄하여 신용장을 개설하여 놓고 대리인 또는 지사가 실공급자에게 신용장을 일부씩 양도하는 경우

④ 양도차익의 취득을 전문으로 하는 자가 그 이익을 취득하기 위하여 신용장을 양도하는 경우 등

2. 양도가능신용장

신용장은 원칙적으로 양도될 수 없다. 신용장이 양도되기 위해서는 반드시 그 신용장은 양도가능신용장(Transferable L/C)이어야 한다.

양도가능신용장이란 신용장의 수익자(제1수익자라 한다)가 지급, 연지급약정, 인수 또는 매입이 수권된 은행(양도은행이라 한다)에 대하여, 또는 자유매입신용장일 경우에는 양도은행으로 신용장에서 특별히 수권된 은행에 대하여 신용장의 전부 또는 일부를 1인 또는 수인의 다른 수익자(제2수익자라 한다)에게 이용되어질 수 있도록 요청할 수 있는 신용장을 말한다.

신용장이 양도가능하려면 반드시 신용장에 개설은행이 "Transferable"이라고 명시하여야 한다. "Divisible", "Fractionable", "Assignable" 및 "Transmissible" 같은 용어는 신용장을 양도가능하게 하지 못한다. 만일의 경우 이러한 용어가 사용되었다면 은행은 이를 무시한다.

3. 양도의 회수와 조건

(1) 양도의 회수(回數)

양도가능신용장의 양도는 1회에 한한다. 그리고 신용장이 분할선적 또는 어음의 분할발행을 금지하지 않는 한 양도가능신용장의 분할부분(신용장금액을 초과하지 않을 것)은 개별적으로 양도 가능하며 그 개별양도의 합계가 원 신용장 금액 이내인 경우 1회양도로 간주된다.

여기서 신용장의 양도가 1회에 한한다는 의미는 예컨대, 원수익자 갑이 신용장을 제2수익자인 을에게 양도하고 제2수익자인 을이 다시 제3수익자인 병에게 양도할 수 없다는 뜻이다. 그러나 을이 다시 원수익자 갑에게 재양도하는 것은 양도의 취소의 뜻이 있는 것으로 2차양도로 보지 않는다.

또한 1회양도로 간주된다는 것은 신용장에서 분할선적을 금지하지 않을 경우에는 분할 양도를 허용한다는 뜻으로서 원수익자 갑이 신용장금액의 일부를 을에게 양도하고 나머지는 병을 비롯한 수명의 제3자에게 양도하였을 경우 이를 1회로 간주한다는 뜻이다.

(2) 양도의 조건

신용장의 양도는 원신용장의 조건에 따라 양도되어야 하나 양도차익 추구를 목적으로 신용장이 양도되는 경우 양도의뢰인(원수익자)의 권리보호를 위하여 다음과 같은 예외적 조건을 인정하고 있다.

가. 신용장금액과 단가의 감액

원수익자는 신용장의 금액과 단가를 당초보다 낮추어 제2수익자에게 양도할 수 있다. 예를 들면 신용장금액이 US$100,000이고 단가가 US$100이던 신용장을 금액 US$90,000, 단가 US$90로 감액하여 양도할 수 있다는 것이다. 여기서 US$10,000은 원수익자의 중간 Margin이 되는 것이다.

나. 신용장의 유효기일, 서류제시기간 및 선적기일의 단축

원수익자가 양도차익을 취득하기 위해서는 상업송장과 어음의 대체를 하여야 하고 이를 대체하기 위해서는 시간적 여유가 필요하다. 따라서 신용장의 유효기일, 선적기일 및 서류의 제시기간을 단축하여야 할 필요성이 생긴다.

이를 테면 선적기일이 20××년 5월 10일, 유효기일이 20××년 5월 20일, 그리고 서류의 제시기간이 10일로 명시된 신용장에 대하여 선적기일 20××년 5월 5일, 유효기일 20××년 5월 10일, 서류의 제시기간을 5일로 단축변경할 수가 있다.

다. 원신용장에 명시된 금액에 대하여 부보토록 요구

원신용장의 금액이 US$500,000이고 부보를 송장금액의 110%에 대하여 하도록 명시하고 있는 경우 부보금액은 US$550,000이 된다. 그러나 감액양도를 하는 경우 양도장에 부보기준에 대하여 달리 명시하지 않는다면 제2수익자가 부보하는 금액은 원신용장의 조건을 충족하지 못하게 되어 문제가 발생될 소지가 있다.

예컨대, US$450,000로 감액양도를 하면서 송장금액의 110%에 대하여 부보토록 명시하면 US$495,000(US$450,000×110%)이 된다. 이 경우 원신용장조건에 위배된다.

따라서 양도장에 US$550,000에 대하여 부보토록 요구하는 것이 근본적인 문제의 해결 방안이 된다 할 수 있겠다.

라. 신용장개설의뢰인의 성명대체

신용장은 감액양도하는 경우 양수인이 신용장개설의뢰인인 수입자를 알지 못하게 할 필요가 있다.

신용장의 양도장에 신용장개설의뢰인의 성명을 그대로 기재하게 되는 경우 양수인이 수입자의 성명을 알게 되고, 그로 말미암아 직접거래의 가능성이 있기 때문에 양도장의 개설의뢰인란에 수입자의 성명을 기재하지 않고 양도인의 성명을 기재함으로

써 양도의뢰인의 권리를 보호할 수 있다. 그러므로 신용장 양도시에는 이와 같은 성명대체를 인정하고 있다. 다만 신용장개설의뢰인의 명의가 상업송장 이외의 다른 서류에 표기되도록 특별히 요구하고 있는 경우에는 그 요구에 따라야 한다. 예컨대 선하증권의 통지선(Notify party)을 신용장개설의뢰인으로 명시하고 있는 경우에는 반드시 그 조건을 충족시켜야 한다.

4. 양도인의 권리

(1) 송장대체 및 어음대체의 권리

제1수익자는 신용장에 명시된 당초 금액을 초과하지 않는 금액 그리고 신용장에 단가가 명시된 경우에는 그 단가로 작성한 자신의 상업송장을 제2수익자의 송장과 대체할 권리를 갖는다.

또한 상업송장 대체시에 제1수익자는 자기가 작성한 송장과 제2수익자가 작성한 송장 간에 차액이 있을 경우 그 차액에 대하여 신용장조건에 따른 어음의 대체, 추가발행을 할 수 있다.

그러나 제1수익자가 양도은행의 최초의 송장대체요구에 응하지 아니하거나 응하지 못하는 경우 양도은행은 제2수익자가 발행한 상업송장(및 어음)을 포함한 채로 양도된 신용장에 의하여 접수된 서류를 개설은행에 인도할 권리를 가지며, 제1수익자에 대하여는 그 이상의 책임을 지지 않는다.

(2) 양도장소에서 지급 및 매입이행 요구 권리

원신용장에 명시된 장소 이외의 장소에서 지급이나 매입을 위해서 사용될 수 없다고 신용장에 특별히 명시되어 있지 않는 한 제1수익자는 제2수익자에 대하여 신용장 유효기일 당일까지 지급 또는 매입이 신용장이 양도된 장소에서 이루어지도록 요구할 수 있다.

이때 원수익자는 그 뜻을 양도장에 기재토록 요청하게 되는데 기재 예는 다음과 같다.

"Please forward us(transferring bank) all draft and documents in two consecutive airmail."

이로써 제1수익자는 자신의 송장 및 어음을 제2수익자의 송장 및 어음과 대체하고 자신이 취득해야 할 차액을 청구할 수 있다.

5. 양도취급은행

신용장의 양도는 어느 은행이나 취급할 수 있는 것이 아니라 지급, 인수, 매입 또는 연지급의 약정이 수권된 은행에서만 신용장의 양도취급이 가능하며, 매입신용장으로서 매입 은행을 제한하지 아니하는 자유매입신용장의 경우에는 양도은행으로 특별히 수권받은 은행이 취급한다.

양도은행은 그 은행이 명백히 동의한 범위와 방법에 의하지 아니하고는 양도를 이행할 하등의 의무를 지지 아니하며 양도와 관련한 수수료, 요금, 대가 또는 비용은 다른 합의가 없는 한 제1수익자가 지급한다. 양도은행이 신용장양도에 동의하였더라도 이러한 비용이 지급되기 전에는 양도를 이행할 의무가 없다.

6. 양도된 신용장의 조건변경 통지

신용장의 제1수익자는 신용장을 양도한 후 신용장조건의 변경이 있는 경우 양도은행이 직접 제2수익자에게 통지하는 것을 허용할 수도 있고 금지할 수도 있다. 어느 경우이든 제1수익자는 양도은행에 신용장의 양도를 요청할 때 미리 어느 하나를 지시하여야 하며, 일단 지시를 한 경우에는 이를 취소하지 못한다. 그리고 양도은행이 그러한 조건의 양도에 동의한 경우에는 양도를 행할 당시에 신용장의 변경과 관련된 제1수익자의 지시를 제2수익자에게 통지하여 주어야 한다.

한편 신용장이 2인 이상의 제2수익자에게 양도된 경우에는 1인 이상의 제2수익자가 신용장의 조건변경을 동의하지 않는다고 하여도 다른 제2수익자가 동의한 경우 동의한 당사자에게는 조건변경서가 유효하며 조건변경을 거절한 제2수익자에 대하여는 신용장이 조건변경되지 않는다.

▌예시 4-4▐ 신용장 전액 / 분할 양도신청서

Application for □ Total / □ Partial Transfer

KOREA EXCHANGE BANK
SEOUL, KOREA

DATE :

L/C NO. :	
Dated :	
Issuing Bank :	
Amount :	

Gentleman :

We hereby request you to transfer irrevocably all of our rights of the above mentioned credit to the transferee under the same terms and conditions of the original credit with exceptions indicated hereunder :

Amount to be transferred :
Latest shipping date :
Expiry date :
Description of commodities and other conditions :

Any amendment to the credit hereafter made is to advised to □ the first beneficiary. □ the second beneficiary.

The original credit (inculding amendments to this date, if any) is attached herewith for your endorsement.

We agree to indemnify and hold you harmless against any and losses, damages and expenses arising from your actions on this transfer.

This application is subject to The Unifrom Customs and Practice for Documentary credits, 2007 Revision, International Chamber of Commerce Publication No. 600.

Truly Yours,

Accepted by

Authorized Signature & Name of Second beneficiary	Authorized signature & Name of First beneficiary

▌예시 4-5▐ 신용장 전액 / 분할 양도통지서

KOREA EXCHANGE BANK

SEOUL, KOREA

Application for □ Total □ Partial Transfer

Date :

T/S No.:

L/C NO. :	
Dated :	
Issuing Bank :	
Amount :	
Beneficiary :	
Accountee :	

Gentleman :

We are pleased to advise you that the above mentioned credit has been □ total □ partial transferred to you by the first beneficiary, so amendments hereafther will be advised to □ first beneficiary. □ the second beneficiary

Details of transfer are as follows :

Amount to be transferred :

Latest shipping date :

Expiry date :

This advice is to be considered as an integral part of original credit. All terms and conditions are same to the original credit with exceptions indicated as above.

All drafts to be negotiated under this advice must be accompanied by this letter and the amount of any such drafts be endorsed on the back hereof by negotiating bank.

This advice is subject to The Customs and Practice for Documentary Credits, 2007 Revision. International Chamber of Commerce Publication No. 600.

Truly Yours,

C.C. :

FOR KOREA EXCHANGE BANK

Authorized Signature

Chapter

12 신용장방식 서류 매입

12-1 개요

1. 매입의 의미

수출을 하고자 하는 자는 물품의 매매계약을 체결한 후 신용장방식거래의 경우에는 신용장을 수취한 후부터 수출물품을 제조·가공하여 상품이 완성되면 계약서 또는 신용장의 조건대로 물품을 선적하게 되며, 서류를 구비하여 자기의 거래은행에 매입해 줄 것을 요청하게 된다.

서류의 매입(Negotiation)은 수출자가 신용장 또는 계약서(지급인도조건 : D/P, 인수인도조건 : D/A) 조건에 따라 선적을 완료하고 발행한 화환어음 및 신용장에서 요구한 서류일체를 대가로 거래은행이 수출상에게 수출대금을 선지급하고 그 대전을 신용장개설은행에게 청구하거나 환거래은행(Correspondent Banks) 또는 해외의 지점을 통하여 수입자에게 추심하는 것으로서 수출자에 대한 여신의 일종이라 할 수 있다.

매입은 화환신용장에 의한 수출환어음매입과 D/P, D/A 계약서에 의한 수출환어음매입으로 구분이 되고, 이는 다시 하자의 유무에 따라 Clean매입과 보증부매입(L/G Negotiation)으로 구분되며, 결제조건에 따라 일람불매입과 기한부매입으로 구분된다.

비록 신용장에 근거한 수출환어음의 매입이 취소불능신용장의 공신력에 근거하여 그 매입대금 회수의 안정성이 확보된다고 하나, 이는 어디까지나 하자 없는 서류가 제시된 경우를 전제로 한 것이며 만일 신용장 조건과 불일치하는 서류가 제시되었다면 이는 신용장 조건과 일치하는 서류를 제시하는 경우 서류에 대한 대금을 지급하겠다는 개설은행의 조건부 지급확약에는 위반되는 것이므로 매입을 위해서는 신용장조건에 대한 엄격한 해석과 제시된 서류와 당해 신용장조건과의 일치여부에 대한 세심한 심사가 요구된다.

2. 매입의 특징

(1) 일종의 여신행위이다

선적서류를 매입하면 취소불능신용장의 공신력을 바탕으로 하여 서류를 담보로 한 매입은행의 수익자에 대한 여신행위라고 볼 수 있다.

(2) 면밀한 심사가 요구된다

신용장 자체가 당해신용장의 조건과 일치하는 서류를 제시하는 경우 선적서류에 대한 대금을 지급하겠다는 개설은행의 조건부 지급확약이므로 매입을 위해서는 신용장의 엄격한 해석과 제시된 서류와 당해 신용장과의 일치여부에 대한 면밀한 심사가 필요하다.

(3) 서류매입에 따른 위험(RISK)이 항시 뒤따른다

신용장 방식의 서류 매입은 전항의 RISK 외에도 다음과 같은 위험이 상존해 있음을 염두에 두고 업무에 임해야 한다.

가. Country Risk

개설은행 소재국의 자금사정악화로 인한 대외지급정지조치 또는 전쟁으로 인하여 개설은행으로부터 대금상환을 받지 못할 위험이 있다(예 ; 중남미 국가의 외환 디폴트선언).

나. 개설은행의 신용위험

개설은행이 파산하거나 지급불능상태에 빠지는 경우의 위험으로 특히 소규모은행이나 후진국의 은행은 신용위험이 크다고 할 수 있다.

⇒ corres은행 여부 확인이 필요함.

다. 위조신용장의 위험

유명한 외국은행명을 도용하여 정교하게 위조된 신용장에 의하여 서류를 매입한 경우의 위험으로 위조신용장의 대부분은 우편신용장 혹은 Cable 신용장이다.

⇒ L/C 진위성 확인이 필요함.

라. 서류의 신용장조건과 일치여부에 대한 분쟁위험

개설은행은 서류가 신용장 조건과 불일치하다는 이유로 지급거절을 하는 반면에 매입은행은 신용장통일규칙상 하자가 아니거나 사소한 하자이기 때문에 개설은행의 지급거절이 정당하지 않다고 서로 주장함으로써 국제소송이 제기되기도 하는데 이러한 경우 문제를 해결하는 데 많은 시간과 비용을 수반하게 된다.

⇒ 즉, 신용장의 한계임.

마. 시황의 악화 또는 개설의뢰인의 신용악화에 기인한 분쟁위험

수입상품의 시장가격이 개설의뢰인의 소재지에서 하락하든지 또는 개설의뢰인의 신용이 악화되는 경우에 개설은행이 개설의뢰인의 요청에 따라, 또는 자행의 여신상의 불이익을 해소하기 위해 경미한 하자사항에 대하여 대금지급을 거절하는 경우가 있다.

⇒ 즉, 신용장의 한계임(실무상 동 사항을 자주 접하게 됨).

12-2 서류의 심사

수출자로부터 서류의 매입요청이 있을 때 매입은행은 서류 심사 전에 다음의 서류를 징구하여 서류의 종류 및 통수가 매입신청서의 기재내용 및 신용장 또는 수출계약서에서 요구한 대로 갖추어져 있는지 먼저 확인한다.

- 수출환어음 매입신청서
- 수출승인서(수출제한 품목인 경우)
- 수출신고필증
- 수출신용장 또는 수출계약서 및 그 조건변경서의 원본일체

• 수출신용장 또는 수출계약서에서 요구한 환어음 및 선적서류 일체
• 기타 필요한 서류(외환약정서류, 채권관련서류 등)

1. 서류심사기준

(1) 서류의 의의 및 중요성

서류는 통상 선적서류(shipping documents)라고 부르고 있으나 좁은 의미로는 선하증권 등 운송서류(transport documents)를 지칭하며, 넓은 의미로는 신용장에서 요구하는 서류를 가리킨다. 은행 또는 무역업계에서는 서류를 넓은 의미로 해석하는 것이 일반적이다.

신용장거래는 추상성의 원칙에 따른 서류상의 거래이므로, 신용장발행은행은 수익자가 매입은행을 통하여 제시한 서류가 신용장 조건과 일치할 경우에는 대금의 지급거절을 할 수 없게 된다(UCP 제5조). 또한 매입은행은 매입된 서류가 신용장조건과 불일치하여 개설은행으로부터 지급거절되면 환어음발행인(수익자)에게 매입대금에 대한 상환청구권을 가지게 되므로 서류는 어음채권 담보로서 중요한 의미를 갖게 된다.

(2) 서류의 종류

신용장과 관련한 상업서류는 크게 나누어 기본서류와 부속서류로 구분된다. 기본서류는 상업송장, 운송서류 및 보험서류를 가리키며 부속서류로는 기본서류 외에 영사송장(consular invoice), 세관송장(customs invoice), 원산지증명서(certificate of orgin), 포장명세서(packing list), 검사증명서(certificate of inspection) 등이 있으며 제7장에서 설명하였다.

(3) 서류심사의 일반적인 원칙

신용장 통일규칙(제14조)에서 언급하고 있는 서류심사의 원칙은 다음과 같이 설명할 수 있다.

가. 신용장통일규칙에서 언급하고 있는 서류심사는 문면상으로만 점검한다

은행은 서류심사시 실제의 사실 여부를 확인하는 것이 아니라 다만 서류 표면에 기

재되어 있는 문언에 의해 판단할 뿐이다. 예를 들면 "검사증명서는 수입상에 의하여 선적 전에 발행되어져야 한다"라고 하는 것이 아니라 "수입상에 의하여 선적전에 발행된 것으로 문면상 보여야"하는 것이다. 즉 검사증명서상에 수입상의 서명이 있고 그 밑에 수입상의 이름이 기재되고 발행일자가 선적일 이전으로 문면상 표시되어 있으면 은행에서는 그 행위의 사실 증명에 관계없이 그 서류를 수리하게 되는 것이다.

나. 서류 상호간 모순이 있으면 하자이다

제시된 서류가 문면상 신용장조건과 불일치하면 하자이다. 또한 제시된 서류 상호간 점검하여 불일치한 사항이 있어도 하자가 된다. 따라서 신용장조건에 명시된 서류를 먼저 점검한 후 서류상호간 불일치한 점이 없는가를 심사하여야 한다.

다. 서류심사의 기준은 국제표준은행관행에 의한다

제시된 서류가 신용장조건과 문면상 일치하느냐의 심사기준은 국제표준은행관행(International Standard Banking Practice)에 따라 '엄격일치'의 기준으로 심사하여야 한다. '엄격일치' 란 자구(a-word-by-word)가 완전히 일치할 것을 요구하는 것은 아니라는 것이 국제 관행이다.

예를 들면, 신용장에 명시된 단어와 서류상에 명시된 단어의 철자가 틀렸다거나, 부호가 잘못 찍었다거나 하는 사소한 하자는 지급거절의 사유가 되지 않는다는 것이나 사소한 하자라도 상대편에서 중대한 하자라고 주장하면 어쩔 수 없으며 법정 소송에서도 지급 거절의 사유로 받아들여지는 경우가 많다.

국제표준은행관행의 정의가 모호하기 때문에 은행은 서류를 심사할 때 신용장조건과 엄격하게 일치하지 않는 서류는 수리가 거절된다는 점에 유의하여야 한다.

라. 신용장에서 요구하지 않는 서류는 심사하지 않는다

수익자가 개설의뢰인 요청에 의하여 신용장에 명시되지 않은 서류를 추가로 제시하는 경우 그 서류를 수익자에게 반환하던가, 심사하지 않고 개설은행에 이첩할 수 있다.

마. 서류심사는 5은행영업일 이내에 끝내야 한다

매입 등을 한 지정은행으로부터 서류를 접수한 개설은행은 신용장조건과의 일치 여부를 검토하기 위해 필요한 합리적인 시간의 정의는 서류접수 익일부터 기산하여 5은행영업일로 되어 있다.

바. 서류의 요구가 없는 조건은 무시한다

신용장의 요구사항 중에서 서류로서 증명되지 아니하는 조건이 있다면 은행은 그러한 조건이 없는 것으로 간주하고 이를 무시한다.

예를 들면 "수익자는 서류의 사본 1부를 수입상에게 송부하여야 한다"는 조건은 있고 여기에 대한 증빙서류의 요청이 없다면 은행으로서는 실질적으로 수익자가 수입상에게 통지를 하였는지는 확인할 수가 없기 때문에 이러한 조건은 무시한다.

(4) 서류의 유효성과 관련한 은행의 면책

은행은 다음 사항에 대하여 면책된다(신용장 통일규칙 34조).

- 서류 자체의 형식, 충분성, 정확성, 진정성, 위조 또는 법적 효력
- 서류에 명시된 일반 및 특정조건 또는 부가조항
- 서류에 표시되어 있는 상품의 명세, 수량, 중량, 품질, 상태, 포장, 인도, 가치 또는 실존여부
- 상품의 송하인, 운송인, 운송중개인, 수하인, 보험자 또는 기타 모든 관계자의 성실성이나 작위 및 부작위, 지급능력, 의무이행, 업태 등

2. 신용장 심사

서류를 심사하기 전에 그 서류가 관련되는 신용장에 대하여 먼저 심사를 하여야 한다.

(1) 신용장의 구비요건 심사

신용장 내용 중에 아래의 사항은 필수 기재 사항으로, 만약 해당 사항이 없다면 개설은행에 그 내용을 조회하여 확인 후 취급하여야 한다.

가. 신용장통일규칙 준수문언 기재 여부를 확인하여야 한다

문언 예시는 다음과 같다.

Except so far as otherwise expressly stated, this documentary credit is subject to Uniform Customs and Practice for Documentary Credits, 2007

Revision, ICC Publication No.600.
(별도로 명시된 것을 제외하고 이 신용장은 국제상업회의소 출판번호 600, 2007년 개정된 화환신용장통일규칙에 따른다)

나. 신용장의 사용방법과 사용은행의 지정이 있어야 한다

신용장이 지급이나 인수 또는 매입 중 어떤 방법에 의하여 사용가능한지를 명시하여야 하며, 신용장의 사용은행을 함께 명시하여야 한다.
문언예시는 다음과 같다.

~ available with(신용장의 사용은행) by(신용장의 사용방법) ~

다. 서류의 명세가 필요하다

신용장은 신용장조건과 일치하는 서류와의 상환으로 수입대금 결제를 하겠다는 개설은행의 확약이므로 반드시 서류명세가 있어야 한다.

라. 유효기일

신용장은 보증서의 일종이므로 반드시 유효기일(Expiry Date)을 명시해야 한다.

마. 취소가능, 불능의 표시

취소가능(revocable)이라는 것은 신용장이 개설된 후 당사자의 합의 없이 개설은행에 의하여 일방적으로 취소할 수 있음을 뜻하며, 취소불능(Irrevocable)이라 함은 당사자 전원의 합의 없이는 취소될 수 없음을 뜻한다.
그러나 신용장은 기본적으로 취소불능으로 간주한다.

바. 서류제시기일

신용장에는 지급, 인수 또는 매입을 위하여 서류를 제시하여야 할 선적일 이후의 특정 기간을 명시하여야 한다.
문언예시는 다음과 같다.

Draft and Documents must be presented for negotiation within 5 days(서류제시기간) after the date of shipment.

(2) 신용장의 내용심사

가. 신용장이 통지은행에 의해서 정당하게 통지된 것인지 확인하여야 한다

통지은행에 의해서 그 진정성이 확인된 신용장으로 통지은행의 통지번호 기입 및 통지은행 담당책임자의 서명이 있는지 확인하여야 한다. 그러나 단순한 사전통지(Preliminary Advice) 또는 약식전보(Short Cable)에 의한 신용장 매입은 할 수 없다.

나. 신용장통일규칙의 준수문언 또는 신용장개설은행의 지급확약문언을 확인하여야 한다

신용장에 신용장통일규칙 적용문언이 있으면 비록 지급확약에 대한 별도 문언의 기재가 없다 하더라도 통일규칙 제7조에 규정되어 있는 취소불능신용장에 있어서의 개설은행의 확약조항이 적용되기 때문에 대금회수에 별 문제점이 없다. 그러나 대금지급에 관한 유보문언이나 특정조건의 이행을 전제로 하는 조건이 명시된 신용장의 경우에는 그 조건의 이행 이전에는 지급확약이 성립되지 않으므로 주의를 요한다.

지급확약 문언 및 신용장 통일규칙 준수문언이 없는 신용장에 의한 매입은 무신용장방식에 의한 선적서류 매입으로 간주하여 처리해야 한다.

다. 개설은행이 환거래은행인지를 확인한다

신용장이 비록 취소불능이고, 신용장 통일규칙 적용문언 및 지급확약문언이 기재되어 있다 하더라도 개설은행의 신용이 불량할 경우 대금지급을 기대하기 어려울 수 있으므로 환거래은행이 아닐 경우 매입에 신중을 기하여야 한다(리비아, 이란, 쿠바 등 미국의 자산 동결 국가 앞으로 미달러화로 수출하는 경우에는 자금회수가 되지 않을 가능성이 있다).

또한 개설은행의 소재지에 발생한 불가항력적 사태는 전쟁, 내란 또는 이에 준하는 상황이나 재정 상태의 악화 등을 의미하는 것으로 이러한 사태가 발생되면 개설은행이 지급의무이행을 수행하기가 어렵다.

라. 신용장의 문구오류나 불분명한 내용이 있는지 확인한다

신용장에 문구오류나 불분명한 내용이 있음에도 불구하고 이의 확인 없이 매입하는 경우 개설은행으로부터 하자사항으로 인한 지급거절의 우려가 있으므로 사전에 개설은행에 연락하여 명확한 통보를 받은 후 처리하여야 한다.

마. 매입제한신용장 또는 지정신용장인지의 여부를 확인한다

매입제한신용장이나 지정신용장인 경우 지정된 은행에 서류를 제시하여야 한다. 그러나 통상 매입의뢰인이 거래은행에 서류를 제시하면 거래은행에서는 지정은행으로 재매입의뢰를 하게 되는데 이러한 경우 유효기일이나 제시기일은 지정은행에서 종료하게 되므로 유의하여야 한다.

바. 조건부신용장인지의 여부를 확인한다

선적지시(Shipping instruction) 또는 매입지시(Negotiating instruction) 등 특정 조건의 충족을 선행조건으로 하는 조건부신용장은 동 조건의 이행이 완료된 사실을 확인한 후에 매입해야 하며, 조건이 충족되지 않는 경우에는 추심처리 하는 것이 안전하다.

특정조건이 충족되어야 유효해지는 신용장

- Sample must be approved by the applicant prior shipment and this certificate should be presented by negotiating bank.
  (견본이 수입상에게 합격되는 조건으로 이에 대한 증빙을 제시하여야 한다.)
  - 만약 견본에 이상이 있는 경우 매입자체를 할 수 없게 된다.
- 80% of invoice value available at sight and reminder to be negotiated receipt of notice from applicant that they satisfied with merchandise.
  (송장금액의 80%는 일람불로 매입할 수 있으며 나머지 금액은 수입상으로부터 상품이 만족하다는 통지가 있을 때 매입이 가능하다.)
  - 이 경우에도 상품에 이상이 있는 경우 나머지 금액에 대하여 매입자체를 할 수 없게 된다.
- The Proceeds of Documents shall be remitted as per your instruction under the condition that we must receive the proceeds of documents under the credit No 1234 issued by ABC bank dated JAN 24, 2003.
  (서류에 대한 대금지급은 개설은행에서 발행된 신용장번호 1234에 대한 대금을 받은 후 송금할 것이다)
  - 신용장개설은행이 발행한 신용장에 대한 결제가 이루어져야 수출대금을 받을 수 있는 조건부신용장이다. 따라서 만약 추심 전 매입을 할 경우 신용장번호

1234의 결제 여부를 확인한 후 매입을 하여야 하며 그렇지 않을 경우 추심 후 지급하는 것이 가장 안전한 방법이다.

국제양도된 신용장

국제양도된 신용장은 주로 양도차익을 위하여 매입은행에서 서류를 매입하여 양도은행에 송부하면 제1수익자는 환어음 및 상업송장을 자신이 작성한 서류로 대체하고 양도은행은 그 서류를 개설은행으로 송부하여 자금을 청구하게 된다.

이 경우 일반적으로 양도은행은 양도를 하면서 양도조건에 신용장에서 요구하는 서류가 제시되면 그 서류를 개설은행에 송부하여 개설은행에서 수출대금을 양도은행에 지급되면 그 대금을 매입은행에 지급한다는 조건을 추가하게 된다.

그러므로 양도은행은 지급에 대한 책임이 없으며, 또한 개설은행이 지급거절시 매입은행은 개설은행에 직접 수출대금을 청구할 수도 없다. 따라서 이러한 신용장에 의한 매입인 경우 매입의뢰인의 신용 및 채권보전에 유의하여야 한다.

사. 신용장원본의 뒷면에 매입사실, 금융취급사실 또는 양도사실의 기재가 있는지 확인한다

신용장방식에 의해 업무처리를 하는 경우 일반적으로 신용장 뒷면에 업무내용을 기재하게 되는데 분할매입을 하는 경우 신용장금액을 초과하는지의 여부를 확인하여야 하며, 매입 전에 금융을 취급한 경우에는 매입시 금융상환을 하여야 한다. 또한, 신용장이 양도된 경우는 수익자가 변경되므로 이를 확인하여야 한다.

3. 신용장 제조건의 해석

(1) 유효기일(Expiry date)

가. 유효기일의 의미

모든 신용장에는 지급·인수 또는 매입을 위한 서류제시의 유효기일 및 장소를 명시하여야 한다. 다만 자유매입신용장은 서류의 제시장소를 명시하지 않아도 된다. 신용장의 유효기일은 지급·인수 또는 매입은행으로 지정된 은행에 서류를 제시하여야 할 기한을 말하는 것으로 유효기일 내에 지급·인수 또는 매입의 행위가 이루어져야

하는 것은 아니다.

신용장에 명시되는 유효기일에 관한 문언에는 다음과 같은 표현들이 있다.

- Expiry Date May 20, 20×× in Seoul for negotiation
- Expiry Date May 20, 20×× at the counter of the advising bank
- Expiry Date May 20, 20×× at the counter of the ourselves
- Date and Place of expiry : Sept 20, 20××, Seoul
- This Credit expires on Sept 20, 20×× for negotiation in Seoul
- Drafts must be presented for negotiation not later than Sept 20, 20××

신용장의 유효기일은 수출지에서 종료하는 경우가 대부분이나 상기 예문의 세 번째의 경우와 같이 개설은행에서 종료되는 경우도 있다. 이 경우 매입은행은 선적서류가 유효기일과 서류제시기일 안에 개설은행에 제시되어야 하므로 개설은행까지의 우편일수를 감안하여 제시하여야 한다.

나. 유효기일과 관련된 표현의 제한

개설은행이 신용장의 유효기일과 관련하여 "for one month", "for six month", 또는 이와 유사하게 명시하는 것을 억제하여야 하며, 그럼에도 불구하고 신용장에 그렇게 명시하고 그 기산일을 명시하지 않은 경우 개설은행의 신용장 발행일자가 그 기산일의 초일이 되는 것으로 간주된다.

다. 유효기일의 연장

유효기일이 은행의 휴업일에 해당하는 경우 그 휴업일에 이은 최초 은행영업일까지 유효기일이 연장된다. 은행은 이와 같은 사유에 의하여 연장된 유효기일에 서류가 제시되어 매입을 하는 경우는 선적서류송부장 등에 이에 대한 확인을 첨가하여야 한다. 확인의 내용은 다음과 같다.

The documents were presented within the time limits extended in accordance with subarticle 29(a) of UCP 2007, ICC Pub No 600.

단, 은행의 유효기일이 천재지변, 폭동, 소요, 내란, 전쟁 또는 기타 불가항력적인 사태나 파업, 직장폐쇄로 인하여 업무가 중단된 기간 중에 만료되는 경우에 은행은 신용장에 의한 지급, 연지급약정, 환어음의 인수 또는 매입을 하지 않으며 이러한 경우 은행은 책임이 없다.

| 참고 |

선적일자가 은행의 휴업일인 경우 선적기일은 연장되지 않는다.

최종 선적일자가 신용장에 명시되어 있지 않은 경우 신용장에 명시된 유효기일보다 늦은 선적일자가 표시된 운송서류는 거절한다.

(2) 서류의 제시기간

모든 신용장은 서류제시를 위한 유효기일의 명시에 추가하여 신용장 조건에 따라 지급, 인수 또는 매입을 위하여 선적일 이후 서류를 제시하여야 할 특정기간을 명시하여야 한다. 그러나 어떠한 경우에도 신용장 유효기일 이내에는 서류가 제시되어야 한다.

가. 제시기간이 필요한 이유

수출상은 신용장의 유효기일이 경과하지 않았다 하여 물품을 선적한 이후 무한정 서류의 제시를 유보해서는 안 된다. 선적일 이후 서류의 제시가 장기간 유보된 경우에는, 수입상은 화물의 도착 전에 제3자에게 전매하기가 어려울 뿐만 아니라 화물의 도착 후에도 서류가 없어 화물을 수령하는 데 큰 불편을 겪게 된다.

나. 제시기간이 명시되지 않은 경우

신용장에서 서류제시에 대한 특정기간의 명시가 없는 경우 운송서류는 늦어도 선적일 후 21일 이내에 제시하여야 하며, 그 이후에 제시되는 서류는 수리거절 된다.

다. 제시기간의 최종일이 은행의 휴업일인 경우

제시기간의 경우에도 휴업일에 이은 최초 영업일까지 자동 연장된다(신용장 통일규칙 29조).

라. 서류의 제시시간(Hours of Presentation)

서류가 하루 중에서도 지정된 은행의 영업시간의 이전 또는 이후에 제시된 경우에

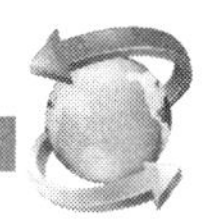

는 은행은 이러한 서류를 수리하여야 할 의무가 없다. 또한 서류의 제출자는 은행에게 이러한 서류를 수리할 것을 강요할 수 없다. 따라서 신용장의 유효기일 또는 서류의 제시기한도 그 만기일의 자정까지가 아니라 지정된 은행의 내부규정에 따른 일상적인 업무시간이 마감될 때까지를 의미한다.

(3) 선적과 관련된 용어의 해석

가. 분할선적(partial shipment)

분할선적이란 신용장에서 요구하는 물품을 2회 이상 나누어 선적하는 경우를 말한다. 예를 들면 신용장에서의 요구수량이 100M/T인 경우 70M/T 과 30M/T 또는 60M/T과 40M/T 등으로 나누어 싣는 것을 의미한다.

① 신용장에서 분할선적에 대한 언급이 없는 경우

분할선적은 허용되며 분할선적에 의한 어음의 분할발행도 허용된다.

② 분할선적으로 간주되지 않는 경우

- 해상운송이나 해상운송을 포함한 복합운송인 경우
  문면상 동일운송수단 및 동일항로에 의하여 선적되었음을 표시하고 있는 운송서류이면 상이한 선적일자를 나타내고 있거나, 상이한 적재항, 상이한 수탁지를 표시하고 있더라도 분할선적으로 간주되지 않는다.
- 우편 또는 특사배달에 의한 선적의 경우
  우편수취증(post receipt)이나 특사수취증(courier's receipt)이 신용장에서 물품이 발송되도록 규정된 장소에서 동일자로 접수인이 날인 또는 서명되어 있으면 여러 개의 우편수취증이나 특사수취증이 발행되더라도 분할선적으로 간주되지 않는다.

③ 수 회차에 걸쳐 선적이 이루어진 경우의 선적일

운송서류상에 화물이 여러 선적항이나 수탁지 또는 발송지에서 서로 다른 일자에 동일한 운송수단에 수차에 걸쳐 선적되어 동일한 항로를 따라 동일한 목적지로 향하는 것으로 기재된 경우에는, 신용장이 요구하는 '선적일'을 결정하기가 애매할 수 있다. 따라서 이러한 경우에 선적일의 기준은 여러 운송서류상에 기재된 각각의 선적일자들 중에서 최종의 것을 선적일로 간주한다.

나. 할부선적(instalment shipment)

분할선적의 일종으로 일정기간 내에 일정량의 물품을 선적하도록 하는 방법이다.

할부선적은 분할선적과는 달리 지정된 기간 이내에 특정한 할부선적분을 반드시 선적하여야 한다.

예 January - 100 M/T
February - 200 M/T
March - 300 M/T

① 어느 한 회차의 할부선적을 이행하지 못한 경우

신용장에서 달리 명시가 없는 한 이행하지 못한 회차 뿐만 아니라 그 이후의 잔여분에 대하여도 신용장은 무효가 된다.

② 할부선적분 내에서의 분할선적

특정 할부선적분에 대한 분할선적은 신용장에서 특별히 금지하지 않는 한 허용된다.

다. 환적(transhipment)

환적이란 적재항(출발공항), 발송지 또는 수탁지로부터 양륙항(도착공항) 또는 목적지까지의 운송 도중 운송수단을 바꾸어 재적재하는 것을 의미한다.

신용장에서 환적에 대한 명시가 없는 경우 환적은 금지되는 것으로 해석한다.

(4) 선적일과 관련된 용어

가. 선적에 관한 용어

신용장에서 선적기일을 정하거나 최초 또는 최종 선적일을 명시하는 데 사용되는 Shipment(선적)의 표현은 다음과 같다.

- loading on board(본선적재) : 해상운송의 경우 사용
- dispatch(발송) : 항공운송의 경우 사용
- accepted for carriage(운송을 위한 인수) : 철도, 도로 운송에 사용
- date of post receipt(우편수령일) : 우편발송의 경우 사용
- date of pick-up(접수일) : 특사배달의 경우 사용
- taking in charge(수탁) : 복합운송의 경우 사용

나. 신용장에서 선적일과 관련하여 억제되는 용어

prompt(신속히), immediately(즉시), as soon as possible(가능한 빨리) 또는 이와 유사한 표현은 사용해서는 안되며, 그러한 표현이 사용된 경우 은행은 이를 무시한다.

다. on or about의 해석

선적일을 정함에 있어 "on or about"가 사용된 경우, 명시된 일자 이전 5일과 이후 5일 간의 기간 중에, 즉 양쪽의 5일째 날을 포함하여 총 11일간 중에 선적을 이행하는 것으로 해석한다.

(5) 선적기간과 관련된 용어

- to, until, till, from : 기재된 일자를 포함하는 것으로 해석한다.
- after : 기재된 일자를 제외하는 것으로 해석한다.
- beginning : 해당 월의 초순 → 1일부터 10일까지를 의미한다.
- middle : 해당 월의 중순 → 11일부터 20일까지를 의미한다.
- end : 해당 월의 하순 → 21일부터 말일까지를 의미한다.
- first half : 해당 월의 1~15일까지를 의미한다.
- second half : 해당 월의 16일~말일까지를 의미한다.

(6) 수량, 금액 및 단가에 관한 용어(Allowances in Credit Amount, Quantity and Unit Price)

가. about, approximately 등의 해석

신용장에 표시되어 있는 수량, 금액, 단가 등에 상기와 같은 용어가 사용되었을 때에는 상하 10%의 상하편차가 허용되는 것으로 해석한다.

예를 들어 "about USD 100,000"라고 표시한 때에는 상한차 USD110,000 하한차 USD 90,000까지 허용한다.

| 참고 |

수량에만 "about" 등이 있고 금액에 동 표시가 없는 경우에는 수량만 10% 상하편차가 허용되며, 금액은 10%의 상하편차가 인정되지 않음을 유의하여야 한다.

나. 상품수량의 5% 과부족(More or Less) 허용

물품의 성질에 따라서는 신용장에 명시된 물품의 수량을 정확하게 선적하는 것이 현실적으로 불가능하거나 매우 어려운 경우가 있다. 이러한 경우 화물의 성질상 수량의 과부족이 필연적으로 발생되는 경우 5%의 과부족이 허용된다.

⇒ 5% 과부족(More or Less)허용 조건 대상

- 대상화물 : 곡물, 광물과 같은 산적화물(bulky cargo)
- 신용장에서 수량의 과부족을 금지하는 문언이 없어야 됨.
- 신용장 금액을 초과하지 않아야 한다.
- 신용장에서 상품의 수량이 포장단위 또는 개개의 품목(drums, boxes, dozens, set)등으로 명시된 경우는 과부족 조항이 허용되지 않음.

다. 어음의 5% 감액발행 허용

신용장에서 분할선적을 금지하고 있으며 별도의 명시가 없는 경우 신용장에 명시된 물품이 전량 선적되고 신용장에 명기된 단가를 그대로 적용한 경우 5% 이내에서 어음의 감액발행이 허용된다.

예 가격조건이 CFR, CIF인 경우로 신용장 개설시까지 보험료 또는 운임이 결정되지 않아 추정금액으로 신용장이 개설된 경우

→ 선적서류 매입신청시 보험료 또는 운임이 확정된 경우 신용장에서 요구하는 물품의 수량, 단가가 일치한다 하더라도 보험료 또는 운임으로 인하여 신용장 금액과 불일치하는 경우가 발생될 수 있는데, 이 경우 5% 이내에서 어음의 감액발행을 허용한다.

4. 환어음(Bill of Exchange)

(1) 환어음의 의의

환어음(Bill of Exchange)이란 채권자인 어음의 발행인(drawer)이 채무자인 지급인(drawee)에 대하여 일정기일에 일정한 장소에서 어음상에 기재된 금액을 어음의 소지인 또는 지시인에게 무조건 지급할 것을 위탁하는 요식증권이다.

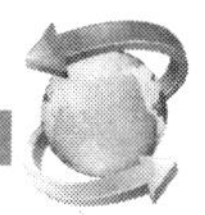

환어음이 신용장조건에 의하여 운송서류 등과 함께 발행되면 화환어음(Documentary Bill of Exchange)이고, 운송서류 등이 첨부되지 않은 것은 무화환어음(Clean Bill of Exchange), D/A, D/P 계약서에 의하여 발행되는 환어음을 추심어음(Bill of Documentary Collection)이라고 한다.

신용장거래에 있어서 지급신용장은 환어음이 필요치 않으나 매입신용장이나 인수신용장은 환어음 사용이 필수적이다.

환어음은 통상 2통이 발행되고 그 중 어느 하나가 결제되면 나머지는 자동적으로 효력을 잃게 된다.

(2) 환어음의 기재사항

환어음은 요식증권이므로 반드시 일정한 형식을 갖추어야 한다. 어음상의 권리는 무인적이며 추상적인 권리이므로 다른 증권보다 특히 엄격한 형식을 요구하고 있다.

어음의 기재사항으로는 필수기재사항과 임의기재사항이 있다. 특히 필수기재사항은 그 중 어느 하나라도 누락이 되면 어음으로서의 법적 효력이나 구속력을 갖지 못하게 된다. 환어음의 기재사항에 대해서는 제2부 제7장을 참고하기 바란다.

(3) 환어음의 심사사항

신용장에서 명시하고 있는 환어음에 관한 사항은 일반적으로 발행인, 지급인, 지급기일 그리고 어음금액에 관한 사항이다. 그러나 환어음의 기재사항에는 필수기재사항이 있으므로 매입은행은 환어음에 관한 신용장조건과 어음법상 필수기재사항도 아울러 점검하여야 한다.

환어음에 관하여 매입은행이 심사하여야 할 주요 사항은 다음과 같다.

① 어음의 발행일이 신용장유효기일 이내인가.

② 어음금액이 신용장금액이나 신용장잔액을 초과하지 아니하며 상업송장금액과 일치하는가.

③ 어음금액은 정확하게 표시하고 있으며, 숫자나 문자로 표시하는 금액은 서로 일치하는가.

④ 발행인의 서명날인이 제출된 서명감과 일치하는가.

⑤ 신용장에서 요구하는 환어음의 통수를 전부 갖추어 제시되었는가.

⑥ 기한부어음인 경우 기간 또는 기한은 정확히 표시 또는 설정되었는가.

⑦ 신용장개설은행명, 개설일자와 지급인의 기재는 정확한가.

⑧ 신용장에서 어음면에 특별한 기재를 요구하는 경우 그 문언의 기재가 되어 있는가.

⑨ 어음은 타신용장과 병행하여 발행된 Joint draft가 아닌가.

Joint draft란 2건 이상의 신용장에 근거하여 발행된 1건의 어음으로서 신용장에 수권이 없는 한 수리할 수 없으며, 신용장에서"Combined shipment with other credits are acceptable"과 같은 표시가 있는 경우에는 하나의 어음으로 발행할 수 있다.

5. 상업송장(Commercial Invoice)(신용장 통일규칙 제18조 참조)

상업송장은 일반적으로 수출상이 수입상에게 거래상품의 중요내용을 상세히 명시한 송화명세서이며, 상품의 품명, 하인, 수량, 단가, 금액, 가격조건, 선박명, 선적항, 도착항 및 제 비용 등, 가격 구성요소를 구체적으로 명시한 매매계산서이고 대금청구서이다.

상업송장은 선하증권과 같은 유가증권으로서의 청구권을 표시하는 것은 아니지만, 매매 계약의 이행을 입증하는 자료로서 선적서류를 구성하는 기본서류의 하나로 모든 신용장에서 요구하고 있다.

(1) 상업송장의 발행인과 피발행인

상업송장의 발행인은 신용장이 양도된 경우를 제외하고는 반드시 신용장에 지정된 수익자에 의하여 발행되어야 한다. 그리고, 신용장에 별도의 명시가 없는 한 신용장개설의뢰인 앞으로 작성되어야 하며 서명을 필요로 하지는 않는다.

(2) 상업송장의 상품명세

상업송장의 상품명세는 신용장의 명세와 일치하여야 한다.

실제로 인도된 물품이 매매계약에 일치한다 하더라도 상업송장에 명시된 물품의 명세가 신용장의 명세와 일치하지 아니하거나 불명확한 경우 은행은 이를 거절할 수밖에 없다. 그러나 상업송장의 자자구구까지 동일하여야 하는 것을 의미하지는 않는다. 은행은 국제적인 표준은행 관행에 따라 신용장조건에 일치한다고 인정하는 경우에 이를 수리한다. 신용장에 표시되어 있지 아니한 문언이 상업송장에 추가되었다 하더라

도 그 기재된 내용이 상품명세의 내용을 해하지 아니하는 경우에는 신용장조건에 불일치되는 것으로 보지 않는다.

신용장에 인칭대명사를 사용하여 상품명세를 기재하는 예가 있는데, 다음과 같은 경우가 그것이다.

"Industrial Machine as per beneficiary's offer sheet No 123 dated Apr. 10, 20××."

위의 예에서 "beneficiary"를 상업송장에서 대명사로 표현하는 경우"our"로 기재하여야 한다.

(3) 신용장금액 초과 작성된 상업송장

신용장에 별도의 명시가 없는 한 은행은 신용장에서 허용된 금액을 초과한 금액으로 발행한 상업송장을 거절할 수 있다.

상업송장 금액은 원칙적으로 신용장금액의 범위 내에 있어야 한다. 그러나 신용장의 가격조건은 FOB이나 수입자의 요청에 의하여 수출자가 미리 운임을 지급하거나 보험에 부보를 한 경우에는 상업송장금액이 신용장금액을 초과하게 된다. 또한 수량에 대하여 과부족이 인정되는 물품을 선적하게 되는 경우 초과선적을 하는 때에는 송장금액이 신용장금액을 초과하게 된다.

신용장금액을 초과하여 작성된 상업송장이 제시되는 경우 매입은행은 그러한 서류를 수리하든가 거절하든가 하는 선택권을 행사할 수 있다. 만약 매입은행이 선택권을 행사하여 그 서류를 수리하였다면 다른 모든 당사자들은 그에 따라야 한다. 그러나 이 경우 매입은행은 신용장금액을 초과하는 부분에 대하여는 매입을 하지 않아야 한다.

따라서 상업송장금액이 신용장금액을 초과 작성되어 제시된 경우 매입은행은 신용장에서 허용된 범위 내에 해당하는 금액에 대해서만 매입하고 초과금액과 관련해서는 서류송부장(Transmittal Letter)에 그 내용을 명시하여 추심하고 나중에 개설은행으로부터 동 대전이 입금되면 고객에게 지급한다.

(4) 상업송장의 심사사항

- 상업송장의 상품명세는 인칭의 경우를 제외하고는 신용장에 기재된 내용과 일치하는가.

• Shipping Mark(하인)는 선하증권 및 기타 서류의 것과 일치하는가.
• 신용장의 수익자에 의하여 개설의뢰인 앞으로 작성되어 있는가.
• 상업송장금액은 신용장금액범위 내이고 수량, 단가, 가격조건은 신용장조건과 일치하는가.
• 일반적인 기재사항의 누락은 없으며 운송서류, 보험서류 등 다른 서류의 기재내용과 상호 모순되는 것은 없는가.
• 상업송장에서 증명 또는 사증을 요구하는 경우 동 기재가 있는지 확인한다.

Ⅰ참고Ⅰ

신용장에서 Visaed, Legalized 또는 Notarized Document를 요구하면 다음과 같은 조치를 취하여야 한다.

• Visaed : 일반송장에 영사가 서명
• Legalized : 송장 및 B/L에 영사가 서명
• Notarized : 송하인이 서명한 서류에 상공회의소의 서명이 있어야 하고 이를 정당한 것으로 인정하는 영사의 서명이 있어야 한다.

6. 운송서류

운송에는 크게 해상운송, 육상운송, 항공운송 및 복합운송이 있으며, 운송방법에 따라 운송서류의 종류도 달라지게된다.

신용장 통일규칙 제19조에서 제25조까지는 운송서류를 다음과 같이 7가지 종류로 구분하고 각각의 서류에 대하여 수리요건을 규정하고 있으며, 이들 운송서류에 대한 자세한 설명은 제2부 제7장 서류에서 이미 하였으므로 참고하기 바라며 여기에서는 서류심사에 관한 내용을 보충 설명한다.

• 해상 선화증권(Marine/Ocean Bill of Lading)
• 비유통성 해상화물 운송장(Non-Negotiable Sea Waybill)
• 용선계약 선화증권(Charter Party Bill of Lading)
• 복합 운송서류(Multimodal Transport Document)
• 항공 운송서류(Air Transport Document)

- 도로, 철도 또는 내수로 운송서류(Road, Rail or Inland Waterway Transport Documents)
- 특사배달 및 우편수취증(Courier and Post Receipts)

은행에 제시되는 운송서류의 수리여부는 당해 신용장에 명시된 조건의 충족여부에 의하여 결정되며, 신용장에 별도의 명시가 없는 경우에는 신용장 통일규칙에서 분류된 운송 서류의 종류에 따라 해당 운송서류의 수리기준에 의하여 그 수리여부가 결정된다.

(1) 해상 선화증권(신용장 통일규칙 제20조 참조)

해상선화증권(Marine/Ocean Bill of Lading)이란 화주와 선박회사간의 해양운송계약에 의하여 선박회사가 발행하는 유가증권이다. 즉, 선화증권은 선박회사가 화주로부터 운송위탁 받은 화물을 목적지의 양륙항까지 운송하여 그 증권의 소지자 또는 지시인에게 증권과 상환으로 운송화물을 인도할 것을 약속하는 증권이다. 따라서 선화증권은 선적화물을 대표하는 유가증권이므로 인도나 배서에 의하여 양도될 수도 있고 그 증권을 소지함은 화물 자체를 소유하고 있는 것과 동일한 효과를 갖는다.

이러한 선화증권의 특성으로 선적서류 매입시 선화증권의 모든 발행부수(FULL SET : 일반적으로 원본 3통이 발행됨)가 제시되었는지 확인해야 하며 만약 원본 발행부수가 일부 미 제시되었다면 매입은행의 수출화물의 채권보전상 문제시될 수 있으므로 반드시 그 원인을 확인해야 하며 매입에 신중을 기하여야 한다.

가. 선화증권의 발급 절차

일반적으로 해상운송의 경우 수출화물이 준비되면 보세구역에 반입하고 세관에 수출신고를 하게 되고 수출신고가 끝나면 선적을 하게 된다.

수출화물을 선적하려면 먼저 선박회사로부터 본선의 선장 앞으로 보내는 당해 화물의 선적을 지시하는 선적지시서(Shipping Order: S/O), 화물인수목록 등을 교부 받아 선적을 하게 되며, 화물의 수령자인 본선에서는 선장을 대신하여 일등항해사가 본선수취증(Mate's Receipt: M/R)을 발행해 주는데, 이때에 수량, 포장상태 등에 이상이 있으면 본선수취증의 Remark 란에 그 사항을 기재하고 기명 날인하게 된다.

수출상은 본선수취증을 선박회사에 제시하고 선화증권(Bill of Lading)을 발급받는다.

나. 해상선화증권의 수리요건

신용장이 운송서류로서 해상선화증권을 요구한다면 신용장에 달리 명시하지 않는 한 문면상 운송인(carrier)의 명칭이 표시되고 다음의 요건에 적합한 서류는 수리한다.

첫째, 운송인 또는 운송인을 대리하거나 대표하는 기명의 대리인(a named agent), 또는 선장, 선장을 대리하거나 대표하는 기명의 대리인에 의하여 서명되거나 달리 증명된 서류, 이때 운송인이나 선장의 서명 또는 진정성 표시는 경우에 따라 운송인 또는 선장임을 밝힐 수 있는 것이어야 한다. 또한 운송인이나 선장을 대리하여 서명을 하거나 진정성을 표시하는 대리인도 그가 대리하고 있는 당사자인 운송인 또는 선장의 명칭과 자격을 표시하여야 한다. 신용장 통일규칙 [부록] ICC Position Paper No 4에 의하면 운송서류의 서명은 다음과 같은 기준으로 표시되어야 한다.

① 운송인의 명칭은 서류의 앞면에 표시되어야 한다.

여기서 서류의 앞면이란 상품명세, 선박명 등이 기재된 면을 말하고 뒷면이란 운송약관이 기재된 면을 말한다. 은행은 운송인이 서류 뒷면에 기재되었더라도 앞면에 운송인의 명칭이 기재되지 않은 서류는 수리거절 한다.

② 운송인(carrier)이라는 단어가 운송인 명칭을 표시할 때 이미 사용되어지면 서명란에 다시 운송인이라는 단어를 사용할 필요가 없다.

즉 자신이 운송인이라는 것을 표시하는 방법으로 운송서류 제일 상단(heding)에 (예컨대 ABC Lines, carrier) 표시하거나, 운송인이라는 표시가 있는 란에 운송인 명칭을 기재하거나, 서류발행자가 운송인이라는 문구를 서류 앞면에 기재하는 방법 등을 인정하였다.

▌B/L 견본(운송인을 ABC Lines라고 가정하여 운송서류 제일 상단에 표시)▐

ABC Lines Carrier .... ABC Lines by 서명

③ 운송인의 대리인(agent)이 서명한 서류에는 대리인 명칭과 운송인의 명칭이 다음과 같은 방법 중의 하나와 같이 표시되어야 한다.

여기서 운송인을 XYZ shipping, 대리인을 ABC Co, Ltd로 가정한다.

㉠ 운송서류 앞면에 "Carrier"(운송인)라는 용어가 사용되지 않은 경우

ABC Co., Ltd
as agent for(또는 on behalf of)
XYZ Shipping, carrier
서 명(signature)

㉡ 운송인 명칭을 서류 앞면에 기재할 때"Carrier"(운송인)라는 용어를 사용한 경우에는 다음 중 하나로 표시하면 된다.

ABC Co., Ltd
as agent for (on behalf of)
XYZ Shipping, carrier
서 명 (signature)

ABC Co., Ltd
as agent for (on behalf of)
XYZ Shipping
서 명 (signature)

ABC Co., Ltd
as agent for(on behalf of)
the above named carrier
시 명 (signaturc)

ABC Co., Ltd
as agent for(on behalf of)
the carrier
서 명 (signature)

㉢ 선장 또는 선장의 대리인에 의한 서명
선장이 서명한 서류에는 반드시 선장의 이름을 기재할 필요가 없다. 서류에 선장의 대리인이 서명할 때에는 선장의 대리인 명칭이 다음과 같이 표시되어야 한다.

ABC Co., Ltd
as agent for(on behalf of) Master
서 명 (signature)

둘째, 상품이 기명된 선박(a named vessel)에 본선적재 또는 선적되었음을 표시하여야 한다. 수취 선화증권은 본선적재 부기(on board notation)가 있어야 하며, 그렇지 않으면 선적 선화증권을 사용하고 있어야 한다. 그러나 선적선화증권을 사용하였더라도 적재선박명이 불명료하거나 적재선박대체유보문언(shut-out clause)이 있는 경우에는 별도로 본선적재 부기가 있어야 한다.

여기서 "기명된 선박"이란 개설의뢰인이 선박을 지명하여야 한다는 뜻은 아니고 선화증권에 선박명을 표시하여야 한다는 뜻이다.

본선적재 부기 요건은 상품이 본선에 적재되었다는 뜻과 본선적재일자를 표시한다는 것이다. 종전의 통일규칙에서 요구하였던 운송인 또는 그 대리인의 정식 또는 약식서명이라는 요건은 삭제되었다. 서명요건을 5차 개정에서 삭제한 이유는 선화증권 발행자란(issuance box)의 서명과 본선적재부기 또는 본선적재(on board box)란의 서명의 일치성 여부를 은행실무자가 확인하는 것이 상당히 어렵고(왜냐하면 그것은 모양의 유사성(graphic similarity between image)을 확인하는 것이기 때문이다), B/L 발행권자와 본선적재 부기권자가 다를 수도 있으므로 서명이 불일치하다고 하여 서류를 수리 거절할 수 있느냐에 의문이 있으며 B/L의 다른 부기, 예컨대 운임 선지급(freight prepaid)부기에는 서명을 요구하고 있지 않기 때문이다.

선화증권에 "예정된 선박"이라는 표시가 있었다면 상품이 "예정된 선박"으로 지명된 선박에 적재되었다 하더라도 본선적재 부기에 상품이 적재된 선박명을 추가로 표시하여야 한다.

선화증권이 선적항과 다른 인수 수탁지를 표시하고 있으면 본선적재표시는 상품이 선화증권에 표시된 선박에 적재되었더라도 신용장에 명시된 선적항과 상품이 적재된 선박명을 포함시켜야 한다. 이 규정은 선박에의 본선적재가 선화증권상에 사전 인쇄된 문언으로 표시된 경우에도 적용된다. 우리나라에서는 복합운송증권을 포함하여 수취식 선화증권에 기재된 선적항과 선박에 선적되는 것이 당연시되고 있으나, 유럽 등지에서는 내륙에서 화물을 수탁받은 경우, 당초에는 독일에서 선적이 예정되었더라도 이탈리아에서 선적되는 일이 있는 것과 같이 예정 선적항과 다른 곳에서 선적되는 일이 있어, 신용장에서 해상 선화증권을 요구하면 선적사실을 확실하게 증명할 필요가 있어 이와 같이 규정하게 되었다.

셋째, 신용장에 명시된 선적항과 양륙항의 표시는 다음 사항에 구애받지 않는다.

(가) 선적항과 다른 수탁지 또는 양륙항과 다른 최종목적지를 표시하고 있는 경우, 신용장의 선적항 및 양륙항과 운송서류상의 선적항 및 양륙항은 반드시 일치하여야 한다.

예를 들어 선적항 부산, 양륙항 시애틀인 해상선화증권을 요구하는 신용장에서 선적항인 부산에서부터 양륙항인 시애틀까지 해상운송될 것임을 표시하고 있으면 수탁지가 선적항과 다른 서울, 최종 목적지가 양륙항과 다른 시카고로 표시된 운송서류를 수리할 수 있다.

(나) 서류에 L/C에서 명시한 선적항 또는 양륙항을 별도로 표시하고 있으면 선적항 또는 양륙항에 "예정된 intended"라는 표시가 있는 것.

넷째, 단일의 원본 선화증권 또는 원본이 2통 이상으로 발행된 경우에는 발행된 원본 전통이 제시되어야 한다.

다섯째, 약식 선화증권(short form B/L, blanked back B/L)도 수리할 수 있다. 단, 약식 선화증권이 수리되려면 운송조건의 전부 또는 일부가 운송서류 자체 이외의 자료 또는 서류에 근거하고 있다는 문구가 운송서류에 표시되어 있어야지 전혀 아무런 언급이 없으면 약식선화증권에 속하지 않기 때문에 수리 거절된다는 점에 유의하여야 한다.

여섯째, 용선계약에 따른다는 어떤 표시도 포함하지 않는 서류

⇒ 수리거절되는 선화증권 : 용선계약 선화증권, 범선 선화증권

(2) 비유통성 해상화물운송장(신용장 통일규칙 제21조 참조)

해상화물 운송장(Sea waybill)은 해상운송 또는 해상운송을 포함하는 복합 운송서류로서 사용될 수 있는 기명식 비유통증권으로 해상운송을 Cover하는 서류라는 점에서 항공화물 운송장(Air WayBill)과 다르나 항공화물 운송장과 거의 같은 화물수취증으로 운송인과 송하인간의 운송계약을 증명하는 서류이다.

해상 선화증권과의 차이점은 해상 선화증권이 유가증권인 데 반하여 해상화물 운송장은 단순한 운송화물의 수취증에 불과하고, 해상선화증권은 물품의 수하인(Consignee)을 지시식 또는 소지인식으로 기재할 수 있기 때문에 배서 또는 교부에 의하여 권리를 양도할 수 있으나 해상화물운송장에 있어서는 수하인을 기명식으로만 기재하게 됨으로써 배서 또는 교부에 의하여 물품에 대한 권리를 양도할 수 없다.

신용장이 운송서류로서 해상화물 운송장을 요구하는 경우 수리요건은 해상 선화증권을 요구할 때와 같다.

(3) 용선계약 선화증권(신용장 통일규칙 제22조 참조)

용선계약 선화증권이란 화물의 적재선박이 다른 선주로부터 빌린 선박인 경우에 발행되는 선화증권을 말하며, B/L뒷면에 약관이 기재되지 않는 약식선화증권양식을 사용

하는 경우가 많다. 용선은 대개 원유, 철광석, 석탄, 곡물 등의 대량화물(bulk cargo)을 수송하는 경우에 주로 많이 이용된다. 신용장에서 용선계약 선화증권(Charter Party Bill of Lading)을 요구하거나 허용한 경우 은행은 신용장에 달리 규정하지 않는 한, 그 명칭에 관계없이 다음과 같은 서류를 수리한다.

㉠ 용선계약에 따른다는 어떤 표시를 포함하는 서류

㉡ 문면상 선장 또는 선장을 대리하거나 대표하는 기명의 대리인, 선주 또는 선주를 대리하거나 대표하는 기명의 대리인이 서명했거나 달리 증명된 서류인 경우, 선장 또는 선주의 서명이나 진정성 증명은 경우에 따라 그것이 선장 또는 선주임을 밝힐 수 있는 것이어야 한다. 또한 선장이나 선주를 대신하여 대리인이 서명하거나 증명할 때에는 선장 또는 선주의 명의와 자격을 표시하여야 한다.

㉢ 물품이 기명의 선박에 본선적재 또는 선적되었음을 표시하고 있는 서류

㉣ 신용장에서 규정한 선적항과 양륙항을 표시하고 있는 서류

㉤ 단일의 원본선하증권 또는 원본이 2통 이상으로 발행된 경우 발행된 원본 전통으로 구성된 서류

(4) 복합 운송서류(신용장 통일규칙 제19조 참조)

가. 의의

복합 운송서류(Multimodal Transport Document)라 함은 2가지 서로 다른 운송방식에 의하여 물품의 수탁장소에서 최종목적지까지 운송되는 경우에 발행되는 운송서류로 "Combined Transport Document", "Combined Transport Bill of Lading", "Multimodal Transport Bill of Lading" 또는 "Intermodal Transport Bill of Lading" 등이 있다.

나. 복합 운송서류의 수리요건

신용장이 적어도 두 가지의 서로 다른 운송방식(복합운송)을 커버하는 운송서류를 요구하는 경우 신용장에 별도의 명시가 없는 한 그 명칭에 관계없이 다음의 서류를 수리한다.

㉠ 문면상 운송인의 명칭이 표시되고 운송인, 선장 또는 이들을 대리하거나 대표하는 기명의 대리인의 서명이 있거나 다른 방법으로 확인된 것으로 보이는 서류

㉡ 물품이 발송(dispatch), 수탁(taken in charge) 또는 본선적재(loaded on board)되었음을 표시한 서류

㉢ 신용장에 기재된 발송지, 수탁지, 선적지와 최종목적지를 명시한 서류
㉣ 단일의 원본복합운송서류 또는 원본이 2통 이상으로 발행된 경우에는 발행된 원본 전통으로 구성된 서류
㉤ 운송에 관한 배면약관이 있거나 또는 그 약관이 없는 약식의 서류
㉥ 용선계약에 대한 어떤 표시가 없는 서류

복합 운송서류를 요구하는 신용장이 환적을 금지하더라도 하나의 단일 복합 운송서류에 의하여 전운송이 커버되는 경우 환적이 되거나 환적될 수 있다(transhipment will or take place)라고 표시된 복합 운송서류는 수리된다.

(5) 항공 운송서류(신용장 통일규칙 제23조 참조)

가. 의의

항공 운송서류는 송화인과 운송인간에 운송계약의 체결로서 운송인이 송하인으로부터 운송을 위하여 화물을 수령하였다는 증거서류이다.

항공 운송서류는 항공회사가 화주 또는 혼재업자 앞으로 발행하는 항공화물 운송장(Master Air Waybill)과 혼재업자가 소량의 화물을 여러 화주로부터 수집하여 화주에게 발급하는 House Air Waybill이 있다.

| 참고 | 혼재업자(Consolidator)

화주로부터 소량의 화물을 수집하여 운송을 대행하는 중개업자로 화주에게는 House Air Waybill을 발급해주고 혼재업자는 항공사에 운송을 의뢰하게 되며, 이때 항공사로부터 Master Air Waybill을 발급받는다.

나. 수리요건

신용장이 항공 운송서류(Air Transport Document)를 요구한 경우 별도로 규정하지 않는 한 명칭에 관계없이 다음의 서류를 수리한다.

㉠ 운송인의 명칭과 함께 운송인 또는 기명의 대리인이 서명 또는 확인된 것으로 보이는 서류. 이때 운송인의 서명 또는 확인은 운송인임을 밝힐 수 있는 것이어야 한다. 운송인을 대리해서 서명하거나 증명하는 대리인도 그가 대행하고 있는

당사자인 운송인의 명칭과 자격을 표시하여야 한다.
ⓛ 물품이 운송을 위해서 인수되었음을 표시하는 서류
ⓒ 발행인을 표시하여야 하며, 신용장이 실제 발송일을 요구한 경우에는 그 발송일에 관해 명확히 표시한 서류
ⓔ 신용장에서 규정한 출발공항과 도착공항을 표시하고 있는 서류
ⓜ 신용장이 원본전통(Full set of original)을 요구하더라도 송하인(Consignor/Shipper)용으로 나타나 있는 서류
ⓗ 운송조건을 포함하거나 운송조건을 포함하는 다른 출처를 언급하여야 한다.

① House Air Waybill의 수리 여부

House B/L과 유사한 개념인 House Air Waybill은 운송중개인이 발행한 것으로 L/C에서 특히 허용하지 않으면 그 수리가 불가능하다. 그러나 House AWB을 발행한 운송중개인이 항공운송인 또는 그 대리인으로서 행동하고 있다는 표시가 있으면 수리할 수 있다.

② 항공운송장의 원본은 3통이 발행된다.

㉠ 원본1(운송인용) : 항공회사가 운임 등의 회계처리를 위하여 사용
ⓛ 원본2(수하인용) : 화물과 함께 목적지에 송부되어 화물의 식별에 사용
ⓒ 원본3(송하인용) : 항공회사가 출발지에서 송하인으로부터 화물을 수취하였다는 수취증 및 운송계약이 체결되었다는 증거서류로서 항공회사가 서명하여 송하인에게 교부하며 NEGO시 매입은행에 제출하는 원본이다.

다. 해상선화증권과의 차이점

항공화물운송장	해상선화증권
• 단순한 항공화물의 수취증이다	• 유가증권이다.
• 수하인을 기명식으로만 기재할 수 있기 때문에 배서나 교부에 의해서 수하인의 권리가 양도될 수 없다.	• 수하인을 지시식 소지인식으로 기재할 수 있기 때문에 배서나 교부에 의해서 수하인의 권리가 양도 가능하다.
• 수취식이다.	• 수취식인 경우도 있으나 일반적으로 본선적재식이다.

(6) 도로 · 철도 · 내수로운송서류(신용장 통일규칙 제24조 참조)

신용장이 운송서류로서 도로 · 철도 · 내수로 운송서류(Road · Rail · Inland Waterway Transport Documents)를 요구하는 경우 신용장에 달리 규정하지 아니하는 한 다음의 서류를 수리한다.

㉠ 운송인의 명의와 함께 운송인 또는 기명의 대리인이 서명, 수취스탬프 인 또는 부기의 방법으로 접수를 표시한 서류

㉡ 물품의 선적, 발송 또는 운송을 위하여 수취되었다거나 그러한 취지의 문언을 표시하고 있는 서류

㉢ 신용장에서 규정한 선적지 또는 도착지를 명시하고 있는 서류

(7) 특사배달 및 우편수취증(신용장 통일규칙 제25조 참조)

신용장이 특사배달영수증, 우편수취증 또는 우편발송증명서를 요구하는 경우 은행은 신용장에 달리 규정하지 않는 한 다음의 특사배달영수증, 우편수취증 또는 우편발송증명서를 수리한다.

㉠ 문면상 신용장에서 물품이 선적 또는 발송되도록 규정된 장소에서 스탬프 인이 날인되었거나 달리 서명된 서류

㉡ 집배 또는 수령일자를 표시한 서류

(8) 운송중개인발행 운송서류

신용장에 별도로 수권이 없는 경우 일반적으로 은행은 운송중개인(freight forwarder)이 발행한 운송서류를 다음의 경우에 한하여 수리한다.

㉠ 운송중개인의 명칭이 운송인 또는 복합운송인(multimodal transport operator)으로 표시되고 운송중개인이 운송인 또는 복합운송인으로서 서명하였거나 확인한 서류

㉡ 운송인 또는 복합운송인의 명칭을 표시하고 운송인 또는 복합운송인을 대리하거나 대표하는 기명의 대리인으로서의 운송중개인이 서명했거나 확인한 서류

따라서 제시된 운송서류가 FIATA CT B/L이라 하더라도 신용장이 운송중개인발행 운송서류를 특별히 허용하지 않는다면 수리거절되며, 최소한 다음의 요건을 구비하여야 한다.

운송인으로 행동한다(Acting as carrier) 또는 복합운송인으로 행동한다(Acting as a multimodal transport operator)는 표시가 되어 있거나 운송인 또는 복합운송인의 명칭을 표시하고 있으면서 운송인의 대리인으로서 행동한다(Acting as agent for the Carrier)는 표시가 되어 있거나 복합운송인의 대리인으로서 행동한다(Acting as agent for the multimodal operator)는 표시가 있어야 한다.

(9) 운송서류의 일반적인 심사사항

① 신용장에서 요구하는 발행된 전통(Full Set)이 제시되었는지 점검한다.
② 운송인(Carrier) 또는 대리인(Agent)의 서명과 내용정정시 정정인이 있는지 점검한다('해상 선화증권 수리요건' 참조).
③ 물품이 기명된 선박에 본선적재 또는 선적되었음을 표시하고 있는지 점검한다.
④ 백지배서(Blank Endorse)를 요구하는 경우 배서가 되어 있는지 점검한다.

| 참고 | 배서방법

선화증권상에 Consignee가 "To order", "To Order Of Shipper" 또는 "Blank endorsed"인 경우
B/L 뒷면에 수출상의 명판을 날인함.

⑤ 수하인(Consignee) 및 통지처(Notify Party)의 표시가 신용장 조건과 일치하는지 점검한다.

수하인의 표시

• Order B/L(지시식 선화증권) : 수하인란에 "To order" 또는 "To order of shipper"로 표시된 단순지시식으로 발행되는 것과 "To order of xx Co.,(or Bank)"와 같이 특정인을 표시하는 기명지시식으로 발행되는 경우도 있다.
• Straight B/L(기명식 선화증권) : 수하인란에 "Consignee To ~", "Consignee ~"로 표시하여 화물을 지정된 화물수취인에게만 인도하도록 지시하여 발행되는 선화증권이다.

통지처(Notify)

선박회사는 화물이 도착항에 도착하면 도착통지(Arrival Notice)를 하게 되는데 통지할 수 있는 상대방을 B/L상에 기재하게 되며 신용장에 별도 명시가 없는 한 일반적으로 수입상을 통지처로 기재한다.

⑥ 선적항, 도착항, Shipping Line 등이 신용장 조건과 일치하는지 점검한다.
⑦ 운임지급 조건의 표시가 신용장 조건과 부합하는지 점검한다.

참고

가격조건의 표시

가격조건이 CFR, CIF 또는 CIP인 경우 : Freight Prepaid
가격조건이 FOB, FAS인 경우 : Freight Collect

추가운임 부담조건

Berth(Liner) Term : 선적 · 양륙비용 모두 선주부담
Fl(Free In) : 선적비용 - 화주부담, 양륙비용 - 선주부담
FO(Free Out) : 선적비용 - 선주부담, 양륙비용 - 화주부담
FIO(Free In & Out) : 선적 · 양륙비용 모두 화주부담

⑧ 환적, 분할선적 및 할부선적은 신용장조건과 일치하는지 점검한다.
⑨ 신용장에 명시된 선적기일 이내에 선적되고, 상품의 수량 및 용적이 신용상소선과 일치하는지 점검한다.
⑩ 고장부 선하증권(Foul B/L)은 아닌지 점검한다.
B/L 상에 상품 및 포장에 하자가 표시되어 있는지 점검
⑪ 제시기일이 경과된 B/L (Stale B/L)은 아닌지 점검한다.
서류제시기간 내에 제시되고 있는지, 아무런 명시가 없으면 선적일 후 21일 이내에 제시되고 있는지 점검한다.

| 참고 | 서류제시기간

• 운송서류를 요구하는 모든 신용장은 서류의 제시를 위한 유효기일의 명시에 추가하여 신용장조건에 따라 서류가 제시되어야 할 특정기간을 명시하여야 한다.
서류의 제시기간이 명시되지 않는 경우에는 선적일 후 21일 이내에 제시되어야 한다.

• 물품의 선적일자 : 서류제시기간의 기산 기준이 되는 선적일자임
- 해상운송서류 : 상품이 선박에 본선적재 또는 선적되었다는 내용을 선화증권상의 사전 인쇄된 문언으로 증명하는 운송서류의 발행일자는 본선적재일자나 선적일자로 간주, 그밖의 경우에는 본선적재부기일(Date of On Board Notation)
- 복합운송서류 : 발송, 수탁 또는 본선적재 문언이 복합운송 서류에 표시된 경우에는 그 발행일자를 발송, 수탁 또는 본선적재 일자로 간주하고, Stamp나 기타 다른 방법에 의하는 경우에는 그 날짜를 선적일로 간주
- 항공운송서류 : 실제 발송일자를 요구한 경우에는 발송일자를 그 밖의 경우에는 항공운송서류 발행일
- 도로, 철도 또는 내수로 운송서류 : Stamp가 찍혀 있으면 수취 Stamp 일자, Stamp가 찍혀 있지 않으면 발행일자
- 특사배달 또는 우편수취증 : 집배(Pick-Up), 수취 또는 그러한 취지의 문언이 기재된 일자

⑫ 약식 선화증권(Short Form B/L), 후면공백 선화증권(Blank Back B/L)은 운송조건의 일부 또는 전부가 운송서류 자체 이외의 자료 또는 서류에 근거하고 있다는 문구가 운송서류에 표시되어야 하며, Charter Party B/L(용선계약 선하증권), 범선선적 선화증권, 갑판선적의 기입이 있는 선화증권은 신용장에서 허용하지 않으면 매입(수리)할 수 없다.

⑬ 선박, 선적항, 양륙항과 관련하여 "Intended"(예정된)의 표시가 있는 선하증권은 수리할 수 없다. 다만, 본선적재의 부기가 있고 실제 선적항, 양륙항이 표시되어 있는 경우와 복합운송에 최종 목적지가 양륙항 이외의 지점인 경우는 예외로 한다.

⑭ 기타 신용장 통일규칙의 제 조건에 불일치한 사항이 있는지 점검한다.

7. 보험서류

보험서류는 보험자가 보험기간 중 화물운송 도중에 발생할 수 있는 사고로 인하여

보험목적물에 손해가 발생하였을 경우에 그 손해를 전보할 것을 약속하고 피보험자는 그 대가로 보험료를 지불할 것을 약속하는 증서이다.

운송서류와 함께 선적서류를 구성하는 중요한 기본서류이므로 은행은 제시하는 보험서류의 형식, 발행인, 부보일자, 부보조건 등 그 내용을 면밀히 검토하여야 한다.

참고로 CIF, CIP 계약에서는 수출업자는 보험계약자, 수입업자는 피보험자가 되며, FOB, CFR 계약인 경우에는 처음부터 수입업자가 자기를 피보험자로 하여 보험자와 계약을 체결하므로 수입업자가 보험계약자 및 피보험자가 된다.

보험서류에 대한 자세한 설명은 제2부 제7장 서류를 참고하기 바란다.

(1) 부보위험

신용장은 요구하는 보험의 형태와 그 밖에 담보하여야 할 추가위험을 규정하여야 한다.

그리고 "Usual Risk(통상적 위험)" 또는 "Customary Risks(관례적 위험)" 등과 같은 불명확한 용어는 사용해서는 아니되며, 그런데도 불구하고 그런 용어를 사용한 경우에는 은행은 부보되지 아니한 어떠한 위험에 대하여도 아무런 책임이 없이 제시된 대로의 보험서류로 수리한다.

요구되는 부보위험은 런던해상보험협회(Institute of London Underwriters)가 정한 다음의 협회약관(Institute Clause)을 이용하여 표시하고 있으며, 이 밖에도 개별적인 특약에 의하여 각종의 특별위험을 부보하고 있다.

가. 협회적하약관(Institute Cargo Clause)

① Institute Cargo Clause(A) : 전위험담보조건(A/R)
(B)Clause + (B)Clause에서 Cover되지 않는 기타의 단독해손

② Institute Cargo Clause(B) : 분손담보조건(W.A)
(C)Clause + 기타의 단독해손(갑판유실 해수침손 등)을 담보

③ Institute Cargo Clause(C) : 분손부담보조건(F.P.A)
전손, 공동해손, 특정단독해손(침몰, 좌초, 화재, 충돌의 사고)를 담보

나. 협회전쟁약관(Institute War Clause)

다. 협회동맹파업약관(Institute Strikes Clause)

(2) 보험서류의 심사사항

① 보험증권면에 법적 기재사항의 누락은 없는지 점검

| 참고 | 법적기재사항

① 피보험자의 주소와 성명	② 선적항과 도착항
③ 선박명 및 국적	④ 보험기간을 정하였을 때는 그 시기와 종기
⑤ 보험금액과 그 지급지	⑥ 보험료
⑦ 보험의 목적물과 보험약관	⑧ 보험증권의 작성지와 작성일자

② 보험서류는 발행된 전통이 제시되고 보험회사, 보험인수업자 또는 그 대리인에 의하여 정당하게 발행된 것인지 점검

주의 가격조건이 수출자 부보조건(CIF, CIP 등)인 경우에는 보험서류가 제시되어야 한다.

③ 피보험자는 신용장의 수익자이며 배서는 정당하게 하였는지 점검

④ 부보각서(Cover Note)가 제시된 경우 신용장에서 특별히 허용되었는지 점검

⑤ 부보일자는 운송서류에 표시된 선적일자 이전 또는 동일자로 표시되었는지 점검

⑥ 보험금액은 신용장에서 요구하는 금액(동일 통화)으로 부보되어 있으며 부보금액은 신용장에서 요구한 금액으로 부보되어야 하나, 신용장에서 그 명시가 없는 경우에는 CIF 또는 CIP 가격의 110% 이상을 부보하였는지 점검

⑦ 선명, 출항예정일, 선적항, 양육항, 상품명, 수량 등 기타 제반 기재사항은 신용장조건과 일치하고 다른 서류와는 상치되지 않는지 점검

⑧ 보험의 담보범위 및 제 조건이 신용장에서 요구한 보험조건과 일치하는지 점검

8. 수출신고필증의 심사

수출신고필증은 선적서류의 매입시 신용장에서 요구하는 서류는 아니지만, 다음 사항을 중심으로 심사하여 제출한다.

- 수출신고필증 원본 여부를 확인한다.
- 수출신고필증상의 신고가격(수량 포함)과 상업송장과의 일치여부를 확인한다.
- 수출자, 위탁자, 품명, 도착국 등 타서류와의 내용과 일치여부를 확인한다.

참고 | 수출신고필증 원본제출의 예외

- EDI에 의거 출력한 수출신고필증 인정
  ⇒ 관세청에 등록된 EDI 수출입정보제공서비스 가입업체가 EDI에 의거 출력한 수출신고필증을 제출하는 경우 원본제출로 인정함.
- 선하증권이나 항공운송장 등에 의해 선적을 확인할 수 있는 경우에는 사본징구 가능

9. 기타 부속서류

운송서류, 상업송장 및 보험서류와 같은 기본서류 외의 서류를 부속서류라 하며 수입상은 자기의 이익 방어나 법규의 규정에 따라 필요한 서류를 신용장의 조건으로 요구하게 되는데 이들 서류는 각국의 관행 또는 계약에 따라 상이하다.

특히, 부속서류를 요구한 경우 부속서류가 서류 상호간 불일치되면 하자로 간주되므로 서류의 제반 기재사항 및 신용장조건과의 일치여부를 면밀히 점검하여야 한다.

(1) 포장명세서(Packing List)

상업송장의 부속서류로 선적화물의 포장단위별 명세와 단위별 중량, 용적 등이 기재되며, 수입 통관시에 반드시 제출하게 되는 서류이다.

수입상이나 세관에서 화물을 확인할 때 상업송장만으로는 포장단위의 내용과 중량을 정확히 알 수 없기 때문에 포장명세서는 상업송장의 보충서류로서 관례적으로 요구하고 있다.

심사사항 신용장조건에 일치하여야 하며, 특히 수량, 중량, 용적, 하인(Shipping Mark)등이 운송서류와 일치하는지 점검해야 한다.

(2) 영사송장(Consular Invoice)

수입국에서 수입세 징수시 기준이 되는 서류이다. 수입세 경감을 위하여 고의로 부정한 서류를 작성할 염려가 있으므로 일반적으로 수출국 주재 수입국의 영사가 작성하거나 사증을 받도록 요구하는 경우가 많다.

심사사항 - 신용장에서 요구한 대로 작성하였는지 점검
- 내용이 상업송장과 일치하는지 점검
- 신용장에서 Visaed, legalized 또는 Notarized Document를 요구하면 다음과 같은 조치를 취하여야 한다.
  - Visaed : 일반송장에 영사가 서명
  - Legalized : 송장 및 B/L에 영사가 서명
  - Notarized : 하송인이 서명한 서류에 공증인 또는 상공회의소의 서명이 있어야 하고, 이를 정당한 것으로 인정하는 영사의 서명이 있어야 한다.

(3) 세관송장(Customs Invoice)

세관송장은 통관송장 또는 관세송장이라고도 하며, 과세가격의 결정이나 덤핑의 방지 등을 목적으로 수출상이 수입지 세관에 직접 송장내용의 진실성을 선서하는 공용송장으로 영사의 사증을 받지 않으며 수출상이 소정양식에 필요사항을 기재하고 서명하면 된다.

심사사항 - 내용이 상업송장과 기타서류와 일치하는지 점검
- 원산지(Country of origin)란에 원산지 국명이 기입되어 있는지 점검
- 국가별로 양식을 달리하고 있기 때문에 반드시 해당국가별로 지정된 양식을 사용하고 있는지 점검

(4) 원산지증명서(Certificate of origin)

수출상품이 해당국에서 생산 제조되었음을 입증하는 서류이다.

원산지증명서는 무역관리와 수입세 감면을 목적으로 요구되며 수출국에 주재하는 수입국의 영사 또는 상공회의소가 발급하는데, 신용장에서 발행자에 대한 특별한 명시가 없는 경우 일반적으로 수출자의 소재지역에 있는 상공회의소에서 발행받으면 된다.

심사사항 - 내용이 상업송장과 기타서류와 일치하는지 점검
- 원산지(Country of origin)란에 원산지 국명이 기입되어 있는지 점검

(5) 특혜관세원산지증명서(Generalized System of Preference Certificate of Origin: GSP C/O)

일반특혜관세제도하에서 특혜관세 공여국인 선진국이 개발도상국에서 수입하는 특정상품에 대한 특혜관세 적용을 목적으로 당해국에서 생산, 제조, 가공된 상품임을 구분하기 위하여 요구하는 서류이다. 특혜관세 적용상품은 매년도 품목별 일정수입한도(Ceiling)를 해당국별로 정하여 그 한도까지는 저율의 특혜관세를 적용하고, 초과분에 대하여는 기본 관세를 적용하여 수입을 제한하고 있으며, 최근 선진국들의 우리나라에 대한 특혜관세 수입한도는 점차 철폐 또는 감소되고 있다.

(6) 검사증명서(Inspection Certificate)

수출상과 수입상이 체결한 매매계약서상의 수출상품의 품질조건이 완전함을 증명하는 서류로서 '수출품 품질향상에 관한 법률'에 의한 검사합격증과는 다르다.

수입상이 지정하는 사적검사인이나 공적심사기관 또는 국제검정기관의 증명으로 발급되는 경우가 많고 수출자 자신이 작성하는 경우도 있다. 특히 검사증명서는 수출물품의 품질을 결정하는 중요한 서류이므로 내용점검에 신중을 기하여야 한다.

심사사항
- 신용장에서 요구하는 발행자 또는 검사기관에서 발급되었는지 점검
- 선적 전 검사증명서를 요구할 경우 선적 전의 일자로 검사가 되었는지 점검
- I/C(검사증명서)가 미제시된 경우에는 입금이 되지 않을 가능성이 높으므로 매입에 신중을 기하도록 한다.

(7) 품질증명서(Quality Certificate)

주로 농수산물과 같은 자연산품인 경우 같은 종류라도 규격이나 무게, 즉 품질이 각각 다를 수 있으므로 이들의 등급을 매겨 구분하며 공인검사관에 의해 판정되고 또한 판정 결과에 따라 품질증명서가 발급된다.

심사사항
- 신용장에서 요구하는 발행자 또는 검사기관에서 발급되었는지 점검

(8) 분석증명서(Certificate of analysis)

광산물 등의 품위와 순도 및 의약품 등의 원료구성을 분석하여 증명해 주는 서류이다.

심사사항
- 지정된 발급기관에서 정당하게 발행되었는지 확인한다.
- L/C상 Beneficiary, Applicant의 주소와 Invoice 등 모든 서류상의 주소와의 일치여부를 확인한다.

12-3 하자 있는 서류의 처리

1. 하자의 종류

서류의 심사결과 신용장조건에 불일치하거나 서류 상호간에 모순이 있는 경우에는 그 취급에 신중을 기하여야 한다. 서류의 하자는 매입한 수출환어음의 부도 또는 서류의 수리거절의 유일한 원인이 되며, 매입대금을 상환받지 못하는 결과를 초래하기도 한다. 신용장거래에 있어서 자주 발견되는 하자의 종류는 다음과 같다.

- Late Shipment(선적지연)
- Credit expired(유효기일 경과)
- Late Presentation(제시기일 경과)
- Transhipment(환적)
- Partial shipment(분할선적)
- Installment shipment(할부선적)
- Charter Party Bill of Lading Presented(용선계약 선하증권 제시)
- Received B/L Presented(수취 선하증권의 제시)
- Goods shipped on deck(갑판선적)
- Insurance not effective from the date of shipment(선적일부터 부보되지 않음)
- Description of goods on invoice differ from that in the credit(상업송장 상

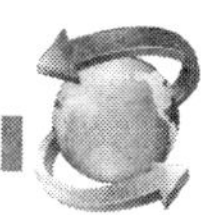

품명세와 신용장의 상품명세 불일치)

- Document inconsistent with each other(서류상호간 불일치)
- Insurance risks covered not as specified in the credit(신용장에 명시한 대로 부보되지 않음)
- Under insured(보험금액 미달)
- No evidence of good actually "shipped on board(본선적재무증명)"
- Different Consignee(수하인 상이)
- Over drawing(신용장금액 초과발행)
- Absence of signature on documents presented(제시된 서류에 서명누락)
- Short shipment(선적 부족)
- Weights differs between documents(서류 상호간 중량 불일치)

2. 하자에 대한 조치

하자(discrepancies)는 수출지에서 정정할 수 있는 것과 정정할 수 없는 것이 있다. 전자는 단순히 착오에 의한 기재이며, 후자는 신용장조건에 상위한 내용이다. 수출지에서 정정이 가능한 하자는 수출자로 하여금 정정하도록 하고 정정이 불가능한 경우에는 다음 방법 중에 하나를 택한다.

(1) 채권보전 조치 후 매입(L/G Negotiation)

하자의 내용이 비교적 경미하고 대금회수가 확실하다고 판단될 때와 매입한 서류가 하자로 인하여 부도반환되었을 때에 매입대전 및 부대비용의 상환청구에 문제가 없는 것으로 판단되는 경우에 이 방법에 의한다.

보증부매입은 수익자로 하여금 신용장조건과의 불일치한 하자 내용을 확인하고 그로 말미암아 발생되는 비용 및 손해는 외국환거래 약정서에 따라 부담한다는 내용의 확인서를 받고 매입하는 방법이다. 그러나 확인서만으로는 불충분한 것으로 판단되면 연대보증인이나 추가담보 취득 등의 조치로 채권보전조치에 만전을 기하여야 한다.

(2) 전신조회 매입(Cable Negotiation)

신용장개설은행에 서류의 하자내용을 통보하여 매입에 대한 동의를 받은 다음에 매입하는 방법이다. 이 경우 전신조회에 대한 비용은 수익자가 부담하며 개설은행의 동의는 신용장의 조건변경과 동일한 효력을 가지므로 안전한 매입방법이 될 수도 있으나, 전신조회시 지적하지 못한 하자가 나중에 추가로 발견되면 부도사유가 다시 발생되므로 서류심사를 철저히 해야 하는 부담도 있다. 전신조회 및 회신의 예는 다음과 같다.

예 Attn : L/C Dept

Re your credit No. dated For . Docs for USD presented. May we negotiate despite following discrepancies :

1. late shipment
2. partial shipment

Attn : Nego Dept Re your wire dated under our credit No you may negotiate if otherwise in order

(3) 추심(Approval)

매입의뢰받은 서류를 직접 매입하지 아니하고 개설은행으로 송부하여 개설은행의 승낙을 받은 후, 즉 서류대금이 결제된 후에 대금을 지급하는 방법이다.

중대한 하자가 있는 서류로서 부도의 가능성이 많은 경우나 환거래가 없는 은행이 발행한 신용장으로서 진정성을 확인할 수 없는 경우 또는 수입국에 전란 등 불가항력적인 사태발생으로 수출대금 회수에 문제가 있는 것으로 판단되는 경우에는 이 방법을 허용하여야 한다.

(4) 신용장의 조건변경 후 매입

시간적 여유가 있는 경우에는 수익자가 개설의뢰인에게 통보하여 신용장조건을 제시된 서류의 내용에 맞도록 변경한 후 서류를 매입하는 방법이다. 가장 안전한 방법이라 할 수 있다.

12-4 서류의 매입

서류의 심사결과 신용장의 조건에 부합되고 다음 요건에 해당하는 경우에는 매입신청인의 신용상태 및 거래관계 등을 감안하여 매입한다.

- 수출신고를 필한 후 발급된 선하증권 등 선적을 확인할 수 있는 서류가 첨부된 수출환어음(서류 포함)

1. 선대신용장 관련 서류의 매입

(1) 선대금의 매입

선대신용장(Red-Clause L/C)이란 수출대금의 일부 또는 전부를 물품의 선적 전에 미리 수출자에게 지급하는 조건의 신용장으로 선대문언은 일반적으로 다음과 같다.

Advance drawing for 40% of this credit amount is available against beneficiary's simple receipt accompanied by their written undertaking that they will repay the advance payment by shipment in compliance with the terms and conditioins of this credit.

이러한 신용장하에서는 수익자가 영수증과 보증서를 제출함으로써 선대금의 지급을 받을 수 있다. 영수증과 보증서의 작성 예를 보면 다음과 같다.

예 영수증

SIMPLE RECEIPT

T0 : (개설은행)

We have duly received(선대금액) representing 40% advance payment under red clause credit No(신용장번호) issued by(개설은행명) dated(개설일자).

예 보증서

LETTER OF UNDERTAKING

To : (개설은행)
We hereby undertake you that we will repay, without fail, advance payment for(선대금액) by shipment in accordance with terms of red clause credit No(신용장번호) issued by(개설은행명) dated(개설일자).

(2) 선적이행분의 매입

선대금을 영수한 후 수익자가 선적을 이행하면 선적분에 대한 서류를 매입하게 된다. 통상의 수출환어음 매입시와 다를 바가 없으나 다음과 같이 몇 가지 특이한 점이 있다.

① 선대금을 변제하는 선적일 경우에는 선적서류 송부장에 다음과 같은 문언을 표시하여야 한다.
This covers lst(2nd) shipment under your red clause credit above. Kindly repay your advance by the proceeds of documents under advice to us.

② Red clause L/C의 수취를 위하여 따로 보증서를 발급한 경우에는 선적이행분 만큼 기타외화지급보증 및 그 대충계정을 소멸시킨다.

③ 선대금에 대하여 수출이행을 하지 못한 경우에는 미이행금액을 반환하여야 한다.

④ 선대신용장의 선대금해당분은 무역금융 융자대상이 아니다.

2. 선적서류의 재매입

신용장에 매입 또는 지급은행이 특정은행으로 지정된 경우 지정되지 않은 은행이 선적서류의 매입을 한 경우에는 당해 지정된 은행으로 재매입(Renegotiation)을 신청하여야 한다. 즉 매입이나 지급이 자행으로 지정된 신용장에 의한 선적서류를 특정은행이 매입하였을 경우에는 그 매입은행으로부터 자행이 재매입을 접수하게 되며, 반대로 특정은행으로 매입 또는 지급이 지정된 신용장에 의한 자행매입선적서류는 당해 지정된 은행으로 자행이 재매입을 신청하게 된다.

매입 또는 지급이 특정은행으로 제한되는 신용장에는 다음과 같은 것들이 있으며, 이 경우 특정은행으로 재매입을 신청하여야 한다.

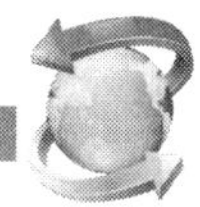

(1) 지정신용장(Straight L/C)

광의의 매입은행을 지정하는 신용장으로 인수신용장(Acceptance L/C), 연지급신용장(Deferred payment L/C) 및 지급신용장(Payment L/C)이 이에 해당한다.

유효기일과 관련하여 "at the counter of 지정은행"으로 기재되어 있으면 지정은행이 매입은행이 되며 다음과 같은 보증문언 또는 이와 유사한 문언이 기재되어 있는 경우에는 통지은행이 지정은행이 된다.

① We hereby engage with beneficiary that drafts drawn under and in compliance with the terms of this credit will be duly honored on delivery of documents as specified, if presented of your office.

② We agree with you that draft drawn in compliance with the condition of this credit will be duly honored.

(2) 매입제한신용장(Negotiation restricted L/C)

매입이 제한되는 신용장의 특수문언은 다음과 같다.

① Negotiations under this credit are restricted to ABC Bank.

② This credit is available only through ABC Bank.

③ Negotiations are restricted to ABC Bank.

④ The drafts drawn under this credit are payable by ABC Bank.

⑤ Drafts drawn under the credit are negotiable through ABC Bank.

⑥ Drafts drawn under the credit must be presented for negotiation at ABC Bank.

(3) 상환제한신용장(Reimbursement restricted L/C)

매입을 제한하는 문언은 없으나 신용장에 상환권리가 어느 특정은행에 제한된다는 문언이 있거나 신용장에는 표시가 없고, 통지은행용 사본에만 상환수권문언이 명시되어 통지은행이 신용장에 상환에 관한 특별지시를 가지고 있음을 표시하고 있는데 그 예는 다음과 같다.

① We are holding special instruction for reimbursement.

② Reimbursement are arranged.

③ Reimbursement will be effected to you by ABC Bank upon their receiving your advice of negotiation.

④ Reimbursement for all drafts negotiated under this credit shall be obtained by advising Banks from ABC Bank.

(4) 확인신용장(Confirmed L/C)

신용장을 국내에 있는 은행이 확인하는 경우에는 확인은행이 매입은행이 된다.

(5) 매입방법

매입제한 또는 지정신용장이라 하더라도 지급, 인수 또는 매입의 지정은행은 반드시 수익자에 대하여 지급, 인수 또는 매입하여야 할 의무를 부담하는 것은 아니다. 다시 말하면, 지정은행이 확인은행이 아닌 이상 개설은행과 명시적으로 합의를 하고 이를 수익자에게 통지했을 경우를 제외하고는 비록 지정은행이 서류의 인수 검토 또는 이송을 했더라도 그 은행에 지급, 연지급, 환어음의 인수 또는 매입할 책임을 지는 것이 아니다.

따라서 통지은행이 신용장을 통지할 때 매입제한 또는 지정의 의사가 없으면"This credit is freely negotiable by any Bank"라고 표시하면 된다. 특정은행으로 매입이 제한된 신용장에 근거한 선적서류를 매입하는 경우, 선적서류송부장을 작성하고 선적서류에 첨부하여 특정은행(재매입은행)으로 발송한다.

(6) 매입제한 해지수권서(Release Letter)

현재 특정은행 앞 재매입대상 신용장의 경우에는 특정은행(매입지정은행)이 자행으로부터 재매입의뢰를 받았을 때 일률적으로 응하는 것이 아니고 각 외국환은행마다 금액 결제조건 등에 따라 자체적으로 매입제한 해지수권서(Release Letter) 발급기준을 정하여 놓고 여건에 따라 탄력적으로 운용하고 있다. 즉 특정은행(매입지정은행)으로부터 매입제한 해지수권서(Release Letter)를 발급받아 선적서류를 매입한 경우 특정은행에 재매입 신청을 할 필요가 없다.

Chapter 13

무신용장방식 서류 매입

신용장이 아닌 방식으로 D/A, D/P 서류의 매입이 있고, 사후송금방식의 일종인 선적통지 결제방식(open account) 채권매입이 있다.

13-1 D/A, D/P 서류의 매입

D/A, D/P 방식에 대해서는 제3장 무역대금 결제방식에서, 제10장 무신용장에 의한 서류인도에서 개념, 절차 및 국제규칙에 이르기까지 이미 설명하였으므로 관계당사자와 매입절차만 간단히 설명한다.

D/A, D/P 수출거래는 은행의 지급보증 없는 무신용장방식거래로 수출입거래 당사자간의 계약서를 근거로 하여 수출자가 계약물품을 선적한 후 계약서에 명시된 서류를 수출자의 위험과 비용부담으로 은행을 통하여 수출대전을 추심하는 거래이다. 따라서 D/A, D/P에 의한 서류의 매입시에는 신용장에 의한 서류의 매입과 같이 서류를 검사할 의무를 지는 것은 아니다.

그러나 D/A, D/P 수출환어음을 매입하는 것은 추심의뢰인인 수출자에 대한 여신으로 대출과 조금도 다를 바가 없다.

1. D/A, D/P 수출환어음 추심거래의 당사자

가. 추심의뢰인(Principal)

거래은행에 환어음의 추심을 의뢰하는 자, 즉 수출자가 이에 해당한다.

나. 추심의뢰은행(Remitting Bank)

추심의뢰인으로부터 요청을 받고 의뢰받은 환어음을 지급인이 소재하는 지역의 은행에 환어음의 대금을 추심해 줄 것을 의뢰하는 은행, 즉 추심의뢰인의 거래은행이 이에 해당한다.

다. 추심은행(Collecting Bank)

추심의뢰은행 이외의 추심과정에 참여하는 은행으로, 추심의뢰은행이 송부한 추심서류를 수취하는 수입지의 은행으로 수입자에게 서류를 인도하여 수입대금을 징수하는 은행이다.

라. 제시은행(Presenting Bank)

지급인에게 제시를 하는 추심은행으로 수입자인 지급인에게 직접 추심서류를 제시하는 은행으로 추심은행이 수입자의 거래은행이 아닌 경우에만 존재한다.

마. 지급인(Drawee)

추심의 당사자는 아니나 추심의뢰서에 정하는 바에 따라 어음의 제시에 의하여 수입대전을 지급해야 할 자로서 수입자가 이에 해당한다.

2. 업무절차

가. 매입신청 서류접수

① 선적서류 매입신청서(2매 1set)
② 수출신고필증
③ 수출계약서 및 변경계약서 원본 일체

④ 수출계약서에서 요구한 어음 및 선적서류 일체

⑤ 본지사간 거래로서 결제방법이 3년 초과인 D/A 방식의 경우 한국은행총재의「지급 등의 방법(변경) 신고수리서」

⑥ 기타 필요한 서류

나. 서류검토

제시된 서류에 대하여 다음 사항을 심사하며, D/A, D/P 거래는 계약서에 별도의 명시가 없거나 국내법에 의하여 정하는 것이 없는 경우에는 "추심에 관한 통일규칙(Uniform Rules for Collection, 1995 revision, ICC Publication No 522)"의 적용을 받는다.

첫째, 제시된 서류가 계약서의 조건과 일치하는가.

둘째, 제시된 서류가 외견상 효력이 있는 진정한 서류인가.

셋째, 어음과 서류 그리고 서류 상호간 불일치한 사항은 없는가.

넷째, 상업송장의 상품명세와 계약서의 상품명세가 일치하는가.

다섯째, 결제조건이 계약서상의 내용과 일치하는가.

계약서상에 D/P의 표시가 있으면 D/P어음이 제시되어야 하고, D/A표시가 있으면 D/A어음이 제시되어야 한다.

여섯째, 수출어음보험에 부보되어 있는가.

다. 매입여부 결정

D/A, D/P 수출환어음을 매입하는 것은 수출상에 대한 여신이므로 매입은행은 수출상의 신용상태 및 채권보전에 유의한다.

13-2 선적통지 결제방식(OPEN ACCOUNT) 수출채권 매입

1. 의의

선적통지 결제방식 수출이란 수출상이 수출물품을 선적한 후 상업송장과 운송서류 등을 은행을 경유하지 않고 직접 수입상에게 발송하며 선적서류를 수취한 수입상은 계약서에 약정된 기간 내에 수입대금을 수출상에게 송금하는 사후송금방식수출의 형태를 띠고 있으나 송금방식 수출과 다른 점은 수출자가 선적 후 선적서류 원본은 수입상에게 직접 발송하고 수입자의 동의를 얻은 수출채권을 외국환은행에 양도하는 것이다. 즉, 양도된 수출 채권을 은행이 매입하는 방식을 선적통지결제방식 수출채권매입(O/A방식 매입)이라 하며 이러한 방식은 거래가 간편한 반면, 은행으로 볼 때는 수출채권을 해외로부터 입금되기 전에 수출상으로부터 매입하며 환어음이 발행되지 않고 선적서류 원본이 없어 담보권의 행사도 불가능하므로 거래 신용도가 확실한 경우에 한하여 매입에 응하게 된다.

2. 특성

① O/A방식 수출거래는 환어음이 발행되지 않는다.
② 선적서류를 은행을 경유하지 않고 수출상이 수입상에게 직접 송부한다.
③ 수출상이 선적을 통지하는 시점에 수출채권이 성립된다.
O/A방식에 의한 수출채권 매입과 타방식 수출거래와 비교하면 다음과 같다.

거래종류	수출채권 성립시기	선적서류 송부방법	환어음 발행여부	대금결제방법
O/A방식 거래	선적통지 시점	은행 미경유	미발행	매입은행 앞 입금
COD, CAD 거래	선적서류 또는 물품인도시점	은행 미경유	미발행	수출상 앞 송금
D/P, D/A 거래	선적서류 인도	은행 경유	발행	추심의뢰은행 앞 입금

3. 업무 절차

가. 수출상으로부터 매입신청 서류 접수

매입의뢰인(수출상)으로부터 매입신청 접수시 다음의 서류들을 받는다.

O/A방식 수출채권 매입신청서, 백지어음(건별거래시), 수출신고필증, 수출계약서 및 변경 계약서 원본 일체, 수출계약서에서 요구하는 선적서류 사본 일체, 기타 필요한 서류 등을 징구한다(최초 거래시에는 은행여신거래기본약관을 교부하고 외국환거래약정서 및 채권서류 등을 징구한다).

나. 서류검토

수출채권 매입신청서상의 기재사항과 수출계약서상의 요구서류 등의 일치여부를 확인한다.

다. 매입여부 결정

서류검토 후 일치하고 수출상의 신용상태 및 채권보전이 확실한 경우에 매입에 응하여야 한다.

4. 매입사실의 통지 및 입금요청

수출상으로부터 수출채권을 양도 받았으므로 채권매입사실 및 매입대전을 만기일에 매입은행 예치금 계정에 입금하여 줄 것을 텔렉스 등을 통해 수입상에게 통지한다.

▌예시 4-6▐ 선적서류 매입의뢰서

보존기간 : 1년

담당	대리/부장	차장	부점장

선적서류 매입(추심) 의뢰서

년 월 일

한국외환은행 앞

MAIL TO
(BANK CODE :)

고객번호	
매입번호	

AMOUNT		TENOR & MATURITY	
L/C(CONTRACT)	NO DATED	ISSUED BY	(BANK CODE :)
COMMAODITY		H.S. CODE	
ACCOUNTEE (drawee)		BENEFICIARY (drawee)	
DESTINATION	FROM TO	(COUNTRY CODE :)	
PRICE TERM		E/L NO	FOB 금액

DOCUMENTS ATTACHED		DRAFT				B/L	AWB	P/L	I/P	C/O	GSP	I/C	BENE CERT	
		BENE	BANK	COMM	CUST									
TO ISSUNING BANK	1 st													
	2 st													
TO REIM. BANK				NAME :								(BANK CODE :)		

명 세			금 액		
외화계정 대체					
원화계정 대체					
원화계정대체내용	무역어음대출	A			
		B			
	수입보증금				
	우편료		환가료	대체료	
	전신료		추심료		
	예금			계좌번호	

불일치 내용

위와 같이 화환어음의 매입(추심)을 신청함에 있서 따로 제출한 외국환거래약정서의 해당 조항에 따를 것을 확약하며 신용자(계약서)불일치내용이 상대은행에서 통보되어온 경우에도 매입시 불일치 내용을 신고한 것으로 인정하여 이의를 제기하지 않겠습니다. 아울러 위 수출물품에 대한 모든 권리를 은행에 양도하겠습니다.

본 인 ㊞

주 소

인감대조

(은행사용란)

매 입 1 차			추 심 1 차			특수조건 등	
통 화	U$: 01 ￥ : 20	DM : 03 ₩ : 00	재추심여부	타행 : 1	비의뢰 : 0		
하자 여부	CLEAN : 0	하자 : 1	현금/대체	현금 : 03	대체 : 02		
재매입여부	직네고 : 0	RENEGO : 1		매입(추심)2차			
환가료 징수 방법	미징수 : 0 차감징수 : 1	우편기간징수 : 3 별도징수 : 6					
결제 구분	SIGHT : 1 FROM B/L : 3	AFTER S. : 2 AFTER B/L : 4	가격조건	FOB : 11 CIF : 51	CFR : 31 C&I : 41		
어음기산일	B/L DATE		복수 E/L 여부	단수 : 0	복수 : 1		
어음 기간	SIGHT 조건 투입불요		수출형태	선수금 : 1 착수금 : 3 분할영수 : 5	중계무역 : 2 연불수출 : 4		
수수료 징수 방법	미징수 : 0 차감징수 : 2	우편기간징수 : 1 별도징수 : 6					
여신승인번호			특수신용장	선대 L/ : 1 IBRD : 3	DEFER : 2 ADB : 4	RENEGO COMMISSION	
대체료대상금액			본지사구분	자사 : 1	본지사자사 : 3	환가료	
적용환율		선물환율		자사 : 2	본지사자사 : 4	대체료	

▌예시 4-6▌ 서류송부장

KOREA EXCHANG BANK

D

INTERNATIONAL BUSINESS DIVISION
CENTRAL P. O. BOX
SEOUL KOREA

ORIGINAL

OUR REF NO. | DATE

MAIL TO | REIMBURSING BANK

WE ENCLOSE FOLLOWING DRAFT(S)/DOCUMENTS FOR YOUR PAYMENT.

INVOICE AMOUNT		INTEREST & CHARGE (+)		PAY THIS AMOUNT
		COMMISSION & CHARGE (−)		NET AMOUNT

L/C NO. L/C ISSUED BY TENOR BENEFICIARY ACCOUNTEE	DATED MATURITY DATE

DOCUMENTS ATTACHED

	DRAFT	B/L (AWB)	COMM INVOICE	PKG LIST	INS POLICY	CERT ORIGIN	INSP CERT	G.S.P	BENE CERT	CUST INVOICE			
FIRST MAIL													
SECOND MAIL													

IN REIMBURSEMENT

☐ PLEASE CREDIT/REMIT THE PROCEEDS TO OUR ACCOUNT (A/C NO.
WITH
UNDER ADVICE TO US.

☐ WE HAVE FORWARDED/WILL FORWARD THE SIGHT DRAFTS/BENEFICIARY'S DRAFTS TO ABOVE MENTIONED REIMBURSING BANK
FOR CREDIT TO OUR ACCOUNT(A/C NO.
WITH THEM
UNDER ADVICE TO US.

SPECIAL INSTRUCTIONS(MARKED X)

☐ PLEASE PAY AT SIGHT BASIS, SINCE DISCOUNT CHARGES ARE BUYER'S ACCOUNT
☒ ADVISE US BY CABLE OF NON-ACCEPTANCE/NON-PAYMENT GIVING REASONS.
☒ WE HEREBY CERTIFY THAT THE AMOUNT OF DRAFT NEGOTIATED BY US HAS BEEN ENDORSED ON THE REVERSE OF THE RELATIVE LETTER OF CREDIT
☒ ADVISE US BY AIRMAIL OF THE DATES OF ACCEPTANCE AND MATURITY QUOTING OUR REF NO. IN CASE OF USANCE BILL

We do not assume any responsibility for the correctness, genuineness, validity of the documents received under this credit; nor do we assume any responsibility for the description, quality, quantity, condition or delivery of the goods.

AUTHORIZED SIGNATURE

❙ 예시 4-7 ❙ 서류송부장-추심

KOREA EXCHANG BANK

INTERNATIONAL BUSINESS DIVISION
CENTRAL P. O. BOX
SEOUL KOREA

C

ORIGINAL

OUR REF NO.

DATE

MAIL TO

WE ENCLOSE FOLLOWING DRAFT(S)/DOCUMENTS FOR COLLECTION.

INVOICE AMOUNT		INTEREST & CHARGE (+)		PAY THIS AMOUNT
		COMMISSION & CHARGE (-)		NET AMOUNT
CONTRACT NO. TENOR PRINCIPAL DRAWEE	DATED MATURITY DATE			

DOCUMENTS ATTACHED

	DTAFT	B/L (AWB)	COMM INVOICE	PKG LIST	INS POLICY	CERT ORIGIN	NSP GERT	G. S. P	BENE GERT	CUST INVOICE			
FIRST MAIL													
SECOND MAIL													

IN REIMBURSEMENT

□PLEASE CREDIT/REMIT THE PROCEEDS TO OUR ACCOUNT (A/C NO.)
WITH
UNDER ADVICE TO US.

PLEASE HANDLE IN ACCORODANCE WITH THE INSTRUCTIONS BELOW(MARKED X)

☒ NO PROTEST
☒ ADVISE DISHONOR BY AIRMAIL/CABLE GIVING REASONS
☒ COLLECT ALL YOUR CHARGES FROM DRAWEE.
□ ADVICE DATE OF ACCEPTANCE AND MATURITY BY AIRMAIL/CABLE.
□ WAIVE CHARGES IF REFUSED.

SPECIAL INSTRUCTIONS(MARKED X)

Subject to Uniform Ruies for Collections(1995 Revision).
International Chamber of Commerce. Publication No. 522

❚ 예시 8 ❚ 환어음

BILL OF EXCHANGE

No. ________________ Date. 20XX.12.10

For USD12, 675.00

Place SEOUL. KOREA

At ··········· sight of this FIRST Bill of Exchange (Second of the same tenor and date being unpaid) pay to the order of the sum of

SAY U.S. DOLLARS TWELVE THOUSAND SIX HUNDRED SEVENTY FIVE ONLY

Value received and charge the same to account of BEAUTY ENT., INC. 150 MEADOM STREET, HARTFORD, CT 06114.

Drawn under SHAWMUT BANK CONNECTICUT, N. A.

L/C No. MO12629W dated OCT. 5, 20XX.

To. SHAWMUT BANK CONNECTICUT, N. A.
ONE FEDERAL ST.,P.O.BOX 4193,
BOSTON, MA 02211-4193

(IJ2) (187×123) (모조 100g/㎡) (91. 7개정) (91.12조제)

BILL OF EXCHANGE

No. ________________ Date. 20XX.12.10

For USD12, 675.00

Place SEOUL. KOREA

At ··········· sight of thic SECOND Bill of Exchange (FIRST of the same tenor and date being unpaid) pay to the order of the sum of

SAY U.S. DOLLARS TWELVE THOUSAND SIX HUNDRED SEVENTY FIVE ONLY

Value received and charge the same to account of BEAUTY ENT., INC. 150 MEADOM STREET, HARTFORD, CT 06114.

Drawn under SHAWMUT BANK CONNECTICUT, N. A.

L/C No. MO12629W dated OCT. 5, 20XX.

To. SHAWMUT BANK CONNECTICUT, N. A.
ONE FEDERAL ST.,P.O.BOX 4193,
BOSTON, MA 02211-4193

(IJ2) (187×123) (모조 100g/㎡) (91. 7개정) (91.12조제)

❙ 예시 4-9 ❙ 상업송장

COMMERCIAL INVOICE

① Shipper/Exporter MESSRS : RUBBER LTD. A/C B. J. CORP. 156 JUKSEON DONG. SEOUL. KOREA.		⑧ No. & Date of invoice B -765 DEC. 09. 20XX. ⑨ No. & date of L/C N012629W OCT. 5. 20XX.
② For Account & Risk of Messrs. 150 MEADOW STREET. HARTFORD. CT 06114 U.S.A.		⑩ L/C issuing bank SHAWMUT BANK CONNECTOCUT. N. A. BOSTON.
③ Notify Party SEAHORSE CARRIER SERVICES. INC. 90 WEST ST. NEW YORK. NY. 10006 TEL:212-385-5200 U.S.A. ATTN: JAMES GEARY		⑪ Remarks :
④ Port of loading BANGKOK. THAILAND	⑤ Final destination NEW YORK. U. S. A.	
⑥ Carrier NEPTUNE CORUNDUM V. 08	⑦ Sailing on or about NOV. 30. 20XX.	

⑫ Marks and numbers of PKGS	⑬ Description of goods	⑭ Quantity/Unit	⑮ Unit-price	⑯ Amount
		CIF NEW YORK		
◇ C/T#:1-125 ITEM:RUBBER BAND Q'TY:75.000PKS MADE IN THAILAND	BJ-210(A) RUBBER BAND BLACK NOT LESS THAN 250PCS/PACK	75.000 PKS	USD0.169	USD12.675.00
	TOTAL :	75.000 PKS		USD12.675.00

⑰ C.P.O.BOX :
Cable address :
Telex Number :
Telephone No :

⑱ Signed by ______________________

210×297mm

❙ 예시 4-10 ❙ 포장명세서

PACKING LIST

① Shipper/Exporter MESSRS : 156 JUKSEON DONG, SEOUL, KOREA.		⑧ No. & Date of invoice BJLC-765 DEC. 09. 20XX.
② For Account & Risk of Messrs. BEAUTY ENTERPRISES INC. 150 MEADOW STREET. HARTFORD, CT 06114 U.S.A.		⑨ Remarks :
③ Notify Party SEAHORSE CARRIER SERVICES, INC. 90 WEST ST. NEW YORK, NY. 10006 TEL:212-385-5200 U.S.A. ATTN: JAMES GEARY		
④ Port of loading BANGKOK, THAILAND	⑤ Final destination NEW YORK, U.S.A.	
⑥ Carrier NEPTUNE CORUNDUM V. 08	⑦ Sailing on or about NOV. 30. 20XX.	

⑩ Marks and numbers of PKGS	⑪ Description of goods	⑫ Quantity	⑬ Net-weight	⑭ Gross-Weight	⑮ Measurement
			1,875KGS	2,437.50KGS	8.723CBM

DARBEE

C/T#:1-125
ITEM:RUBBER
BAND
Q'TY:75,000PKS
MADE IN THAILAND

BJ-210(A) RUBBER BAND BLACK.
NOT LESS THAN 250PCS/PACK

DIAMETER	CUTWIDTH	THICKNESS	PACKS	CTNS
MM.	MM.	MM.		
10	1.3	1.0	75,000	125
12	1.3	1.0		
16	1.3	1.0		
18	1.3	1.0		

TOTAL : 75,000PKS 125CTNS

B. J. CORP.

⑯ C.P.O. BOX :
Cable address :
Telex code :
Telephone :

⑰ Signed by [signature]
BONG JUN. CHA/PRESIDENT.

210×297mm

▌예시 4-11▐ 복합운송 선화증권

SHIPPER
MESSRS.
A/C
156, JUKSEON-DONG,
605, CHONGRO-KU, SEOUL, KOREA.

COMBINED TRANSPORT BILL OF LADING
REF.NR. BK001430 B/L NR. 1130-9311-02901

LEADWAY CONTAINER LINE

CONSIGNEE
TO ORDER OF SHAWMUT BANK CONNECTICUT,
N.A. ONE FEDERAL ST., P.O. BOX 4193,
BOSTON, MA 02211-4193 U.S.A.

NOTIFY ADDRESS
MESSRS. JAMES GEARY, C/O SEAHORSE
CARRIER SERVICES, INC.,
90 WEST ST., NEW YORK, NY. 10006 U.S.A.

Feeder vessel :RATANA MANEE V.09

ON BOARD DATE: 30/Nov/93
SIGNATURE :

VESSEL	PORT OF LOADING
NEPTUNE CORUNDUM V.08	SINGAPORE

PORT OF DISCHARGE	PLACE OF DELIVERY	FREIGHT PAYABLE AT	NUMBER OF ORIGINAL B/L
NEW YORK	NEW YORK	BANGKOK	THREE(3)

DETAILS OF CONSIGNMENT — GROSS WEIGHT — MEASUREMENT
NYKU 6929070 / /40'/LCL TO LCL/ 125 CTNS./ 2437.50KG 8.723CBM
DARBEE 125 CTNS. 75,000 PKS BJ-210(A) RUBBER 2437.50 8.723
ITEM : ELASTICS, BAND BLACK
BLACK NOT LESS THAN 250 PCS/PACK
PO # : 0010 N.W. 1,375.00 KGS.
Q'TY : 50 DZS. THAILAND ORIGIN
C/T : 1-125

TO: DARBEE
150 MEADOW STREET
HARTFORD CONN.
06114 U.S.A.
MADE IN THAILAND

FREIGHT: PREPAID

SHIPPED ON BOARD in apparent good order and condition to the terms and conditions as printed on the reverse. Packages said to be marked and numbered as in the margin. Shipper's weight, quantity, quality, gauge, contents, size, measurement and value.

FOR THE RELEASE OF THE GOODS, PLEASE APPLY TO:
BIRKART OF AMERICA INC.
BLDG#75, SUITE 227A
JFK INT'L AIRPORT, JAMAICA
NY 11430

PLACE AND DATE OF ISSUE
BANGKOK-30/Nov/93

SIGNATURE

Prepared by :CHIRA

TO WHOM THE ORIGINAL OF THIS B/L IS TO BE PRESENTED

▌예시 4-12▐ 선화증권

BILL OF LADING

HEUNG-A SHIPPING CO., LTD.

B/L No. HASL BSHKDC3-1902

Shipper

Consignee
TO ORDER OF THE CHINA AND SOUTH SEA BANK LTD.

Notify party
FUKIEN SEA PRODUCT <HK> CO., LTD.
9TH FLOOR, BELGIAN HSE., 77-79 CLOUCESTER
ROAD, HONG KONG

(Terms of Bill of Lading continued on the back hereof)

Pre-carriage by	Place of receipt
	BUSAN, CY

Ocean vessel	Voy. No.	Place of delivery
GLORIA 1	373S	HONGKONG, CY

Port of loading	Port of discharge	Final destination for the Merchant reference
BUSAN, KOREA	HONGKONG	

Container No. Seal No. Marks and Numbers	Number of containers or packages	Kind of packages; Description of goods	Gross weight	Measurement
N/M =AGENT= KONG HING AGENCY LTD. RM 1206 WING ON CENTRE 111 CONNAUGHT RD., CENTRAL, HONG KONG TEL : 5343-777/8/9 FAX : 5-435622 TPHU6296786/825022 (300)	20'X 1 (300 ROLLS)	SHIPPER LOAD STOWAGE & COUNT SAID TO BE: 13,500YDS OF NYLON SPANDEX CORDUROY FABRIC COMPOSITION ----------- SPANDEX F.YARN R/W 40D/BRT 20 PCT NYLON F.YARN R/W 40D/BRT 80 PCT WIDTH 92-94 INCHES WEIGHT 400 GRAMS PER YARD DYED L/C NO.: D-02-K-03208 "FREIGHT PREPAID"	6000.000 KGS	25.000 CBM

Total No. of containers or packages (in words): SAY : ONE (1) CONTAINER ONLY.

Freight and charges	Revenue tons	Rate	Per	Prepaid	Collect
				"AS ARRANGED"	

Freight prepaid at	Freight payable at	Place and date of issue
SEOUL, KOREA		SEOUL, KOREA DEC. 10. 20XX
Total prepaid in	No. of original B(s)/L	Heung-A Shipping Co. Ltd.
	THREE/3	

Laden on board the vessel

Date DEC. 10. 20XX | Signature

FOR MASTER

HA.B-002

▌예시 4-13▐ 운송중개인 선화증권

Consignor

, LTD.
SEOUL, KOREA

FBL | No DCM-93-0577 | KR 410

NEGOTIABLE FIATA
COMBINED TRANSPORT
BILL OF LADING
issued subject to ICC Uniform Rules for a Combined Transport Document(ICC publication 298)

Consigned to order of

TO,ORDER

Dongbo Express International Co.,Ltd.

Notify address

MATSUI-SHIN CO., LTD.
100-1, SHINJO-MINAMI,
HIGASHI-OSAKA CITY, OSAKA
PREF., JAPAN

FREIGHT/CHARGE	RATE	PREPAID	COLLECT
OCEAN FREIGHT	24.75/CBM		USD 25.57
C.A.F	24.50/%		USD 6.26
MIN. CHARGE	15.00/B/L		USD 15.00
TOTAL			USD 46.83

ORIGINAL

Place of receipt	
Ocean vessel V-335A VENUS	Port of loading BUSAN, KOREA CFS / BUSAN, KOREA
Port of discharge MOJI, JAPAN	Place of delivery MOJI, JAPAN-CFS

Marks and numbers	Number and kind of packages	Description of goods	Gross weight	Measurement
CTIU5364448/793030/40D A PART OF 1 CNTR	6CTNS		129.000KGS	1.033CBM

M.S
MOJI, JAPAN
L/C NO.: 07-21-28656
ORDER NO.: HM-93028
S/T NO.:
COLOR:
Q'TY:
C/T NO.: 1-6
MADE IN KOREA

SAID TO BE:
291PCS OF
SWEATER'S
S/# 93920 T-NECK L/S (MEN'S)
W/L 97PCS
93921 T-NECK L/S (LADY'S)
W/L 194PCS
MATERIAL : 100% WOOL
THE ORDER NO.: HM-93028
L/C NO.: 07-21-28656

ON BOARD DATE
DEC.09.20XX

according to the declaration of the consignor

The goods and instructions are accepted and dealt with subject to the Standard Conditions printed overleaf.

'FREIGHT COLLECT' SAY : SIX(6) CARTONS ONLY.

Taken in charge in apparent good order and condition, unless otherwise noted herein, at the place of receipt for transport and delivery as mentioned above.

One of these Combined Transport Bills of Lading must be surrendered duly endorsed in exchange for the goods. In Witness where of the original Combined Transport Bills of Lading all of this tenor and date have been signed in the number stated below, one of which being accomplished the other(s) to be void.

Freight amount	Freight payable at DESTINATION	Place and date of issue SEOUL KOREA DEC.10.20XX
Cargo insurance through the undersigned ☐ not covered ☐ Covered according to attached Policy	Number of Original FBL's THREE(3)	Stamp and signature J12ECT89 Dongbo Express International Co., Ltd.
For delivery of goods please apply to: ITOCHU EXPRESS CO.,LTD. TELEPHONE : (06)241-3828		

Text authorized by FIATA. Copyright reserved FIATA/Zurich Switzerland 8.87

| 예시 4-14 | 보험증권

FIRST FIRE & MARINE INSURANCE CO., LTD.

MARINE CARGO INSURANCE POLICY

Assured(s), etc. CO., LT.D

Policy No. 02-3-A-1210012

Ref. No. L/C NO. 3PM1-01[illegible]126
INV. NO. SH-93[illegible]

Claim, if any, payable at/in
JARDINE, MATHESON & CO.LTD.
WORLD TRADE BUILDING,50 HSIN SHENG
SOUTH ROAD,SECTION 1,(P.O.BOX 81).
TAIPEI, TAIWAN. TEL:(02)3931177
FAX:(02)3920435. TX:21851 JARDINES.

Amount insured hereunder
US$5,126.00
(US$4,660.00X110.00%)

Survey should be approved by :
JARDINE, MATHESON & CO.LTD.
WORLD TRADE BUILDING,50 HSIN SHENG
SOUTH ROAD,SECTION 1,(P.O.BOX 81).
TAIPEI, TAIWAN. TEL:(02)3931177
FAX:(02)3920435. TX:21851 JARDINES.

Conditions and Warranties
Subject to the following Clauses as per back hereof and/or attached.
INSTITUTE CARGO CLAUSES(A)
CLAIMS PAYABLE IN TAIWAN.

Local Vessel or Conveyance | From (interior port or place of loading)

Ship or Vessel called the SUNNY PINE | Sailing on or about DEC 10,20XX

at and from BUSAN, KOREA | transhipped at

arrived at KEELUNG, TAIWAN | thence to

Subject-matter insured
1,000,000PCS OF LATEX FINGER COTS

ORIGINAL
DUPLICATE UNPAID

Subject to the following Clauses as per back hereof.
-Institute Cargo Clauses specified above.
-On-Deck Clause.
-Institute Replacement Clause
-Co-Insurance Clause (if applicable)
-Special Survey Clause
-Institute Radioactive Contamination Exclusion Clause

Marks and Numbers as per Invoice No. specified above.

Place and Date signed in SEOUL DEC 09,20XX No. of Policies issued in DUPLICATE

IMPORTANT
PROCEDURE IN THE EVENT OF LOSS OR DAMAGE FOR WHICH UNDERWRITERS MAY BE LIABLE
LIABILITY OF CARRIERS, BAILEES OR OTHER THIRD PARTIES

[illegible]

INSTRUCTIONS FOR SURVEY

[illegible]

DOCUMENTATION OF CLAIMS

[illegible]

Notwithstanding anything contained herein or attached hereto to the contrary, this insurance is understood and agreed to be subject to English law and practice only as to liability for and settlement of any and all claims.

This insurance does not cover any loss or damage to the property which at the time of the happening of such loss or damage is insured by or would but for the existence of this Policy be insured by any fire or other insurance policy or policies except in respect of any excess beyond the amount which would have been payable under the fire or other insurance policy or policies had this insurance not been effected.

We, FIRST FIRE AND MARINE INSURANCE COMPANY,LIMITED, hereby agree, in consideration of the payment to us by or on behalf of the Assured of the premium as arranged, to insure against loss damage liability or expense to the extent and in the manner herein provided.

In witness whereof, I the Undersigned of FIRST FIRE AND MARINE INSURANCE COMPANY,LIMITED, on behalf of the said Company have subscribed My Name in the place specified as above to the policies, the issued numbers thereof being specified as above, of the same tenor and date, one of which being accomplished, the others to be void, as of the date specified as above.

For FIRST FIRE AND MARINE INSURANCE COMPANY,LIMITED.

AUTHORIZED SIGNATORY

▌예시 4-15▐ 원산지증명서

Form No KCCI-2 (1993.2.1)

1. Seller

SEOUL, KOREA CO., LTD.

2. Consignee

MATSUI-SHIN CO., LTD.
180-1, SHINJO-MINAMI, HIGASHI-OSAKA
CITY, OSAKA PREF., JAPAN.

ORIGINAL

CERTIFICATE OF ORIGIN

issued by

THE KOREA CHAMBER OF COMMERCE & INDUSTRY

Seoul, Republic of Korea

원 산 지 증 명 서

대한상공회의소

4. Buyer (if other than consignee)

SAME AS CONSIGNEE

3. Particulars of Transport (where required)

FROM BUSAN, KOREA TO MOJI, JAPAN
BY VENUS V-335A, DEC. 9, 20XX

5. Country of Origin

The Republic of Korea

6. Invoice Number and Date

HME-93021 DEC. 8, 20XX

7. Shipping Marks | **8. Number and Kind of Packages; Description of Goods** | **9. Quantity, Gross Weight or Measurement**

M.S
MOJI, JAPAN
L/C NO. : 07-21-20656
ORDER NO: HM-93028
S/T NO. :
COLOR :
Q'TY :
C/T NO. : 1-6
MADE IN KOREA
///////

* SWEATER'S
S/# 93920 T-NECK L/S (MEN'S) W/L 97PCS
93921 T-NECK L/S (LADY'S) W/L 194PCS
TOTAL : 291PCS
* MATERIAL : 100% WOOL
//////////////////..

6 CARTONS

10. Other Information

The Korea Chamber of Commerce & Industry hereby certifies, on the basis of relevant invoice and other documents, that the above mentioned goods originate in the country shown in column 5.

THE KOREA CHAMBER OF COMMERCE & INDUSTRY

▌예시 4-16▐ GSP 원산지증명서

1. Goods consigned from (exporter's business name, address, country) CO., LTD. SEOUL, KOREA	Reference No J-11-5105 GENERALIZED SYSTEM OF PREFERENCES CERTIFICATE OF ORIGIN (Combined declaration and certificate) FORM A
2. Goods consigned to (consignee's name, address, country) MATSUI-SHIN CO. LTD. 180-1, SHINJO-MINAMI, HIGASHI-OSAKA CITY, OSAKA PREF., JAPAN.	Issued in REPUBLIC OF KOREA (country) See notes overleaf
3. Means of transport and route (as far as known) FROM BUSAN, KOREA TO MOJI, JAPAN.	4. For official use BLANK

5. Item number	6. Marks and numbers of packages	7. Number and kind of packages; description of goods	8. Origin criterion (see notes overleaf)	9. Gross weight or other quantity	10. Number and date of invoices
	M.S MOJI, JAPAN L/C NO. : 07-21-20656 ORDER NO: HM-93028 S/T NO. : COLOR : Q'TY : C/T NO. : 1-6 MADE IN KOREA ////N//	* SWEATER'S S/# 93920 T-NECK L/S (MEN'S) M/L 97PCS 93921 V-NECK L/S (LADY'S) M/L 194PCS TOTAL : 291PCS * MATERIAL : 100% WOOL ////////////////	"Y" 6110-10	6 CARTONS	HME-93021 DEC. 3. 1993

11. Certification	12. Declaration by the exporter
It is hereby certified, on the basis of control carried out, that the declaration by the exporter is correct. SEOUL DATE DEC 10. 20XX MINISTRY OF TRADE, INDUSTRY AND ENERGY FOR MINISTER Place and date, signature and stamp of certifying authority	The undersigned hereby declares that the above details and statements are correct; that all the goods were produced in REPUBLIC OF KOREA (country) and that they comply with the origin requirements specified for those goods in the generalized system of preferences for goods exported to JAPAN (importing country) SEOUL, KOREA DEC. 3. 20XX Place and date, signature of authorized signatory

찾아보기

| 파 |

| 하 |

| A |

| B |

| C |

| D |

| E |

| F |

| G |

| H |

| I |

| L |

| M |

| N |

| O |

■ 저자약력

김 창 선

건국대학교 무역학과 졸업(상학사)
연세대 경영대학원 경영학과 졸업(경영학석사)
명지대 대학원 무역학과 졸업(경영학박사)
상명대 국제통상학과 겸임교수
국민대 경영대학원, 경희대 산업정보대학원, 강남대 국제통상학과 강사
대구대 무역학과 교수
한국외환은행 외환업무부 근무, 한국외환은행 연수원 교수(수출입)
신지식인 인증
한국금융연수원 자문교수, 강사
한국무역협회 무역아카데미 강사
한국수입업협회 연수원 강사
경기도 국제비즈니스센터 전문위원
대.중소기업협력재단 무역상담위원
벤처기업협회 금융자문위원
중소기업청 수출전문가
한국무역협회 국제무역사 출제위원
한국산업기술평가관리원 평가위원
한국발명진흥회 특허기술 평가위원
코트라, 현대종합상사, 현대자동차, 삼성물산, 대림코퍼레이션, 신원,
중국공상은행, 수협, KPC 등 기업체 출강 다수
(현) 서경대학교 사회과학대학 경영학부 교수
대한상사중재원 중재인

<주요저서 및 논문>

무역실무, 신용장통일규칙, 수출입업무1. 수출입업무2, 수출입업무3, 무역결제론
외국환용어해설, 해외투자.외국인투자, 외국환업무사례, 은행실무3 외 논문 다수

알기쉬운 무역결제론

초 판 1쇄 인쇄 —— 2014년 8월 15일
초 판 1쇄 발행 —— 2014년 8월 20일
지은이 —— 김 창 선
펴낸이 —— 전 두 표
펴낸곳 —— 도서출판 두남
서울시 강동구 성내로6길 34-16 두남빌딩
신 고 : 제25100-1988-9호
TEL : 02) 478-2065, 2066, 2067, 2311
FAX : 02) 478-2068
E-mail : dunam1@unitel.co.kr
http://www.dunam.co.kr

정가 28,000원

ISBN 978-89-6414-542-5 93320